全国高等职业院校护理类专业第二轮教材

# 健康评估

## 第2版

（供护理、助产专业用）

主　编　刘俊香　郭大英

副主编　欧应华　崔会霞　王照娟　李伟萍　邵小琳

编　者　（以姓氏笔画为序）

　　　　王　莉（长沙卫生职业学院）

　　　　王思程（辽宁医药职业学院）

　　　　王照娟（山东医学高等专科学校）

　　　　吕　劼（重庆医科大学第一附属医院）

　　　　刘俊香（重庆三峡医药高等专科学校）

　　　　李伟萍（漯河医学高等专科学校）

　　　　张　娟（益阳医学高等专科学校）

　　　　张真容（重庆三峡医药高等专科学校）

　　　　邵小琳（山东医学高等专科学校）

　　　　欧应华（四川中医药高等专科学校）

　　　　郭大英（益阳医学高等专科学校）

　　　　黄伟坚（广东江门中医药职业学院）

　　　　崔会霞（邢台医学高等专科学校）

　　　　廖林梅（雅安职业技术学院）

编写秘书　张真容

中国健康传媒集团

中国医药科技出版社

## 内容提要

本教材是"全国高等职业院校护理类专业第二轮教材"之一,是根据本套教材的编写指导思想和原则要求,结合专业培养目标和课程教学目标、内容与任务要求编写而成,本教材具有专业针对性强、紧密结合岗位知识和职业能力要求、理论与临床密切联系、对接护士执业资格考试要求,免费搭载与纸质教材配套的在线学习平台等特点,同时本教材为书网融合教材,即纸质教材有机融合电子教材,教材配套资源(PPT、微课、视频、图片等),题库系统,数字化教学服务(在线教学、在线作业、在线考试)。纸质教材中配有与知识点相关的部分内容的二维码,便于学生随时扫描学习。各章通过设置"情境导入""素质提升""考点提示""做一做""知识链接"等模块,帮助学生梳理重点知识,开阔视野;岗课证融合,与1+X老年服务需求评估接轨,实现岗课融合、课证融通。内容主要包括健康史评估、常见症状评估、身体评估、心理与社会评估、实验室检查、心电图检查、影像学检查、资料分析与护理诊断、护理病历书写及实训等内容。

本教材主要供全国高等职业院校护理、助产专业教学使用,也可作为医院护理人员的参考教材。

## 图书在版编目 (CIP) 数据

健康评估/刘俊香,郭大英主编 . —2 版 . —北京:中国医药科技出版社,2023.1 (2025.1 重印).

全国高等职业院校护理类专业第二轮教材

ISBN 978 - 7 - 5214 - 3562 - 7

Ⅰ.①健… Ⅱ.①刘… ②郭… Ⅲ.①健康 - 评估 - 高等职业教育 - 教材 Ⅳ.①R471

中国版本图书馆 CIP 数据核字 (2023) 第 001965 号

美术编辑 陈君杞

版式设计 友全图文

出版 **中国健康传媒集团** | 中国医药科技出版社

地址 北京市海淀区文慧园北路甲 22 号

邮编 100082

电话 发行:010 - 62227427 邮购:010 - 62236938

网址 www. cmstp. com

规格 889 × 1194mm $\frac{1}{16}$

印张 17 $\frac{1}{2}$

字数 555 千字

初版 2018 年 8 月第 1 版

版次 2023 年 1 月第 2 版

印次 2025 年 1 月第 4 次印刷

印刷 北京盛通印刷股份有限公司

经销 全国各地新华书店

书号 ISBN 978 - 7 - 5214 - 3562 - 7

定价 58.00 元

获取新书信息、投稿、为图书纠错,请扫码联系我们。

为贯彻落实《国家职业教育改革实施方案》《职业教育提质培优行动计划（2020—2023 年）》《关于推动现代职业教育高质量发展的意见》等有关文件精神，不断推动职业教育教学改革，对标国家健康战略、对接医药市场需求、服务健康产业转型升级，支撑高质量现代职业教育体系发展的需要，中国医药科技出版社在教育部、国家药品监督管理局的领导下，在本套教材建设指导委员会主任委员西安交通大学医学部李小妹教授，以及长春医学高等专科学校、江苏医药职业学院、江苏护理职业学院、益阳医学高等专科学校、山东医学高等专科学校、遵义医学高等专科学校、长沙卫生职业学院、重庆医药高等专科学校、重庆三峡医药高等专科学校、漯河医学高等专科学校、皖西卫生职业学院、辽宁医药职业学院、天津生物工程职业技术学院、承德护理职业学院、楚雄医药高等专科学校等副主任委员单位的指导和顶层设计下，通过走访主要院校对 2018 年出版的"全国高职高专院校护理类专业'十三五'规划教材"进行了广泛征求意见，有针对性地制定了第二版教材的出版方案，旨在赋予再版教材以下特点。

### 1. 强化课程思政，体现立德树人

坚决把立德树人贯穿、落实到教材建设全过程的各方面、各环节。教材编写应将价值塑造、知识传授和能力培养三者融为一体，在教材专业内容中渗透我国医疗卫生事业人才培养需要的有温度、有情怀的职业素养要求，着重体现加强救死扶伤的道术、心中有爱的仁术、知识扎实的学术、本领过硬的技术、方法科学的艺术的教育，为人民培养医德高尚、医术精湛的健康守护者。

### 2. 体现职教精神，突出必需够用

教材编写坚持现代职教改革方向，体现高职教育特点，根据《高等职业学校专业教学标准》《职业教育专业目录（2021）》要求，以人才培养目标为依据，以岗位需求为导向，进一步优化精简内容，落实必需够用原则，以培养满足岗位需求、教学需求和社会需求的高素质技能型人才准确定位教材。

### 3. 坚持工学结合，注重德技并修

本套教材融入行业人员参与编写，强化以岗位需求为导向的理实教学，注重理论知识与岗位需求相结合，对接职业标准和岗位要求。在教材正文适当插入临床案例，起到边读边想、边读边悟、边读边练，做到理论与临床相关岗位相结合，强化培养学生临床思维能力和操作能力。

### 4. 体现行业发展，更新教材内容

教材建设要根据行业发展要求调整结构、更新内容。构建教材内容应紧密结合当前临床实际要求，注重吸收临床新技术、新方法、新材料，体现教材的先进性。体现临床程序贯穿于教学的全过程，培养学生的整体临床意识；体现国家相关执业资格考试的有关新精神、新动向和新要求；满足以学生为中心而开展的各种教学方法的需要，充分发挥学生的主观能动性。

### 5. 建设立体教材，丰富教学资源

依托"医药大学堂"在线学习平台搭建与教材配套的数字化资源（数字教材、教学课件、图片、视频、动画及练习题等），丰富多样化、立体化教学资源，并提升教学手段，促进师生互动，满足教学管理需要，为提高教育教学水平和质量提供支撑。

本套教材凝聚了全国高等职业院校教育工作者的集体智慧，体现了凝心聚力、精益求精的工作作风，谨此向有关单位和个人致以衷心的感谢！

尽管所有参与者尽心竭力、字斟句酌，教材仍然有进一步提升的空间，敬请广大师生提出宝贵意见，以便不断修订完善！

# 数字化教材编委会

主　编　刘俊香　张真容　郭大英
副主编　欧应华　王照娟　崔会霞　李伟萍　邵小琳
编　者　（以姓氏笔画为序）
　　　　王　莉（长沙卫生职业学院）
　　　　王思程（辽宁医药职业学院）
　　　　王照娟（山东医学高等专科学校）
　　　　吕　劼（重庆医科大学第一附属医院）
　　　　刘俊香（重庆三峡医药高等专科学校）
　　　　李伟萍（漯河医学高等专科学校）
　　　　张　娟（益阳医学高等专科学校）
　　　　张真容（重庆三峡医药高等专科学校）
　　　　邵小琳（山东医学高等专科学校）
　　　　欧应华（四川中医药高等专科学校）
　　　　郭大英（益阳医学高等专科学校）
　　　　黄伟坚（广东江门中医药职业学院）
　　　　崔会霞（邢台医学高等专科学校）
　　　　廖林梅（雅安职业技术学院）

# 前言 PREFACE

为贯彻落实《国家职业教育改革实施方案》《职业教育提质培优行动计划（2020—2023年）》《关于推动现代职业教育高质量发展的意见》等有关文件精神，不断推动职业教育教学改革，对标国家健康战略，对接医药市场需求，服务健康产业转型升级，支撑高质量现代职业教育体系发展的需要，根据全国高等职业院校护理类专业培养目标和主要就业方向及职业能力要求，按照本套教材编写指导思想和原则要求，结合课程教学大纲，本教材由全国11所院校从事教学和临床一线的教师悉心修编而成。

健康评估是护理、助产专业的核心课程，是联系医学基础课程与临床护理课程的桥梁。本教材内容包括绪论、健康史评估、常见症状评估、身体评估、心理与社会评估、实验室检查、心电图检查、影像学检查、资料分析与护理诊断、护理病历书写。

本教材的编写遵循"三基五性三特定"的基本原则，以"必需、够用"为度，适当拓展，强化基本技能的培养。本教材编写特色如下。①合理设置模块：章节前设置"学习目标"，对该章需掌握的知识点和技能点给予提示；章节后设置"本章小结"概括本章重点，同时设置"目标检测"加深学生对重点内容的理解和掌握。②对接教学大纲及执业护士资格考试大纲：设置"考点提示""做一做"等模块，帮助学生强化重点知识。③强化课程思政，体现立德树人：增设"素质提升""情境导入""知识链接"等模块，将价值塑造、知识传授和能力培养融为一体，注重德技并修。④图文结合，便于学生理解。⑤将人文知识融于思政导学、链接及习题中，增强了教材的可读性。⑥书网融合，建设立体教材，丰富了教学资源。⑦岗课证融合，与1+X老年服务需求评估接轨。

本教材共十章，第一章、第七章、第九章由刘俊香编写；第二章由王照娟编写；第三章第一节至第八节由崔会霞编写；第三章第九节至第十五节由邵小琳编写；第四章第一节、第二节、第五节、第六节由郭大英编写；第四章第三节至第四节由欧应华编写；第四章第七节至第九节由李伟萍编写；第五章由王莉编写；第六章第一节至第二节由王思程编写；第六章第三节至第五节由黄伟坚编写；第六章第六节至第八节由张娟编写；第八章由张真容编写；第十章由廖林梅编写。

本教材在编写过程中得到了主编单位、各位编者、医院专家的大力支持和帮助，在此一并表示诚挚的谢意。

由于编者的能力和水平所限，加之时间仓促，本教材中难免有疏漏和不妥之处，恳请使用本教材的师生、读者和同仁谅解并提宝贵意见和建议，以便及时修订。

编　者
2022年9月

CONTENTS **目录**

# 第一章 绪 论

## 学习目标

1. 通过本章学习，重点把握健康评估的基本方法、健康评估的重要意义；说出健康评估的发展史、内容、学习方法及要求。

2. 具有社会责任感、严谨求实的科学态度及学好健康评估的能力。

健康评估（health assessment）是一门研究被评估者个体、家庭、社区对现存或潜在的健康问题或生命过程反应的基本理论、基本技能和临床思维方法的学科。它是护理专业、助产专业重要的必修课程，是护理专业、助产专业学生由基础课程通向临床课程的桥梁。健康评估阐述找出被评估者健康问题的体格检查方法和技能，以及如何运用科学的临床思维方法去识别健康问题，为提出正确的护理诊断（nursing diagnoses），制定相应的护理措施提供依据。健康评估的主要任务是使学生学会对健康资料的收集、整理、综合、分析、判断，概括出护理诊断依据，提出护理诊断，为确定护理目标、制定护理措施以及进一步学习临床护理专业课程奠定基础。

## 一、健康评估的发展简史

在 19 世纪中期，人们就已经认识到了评估在临床护理实践中的重要性。护理创始人弗洛伦斯·南丁格尔（Florence Nightingale）于 1858 年出版的《护理备忘录》中强调护理观察和护患沟通交流获取健康资料的重要性。她认为，护士需要加强收集资料、分析和解释资料的技能。

随着健康观念的转变，20 世纪 50 年代，美国护理学者莉迪亚·海尔（Lydia E Hall）第一次提出了护理程序的概念。1967 年，尤拉（Yara）和渥斯（Walsh）出版了第一部权威性的《护理程序》教材，将护理程序划分为护理评估、护理计划、护理实施和护理评价四个步骤。同年，在护理程序国际会议上，Black 提出了护理评估的重点在于评估患者的需要，并提议采用马斯洛（Maslow）人的需要理论作为评估框架，指导护理评估，也确立了护理评估的 4 项原则：①评估是护理程序的第一步；②评估是一个系统的、有目的的护患互动过程；③护理评估的重点在于个体的功能能力，如日常生活能力等；④评估过程包括收集资料和临床判断。1977 年，美国护士协会（ANA）规定护理程序包括护理评估、护理诊断、护理计划、护理实施和护理评价五个步骤，并将其列为护理实践的标准。

1982 年，戈登（Gordon）提出了功能性健康型态（functional health patterns，FHPs），即具有明显护理特征的资料采集和组织资料的框架。FHPs 分类模式涉及人类健康和生命过程的 11 个方面，从此有明显护理特征的、系统的、标准化的资料收集和分析方法成为可能。FHPs 分类模式作为护理评估的内容和形式，进一步强调了护理程序和护理诊断。

20 世纪 70 年代以来，护理诊断的概念和护理诊断分类被系统地提出，并逐渐发展成熟，帮助护士在护理实践中独立做出护理诊断，进一步确定了护理工作的独立性。20 世纪 90 年代，健康评估课程在我国高等教育课程设置中逐渐替代了传统的诊断学，被定位为护理专业的核心课程。

## 二、学习健康评估的重要性

健康评估是护理程序中的第一环节。对被评估者进行有效护理的前提是正确的评估。早期、正确的评估能及早发现患者的健康问题并及时进行医护处理，以达到减轻患者痛苦，防止并发症，促进患者早期康复的目的。而错误的评估会造成患者的健康问题不能及时被发现，延误病情，加重患者痛苦，甚至危及患者生命。所以护理专业及助产专业的学生学好健康评估是非常重要的，以掌握观察技巧，提高判断能力。

### 三、健康评估的内容 🅔 微课

健康评估的主要内容包括健康史评估、常见症状评估、健康史采集方法、身体评估、心理评估、社会评估、实验室检查、心电图检查、影像学检查、护理资料的分析与护理诊断及护理病历书写等，根据全国高等职业院校护理教育的特点，本书主要介绍健康评估的基本理论、基本方法和基本技能。

**1. 健康评估的方法** 常用的健康评估方法有交谈、身体评估、实验室检查、心电图检查等，其中最基本、最常用的方法是交谈和身体评估。交谈是收集主观资料的主要方法，身体评估是收集客观资料的主要方法。

> 💡 **考点提示**
>
> 交谈和身体评估是健康史采集最基本最常用的方法。

**2. 健康史的内容** 通过评估者与被评估者进行交谈，了解疾病的发生、发展及演变的过程。其内容包括一般资料、主诉、现病史、既往史、家族史、个人史、生长发育史、系统回顾，还包括日常生活史和心理社会史。

**3. 常见症状评估** 症状（symptom）是被评估者主观感受到的异常或不适，如头痛、发热、呼吸困难、心悸等。症状主要通过交谈获得，属于主观资料，是认识健康问题的开始，对提出护理诊断、指导临床护理有很重要的作用。

**4. 身体评估** 评估者通过自己的感官或借助听诊器、体温计、叩诊锤等简单的辅助工具对被评估者进行系统检查，找出机体正常或异常征象的评估方法。身体评估的基本方法有五种，即视诊、触诊、叩诊、听诊和嗅诊。在身体评估中发现的身体异常表现称为体征（sign），如脾脏肿大、心脏杂音、湿啰音等。这些资料属于客观资料，体征也是护理诊断的重要依据。

**5. 心理评估** 是对被评估者的各种心理现象做出评价，以了解被评估者的心理健康水平。心理评估的内容包括患者的自我认知、患者的情绪和情感等。

> 💡 **考点提示**
>
> 症状、体征的概念。

**6. 社会评估** 是全面评价被评估者健康状况的重要内容之一，其内容包括角色评估、人际关系评估和社会支持状态评估，以了解被评估者存在的社会问题，帮助其适应角色和社会环境的变化，促进治疗和护理计划的顺利完成。

**7. 常用实验室检查** 实验室检查是利用各种检验方法对被评估者的血液、体液、分泌物、排泄物等标本进行检验，从中获取疾病的病原体、组织的病理形态及机体的功能状态等客观资料，对协助护士观察和判断病情变化、做出正确的护理诊断具有重要的意义。因此，护士在临床护理工作中应熟悉常用实验室检查的目的及检查结果的临床意义，学会正确的标本采集方法。

**8. 心电图检查** 用心电图机将被评估者的心电活动描记下来所获得的曲线称为心电图。心电图检查是临床上最常用的一种无创性的辅助检查。它对心血管疾病的诊断、观察和判断病情变化、重症监护都具有重要意义，特别是对心律失常、心肌梗死有确诊价值。所以临床护士应熟悉和掌握心电图的操作技能、学会识别正常心电图和常见异常心电图，并说出常见异常心电图的临床意义。

**9. 影像学检查** 包括放射检查、超声检查和核医学检查三个部分。影像检查可对其他评估结果进行验证和补充。护士应了解影像检查的基本理论、正常图像、常见的异常图像及其临床意义，重点是掌握常用 X 线检查和超声检查前的准备、检查中的配合和注意事项。

**10. 健康资料的分析与护理诊断** 健康资料的分析是护士运用科学的临床思维方法，做出护理诊断的过程。护理诊断是健康评估的重要组成部分之一。护理诊断是护士关于个人、家庭、社区对现存或潜在的健康问题及生命过程反应的一种临床判断。提出护理诊断一般要经过5个步骤：收集资料、整理资料、分析资料、提出护理诊断、验证和修订护理诊断。

**11. 护理病历书写** 护理病历是将通过交谈、身体评估等所获得的资料经过整理、分析，按照规范格式书写的护理文件。它既是护理活动的重要文件，又是患者病情的法律文件，是医院和患者的重要档案资料。因此护士必须学会正确书写护理病历。

## 四、学习健康评估的方法及要求

### （一）学习方法

健康评估是一门实践性很强的学科，其学习方法与基础课程有很大的不同，既要注意基本理论、基本知识的学习，又要注重基本技能的强化训练。

1. 课前应用在线微课完成预习任务，课中认真听讲、观看老师操作示范，讨论，课后反复在实训室模拟练习。

2. 利用情景导入的模拟案例，2人一组在模拟病房进行情景模拟练习，强化操作技能。

3. 充分利用见习机会去医院中认真观摩学习，注意理论与实践的结合。

### （二）具体要求

通过对本课程的学习护生应达到的基本要求如下。

1. 树立良好的医德医风，行为规范。

2. 能应用沟通交流技巧进行健康史的采集。

3. 能说出常见症状的临床意义。

4. 能进行系统、全面的身体评估，并能解释正常和异常体征的临床意义。

5. 能对被评估者进行正确的心理和社会评估。

6. 能正确进行常用实验室检查的标本采集，并说出常用检查的参考值范围及其异常的临床意义。

7. 能独立进行心电图操作，并初步识别正常及常见异常心电图图形。

8. 熟悉影像检查前的患者准备，了解检查结果的临床意义。

9. 能归纳、整理和分析所获得的健康资料，并提出初步护理诊断。能规范书写护理病历，并正确录入电子病历。

（刘俊香）

书网融合……

本章小结　　　　微课

# 第二章　健康史评估

PPT

## 学习目标

1. 通过本章学习，重点把握健康史采集的方法，主诉的概念，记录方法及现病史的内容。
2. 学会运用交谈技巧收集科学、完整的健康资料，问诊过程具有人文关怀精神。

健康史（health history）是被评估者目前及既往的健康状况及其影响因素以及被评估者因健康状况的改变而出现的生理、心理、社会适应的各种反应。收集健康史资料的过程称为健康史采集（history taking），健康史采集是建立护理诊断的基础之一，也是护理评估的首要环节。健康史的采集方法是交谈，交谈是健康评估最常用、最基本的方法，是收集健康资料的首要环节和获取主观资料的重要途径。交谈是评估者有目的、有计划的医疗、护理活动过程。评估者与被评估者的正式接触通常是从交谈开始的。熟练掌握并正确运用交谈的方法和技巧是护士的基本功。

### 情境导入

**情景描述**　患者，男，40 岁。6 年来反复出现上腹部疼痛，伴反酸、嗳气。患者曾自行服药（不详），未到医院进行正规治疗，病情反复发作。2 天前，患者因劳累后腹痛、反酸加重，服用复方氢氧化铝症状好转。今晨起床后患者感头晕、乏力，昨晚排黑便 3 次，量不详。急诊入院。患者不吸烟，少量饮酒（20ml/每餐）。患者母亲有高血压病史 20 余年，父亲身体健康。

**讨论**　1. 该病例包含了健康史的哪些内容？
　　　　2. 请说出该患者的主诉。

## 第一节　健康史的内容

健康史的内容包括一般资料、主诉、目前健康史、既往健康史、用药史、成长发展史、家族健康史及系统回顾。评估者需按项目的顺序系统地采集健康史。

**考点提示**

健康史的内容。

### 一、一般资料

一般资料（general data）包括患者姓名、性别、年龄、职业、民族、籍贯、婚姻状况、文化程度、工作单位、住址、电话号码、联系人及其联系方式、医疗费用支付形式、入院日期、入院诊断、资料收集日期、资料来源及可靠程度等。如果资料来源不是被评估者本人，则应注明其与被评估者的关系。年龄应是实足年龄（周岁），住址应详细。为了避免交谈初始过于生硬，使被评估者产生被审问的感觉，可将某些一般资料的内容如职业、婚姻、文化程度等穿插到相应病史中去询问。

### 二、主诉

主诉（chief complaint）是指被评估者感觉最痛苦、最明显的症状和（或）体征及其性质和持续时间，也是本次就诊最主要的原因，应同时注明主诉自发生到就诊的时间。主诉应简明扼要，用一两句话概括，如"发热、咳嗽2天"。若主诉在1个以上时，应按时间发生的先后顺序记述，如"活动后心悸、气短3年，双下肢水肿7天"。主诉应尽可能使用被评估者自己的语言，一般不要使用诊断用语，如"心脏病3年"应记录为"心悸、气短3年"。对当前无症状，诊断治疗和入院记录又十分明确的患者，也可以用以下方式记录主诉。如"患白血病4年，经检验复发10天""1周前超声检查发现肾结石"。

## 三、目前健康史 📱微课

目前健康史（current health history）为健康史的主体部分，它围绕主诉详细描述被评估者自患病以来健康问题发生、发展、演变和诊治、护理的全过程。可按以下内容和程序询问。

**1. 起病情况与患病时间**　包括起病的时间和地点、可能的原因或诱因，如脑血栓形成常发生于睡眠时，而脑出血常发生于激动或活动时；起病的急缓，如脑栓塞、心绞痛起病急骤，而肺结核、肿瘤则起病缓慢；首发症状、患病时间（自起病到就诊或入院的时间），应与主诉保持一致，患病时间长短可根据情况按年、月、日、小时、分钟为计时单位。

**2. 主要症状的特点**　包括主要症状出现的部位、范围、性质、时间及持续时间、发作频度和严重程度、影响因素（诱发、缓解或加重的因素）。症状出现的部位及性质常为寻找病变部位及性质提供重要依据，也为确定护理诊断及制订相应护理措施提供重要依据。如典型心绞痛发作的疼痛特点为：多出现在胸骨后或心前区，可放射至左肩、左臂内侧、小指和环指，呈压榨性或紧缩感，疼痛剧烈，持续时间多为3~5分钟，常因情绪激动、劳累等诱发，静息或舌下含化硝酸甘油后迅速缓解。

**3. 病情的发展与演变**　包括患病过程中主要症状的变化和（或）有无新症状的出现。如肝硬化患者出现表情、情绪和行为异常等新症状，应考虑肝性脑病的可能。

**4. 伴随症状**　指在主要症状的基础上同时出现或随后出现的一系列其他症状。伴随症状对确定病因和判断有无并发症具有重要意义。如夏天出现腹泻伴腹痛、呕吐多为急性胃肠炎，而腹泻伴里急后重则痢疾的可能性更大；又如咳嗽、咯血伴午后低热、盗汗，提示存在活动性肺结核。伴随症状应记录发生的时间、特点及演变情况，若按一般规律在某一疾病应该出现的伴随症状而实际上没有出现时，也应将其记述于现病史中以备进一步观察，或作为诊断和鉴别诊断的重要参考资料。

**5. 诊断、治疗和护理经过**　包括本次就诊前曾在何时何地就诊，做过何种检查，结果如何，诊断是什么，接受过何种治疗，如药物的名称、剂量、时间和疗效，已采取的护理措施及其效果等。

**6. 一般情况**　包括被评估者患病后的精神、体力状态、食欲及食量的改变、睡眠与大小便有无改变。被评估者自己对目前健康状况的评价及现存的健康问题，对其生理、心理、社会各方面的影响。

## 四、既往健康史

既往健康史（past health history）是指被评估者过去所存在的健康问题及求医经过，包括既往健康状况、既往病史、过敏史及预防接种等。既往健康史的记录顺序一般按年月的先后顺序排列。

**1. 既往健康状况**　是被评估者对自己过去健康状况的评价。

**2. 既往病史**　包括过去曾患过的疾病、住院史、手术史、外伤史，居住或生活地区的主要传染病和地方病等。应注意询问所患疾病的时间、诊断、治疗护理经过及转归等情况；有手术史或外伤史者，要分别问清手术时间、名称、原因或外伤的时间、原因、部位、程度及转归等，特别是与目前所患疾病有密切关系的情况，如风湿性心瓣膜病患者应询问过去是否反复发生过咽痛、游走性关节痛等。

**3. 预防接种史**　询问预防接种的种类、时间、间隔及次数。

**4. 过敏史**　询问有无对食物、药物和其他接触物的过敏史等。若有过敏史者，应了解过敏发生的时间、过敏表现和脱敏方法等。

## 五、用药史

用药史包括过去及目前用药情况，即药物名称、剂型、用法、用量、效果及不良反应等。对于过去用药史，主要询问有无药物过敏史、药物疗效及主要副作用等。

## 六、成长发展史

不同的年龄阶段有着不同的成长发展任务，成长发展史也是反映被评估者健康状况的重要指标之一。

**1. 生长发育史** 判断不同时期生长发育是否正常。对于儿童应详细了解其出生、喂养及生长发育情况。

**2. 月经史** 包括月经初潮的年龄、月经周期和经期天数，经血的量和颜色，经期症状，有无痛经与白带异常，末次月经日期（LMP），闭经日期和绝经年龄。

记录格式如下：

$$初潮年龄 \frac{行经期（天）}{月经周期（天）} 末次月经时间（LMP）或绝经年龄$$

例如：$13 \frac{3\sim5}{28\sim31} 2016$ 年 11 月 16 日（或 50 岁）

**3. 婚姻史** 指目前婚姻状况、结婚年龄、配偶健康状况、性生活情况、夫妻关系等。

**4. 生育史** 指女性妊娠与生育次数和年龄，人工流产或自然流产的次数，有无早产、死产、手术产、产褥感染及计划生育状况等。对男性患者也应询问是否患过影响生育的疾病。

**5. 个人史** 包括出生地、居住地和居留时间（特别是疫源地和地方病流行区）、受教育程度、经济生活和业余爱好等；工种、劳动环境、职业防护、与工业毒物的接触情况和时间等；个人起居与卫生习惯、烟酒嗜好的时间与摄入量以及其他异嗜物和麻醉药品、毒品等；有无不洁性交史、是否患过性病等。

## 七、家族史

家族史主要是了解被评估者直系亲属及配偶的健康状况及患病情况，特别应注意询问是否患有与被评估者同样的疾病以及与遗传有关的疾病，如血友病、高血压、糖尿病、精神病和肿瘤等。对已死亡的直系亲属要询问死因与年龄。

## 八、系统回顾

系统回顾是通过系统地、完整地回顾患者的资料，作为初次交谈最后一遍收集健康资料，可以以一组问题提问患者，补充在前面询问过程中忽略或遗漏的重要信息。护士可按以下的模式收集和组织健康资料。

**（一）Marjory Gordon 功能性健康型态模式的系统回顾**

Marjory Gordon 功能性健康型态（functional health patterns，FHPs）模式为指导收集患者的健康资料，涉及人类健康和生命过程的 11 个方面。

**1. 健康感知与健康管理型态** 自觉健康状况如何；日常采取保持健康的方法，自我感觉效果如何；

有无烟、酒、毒品嗜好，每天摄入量，有无药物成瘾或药物依赖、剂量及持续时间；有无定期做健康体检，做过哪些方面的健康检查；平时能否服从医护人员的健康指导；是否知道所患疾病的病因、自我保健及预防的方法等。

**2. 营养与代谢型态**　平时的饮食习惯；患病前后的饮食、食欲有无变化；有无恶心、呕吐；有无咀嚼和吞咽困难及其程度、进展情况；有无体重变化；有无皮肤、黏膜的损害等。

**3. 排泄型态**　每日排便与排尿的次数、量、颜色、形状、气味有无异常；排汗的量、气味等。

**4. 活动与运动型态**　日常活动量如何，平时运动的方式，活动后自我感觉如何，有无气短、呼吸困难、疲乏无力等情况；洗漱、穿衣、吃饭、如厕、行走、上下楼梯、购物等日常生活能力及功能水平，有无借助轮椅等辅助工具；日常生活、活动方式、活动耐力，有无疾病限制。

**5. 睡眠与休息型态**　日常睡眠情况，睡眠后精力是否充沛；有无失眠、多梦等睡眠异常；睡眠是否需要借助药物或其他方式辅助入睡。

**6. 认知与感知型态**　有无听觉、视觉、嗅觉、味觉、记忆力、语言能力、思维能力的改变；视觉、听觉是否借助辅助工具；有无疼痛及其部位、性质、持续时间等。

**7. 自我感知与自我概念型态**　如何看待自己，自我感觉良好还是不良；有无烦躁、恐惧、焦虑、抑郁、绝望、沮丧等情绪，如何改善这些情绪等。

**8. 角色与关系型态**　是独居还是与家人同住；家庭结构与功能，有无处理家庭问题的困难，家庭对患者看病的看法；工作是否顺利；是否参与社会团体；与朋友关系是否密切；经济收入能否满足个人生活所需；角色适应情况等。

**9. 性与生殖型态**　性别认同和性别角色、性生活满意程度，有无性功能障碍；女性月经史、生育史等。

**10. 应激与应对型态**　平时压力大小如何、怎样减压；是否经常紧张、如何解决；近期有无重大危机，当生活中出现重大问题时如何处理、是否成功，对其最大的帮助者是谁等。

**11. 价值与信念型态**　有无宗教信仰；能否在生活中得到自己所需等。

**（二）身体、心理、社会模式的系统回顾**

按身体的各个系统顺序详细询问患者有无可能发生的疾病，可以帮助护士评估患者以往发生的疾病及其与本次健康问题的关系。同时现代护理强调"以患者为中心"，不仅是对患者身体，也强调对患者心理的护理，因此患者患病后的心理、社会状况评估必不可少。

**1. 身体评估**

（1）一般健康状况　有无疲乏无力、发热、睡眠障碍及体重改变等。

（2）头颅及其器官　有无流泪、视力障碍、耳鸣、耳聋、鼻出血、牙龈出血、咽喉痛及声音嘶哑等。

（3）呼吸系统　有无咳嗽，咳嗽发生的时间、性质、程度、频率、与气候变化及体位的关系；有无咳痰，痰的性状、颜色、量、气味；有无呼吸困难，呼吸困难发生的时间、性质、程度；有无胸痛，疼痛的部位、性质，与呼吸、咳嗽和体位的关系；有无其他伴随症状；有无吸烟、烟草摄入量；既往有无呼吸系统疾病等。

（4）循环系统　有无心前区疼痛，疼痛的部位、性质、程度、持续时间、有无诱因及缓解的方式；有无心悸，心悸发生的诱因和时间；有无呼吸困难，呼吸困难发生的程度、与体位和体力活动的关系；有无水肿，水肿出现的时间、部位、程度；既往有无反复咽痛、游走性关节炎、动脉硬化等病史。

（5）消化系统　有无食欲减退、恶心呕吐、反酸、嗳气、腹胀、腹痛、腹泻、便秘、呕血、黑便、黄疸等情况。腹痛要注意询问腹痛的部位、性质、持续时间、有无规律、加重或缓解的因素；呕吐要注意询问呕吐物的内容、量、性状及气味；排便情况要了解排便的次数、粪便颜色、性状、量和气味，有无腹痛和里急后重；有无其他伴随症状等。此外还应询问有无体重的改变、日常饮食习惯等。

（6）泌尿系统　有无排尿困难、尿频、尿急、尿痛、尿潴留及尿失禁；注意尿的颜色、性状、量、气味的变化；既往有无高血压、咽炎、扁桃体炎等病史。

（7）血液系统　有无头晕、乏力、目眩、耳鸣、记忆力减退、食欲异常（异食癖）；皮肤黏膜有无苍白、瘀斑、瘀点、黄染，肝、脾、淋巴结有无肿大、有无骨骼疼痛等；有无化学药物、工业毒物、放射性物质的接触史。

（8）内分泌系统与代谢　有无怕热、多汗、食欲异常；有无口渴、多尿、视力障碍等；有无肌肉的震颤；有无性格、体格、性器官的发育异常；有无体重、皮肤、毛发、甲状腺的改变。

（9）生殖系统　青春期后的女性应询问月经情况；成年女性应询问生育史，包括妊娠与生育的次数、剖宫产还是顺产、人工或自然流产的次数等；男性应询问有无影响生育的疾病。

（10）神经系统与精神状态　有无头痛，头痛的部位、性质、持续时间；有无意识障碍、记忆力减退、晕厥、瘫痪；有无性格异常、幻觉、妄想、抑郁等。

（11）肌肉与骨关节系统　有无肢体肌肉的疼痛、麻木、痉挛、萎缩、瘫痪；有无关节的疼痛、肿胀、活动障碍、畸形；有无骨骼的外伤、脱位、骨折等。

**2. 心理与社会评估**　在收集健康史时还应对患者的心理、社会方面进行评估，从而获得全面的资料，以便实施整体护理。主要询问患者对疾病的认识、职业与工作环境、认知能力、价值观与信仰、自我概念、社交状况、经济负担、家庭关系等。

💡 **知识链接**

### 心身疾病

心身疾病以躯体症状表现为主，与心理社会因素密切相关。如慢性荨麻疹、慢性湿疹、银屑病、支气管哮喘、冠状动脉硬化性心脏病、心律不齐、胃溃疡、十二指肠溃疡、月经紊乱、功能性不孕症、甲状腺功能亢进症、糖尿病、紧张性头痛、睡眠障碍、梅尼埃综合征、癌症和肥胖症等，均可在心理应激后起病、情绪影响下恶化，心理评估与治疗有助于病情的康复。

# 第二节　健康史评估的方法

健康史评估的主要方法就是交谈。

💡 **素质提升**

### 人文关怀理念植入人心

交谈是护理人员和患者沟通获取健康资料的重要过程，也是护理人员和患者构建积极治疗关系的首要环节。对于处在病痛折磨中的患者，护理人员要换位思考，交谈时除了具有清晰的逻辑主线，还要通过语言、目光、动作等体现人文关怀，以此来深化医患互相理解，得到患者信任，确保问诊真实有效、医嘱可以顺利进行，这也是规避、化解医患矛盾的必要前提。

## 一、交谈的重要性

**1. 交谈是建立良好护患关系的基础** 正确的交谈方法和良好的交谈技巧有利于护患之间迅速形成信任、理解、配合的治疗关系。可使被评估者感到评估者的亲切，增加相互信任，从而提高被评估者对治疗、护理措施的依从性。

**2. 交谈是获得护理诊断依据的重要手段** 通过目的明确而有序的交谈，全面、系统地收集被评估者的健康资料，了解被评估者的健康状况以及其对自己健康状况的认识和反应，并对资料进行分析、判断，从中获取提出护理诊断的主要依据。

**3. 交谈目的明确** 是为了获取有关被评估者的健康观念、心理反应、身体功能状况以及其他与健康、治疗和疾病相关的信息，找出被评估者现存的或潜在的健康问题，为临床判断和诊断性推理提供依据；同时也为身体评估的重点指明方向，为其他辅助检查、治疗的选择提供线索。如被评估者以咳嗽、痰中带血为主要表现，若同时伴有消瘦、乏力，结合其年龄在 40 岁以上、长期吸烟，需要考虑肺癌的可能。根据这一线索进行肺部评估和 X 线检查，一般能明确诊断。

成功的交谈是确保健康资料完整性和准确性的关键，因此，护士在临床工作中应不断实践，掌握交谈的方法和技巧。

## 二、交谈的方法与技巧

交谈是评估过程的开始，是评估者与被评估者双向交流的过程。为了使交谈有效地进行以达到预期的目的，获得真实可靠的健康资料，熟练掌握并正确应用交谈的方法和技巧极为重要。

### （一）交谈的方式

交谈方式有正式交谈和非正式交谈两种，根据被评估对象合理选用。就诊时及入院后的病史采集属于正式交谈，其过程分以下 4 个阶段。

**1. 准备阶段**

（1）确定交谈的对象和目的。

（2）选择良好的交谈环境 交谈环境应安静、舒适、具有私密性，光线、温度要适宜。

（3）安排合适的交谈时间 交谈一般选择在被评估者入院事项安排就绪后进行。

**2. 起始阶段**

（1）有礼貌地称呼被评估者。

（2）自我介绍及有关说明。

**3. 谈话阶段**

（1）交谈的顺序 交谈先从主诉、一般资料开始，然后循序渐进，逐步深入，有目的、有系统、有层次地进行。

（2）交谈的方式 在整个交谈过程中，应根据具体情况采用不同类型的提问。①一般性提问（或称开放式提问）：是提出一个疑问句，没有可供选择的答案，让被评估者按自己的思路、语言表达方式等来叙述自己的感觉、认识。常用于交谈开始或者转移话题时，尤其适用于表达能力较强的被评估者。如"您感觉哪里不舒服？""您睡眠习惯如何？"等。②直接提问（或称封闭式提问）：是指评估者提出一个一般疑问句，有可供选择的答案，这种提问方式将被评估者的应答限制在特定范围之内，被评估者只需要用简单的一两句话就能说明具体的问题，获得的信息更有针对性，如："您何时开始腹痛的呢？""您腹痛有多久了？"，常用于证实或确认被评估者叙述的一些特定细节、澄清有关问题，适用于自主表达能力欠佳或病情较重者。③直接选择式提问：要求患者回答"是"或"不是"，或者对提供的选择做出回答，如"您腹痛前是否进食过不洁食物?""您腹痛是持续性痛，还是阵发性或者持续性痛伴阵发性加剧?"。

（3）态度诚恳　关怀同情患者，耐心倾听;说话和蔼可亲，通俗易懂。

（4）及时核实　在交谈过程中对那些含糊不清、存有疑问或矛盾的谈话内容，可用澄清、复述、反问、质疑等方法进行核实，以确保病史资料的准确性。如"您说您感到难受，请具体说一下您当时的感受。"（澄清）。"您是说两年前就曾经在活动后发生过一次剧烈胸痛，休息几分钟后消失;后又间断发生过几次，但从未到医院诊治过。是这样吗?"（复述）。"您夜里睡眠不好?"（反问）。"您说食欲很好，可是今天的饭菜您一口都没吃，能告诉我这是为什么吗?"（质疑）。对被评估者所说的诊断名称如"肾炎"，应通过询问其症状和检查等以核实资料是否可靠（解析）。

> 💡 **知识链接**
>
> ### 核实交谈资料真实性的常用方法
>
> 澄清:要求被评估者对模棱两可或模糊不清的内容做进一步的解释和说明。
>
> 复述:以不同的表达方式重复被评估者所说的内容。
>
> 反问:以询问的口气重复被评估者所说的话，不带评估者自己的观点。
>
> 质疑:用于被评估者所说的前后不一致或与评估者所观察到的内容不一致时。
>
> 解析:对被评估者所提供的信息进行分析和推论，并与其交流。

#### 4. 结束阶段

（1）简要小结　向被评估者简单复述一下谈话的重要内容，让被评估者确认其所述情况，提醒被评估者是否还有需要补充提供的资料和需要更正的信息。

（2）感谢　真诚地感谢被评估者对你的信任、合作和配合等。

（3）解释指导　护士应对被评估者提出的疑虑和要求以及相关事项如作息时间安排、亲属探视时间的规定、后续安排等做出必要的解释和指导。在结束谈话前，再问一下"您还有什么要说吗?"，然后告知今天暂时谈到此，如有需要下次再联系。

### （二）交谈的技巧

**1. 选择良好的谈话环境**　选择舒适、安静和私密性好的环境，光线、温度适宜。

**2. 选择合适的时间**　不同的评估对象，选择不同的时机。

**3. 交谈时态度和蔼**　评估者和蔼的态度及良好的语言修养是取得被评估者信任的首要条件。询问被评估者一般情况时，可寻找自己与被评估者之间的相似之处，如"我们是老乡呢!""我以前也得过您这个病，我理解您的心情。"这样可缩短评估者和被评估者之间的距离，取得被评估者的信任。

注意非语言沟通，交谈中与被评估者保持适当的距离，理想的交谈距离是 50~120cm，在交谈中适时点头、微笑或应答，表示听懂了对方所说的话，但应避免分散患者的注意力。

**4. 选择恰当的提问方式**　从简单的问题或被评估者最想要说的问题开始，注意系统性和必要性。提问时语言应通俗易懂，避免使用医学术语。

**5. 一般多听少问**　要注意多听被评估者的叙述，不要随便打断被评估者，让评估者按自己的方式和程序把情况描述出来。当偏离交谈目的太远时，评估者可适时插入与评估内容相关的问题，使话题转回。

**6. 特殊患者的交谈技巧**　①危重患者:健康史采集的重点应放在对目前主要问题的评估上，并立即进行抢救，详细的病史可在病情好转后再作补充，以免延误治疗。②老年人:交谈时应简明、通俗，放慢语速，给被评估者留有足够的思考时间，必要时予以适当的重复等，以免因老年人体力、听力、视力的减退，影响健康史采集。③儿童：不能自述的儿童，要注意代述病史的可靠性。④反复就诊者：先了解被评估者的健康档案再询问本次就诊的主要问题及目的。⑤有听力语言障碍、极度虚弱甚至神志不清的、精神异常的被评估者：其健康史可向其家属、监护人、知情者询问。

由于被评估者不一定能将病情叙述得完全、确切，而且在疾病的发展过程中还可能会发生新的变化，所以在以后的接触中，应随时予以采集资料进行补充或更正。

### 三、交谈的注意事项

**1. 避免使用医学术语** 交谈语言应通俗易懂，问题简单、明了，避免使用医学术语，如"里急后重""心悸""端坐呼吸""黄疸"等。

**2. 避免重复性提问** 提问时要注意系统性、目的性和必要性。杂乱无章的重复提问，会降低被评估者对评估者的信任。有时为了核实资料，同样的问题需多问几次，但应说明，如："您已经告诉我您痰中带血，这是很重要的资料，请您详细地讲一下咳痰的情况，好吗？"。

**3. 避免套问和诱问** 在与被评估者交谈中，可适当提出一些需要进一步核实的问题，但应避免套问如"您有失眠吗？"，而用"您睡眠情况如何？"。还应避免诱问，如"您是下午发热吗？"，而用"您发热一般是在什么时间？"，以免被评估者顺口称是，影响资料的真实性。

**4. 杜绝对被评估者有不良刺激的语言和表情** 交谈过程中禁用"麻烦""难办"及摇头等言行，杜绝"皱眉""惊奇"等面部表情，避免东张西望、只顾埋头记录或同时做其他事情。

**5. 注意特殊情况的交谈** 不同文化背景的人存在着文化差异，评估者在交谈时应使自己的语言和行为能充分体现对被评估者文化的理解和尊重。不同年龄阶段的被评估者，所处的生理和心理发展阶段不同，理解交流的能力也不同，也需区别对待。

健康史采集过程中，评估者要不断地思考、分析、综合，找寻被评估者所述症状之间的内在联系，分清主次、去伪存真。健康史采集结束后，评估者还需将被评估者的陈述加以归纳、整理，按规范格式写成相关记录。

## 目标检测

答案解析

### 一、选择题

1. 病史的主体部分是（　　）

    A. 主诉            B. 现病史            C. 既往史

    D. 家族史          E. 生活史

2. 主诉是指（　　）

    A. 最主要的症状、体征及持续时间         B. 患者患病后的全过程

    C. 曾经患过的疾病               D. 社会经历及生活习惯

    E. 月经及婚姻生育史

3. 以下交谈用语正确的是（　　）

    A. 你发热时头痛吗？             B. 你腹泻时有里急后重吗？

    C. 你一般什么时候感到腹痛？       D. 你每天下午发热？

E. 你有没有巩膜黄染?

4. 一患者由救护车送来,表现面色苍白、呼吸急促、神志模糊、脉搏微弱。急诊护士应立即 ( )

    A. 详细询问病史,然后对症护理

    B. 全面细致护理体检,制订护理目标

    C. 重点护理体检,迅速采取急救护理措施

    D. 配合做好各种化验,然后抢救

    E. 安抚家属情绪

5. 患者,男,40岁,因胃溃疡住院。患者向责任护士反映:"我今天早上大便颜色特别黑"时,护士问:"您刚才说您早上大便怎么了?"此护士特别运用了交谈技巧中的 ( )

    A. 耐心倾听          B. 仔细核实          C. 详细阐释

    D. 及时鼓励          E. 封闭式提问

## 二、思考题

患者,男,25岁。因受凉淋雨后发热、头痛、咳嗽、胸痛,自服感冒药后不见好转,来院就诊。患者既往身体健康。经医生诊断为"发热待查,肺炎可能?"收入院治疗。

请问:

(1) 如何书写患者主诉?

(2) 对现病史护士应从哪些方面进行询问?

(王照娟)

书网融合……

              本章小结             微课             题库

# 第三章 常见症状评估

## 第一节 发 热

**PPT**

### 情境导入

**情景描述** 患者，男，35 岁，2 天前受凉后出现发热，咳嗽咳痰，食欲下降。自测体温 39.1℃，门诊以"大叶性肺炎"收入院。

**讨论** 1. 该患者的发热属于哪种程度？

　　　 2. 请提出对该患者进行护理评估的要点？

## 一、概述

正常人的体温受体温调节中枢调控，使产热和散热过程呈动态平衡，保持体温在 36～37℃。24 小时内体温波动范围一般不超过 1℃，通常在运动、进餐、月经前及妊娠期体温可稍升高；因代谢率下降，老年人体温稍低于青壮年；高温环境下体温可稍升高。

发热（fever）是指机体在致热原作用下或各种原因引起体温调节中枢的功能障碍，使机体产热增多或散热减少，体温升高超过正常范围。

## 二、病因与发病机制

### （一）病因

发热的病因分为感染性与非感染性两大类，以感染性发热最常见。

**1. 感染性发热** 可由各种病原微生物如病毒、细菌、支原体、立克次体、螺旋体、真菌、寄生虫等引起，如肺炎链球菌肺炎所致的发热及上呼吸道感染所致的发热等。临床发病过程可急可缓，一般分为急性、亚急性和慢性三种。

**2. 非感染性发热**

（1）无菌性坏死物质吸收 ①因血管栓塞或血栓形成引起的心、肺、脾等内脏梗死，如心肌梗死；②机械性、物理性或化学性损害，如外伤后组织损伤、大面积烧伤等；③组织坏死或细胞破坏，如癌症、白血病等。

（2）抗原－抗体反应 如风湿热、药物热、结缔组织病等。

（3）内分泌与代谢障碍 如甲状腺功能亢进症等。

（4）皮肤散热减少　各种皮肤病引起的发热一般为低热，如广泛性皮炎、鱼鳞病等。

（5）体温调节中枢功能紊乱　如中暑、脑出血、颅脑外伤等原因可直接影响体温调节中枢，使其功能紊乱而引起发热，高热无汗是这类发热的特点。

（6）自主神经功能紊乱　自主神经功能紊乱引起的发热属于功能性发热，多为低热，常伴有自主神经功能紊乱的其他表现，出现的原因为正常的体温调节过程受影响，使产热大于散热，导致体温升高。常见原发性低热、夏季低热以及生理性低热等。

### （二）发病机制

正常情况下，人体的产热和散热维持动态平衡，由于各种原因引起产热增加或散热减少，体温升高就会引起发热。体温调节中枢通过垂体内分泌因素使代谢增加，通过运动神经使骨骼肌阵缩（临床表现为寒战），产热增多；机体通过交感神经使皮肤血管及竖毛肌收缩（临床表现为皮肤苍白、停止排汗），散热减少。

**1. 致热原性发热**　致热原包括外源性和内源性两类。

（1）外源性致热原　包括各种病原体及其产物，如炎症渗出物、无菌性坏死组织、抗原－抗体复合物等，外源性致热原不能通过血－脑屏障直接作用于体温调节中枢，而是通过激活血液中的中性粒细胞和单核吞噬细胞系统，使其产生内源性致热原引起发热。

（2）内源性致热原　包括白介素－1、肿瘤坏死因子、干扰素等，内源性致热原可通过血－脑屏障直接作用于体温调节中枢引起发热。

**2. 非致热原性发热**　常见于以下几种情况。

（1）体温调节中枢直接受损　如颅脑外伤、炎症、出血等。

（2）产热过多　如癫痫持续状态、甲状腺功能亢进等。

（3）散热减少的疾病　如广泛性皮肤病变、阿托品中毒等。

## 三、临床表现

### （一）发热的分度

以口腔温度为标准，可将发热分为四个等级：①低热，37.3～38℃；②中等度热，38.1～39℃；③高热，39.1～41℃；④超高热，41℃以上。需要注意的是：①发热的程度与疾病的严重程度没有必然的联系；②发热的程度与个体反应的强弱有关。如老年人休克型肺炎时可仅有低热或无发热。

### （二）发热的临床过程及特点

**1. 体温上升期**　产热大于散热使体温上升。患者主要表现为疲乏无力、肌肉酸痛、皮肤苍白（因体温调节中枢发出的冲动经交感神经而引起皮肤血管收缩，浅层血流减少所致）、畏寒或寒战等现象。体温上升的方式有两种。①骤升型：是指体温在数小时内达39～40℃或以上，多伴有寒战，小儿易发生惊厥。见于疟疾、大叶性肺炎、急性肾盂肾炎等。②缓升型：是指体温逐渐上升，在数日内达高峰，一般不伴又寒战。如伤寒、结核病等。

**2. 高热期**　产热与散热过程在较高水平保持相对平衡。高热期时体温上升达高峰之后保持一定时间，持续时间长短可因病因不同而有差异。患者主要表现为皮肤血管由收缩转为舒张，可见皮肤发红并有灼热感、呼吸深快，开始出汗并逐渐增多。

> **考点提示**
>
> 发热的程度及临床过程的特点。

**3. 体温下降期**　散热大于产热使体温下降。消除病因后，产热相对减少，体温逐渐降至正常水平。

此期患者表现为出汗多、皮肤潮湿。体温下降的方式有两种。①骤降：指体温于数小时内迅速下降至正常，有时可略低于正常，常表现为大汗淋漓，如疟疾、急性肾盂肾炎等。②渐降：指体温在数天内降至正常，如伤寒等。

### （三）热型

发热患者在一定间隔时间内测得的体温数值分别记录在体温单上，将各体温数值点连接形成体温曲线，该曲线的不同形态即称为热型。不同原因所致的发热，热型可不同。由于抗生素、解热镇痛药或糖皮质激素的应用，可使某些患者不具备疾病典型热型。

**1. 稽留热** 是指体温恒定地维持在 39~40℃ 以上的高水平，达数天或数周，24 小时内体温波动范围不超过 1℃。常见于大叶性肺炎、斑疹伤寒及伤寒高热期（图 3-1）。

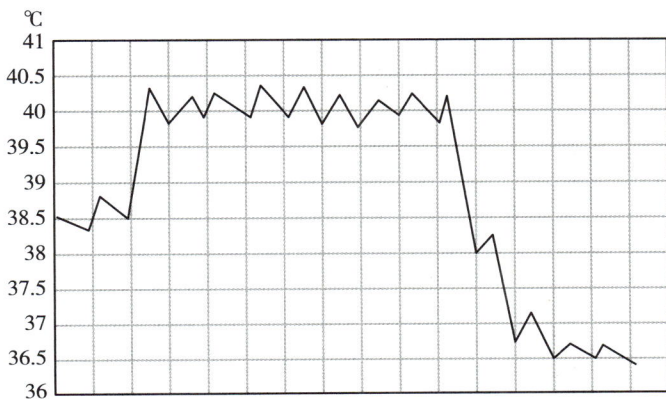

图 3-1 稽留热

**2. 弛张热** 又称败血症热型。体温在 39℃ 以上，24 小时内波动范围超过 2℃，但最低体温都在正常水平以上，常见于败血症、风湿热、重症肺结核等（图 3-2）。

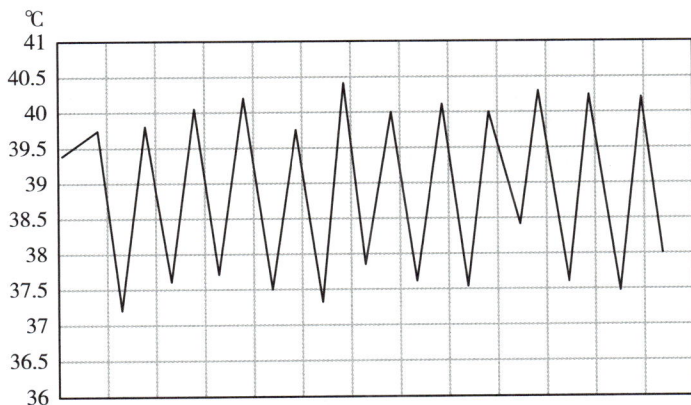

图 3-2 弛张热

**3. 间歇热** 体温骤升达高峰后持续数小时，又迅速降至正常水平，无热期（间歇期）可持续 1 天至数天。特征为高热期与无热期反复交替出现，常见于急性肾盂肾炎、疟疾等（图 3-3）。

**4. 波状热** 体温逐渐上升达 39℃ 或以上，数天后又逐渐下降至正常水平，持续数天后又逐渐升高，如此反复多次，常见于布鲁氏菌病等（图 3-4）。

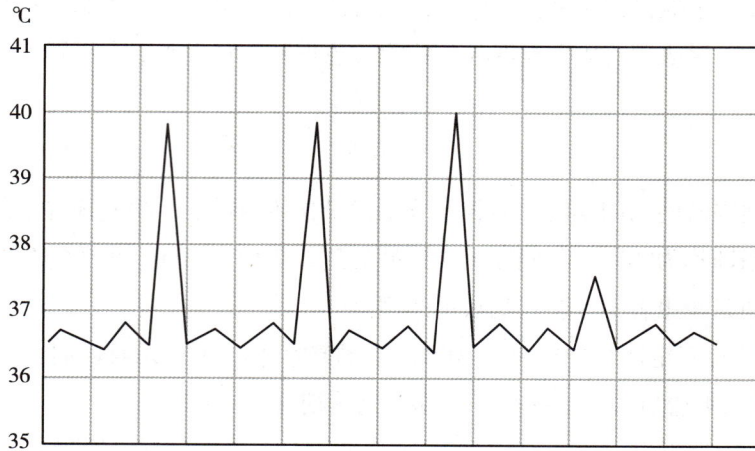

图 3 - 3　间歇热

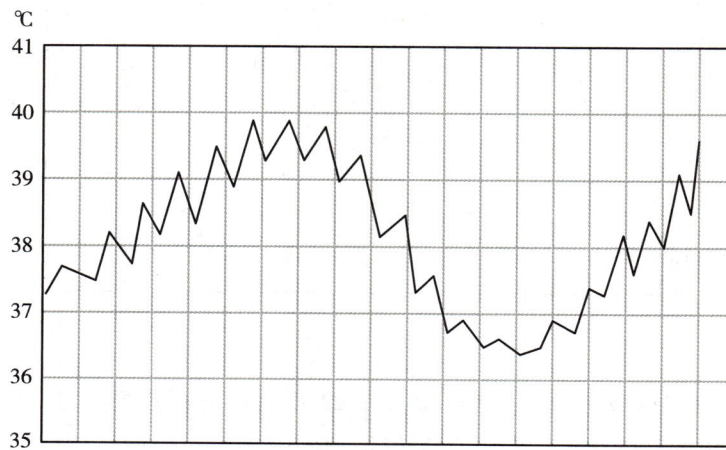

图 3 - 4　波状热

**5. 回归热**　体温急剧上升至 39℃ 或以上，持续数天后又骤然下降至正常水平。高热期与无热期各持续若干天后规律性交替一次，可见于回归热、霍奇金病等（图 3 - 5）。

**6. 不规则热**　发热的体温曲线无一定规律，可见于结核病、风湿热、渗出性胸膜炎等（图 3 - 6）。

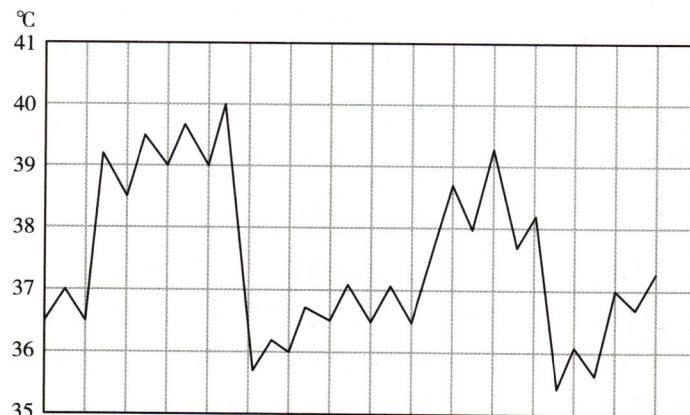

图 3 - 5　回归热

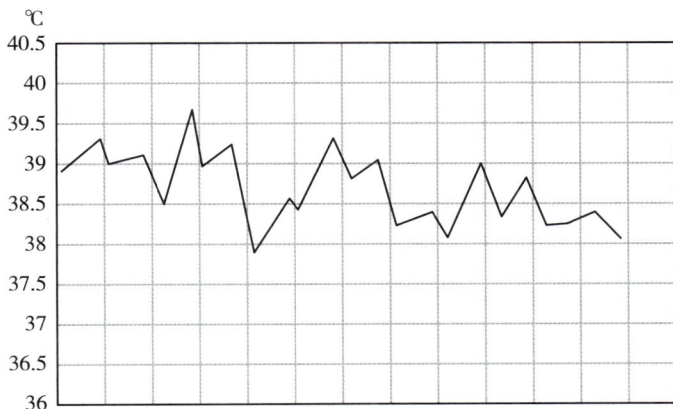

图 3-6　不规则热

💡 **素质提升**

### 青蒿素的发现

　　屠呦呦，国家最高科学技术奖获得者。从事中药和西药结合研究，1972 年成功提取分子式为 $C_{15}H_{22}O_5$ 的无色结晶体，命名为青蒿素。2011 年 9 月，因发现青蒿素——全球治疗疟疾的首选药物，挽救了全球数百万人的生命。凭借对人类健康的突出贡献，2015 年 10 月获得诺贝尔生理学或医学奖，她成为首获科学类诺贝尔奖的中国人，在我国传统医学和现代医学之间架起了一座桥梁，将中医药推向世界。2019 年 6 月 17 日，针对近几年出现的青蒿素抗药性的难题，带领科研团队再次取得突破，提出有效治疗方案。

## 四、护理评估要点

💡 **考点提示**

常见疾病的热型特点。

　　**1. 评估发热特点**　起病时间、季节、起病缓急、病程、发热分度、热型、诱因等。

　　**2. 评估伴随症状**　伴咳嗽、咳痰、咯血、胸痛多考虑呼吸系统疾病；伴昏迷者多考虑为中枢神经系统疾病；伴膀胱刺激征常见于泌尿系统感染；伴腹痛、腹泻常见于消化系统疾病等。

　　**3. 评估发热对人体功能性健康型态的影响**　有无食欲、体重改变，有无精神、睡眠改变，记录 24 小时液体出入量。

　　**4. 相关检查及护理经过**　评估是否应用过药物，药物名称、剂量、效果、不良反应等；是否做过相关辅助检查及其结果。

## 五、相关护理诊断/问题

　　**1. 体温过高**　与病原体感染或体温调节中枢功能障碍有关。

　　**2. 体液不足**　与体液丢失过多和（或）摄入不足有关。

　　**3. 口腔黏膜受损**　与发热所致口腔黏膜干燥有关。

　　**4. 营养失调：低于机体需要量**　与长期发热引起代谢率增高和（或）营养摄入不足有关。

　　**5. 潜在并发症**　惊厥、急性意识障碍等。

# 第二节　水　肿

PPT

>> **情境导入**

**情景描述**　患者，男，65 岁，高血压病史 30 年，因双下肢水肿 2 个月就诊。查体：双下肢凹陷性水肿。

**讨论**　1. 该患者水肿的类型是哪一种？
　　　　2. 该患者首优的护理诊断是什么？

## 一、概述

水肿（edema）是指人体组织间隙液体过多使组织肿胀。

按水肿波及的范围，可分为全身性水肿和局部性水肿。当液体在体内组织间隙呈弥漫性分布时称为全身性水肿；液体积聚在局部组织间隙时称为局部水肿。

按水肿性质，可分为凹陷性水肿和非凹陷性水肿。若皮肤水肿，指压后出现凹陷者，称为凹陷性水肿；若皮肤水肿，指压后不出现凹陷者，称为非凹陷性水肿。

胸腔积液和腹腔积液是水肿的特殊形式；脑水肿、肺水肿等内脏器官的水肿不属于本节水肿范畴。

## 二、发病机制

正常人体血液内外液体通过毛细血管内静水压和组织胶体渗透压的调节使水分从血管内移向血管外，通过组织液静水压和血浆胶体渗透压的调节使水分从血管外流入血管内，这几方面共同作用维持体液的动态平衡。当某些因素使液体从毛细血管内流出量大于流入量时即导致水肿。如右心衰时，右心排血量降低导致上下腔静脉淤血，血管内液体容量增加，毛细血管内静脉压升高可引起心源性水肿。当肾炎时，肾小球滤过率下降，球－管失衡，另外继发性醛固酮增多，引起水钠潴留导致水肿。

## 三、病因与临床表现

### （一）全身性水肿

**1. 心源性水肿**　主要见于右心衰竭。水肿特点是首先出现在身体低垂部位，能起床活动者最早出现于踝内侧及胫骨前，起床活动后水肿明显，休息后减轻或消失；经常卧床者以腰骶部较为明显，随着病情进展水肿由下向上波及全身，严重时发生胸腔积液、腹腔积液等。水肿性质为凹陷性，常伴有右心衰竭的表现，如颈静脉怒张、肝大、肝颈静脉回流征阳性等。

**2. 肾源性水肿**　常见于各型肾炎和肾病综合征患者。水肿特点为首先出现于眼睑、颜面部等疏松组织，由上向下发展为全身性水肿，水肿于晨起时重，以后逐渐减轻，肾炎性水肿多为非凹陷性，肾病性水肿多为凹陷性。患者常伴有尿液检查异常、肾功能损害、肾性高血压等。肾源性水肿与心源性水肿的鉴别要点见表 3 - 1。

> 💡 **考点提示**
>
> 肾源性水肿与心源性水肿的鉴别要点。

**3. 肝源性水肿**　常见于肝硬化失代偿期。水肿特点以腹腔积液为主要表现，也可首先出现踝部水肿，逐渐向上蔓延，而头面部及上肢常无水肿。患者常伴有肝性面容、食欲减退、黄疸等肝硬化表现。

**4. 营养不良性水肿**　见于慢性消耗性疾病长期营养缺乏者。水肿特点先从足部开始逐渐蔓延到全身，常伴有体重减轻的表现。

表 3-1 心源性水肿与肾源性水肿的鉴别要点

| 鉴别要点 | 肾源性水肿 | 心源性水肿 |
|---|---|---|
| 开始部位 | 从眼睑、颜面开始，向下延及全身 | 从足部开始，向上延及全身 |
| 发展速度 | 迅速 | 缓慢 |
| 水肿性质 | 软而移动性大 | 较坚实，移动性较小 |
| 伴随症状 | 高血压、蛋白尿、血尿、管型尿等 | 心脏增大、心脏杂音、肝大等 |

**5. 其他原因的水肿** 黏液性水肿、药物性水肿及经前期紧张综合征等。

### （二）局部性水肿

局部性水肿见于局部炎症或过敏、创伤、上腔或下腔静脉阻塞综合征、静脉炎、丝虫病等。

## 四、护理评估要点

**1. 评估水肿的特点** 水肿出现的时间、部位、性质、发展顺序等。

**2. 评估伴随症状** 有无心、肾、肝、内分泌及过敏性疾病病史，评估其相关临床表现，评估水肿与药物、饮食、月经及妊娠的关系。

**3. 评估水肿对人体功能性健康型态的影响** 有无活动与运动型态的改变，有无皮肤破损、压疮和继发感染等改变。

**4. 相关检查及护理经过** 评估是否应用过药物，药物名称、剂量、效果、不良反应等；是否做过相关辅助检查及其结果。

## 五、相关护理诊断/问题

**1. 体液过多** 与右心衰竭、肾炎所致水钠潴留或肾病综合征、肝脏疾病所致低蛋白血症有关。

**2. 有皮肤完整性受损的危险** 与水肿所致组织、细胞营养不良、皮肤屏障破坏有关。

**3. 活动无耐力** 与疾病引起呼吸困难有关。

**4. 潜在并发症** 急性左心衰竭、肾功能衰竭等。

# 第三节 咳嗽与咳痰

PPT

### 》》 情境导入

**情景描述** 患者，男，62 岁。吸烟 40 余年，咳嗽、咳痰 10 余年。3 个月来咳嗽加重，食欲下降，伴有乏力、体重减轻。临床考虑肺癌，行 X 线检查，待结果回报。

**讨论** 1. 该患者咳嗽的原因是什么？

2. 该患者有哪些主要护理诊断？

## 一、概述

咳嗽（cough）是由于延髓咳嗽中枢受刺激引起，一方面咳嗽是一种保护性动作，生理状态下，机体通过咳嗽可以清除呼吸道内分泌物或异物；另一方面咳嗽也是一种病理现象，是呼吸道常见症状之一，如咳嗽可使呼吸道内感染扩散，可导致呼吸道出血，甚至诱发自发性气胸，长期、频繁的咳嗽影响工作和休息。咳痰（expectoration）是通过咳嗽动作将气道内的分泌物或渗出液排出的过程。

## 二、病因

引起咳嗽咳痰的病因很多，可归纳为以下几类。

**1. 呼吸道疾病**　呼吸道感染是引起咳嗽、咳痰最常见的原因。从鼻咽部到小支气管整个呼吸道黏膜受到刺激，均可引起咳嗽，如咽喉炎、喉结核、喉癌、气管支气管炎、支气管扩张、支气管哮喘、肺部感染、肿瘤及各种理化因素、过敏因素等对呼吸道的刺激均可引起。

**2. 胸膜疾病**　由胸膜受刺激引起，如胸膜炎、自发性或外伤性气胸、胸腔穿刺术、胸膜间皮瘤等。

**3. 心血管疾病**　二尖瓣狭窄或左心衰竭引起肺循环淤血，或因右心及体循环静脉栓子脱落，或羊水、气栓、瘤栓引起肺栓塞时可刺激气道黏膜引起咳嗽和（或）咳痰。

**4. 中枢神经因素**　各种原因引起延髓咳嗽中枢受刺激，如脑炎、脑膜炎等也可发生咳嗽。

## 三、临床表现

咳嗽的临床表现应重点关注性质、时间与节律、音色等；咳痰时应重点关注痰液的颜色与性状、量和气味。

**1. 咳嗽的性质**　咳嗽无痰或痰量极少称为干性咳嗽，也称为干咳。常见于急性咽喉炎、急性支气管炎初期、气道异物、胸膜疾病及二尖瓣狭窄等。咳嗽伴有咳痰为湿性咳嗽，常见于慢性支气管炎、支气管扩张、肺炎、肺脓肿、空洞性肺结核等。

**2. 咳嗽的时间与规律**　刺激性咳嗽常因吸入刺激性气体或异物，结核或肿瘤压迫气道所引起；发作性咳嗽可见于百日咳以及少数以咳嗽为主要症状的支气管哮喘（变异性哮喘）等；长期慢性咳嗽多见于慢性支气管炎、支气管扩张、肺脓肿及肺结核等；夜间咳嗽常见于左心衰竭患者；支气管哮喘、慢性支气管炎引起的咳嗽咳痰可与季节有关；改变体位的咳嗽咳痰常见于支气管扩张和肺脓肿患者。

**3. 咳嗽的音色**　指咳嗽声音的特点：①咳嗽声音嘶哑，多为喉炎、喉结核或肿瘤压迫喉返神经所致；②金属音咳嗽，常由于纵隔肿瘤或支气管肺癌直接压迫气管所致；③鸡鸣样咳嗽，表现为连续阵发性剧咳伴有高调吸气回声，多见于百日咳、喉部疾病或气管受压；④声音低微或无力，见于严重肺气肿或极度衰弱者。

**4. 痰液的颜色与性状**　铁锈色痰为肺炎球菌肺炎的典型特征；黄绿色或翠绿色痰提示铜绿假单胞菌感染；粉红色泡沫样痰见于左心衰竭引起的急性肺水肿；痰白黏稠且牵拉成丝，难以咳出，提示有真菌感染；胶冻状痰液提示肺炎克雷伯菌感染；黏液性痰多见于急性呼吸道感染；由黏液性痰转为脓性痰液常提示感染加重；肺结核、肺癌或支气管扩张常出现血性痰液。

> 💡 **考点提示**
>
> 常见疾病痰液的特点。

**5. 痰量**　健康人很少有痰，痰量增多常见于支气管扩张、肺脓肿和支气管胸膜瘘，且排痰与体位有关。痰量多时静置后可出现分层现象：上层为泡沫，中层为浆液或浆液脓性，下层为坏死物质。日咳数百甚至上千毫升浆液泡沫痰需考虑肺泡癌的可能。

**6. 痰液的气味**　恶臭味痰提示厌氧菌感染。

## 四、护理评估要点

**1. 评估健康史和诱因**　引起咳嗽、咳痰的相关病史或诱因，是否吸烟，是否有花粉、粉尘接触史等。

**2. 评估咳嗽咳痰的特点**　咳嗽的性质、时间与节律、音色；咳痰时痰液的颜色与性状、量和气味；咳嗽咳痰加重与体位的关系；痰液静置后是否分层等。

**3. 评估伴随症状**　如发热、鼻塞、呼吸困难、胸痛、咯血、哮鸣音、杵状指（趾）等。

**4. 评估咳嗽、咳痰对人体功能性健康型态的影响**　有无睡眠型态改变、食欲减退、日常生活活动能力受限等；有无胸、腹部手术切口等。

**5. 相关检查及护理经过**　评估是否应用过药物，药物名称、剂量、效果、不良反应等；是否做过相关辅助检查及其结果。

## 五、相关护理诊断/问题

**1. 清理呼吸道无效**　与痰液黏稠、咳痰无力有关。

**2. 活动无耐力**　与长期频繁咳嗽、营养摄入不足有关。

**3. 睡眠型态紊乱**　与夜间频繁咳嗽影响睡眠有关。

**4. 有窒息的危险**　与痰多黏稠阻塞呼吸道有关。

**5. 潜在并发症**　自发性气胸。

# 第四节　咯　血

PPT

## ▶▶ 情境导入

**情景描述**　患者，男，52 岁。咳嗽伴咯血 1 天，量约 500ml，色鲜红。查体：面色略苍白，心率 102 次/分，血压 98/75mmHg，右肺闻及湿啰音。

**讨论**　1. 该患者咯血属于什么程度？
　　　　2. 该患者存在哪些护理诊断？

## 一、概述

咯血（hemoptysis）是指喉及喉以下的呼吸道任何部位的出血，经口腔咯出。经口腔排出的血液究竟是从呼吸道咯出还是从消化道呕出需要根据以下几方面进行鉴别（表 3-2）。

表 3-2　咯血与呕血的鉴别

|  | 咯血 | 呕血 |
| --- | --- | --- |
| 病因 | 肺结核、支气管扩张、肺癌等 | 消化性溃疡、肝硬化、急性胃黏膜病变、胃癌 |
| 出血前症状 | 喉部痒感、胸闷、咳嗽等 | 上腹部不适、恶心、呕吐等 |
| 出血方式 | 咯出 | 呕出 |
| 血液颜色 | 鲜红 | 暗红色、棕色，有时为鲜红色 |
| 血中混合物 | 痰、泡沫 | 食物残渣、胃液 |
| 酸碱反应 | 碱性 | 酸性 |
| 黑便 | 没有，除非咽下血液时可有 | 有，可为柏油样便 |
| 出血后痰的性状 | 常有血痰数日 | 无痰 |

## 二、病因与发病机制

导致咯血的原因很多，主要见于呼吸系统和心血管系统疾病。

**1. 支气管疾病** 各种原因导致支气管黏膜层的毛细血管通透性增加或黏膜下血管破裂均可引起，常见疾病有支气管扩张、支气管肺癌、支气管内膜结核等。

**2. 肺部疾病** 在我国引起咯血的首要原因为肺结核，多发生于纤维空洞型和浸润型。结核分枝杆菌感染使肺部毛细血管通透性增高，血液渗出，出现痰中带血或小血块；如病变累及小血管使管壁破溃，则造成中等量咯血；如空洞壁肺动脉分支形成的小动脉瘤破裂或继发的结核性支气管扩张形成的动静脉瘘破裂，则造成大量咯血，甚至危及生命。除肺结核外，咯血还常见于肺炎、肺脓肿；也见于肺淤血、肺栓塞、恶性肿瘤肺转移等。

**3. 心血管疾病** 常见的有二尖瓣狭窄、急性肺水肿、先天性心脏病、肺动脉高压等引起肺淤血病变。在肺淤血时肺泡壁或支气管毛细血管破裂、支气管黏膜下层支气管静脉曲张破裂，均可引起咯血。

**4. 其他** ①血液病，如白血病、原发性血小板减少性紫癜、再生障碍性贫血、血友病等；②急性传染病，如流行性出血热、肺出血型钩端螺旋体病等；③风湿性疾病，如系统性红斑狼疮等；④子宫内膜异位症，与月经周期相对应的咯血。

> **考点提示**
>
> 引起咯血最常见的病因。

## 三、临床表现

**1. 年龄** 青壮年咯血常见于肺结核、支气管扩张、二尖瓣狭窄等；40 岁以上、有长期吸烟史（纸烟 20 支/日×20 年）者，应高度警惕支气管肺癌。

**2. 咯血量** 咯血程度的界定尚无统一标准。根据出血量不同，一般认为每日咯血在 100ml 以内为小量咯血；100~500ml 为中等量咯血；500ml 以上或一次 300ml 以上为大量咯血。小量咯血仅表现为痰中带血，持续或间断性痰中带血提示可能为支气管肺癌、肺结核，痰中带血或血性痰也可能为慢性支气管炎或支原体肺炎，其剧烈咳嗽明显；大量咯血时血液从口鼻涌出，常可阻塞呼吸道，甚至窒息死亡，大量咯血主要见于纤维空洞型肺结核、支气管扩张和慢性肺脓肿。

**3. 咯血的颜色和性状** 因肺结核、支气管扩张、肺脓肿和出血性疾病所致咯血，其颜色为鲜红色；铁锈色血痰见于典型的肺炎球菌肺炎；砖红色胶冻样痰见于肺炎克雷伯菌肺炎；肺淤血时为暗红色血痰；急性肺水肿时为浆液性粉红色泡沫样痰；肺栓塞时引起的咯血为黏稠暗红色血痰。

> **考点提示**
>
> 咯血量及颜色的判断。

## 四、护理评估要点

**1. 评估健康史** 注意出血的病因及特点，明确是咯血还是呕血。

**2. 评估咯血量** 小量间断咯血，进一步评估有无肿瘤或严重疾病等。大量咯血时，可导致窒息，需注意观察有无情绪紧张、表情恐怖、两手乱抓、大汗淋漓、牙关紧闭、抽搐以及张口瞪目等窒息表现，还可表现为神志突然的丧失，以及血压下降而危及生命。

**3. 评估伴随症状** 评估咯血者是否伴有发热、胸痛、呛咳、痰液、皮肤黏膜出血、黄疸等表现。

**4. 评估咯血对人体功能性健康型态的影响** 注意观察有无紧张、焦虑、恐惧等负面情绪，是否影响日常生活；测量生命体征，记录 24 小时液体出入量，观察神志、皮肤颜色、温度等，注意有无继发感染、窒息、失血性休克等。

**5. 相关检查及护理经过** 评估是否应用过药物，药物名称、剂量、效果、不良反应等；是否做过相关辅助检查及其结果。

## 五、相关护理诊断/问题

**1. 有窒息的危险**　与大量咯血导致气道阻塞有关。

**2. 体液不足**　与大量咯血所致循环血量不足有关。

**3. 焦虑/恐惧**　与反复出血有关。

**4. 潜在并发症**　窒息、失血性休克、肺不张。

# 第五节　呼吸困难

PPT

## 情境导入

**情景描述**　患者，男，56 岁，心悸、气短、夜间阵发性呼吸困难，心率 120 次/分，口唇发绀，颈静脉怒张，肝脾肿大，双下肢凹陷性水肿。

**讨论**　1. 该患者呼吸困难属于哪一种类型？

　　　　2. 护士应重点评估哪些内容？

## 一、概述

呼吸困难（dyspnea）是指患者主观感觉空气不足、呼吸费力，客观上表现为呼吸频率、节律、深度的改变，严重时出现张口呼吸、鼻翼扇动、端坐呼吸，呼吸辅助肌也参与呼吸运动。呼吸困难时因能量消耗增加以及缺氧，患者可出现活动耐力下降、口唇发绀等。

## 二、病因与发病机制

引起呼吸困难的原因很多，以呼吸系统疾病和心血管系统疾病最常见。

### （一）呼吸系统疾病

**1. 气道阻塞**　如喉炎、喉头水肿、支气管哮喘、慢性阻塞性肺部疾病、肿瘤或异物压迫气道狭窄或阻塞等，引起通气量降低，肺泡氧分压降低导致呼吸困难。

**2. 肺部疾病**　如肺炎、肺纤维化、肺不张、肺淤血等，影响通气/血流（V/Q）比值；肺水肿时弥散障碍，引起呼吸困难。

**3. 胸壁、胸廓或胸膜腔疾病**　如气胸、胸膜炎、胸腔积液、外伤等，引起呼吸活动受限。

**4. 神经-肌肉疾病**　如脊髓灰质炎、急性多发性神经根炎、重症肌无力或药物等导致呼吸肌麻痹，呼吸运动减弱。

**5. 膈肌运动障碍**　如膈肌麻痹、大量腹腔积液、腹腔巨大肿瘤和妊娠终末期，膈肌运动障碍或胸腔容积减少，肺通气量下降。

### （二）心血管系统疾病

心血管系统疾病见于各种原因引起的心力衰竭、心脏压塞、肺栓塞和原发性肺动脉高压等，其中心力衰竭多见。

**1. 左心衰竭**　高血压、冠心病、风湿性心脏瓣膜疾病、心肌炎、心肌病等均可引起左心衰竭。当左心衰竭时，心排血量降低，肺循环淤血，使通气量下降、气体交换能力降低、呼吸中枢受刺激引起呼吸困难。

**2. 右心衰竭** 慢性肺源性心脏病可引起右心衰竭，其呼吸困难的程度比左心衰竭轻。当右心衰竭时，体循环淤血，酸性代谢产物增加，刺激呼吸中枢，另外，体循环淤血导致肝脏肿大、水肿甚至胸腔积液，使呼吸受限，气体交换下降。

### （三）中毒性疾病

中毒性疾病见于糖尿病酮症酸中毒、镇静催眠药物中毒、有机磷农药中毒、亚硝酸盐中毒和急性一氧化碳中毒等。其发生呼吸困难的机制不同，如酸中毒时，呼吸中枢受刺激兴奋性增加，机体增加肺泡通气排出 $CO_2$；一氧化碳中毒时，血红蛋白（Hb）失去氧合功能，导致机体缺氧。

### （四）神经精神性疾病

神经精神性疾病见于脑出血、脑外伤、脑肿瘤、脑炎、脑膜炎等颅脑疾病引起呼吸中枢功能障碍，呼吸中枢兴奋性降低；精神因素所致的呼吸困难，如癔症等，受心理因素影响明显。

### （五）血液系统疾病

血液系统疾病见于重度贫血、高铁血红蛋白血症、硫化血红蛋白血症等，红细胞数量减少，或携氧能力下降，氧合不足所致。

## 三、临床表现

根据病因不同，将呼吸困难分为以下五种类型。

### （一）肺源性呼吸困难

临床上常将肺源性呼吸困难分为三种类型。

**1. 吸气性呼吸困难** 主要特点为吸气显著费力，吸气时间延长，严重者吸气时胸骨上窝、锁骨上窝和肋间隙明显凹陷，称为"三凹征"，此时亦可伴有干咳及高调吸气性喉鸣。常发生于气道异物梗阻、喉头水肿、喉炎、喉痉挛等。

**2. 呼气性呼吸困难** 主要特点为呼气费力、呼气时间延长，常伴有弥漫性哮鸣音。常见于支气管哮喘、慢性喘息型支气管炎、慢性阻塞性肺气肿等。

**3. 混合性呼吸困难** 主要特点为吸气、呼气均感到费力，呼吸频率增快、深度变浅，可伴有呼吸音异常或病理性呼吸音。常见于重症肺炎、重症肺结核、大面积肺栓塞、大量胸腔积液、气胸等。

### （二）心源性呼吸困难

引起左心衰竭、右心衰竭或全心衰竭的疾病均可发生心源性呼吸困难，一般左心衰竭引起的呼吸困难较明显。根据疾病发展，由轻到重表现为以下四种形式。

**1. 劳力性呼吸困难** 即在体力活动时出现呼吸困难，休息后消失。劳力性呼吸困难是最轻的心源性呼吸困难。通常患者开始仅剧烈活动或体力劳动后出现呼吸急促，如登楼、上坡或平地快走等，随肺淤血的加重，逐渐发展为轻体力劳动后也发生呼吸困难，甚至休息时也会出现。

**2. 夜间阵发性呼吸困难** 入睡时并无呼吸困难，但在夜间熟睡中突然发生，可突感胸闷、憋气、惊醒、被迫坐起，数分钟后逐渐缓解。

**3. 端坐呼吸** 指为了减轻呼吸困难而被迫采取端坐位或半卧位的状态，提示肺淤血程度更加明显。

**4. 急性肺水肿** 是最严重的心源性呼吸困难，表现为端坐呼吸，伴频繁咳嗽，咳粉红色泡沫样痰，烦躁不安，口唇发绀，大汗淋漓，心率增快，两肺布满湿啰音等。

### （三）中毒性呼吸困难

**1. Kussmaul 呼吸** 也称为深大呼吸，见于酸中毒时，表现为深长而规则的大呼吸。糖尿病酮症酸中毒时呼出的气体可闻及烂苹果味，尿毒症引起酸中毒可闻及氨味。

**2. Cheyne－Stokes 呼吸**　也称为陈－施呼吸、潮式呼吸，呼吸由深快变为浅慢，周而复始，像潮水涨落一样。见于如吗啡类、巴比妥类等镇静催眠药物中毒或有机磷农药中毒时。

**3. Biot 呼吸**　也称为间停呼吸，是最严重的呼吸困难类型，一般见于临终前。

### （四）神经、精神性呼吸困难

重症颅脑疾病时使呼吸慢而深并伴有呼吸节律的改变，如双吸气样（抽泣样）呼吸、呼吸遏制（吸气突然停止）等。癔症时呼吸困难突然发生、呼吸频率快而浅，由于过度通气并发叹息样呼吸、肢体麻木、手足搐搦等呼吸性碱中毒的表现。

### （五）血源性呼吸困难

血源性呼吸困难多见于红细胞携氧量减少，血氧含量降低所致，表现为呼吸浅伴有心率快。大出血或休克时，因缺氧和血压下降，刺激呼吸中枢，也可使呼吸加快。

> **考点提示**
>
> 各型呼吸困难的特点和临床意义。

## 四、护理评估要点

**1. 评估健康史和诱因**　有无与呼吸困难相关的病史、诱发因素，如心肺疾病、代谢性疾病、血液系统疾病等，有无药物、毒物接触史、外伤史，有无头痛、意识障碍等，呼吸困难是突发性还是渐进性。

**2. 评估严重程度**　评估呼吸困难的严重程度时常以对日常生活自理能力的影响程度进行评估。①轻度：中重度体力活动后出现呼吸困难，如在登高或上楼时呼吸困难。②中度：轻度体力活动后出现呼吸困难，如在平地行走途中需要休息，日常活动需要他人帮助。③重度：洗脸、穿衣甚至休息时也感到呼吸困难，日常活动完全依赖他人。

**3. 评估伴随症状**　伴咳嗽、咳痰，见于慢性支气管炎、支气管扩张、肺脓肿等；伴双肺弥漫性哮鸣音，见于支气管哮喘；伴大量泡沫痰见于急性左心衰竭、有机磷农药中毒；伴胸痛见于大叶性肺炎、胸膜炎、自发性气胸等；伴发热见于呼吸系统感染性疾病；伴严重发绀、大汗淋漓、面色苍白、四肢厥冷、血压下降、脉搏细速等周围循环衰竭表现，提示病情危重；伴意识障碍，见于脑出血、糖尿病酮症酸中毒、尿毒症、肺性脑病等；进食过程中急性发生者，考虑气道异物，多伴咳嗽；缓慢渐进性发生者，多见于呼吸道疾病、慢性阻塞性肺部疾病、弥漫性肺纤维化等。

**4. 评估呼吸困难对人体功能性健康型态的影响**　是否影响了睡眠，有无烦躁不安、焦虑紧张，有无发绀、语言沟通障碍等。

**5. 相关检查及护理经过**　评估是否应用过药物，药物名称、剂量、效果、不良反应等；是否进行过氧疗，氧疗的效果；是否做过相关辅助检查及其结果。

## 五、相关护理诊断/问题

**1. 气体交换受损**　与肺部疾病和心功能下降引起肺组织通气减少、弥散障碍、组织淤血气体交换有效面积减少等有关。

**2. 活动无耐力**　与呼吸困难所致能量消耗增加和缺氧有关。

**3. 低效性呼吸型态**　与气道狭窄或梗阻等有关。

**4. 语言沟通障碍**　与严重缺氧有关。

**5. 睡眠型态紊乱**　与呼吸困难夜间加重影响睡眠有关。

**6. 恐惧/焦虑**　与呼吸困难所致的濒死感及担心疾病预后有关。

# 第六节　发　绀

PPT

>> **情境导入**

**情景描述**　患者，男，35岁，因食用过量腌菜后出现恶心呕吐、口唇发绀，继而全身青紫，四肢无力，瘫软在地。

**讨论**　1. 该患者为什么会出现发绀？

2. 护士急救时应选用哪种药物？

## 一、概述

发绀（cyanosis）是指血液中还原血红蛋白增多，使皮肤和黏膜呈现青紫色的表现。广义的发绀还包括少数血液中出现异常血红蛋白衍化物，如高铁血红蛋白、硫化血红蛋白增多引起的皮肤黏膜青紫。发绀常发生的部位在皮肤薄、色素少以及毛细血管较丰富处，如口唇、舌、颊部、指（趾）甲床、耳垂等部位。

## 二、发病机制

发绀是由于血液中还原血红蛋白的绝对量增加所致。正常动脉血氧饱和度为95％，静脉血氧饱和度为70％，毛细血管中血氧饱和度约为前两者的平均数。每克血红蛋白（Hb）约与1.34ml氧结合，当各种原因引起气体交换受损，血红蛋白氧合作用减低，动脉血中还原血红蛋白含量增多 >50g/L 或动脉血氧饱和度（$SaO_2$）<85％ 均可出现发绀。严重贫血（Hb <50g/L）时，即使 $SaO_2$ 显降低，常不能出现发绀，故而在临床上所见发绀，并不能全部确切反映动脉血氧下降的情况。

> 💡 **考点提示**
>
> 发绀时血液成分的改变及皮肤黏膜的颜色特点。

## 三、病因与临床表现

根据发绀的病因不同，临床表现也不相同。

### （一）血中还原血红蛋白增多

**1. 中心性发绀**　因心肺疾病引起，其特点为全身性发绀，除四肢及颜面外，也累及躯干，受累部位皮肤是温暖的。可分为肺性发绀和心性混合性发绀。①肺性发绀：主要见于气道阻塞、肺炎、肺气肿、肺淤血、肺水肿、肺纤维化、急性呼吸窘迫综合征等，由于肺功能下降，氧合能力不足，导致还原血红蛋白增多。②心性混合性发绀：主要见于心力衰竭和发绀型先天性心脏病，由于肺淤血导致气体交换障碍，或静脉血未经氧合直接进入体循环动脉血内，使动脉血中还原血红蛋白增多，引起发绀。

**2. 周围性发绀**　因周围循环血液障碍所致，其特点为发绀常出现在肢体末端（手足末端、鼻尖、耳垂）与下垂部位，受累部位皮肤是冷的，经过按摩或加温，使皮肤转暖，发绀可消失，这是与中心性发绀的重要鉴别点。可分为淤血性周围性发绀和缺血性周围性发绀。①淤血性周围性发绀：常见于体循环淤血、下肢静脉曲张、血栓性静脉炎、上腔静脉阻塞综合

> 💡 **考点提示**
>
> 中心性发绀与周围性发绀的判断。

征等引起局部淤血、周围血流速度缓慢，周围组织消耗氧气过多引起的发绀。②缺血性周围性发绀：常见于休克、血栓闭塞性脉管炎、雷诺病（Raynaud disease）等循环血容量不足、血管痉挛或局部血流障碍性疾病。

**3. 混合性发绀** 中心性发绀与周围性发绀同时存在，见于各种心力衰竭等。

### （二）血液中存在异常血红蛋白衍生物

因为血液中含有高铁血红蛋白、硫化血红蛋白等异常血红蛋白，使部分血红蛋白失去了携氧的能力。当血液中高铁血红蛋白含量达到30g/L，硫化血红蛋白达到5g/L时，皮肤黏膜可出现发绀。

**1. 高铁血红蛋白血症** 包括先天性和后天获得性，先天性高铁血红蛋白血症患者自幼就有发绀，常有家族史，身体状况较好。后天获得性高铁血红蛋白血症常见于使用伯氨喹、亚硝酸盐、硝基苯、磺胺类等中毒所致。其特点为发绀发展迅速，病情严重，氧疗效果不佳，抽出的静脉血呈深棕色，若给予静脉注射亚甲蓝或大剂量维生素C，可使发绀减轻，青紫色消退。用分光镜检查可证实高铁血蛋白的存在。由于大量进食含亚硝酸盐的变质蔬菜引起的中毒性高铁血红蛋白血症也称为"肠源性青紫症"。

**2. 硫化血红蛋白血症** 为后天获得性，患者有便秘同时服用含硫药物或化学物质后在肠内形成大量硫化氢，硫化氢与血红蛋白结合形成硫化血红蛋白。发绀特点是病程持续时间长，可达数月以上，血液呈蓝褐色。用分光镜检查可证实硫化血红蛋白的存在。

💡 **知识链接**

---

**亚硝酸盐**

亚硝酸盐多存在于腌制的咸菜、肉类和变质腐败蔬菜等。部分新鲜蔬菜（小白菜、青菜、韭菜、菠菜、甜菜、小萝卜叶等）和野生植物（灰菜、野荠菜）里含有较多的亚硝酸盐和硝酸盐。腌泡的蔬菜及咸菜在腌后1周左右亚硝酸盐含量最高。

---

## 四、护理评估要点

**1. 评估健康史及发病诱因** 有无心肺疾病，有无药物、毒物接触史，发病年龄、起病缓急等。

**2. 评估发绀的特点** 如发绀的分布与范围、严重程度及伴随症状。如发绀分布为全身性或是周围性、四肢颜面或身体末端和下垂部位、皮肤温度温暖或发凉。

**3. 伴随症状** 发绀伴呼吸困难见于重症心肺疾病或气胸等；血中存在异常血红蛋白衍生物时大部分无呼吸困难；伴意识障碍，见于某些药物或化学物质中毒、休克、急性肺部感染或急性心力衰竭等。

**4. 评估发绀对于人体功能性健康型态的影响** 是否产生焦虑、恐惧等应激改变及应对方式；有无心悸、呼吸困难等活动与运动型态的改变；有无判断力下降、注意力不集中、记忆力减退、疲乏无力等缺氧的症状。

**5. 相关检查及护理经过** 评估是否应用过药物，药物名称、剂量、效果、不良反应等；是否进行过氧疗，氧疗的效果；是否做过相关辅助检查及其结果。

## 五、相关护理诊断/问题

**1. 活动无耐力** 与心肺功能衰竭所致缺氧有关。

**2. 气体交换受损** 与心功能不全所致的肺淤血有关。

**3. 低效性呼吸型态** 与肺通气、换气功能障碍以及弥散功能障碍有关。

**4. 焦虑/恐惧** 与缺氧所致呼吸费力、病因不明有关。

**5. 潜在并发症**　急性意识障碍。

# 第七节　心　悸

**》》 情境导入**

**情景描述**　患者，女，33 岁。劳累后心悸、气短 6 年。身体评估：心界向左下扩大，第一心音减弱，心尖部可闻及全收缩期高调吹风样杂音。

**讨论**　1. 该患者心悸的原因是什么？
　　　　2. 评估心悸时有哪些要点？

## 一、概述

心悸（palpitation）是一种自觉心脏跳动的心慌不适感或心慌感。心悸可以是病理性的，也可以是生理性的。心悸发生时心率可快可慢，也可有心律失常，当心率增快时有心脏跳动不适感，心率缓慢时则感到搏动有力。

## 二、病因与发病机制

心悸是心血管系统疾病最常见的症状，它的发生和多方面因素有关，但确切机制尚未完全明了。一般认为心脏过度活动是心悸发生的基础，如心率、心律、心排血量改变异常时发生心悸；心悸的发生与神经精神因素有关，如焦虑、紧张、情绪激动及注意力集中时易于出现心悸。其发生还与病程有关，突然发生的心悸较明显，而慢性病者可因逐渐适应而无明显心悸感觉。心悸的常见病因归纳如下。

### （一）心脏搏动增强

心脏收缩力增强引起的心悸可为生理性也可为病理性。

**1. 生理性**　①健康人在剧烈运动、过度劳累或精神过度紧张时；②吸烟、饮酒、喝浓茶或咖啡后；③应用某些药物，如肾上腺素、麻黄碱、阿托品、氨茶碱、甲状腺素等。

**2. 病理性**　①心室肥大：高血压性心脏病、风湿性心脏瓣膜病、甲状腺功能亢进性心脏病、动脉导管未闭或室间隔缺损引起的先天性心脏病等，使患者心脏重塑、心肌肥大、心脏收缩力增强，心排血量增加引起心悸。②心脏搏动增强的其他疾病：如甲状腺功能亢进时心率增快，心搏出量增加；贫血时红细胞减少，血红蛋白携氧能力减低，组织缺氧，心脏代偿性增加心率引起心悸；发热时基础代谢率增加，心率增快也可引起心悸等。

### （二）心律失常

各种类型的心律失常引起心动过速、过缓或不规则时，均可发生心悸。

**1. 心动过速**　窦性心动过速、阵发性室上性心动过速、室性心动过速等，均可发生心悸。

**2. 心动过缓**　Ⅱ度房室传导阻滞、Ⅲ度房室传导阻滞、窦性心动过缓、窦性停搏、病态窦房结综合征等，由于心率缓慢，心室舒张期充盈度增加，心室收缩时强而有力，即可引发心悸。

**3. 其他心律失常**　期前收缩、心房扑动、心房颤动等，由于心脏跳动不规则或有代偿间歇，使患者感到心悸，甚至有停跳感觉。

### （三）心脏神经官能症

心脏本身无器质性病变，由自主神经功能紊乱所引起，多见于青年女性。主要表现有心悸、心率加快、疲乏、失眠、头晕、头痛、耳鸣、记忆力减退等神经衰弱表现，在焦虑、情绪激动等情况下更易发生。可见心悸不一定有心脏病，反之心脏病患者也可不发生心悸。

## 三、护理评估要点

**1. 评估健康史及诱因**　有无器质性心脏病、发热、贫血、甲亢等病史，有无烟、酒、浓茶、咖啡等嗜好，有无肾上腺素、麻黄碱、阿托品、氨茶碱、甲状腺素等药物的使用史，有无过度劳累、精神紧张等。

**2. 评估心悸的特点**　属于偶发还是频发，发作的时间，发作时患者的感受。

**3. 评估伴随症状**　注意有无心前区疼痛、发热、呼吸困难、晕厥、抽搐、失眠、多梦、多汗、乏力、消瘦、突眼、甲状腺肿大等。

**4. 评估心悸对人体功能性健康型态的影响**　是否对脏器功能及日常活动自理能力产生影响，是否有焦虑、恐惧等情绪变化及应对型态改变，是否存在睡眠型态改变等。

**5. 相关检查及护理经过**　评估是否应用过镇静剂或抗心律失常药物，药物名称、剂量、效果、不良反应等；是否安装人工心脏起搏器；是否做过相关辅助检查及其结果。

## 四、相关护理诊断/问题

**1. 恐惧**　与心悸发作时心前区不适感及担心预后有关。

**2. 知识缺乏**　缺乏心悸发作预防知识。

**3. 潜在并发症**　心律失常。

# 第八节　疼　痛

PPT

### ≫ 情境导入

**情景描述**　患者，男，30 岁，主诉心前区疼痛 3 小时，向左肩臂放射，伴有发热，查体：血压 100/70mHg，心率 100 次/分，心音遥远，律齐，无杂音，双肺未闻及啰音，ECG 示：$V_2 \sim V_4$ ST 段抬高。

**讨论**　1. 该患者胸痛最可能的病因是什么？
　　　　2. 该患者首优的护理问题是什么？

## 一、概述

疼痛（pain）是临床常见症状之一，也是患者就医的重要原因。它是一种个人主观的知觉体验和情感体验，是组织出现损伤或潜在损伤的一种警戒信号。

## 二、病因与发病机制

### （一）病因

疼痛的原因很多，本节重点介绍以下几种。

**1. 头痛**

（1）颅脑病变　颅内感染（脑炎、脑膜炎等）、脑血管意外（脑出血、脑栓塞、蛛网膜下腔出血等）、颅内占位性病变（脑肿瘤、颅内寄生虫病等）、颅脑外伤（脑震荡）等。

（2）颅外疾病　颈椎疾病及其他颈部疾病、颅脑神经病变（三叉神经痛）及眼、耳、鼻和牙齿疾病所致牵涉痛。

（3）全身性疾病　急性感染、心血管疾病、酒精中毒、一氧化碳中毒、尿毒症、肺性脑病、中暑等。

（4）神经官能症　如神经衰弱及癔症性头痛。

**2. 胸痛**

（1）胸壁疾病　急性皮炎、皮下蜂窝织炎、带状疱疹、肋间神经炎、肋骨骨折、急性白血病等。

（2）心血管疾病　心绞痛、心肌梗死、心肌炎、心包炎、主动脉夹层动脉瘤、二尖瓣或主动脉瓣病变、神经症等。

（3）呼吸系统疾病　胸膜炎、气胸、血胸、胸膜肿瘤、肺癌等。

（4）纵隔疾病　纵隔炎、纵隔气肿、纵隔肿瘤等。

（5）其他　肝癌、肝脓肿、反流性食管炎、食管癌、食管裂孔疝等。

**3. 腹痛**

（1）急性腹痛　①腹腔器官急性炎症：如急性胃炎、急性肠炎、急性胰腺炎、急性胆囊炎、急性阑尾炎等。②空腔脏器阻塞或扩张：如肠梗阻、肠套叠、胆结石、泌尿系统结石等。③脏器扭转或破裂：如肠扭转、胃肠穿孔、卵巢扭转、肝脾破裂、异位妊娠破裂等。④腹膜炎症：自发性或继发性腹膜炎。⑤腹腔内血管阻塞：如缺血性肠病、夹层腹主动脉瘤等。⑥腹壁疾病：如腹壁外伤、带状疱疹、脓肿。⑦胸腔疾病引起腹部牵涉痛：如心绞痛、心肌梗死、肺梗死等。⑧全身性疾病：如腹型过敏性紫癜、尿毒症、铅中毒等。

（2）慢性腹痛　①腹部慢性炎症：如慢性胃炎、慢性胆囊炎、腹膜炎、溃疡性结肠炎等。②消化性溃疡：胃溃疡、十二指肠溃疡。③运动障碍：如功能性消化不良、肠胀气等。④腹腔脏器扭转或梗阻：如胃肠扭转、卵巢扭转。⑤脏器肿胀与浸润：如肝炎、肝淤血、肝脓肿、肝癌等。

**4. 关节痛**

（1）关节疾病　①弥漫性结缔组织病：如类风湿关节炎、系统性红斑狼疮等。②退行性关节疾病：骨关节炎、骨关节病。③炎症：关节炎、腱鞘炎等。④强直性脊柱炎等。

（2）全身疾病　①代谢性疾病：痛风。②神经病变：神经根痛、椎管狭窄等。③骨骼疾病：骨质疏松、骨软化症。④肿瘤：骨肉瘤、骨转移瘤。⑤其他：外伤、血友病、药物、精神障碍等。

## （二）发病机制

疼痛发生的机制根据疾病不同而各异。各种刺激因子如炎症、缺氧、组织损伤、脏器张力改变、癌肿浸润、理化因素等刺激神经纤维产生痛觉冲动后，上传至大脑皮质引起痛感。

## 三、临床表现

### （一）头痛

**1. 发病情况**　急性起病伴发热者多为感染性疾病；持续的剧烈头痛，并有不同程度的意识障碍而无发热者，提示脑血管疾病；慢性头痛、逐渐加重并有颅内压增高时，应注意颅内占位性病变。

**2. 头痛部位**　偏头痛多在一侧；高血压引起的头痛多在额部或整个头部；蛛网膜下腔出血除头痛外伴有脑膜刺激征；眼、鼻、牙等部位引起的牵涉性头痛多局限浅表；颅内病变的头痛深且较弥散，疼痛多向病灶同侧放射。

**3. 头痛程度与性质**　头痛的程度与病情的严重性不完全一致。一般将头痛程度分为轻、中、重度三种。其中三叉神经痛、偏头痛及脑膜刺激的疼痛最为剧烈；脑肿瘤的头痛多为轻、中度；高血压性、血管性及发热性头痛多有搏动感；神经痛似电击样疼痛或刺痛。

**4. 头痛发生的时间** 鼻窦炎的头痛于清晨或上午较重；颅内占位性病变往往清晨加剧；脑部占位性病变的头痛多为慢性进行性加重。

**5. 影响头痛因素** 咳嗽、打喷嚏、摇头、俯身可使血管性头痛、颅内感染性头痛及脑肿瘤性头痛加剧。

#### （二）胸痛

**1. 发病年龄** 不同年龄出现胸痛后优先考虑的疾病不同。青壮年者注意结核性胸膜炎、自发性气胸、心肌炎、心肌病等，40 岁以上者须考虑心绞痛、心肌梗死和肺癌。

**2. 胸痛部位** 包括胸痛的部位和放射部位。胸壁炎症所致的胸痛伴有红、肿、热、痛表现；带状疱疹时水疱成簇状沿一侧肋间神经分布，一般不超过体表中线，疼痛剧烈；心绞痛及心肌梗死的疼痛多位于心前区胸骨后、剑突下，可向左肩和左臂、左小指末端内侧放射，也可向颈部、面颊部放射，易被误诊为牙痛，也可向腹部放射，易误诊为消化系统疾病；主动脉夹层的疼痛多位于胸背部，可向下腹、腰部与两侧腹股沟和下肢放射；胸膜炎、气胸引起的疼痛多在患侧腋中线附近；肺尖部肺癌以肩部、腋下疼痛为主，向上肢内侧放射。

**3. 胸痛性质** 胸痛的性质多种多样，如带状疱疹呈刀割样或灼烧样痛；反流性食管炎呈烧灼样；心绞痛呈压榨性绞痛；心肌梗死比心绞痛疼痛更为剧烈，伴濒死感；自发性气胸、主动脉夹层有撕裂样疼痛，后者程度更甚；胸膜炎呈隐痛、钝痛和刺痛；肺梗死时突发胸部剧烈疼痛或绞痛，常伴呼吸困难与发绀。

**4. 疼痛持续时间** 可为阵发性和持续性两种。平滑肌痉挛或血管狭窄缺血所致的疼痛为阵发性，如心绞痛发作 1～5 分钟；炎症、肿瘤、栓塞或梗死所致疼痛呈持续性，如心肌梗死疼痛一般在 30 分钟以上，未经治疗不易缓解。

**5. 影响疼痛因素** 主要为疼痛发生的诱因、加重与缓解的因素，如心绞痛发作常在劳力、劳累、精神紧张时诱发，休息后或舌下含服硝酸甘油后缓解；胸膜炎、心包炎的胸痛在咳嗽或用力呼吸时加重；反流性食管炎多在进食后 1 小时出现疼痛，体位改变时加重，服用制酸剂、抗酸剂或促进胃动力的药物后可减轻或消失。

#### （三）腹痛

**1. 腹痛部位** 通常疼痛部位多为病变所在部位。胃、十二指肠和胰腺疾病，疼痛多在中上腹部；胆囊、肝脏疾病疼痛多在右上腹部；阑尾疼痛部位在右下腹麦氏点；小肠疾病疼痛多在脐周；结肠疾病疼痛多在左下腹部；膀胱炎、盆腔炎及异位妊娠破裂疼痛亦在下腹部；急性腹膜炎时疼痛呈弥漫性或部位不定。

**2. 腹痛性质和程度** 突发的中上腹剧烈刀割样痛、烧灼样痛，多为胃、十二指肠溃疡穿孔；中上腹持续性隐痛多考虑慢性胃炎；慢性、周期性、节律性上腹痛考虑消化性溃疡；上腹部持续性钝痛或刀割样疼痛呈阵发性加剧多为急性胰腺炎；胆石症或泌尿系统结石常为阵发性剧烈绞痛；阵发性剑突下钻顶样疼痛是胆道蛔虫病的典型表现；压痛、反跳痛伴腹肌紧张提示为急性腹膜炎。

**3. 诱发因素** 胆囊炎或胆石症发作前常有进食油腻食物史；急性胰腺炎发作前常有暴饮暴食、酗酒史；腹部受暴力作用引起的剧痛伴有休克者，可能是肝、脾破裂所致。

**4. 发作时间** 餐后疼痛可能由于胆囊疾病、胰腺疾病、消化不良或消化道肿瘤引起；周期性、节律性上腹痛见于消化性溃疡；子宫内膜异位症的腹痛与月经周期相关；卵泡破裂者发作在月经间期。

**5. 与体位关系** 某些体位可使腹痛加剧或减轻。如急性胰腺炎者在弯腰屈膝侧卧时疼痛减轻；反流性食管炎者在躯体前屈时疼痛明显，直立位时疼痛减轻。

## （四）关节痛

**1. 关节疼痛**　疼痛程度一般与病情呈正比，但因个体耐受性差异，疼痛反应不完全相同。

**2. 其他表现**　常伴有关节肿胀、局部皮温增高、晨僵、关节畸形或功能障碍以及原发疾病的关节外表现等。

考点提示

常见疾病引起的疼痛特点。

## 四、护理评估要点

**1. 评估健康史及诱因**　评估年龄、职业、起病缓急，有无诱因。

**2. 评估疼痛的特点**　出现的部位、持续时间、程度和性质、加重或缓解等影响因素。

**3. 评估伴随症状**　注意有无发热、乏力、咳嗽、咳痰、呼吸困难、反酸、吞咽困难、消瘦、皮疹等，与进食、体位、情绪的关系。

**4. 评估疼痛对人体功能性健康型态的影响**　是否对日常活动自理能力产生影响，是否有焦虑、恐惧等情绪反应及应对型态改变，是否存在睡眠型态改变等。

**5. 相关检查及护理经过**　评估是否应用过止痛药物，药物名称、剂量、效果、不良反应等；是否明确原发疾病；是否做过相关辅助检查及其结果。

## 五、相关护理诊断/问题

**1. 疼痛**　与各种刺激因子作用于机体有关。

**2. 睡眠型态紊乱**　与剧烈疼痛影响睡眠有关。

**3. 活动无耐力**　与疼痛有关。

**4. 焦虑/恐惧**　与疼痛迁延不愈有关。

# 第九节　恶心与呕吐

PPT

## 一、概述

恶心（nausea）、呕吐（vomiting）是临床常见的症状。恶心为上腹部不适和紧迫欲吐的感觉。常伴有迷走神经兴奋的症状，如皮肤苍白、出汗、流涎、心动过缓、血压降低等，常为呕吐的前奏。一般先有恶心，继而呕吐，也可单独发生恶心或呕吐。呕吐是指通过胃的强烈收缩迫使胃或部分小肠的内容物经食管、口腔而排出体外的现象。呕吐可以排出体内有害物质，是机体的一种保护性动作。

## 二、病因与发病机制

### （一）病因

引起恶心与呕吐的病因很多，按发病机制可归纳为下列几类。

**1. 反射性呕吐**

（1）咽部受到刺激　如吸烟、剧咳、鼻咽部炎症等。

（2）胃、十二指肠疾病　急（慢）性胃炎、消化性溃疡、幽门梗阻等。

（3）肠道疾病　急性阑尾炎、肠梗阻、急性出血坏死性肠炎等。

（4）肝胆胰疾病　急性肝炎、肝硬化、急（慢）性胆囊炎或胰腺炎等。

（5）腹膜及肠系膜疾病　如急性腹膜炎。

（6）其他　如肾输尿管结石、急性盆腔炎、异位妊娠破裂、急性心肌梗死早期、青光眼等亦可出现恶心、呕吐。

**2. 中枢性呕吐**

（1）神经系统疾病　①颅内感染：如各种脑炎、脑膜炎、脑脓肿等。②脑血管疾病：如脑出血、脑梗死、高血压脑病等。③颅脑损伤：如颅内血肿、脑挫裂伤等。④脑肿瘤：如胶质瘤等。

（2）全身性疾病　如甲状腺危象、低血糖、尿毒症、糖尿病酮症酸中毒、早期妊娠、低钠血症等均可引起呕吐。

（3）药物　抗肿瘤药、某些抗生素、洋地黄、吗啡等可因兴奋呕吐中枢而致呕吐。

（4）中毒　乙醇、重金属、一氧化碳、有机磷农药等中毒均可引起呕吐。

（5）精神因素　如胃肠神经官能症、癔症、神经性厌食等。呕吐不费力，多不伴有恶心，吐后再进食，不影响营养状况。

**3. 前庭障碍性呕吐**　凡呕吐伴有听力障碍、眩晕等症状者，应考虑为前庭障碍性呕吐。如迷路炎是化脓性中耳炎的常见并发症；梅尼埃病为突发性的旋转性眩晕伴恶心呕吐；晕动病一般在乘船和乘车时发生。

**（二）发病机制**

恶心是由于胃蠕动减弱或消失、排空延缓，而十二指肠及近端空肠紧张性增加，导致十二指肠内容物反流到胃内引起的。

呕吐中枢位于延髓外侧网状结构背外侧，迷走神经核附近，接受来自消化道、内脏神经、大脑皮质、内耳前庭、冠状动脉、视神经、痛觉感受器以及化学感受器触发带（位于延髓第四脑室的底面，接受来自血液循环中的化学物质或药物，如吗啡、洋地黄等，与内生代谢产物，如感染、尿毒症等的刺激）的传入冲动，支配呕吐的动作。通常把内脏神经末梢传入冲动引起的呕吐称为反射性呕吐，而化学感受器触发带受刺激后引起的呕吐称为中枢性呕吐。

## 三、临床表现

**1. 恶心与呕吐的特点**　反射性呕吐常有恶心先兆，吐后常有轻松感；中枢性呕吐呈喷射性、较剧烈且多无恶心先兆，吐后不感到轻松，可伴剧烈头痛及不同程度的意识障碍；前庭功能障碍引起的呕吐与头部位置改变有密切关系，多伴有眩晕、眼球震颤、恶心、心悸、出汗、血压下降等自主神经功能失调症状；神经性呕吐常与精神或情绪因素有关，一般无恶心先兆，进食后即吐，吐后又可进食。

**2. 呕吐的时间**　晨起呕吐见于早期妊娠、尿毒症、慢性酒精中毒或功能性消化不良；鼻窦炎患者因起床后脓液经鼻后孔流出刺激咽部，亦可致晨起恶心、干呕；晚上或夜间呕吐见于幽门梗阻。

**3. 呕吐与进食的关系**　进食过程中或餐后即刻呕吐，可能为幽门管溃疡或神经性呕吐；餐后1小时以上呕吐称延迟性呕吐，提示胃张力下降或胃排空延迟；餐后较久或数餐后呕吐见于幽门梗阻，呕吐物可有隔夜宿食；餐后近期呕吐，特别是集体发病者，多由食物中毒所致。

**4. 呕吐物的性质**　带发酵、腐臭味的隔夜食物提示幽门梗阻；带粪臭味提示低位肠梗阻；不含胆汁说明梗阻平面多在十二指肠乳头以上；含多量胆汁则提示在此平面以下；上消化道出血常呈咖啡色甚至鲜红色呕吐物；急性胰腺炎呕吐频繁且剧烈，吐出的胃内容物甚至伴有胆汁；有机磷农药中毒者呕吐物带大蒜味。

> **考点提示**
>
> 恶心、呕吐的特点及性质。

## 四、护理评估要点

**1. 恶心、呕吐发作的病因及诱因** 如有无中枢神经系统的感染、急性胃肠炎、药物、晕车等；与体位、活动、进食、药物及咽部刺激等是否有关；是否有加重与缓解的因素。

**2. 恶心、呕吐的特点与持续时间** 呕吐物的量、性状及气味，是否有腐臭酸味，是否有胆汁等。发生及持续时间，如晨起或夜间、间歇性还是持续性；发作的频率、严重程度等。

**3. 评估伴随症状** 伴腹痛、腹泻者多见于急性胃肠炎或细菌性食物中毒等；伴右上腹痛及发热、寒战或有黄疸者应考虑胆囊炎或胆石症；伴头痛及喷射性呕吐者常见于颅内高压症；伴眩晕、眼球震颤者，见于前庭器官疾病；应用某些药物如抗生素与抗癌药物等，则呕吐可能与药物副作用有关；已婚育龄妇女早晨呕吐者可能是早孕。

**4. 评估呕吐对人体功能性健康型态的影响** 评估有无进食及体重的变化，水、电解质及酸碱平衡紊乱等营养与代谢型态的改变；儿童、老人及意识障碍者，应评估呼吸道是否通畅，有无出现窒息；长期反复的恶心、呕吐者，应评估精神状态，焦虑、抑郁及恐惧的程度，以及呕吐是否与精神因素有关等。

**5. 相关检查及护理经过** 评估做过相关辅助检查及其结果；应用药物名称、剂量、效果、不良反应等。

## 五、相关护理诊断/问题

**1. 体液不足（有体液不足的危险）** 与呕吐引起体液丢失过多及摄入量不足有关。

**2. 营养失调：低于机体需要量** 与长期频繁呕吐和食物摄入量不足有关。

**3. 有误吸的危险** 与呕吐物误吸入肺内有关。

**4. 潜在并发症** 肺部感染、窒息。

> **考点提示**
>
> 恶心、呕吐的相关护理诊断。

# 第十节 腹泻与便秘

PPT

## 一、腹泻

### （一）概述

正常粪便为成形软便，每日 2～3 次至 2～3 日 1 次，且不含异常成分。腹泻（diarrhea）是指排便次数增多，粪质稀薄、粪便含水量增加，或带有未消化的食物、黏液、脓血。根据病程腹泻可分为急性腹泻和慢性腹泻。病程不足 2 个月者为急性腹泻，超过 2 个月者为慢性腹泻。

### （二）病因与发病机制

**1. 病因**

（1）急性腹泻 ①肠道疾病：由细菌、病毒、真菌、原虫、蠕虫等感染引起的肠炎及急性出血坏死性肠炎、溃疡性结肠炎急性发作等均可引起腹泻。②急性中毒：进食毒蕈、河豚、鱼胆及某些化学物质（砷、磷、铅、汞等）中毒所引起的腹泻。③全身性感染：如败血症、伤寒或副伤寒等。④其他：如过敏性紫癜、变态反应性肠炎、某些内分泌疾病如甲状腺危象、服用某些药物如利血平、5－氟尿嘧啶等也可引起腹泻。

（2）慢性腹泻　①消化系统疾病：如胃部疾病中的慢性萎缩性胃炎、胃大部切除术后引起的胃酸缺乏等；肠道感染中的肠结核、慢性细菌性痢疾等；肠道非感染性病变如溃疡性结肠炎、克罗恩病、吸收不良综合征等；小肠、结肠的恶性肿瘤等；胰腺疾病中的慢性胰腺炎、胰腺癌等；肝胆疾病如肝硬化、慢性胆囊炎等。②全身性疾病：促胃泌素瘤、甲状腺功能亢进症、尿毒症、系统性红斑狼疮等。③药物副作用：服用利血平、抗肿瘤药、洋地黄类药物等。④神经功能紊乱：如肠易激综合征等。

**2. 发病机制**　腹泻的发病机制较复杂，有些因素可以互为因果。从病理生理角度可归纳为以下几方面。

（1）分泌性腹泻　主要由于胃肠黏膜分泌过多的液体所引起的腹泻。如霍乱、沙门菌属感染等。当霍乱弧菌外毒素刺激肠黏膜细胞内的腺苷酸环化酶时，促使细胞内环磷酸腺苷含量增加，从而引起大量水和电解质分泌到肠腔而导致腹泻。

（2）渗出性腹泻　是由溃疡、黏膜炎症、浸润性病变使病变处血管通透性增加，导致血浆、黏液、脓血渗出而引起的腹泻，见于各种肠道炎症疾病。

（3）渗透性腹泻　是由于肠腔内渗透压增高，阻碍了肠内水分和电解质的吸收而引起的腹泻，如缺乏乳糖酶时，乳糖不能水解而形成肠内高渗。此外，服用甘露醇等高渗性药物时引起的腹泻也属于渗透性腹泻。

（4）动力性腹泻　是由于肠蠕动亢进致肠内食糜停留时间缩短，未被充分吸收所引起的腹泻，如肠炎、胃肠功能紊乱及甲状腺功能亢进症等疾病。

（5）吸收不良性腹泻　是由于肠黏膜面积减少或吸收障碍引起的腹泻，比如小肠大部切除、吸收不良综合征等。

**（三）临床表现**

**1. 起病及病程**　急性腹泻起病骤然，病程较短，多因感染或食物中毒所引起；慢性腹泻起病缓慢，病程较长，可呈持续性或间歇性。常见于慢性感染、非特异性炎症、吸收不良、肠道肿瘤等。

**2. 腹泻次数及粪便性质**　急性感染性腹泻患者，每天排便次数可多达10次以上，粪便量多而稀薄，常含病理成分；慢性腹泻患者，每天排便数次，可为稀便，伴或不伴肠绞痛，也可带有黏液、脓血，腹泻与便秘可交替出现。常见于慢性痢疾、炎症性肠病及结肠、直肠癌等疾病。小肠病变引起的腹泻，粪便呈糊状或水样，可含有未完全消化的食物成分；大肠病变引起的腹泻，粪便可含黏液、脓、血；黏液血便或黏液脓血便多见于细菌性感染；暗红色或果酱样粪便常见于阿米巴痢疾；血水或洗肉水样粪便可见于急性出血坏死性肠炎等；米泔水样粪便常见于霍乱和副霍乱；粪便内含大量脂肪及泡沫，多为胰腺疾病或肠道吸收不良所致。粪便中带黏液而无病理成分者常见于肠易激综合征。

**（四）护理评估要点**

**1. 相关病史与诱因**　有无与腹泻相关的疾病史、用药史；有无饮食不洁或摄入刺激性食物；腹泻是否与劳累、紧张、受凉等有关。

**2. 腹泻程度与排便状况**　腹泻发生的时间、排便次数、粪便性状、气味和量；有无里急后重等伴随症状。

**3. 评估伴随症状**

（1）伴腹痛　急性腹泻常伴有腹痛，尤以感染性腹泻较为明显。小肠疾病的腹泻疼痛部位常在脐周，排便后腹痛缓解不明显；而结肠疾病引起的腹泻疼痛部位多在下腹，排便后常可缓解；病变累及直肠者可表现为里急后重；分泌性腹泻常没有明显腹痛。

（2）伴消瘦　见于甲状腺功能亢进症、肠道恶性肿瘤、长期慢性腹泻导致消化吸收障碍等。

（3）伴发热　伴高热者见于急性细菌性痢疾、伤寒、副伤寒等；伴低热见于局限性肠炎、溃疡性结肠炎、肠结核等。

**4. 腹泻对人体功能性健康型态的影响** 有无与脱水相关的症状和体征，如生命体征、神志、尿量、皮肤弹性等有无变化；有无肌肉无力、腹胀、肠鸣音减弱、心律失常等低钾血症表现，必要时可做血清电解质测定；有无呼吸深大等代谢性酸中毒的表现；有无消瘦、肛周皮肤糜烂破损等营养与代谢型态的改变；有无睡眠与休息型态的改变；有无紧张、焦虑、抑郁等压力与应对型态的改变。

**5. 诊断、治疗与护理经过** 是否进行与该症状相关的粪便检查及检查结果；是否采取适宜的治疗与护理措施，效果如何。

### （五）相关护理诊断/问题

**1. 腹泻** 与肠道感染、吸收不良等因素有关。

**2. 体液不足（有体液不足的危险）** 与腹泻所致的体液丢失过多有关。

**3. 营养失调：低于机体需要量** 与长期性腹泻有关。

**4. 有皮肤完整性受损的危险** 与频繁腹泻及排泄物刺激肛周皮肤有关。

**5. 潜在并发症** 电解质紊乱、代谢性酸中毒等。

**6. 焦虑** 与慢性腹泻迁延不愈有关。

## 二、便秘

### （一）概述

便秘（constipation）是指大便次数减少，一般每周大便次数少于 3 次，且无规律，常伴有排便困难、粪便干结。但有少数人平常的排便习惯是 2～3 天大便一次，且大便性状正常，此种情况正常。便秘是临床上常见的症状，多长期持续存在，影响患者的生活质量。便秘的病因多样，以肠道疾病为最常见，但诊断时也应注意排除其他病因。便秘根据有无器质性病变，分为器质性便秘和功能性便秘；按病程分为急性便秘和慢性便秘。

### （二）病因与发病机制

**1. 病因**

（1）功能性便秘　①生活不规律、精神因素导致排便习惯改变；②由于进食量少或食物缺少纤维素及水分，对结肠运动的刺激减少；③腹肌及盆肌张力不足，排便动力缺乏，难以将粪便排出体外，如多次妊娠等情况；④长期滥用泻药的患者形成对泻药的依赖，停止使用后不易排便；⑤服用吗啡类药以及含钙、铝等药物的患者，可使肠肌松弛而引起便秘；⑥结肠运动功能障碍的患者，如年老体弱者可使结肠平滑肌张力减退，从而引起便秘；⑦肠痉挛致排便困难，如肠易激综合征。

（2）器质性便秘　①直肠和肛门病变引起肛门括约肌痉挛，排便时疼痛造成患者对排便的恐惧，如肛裂、痔疮和溃疡等；②腹腔或盆腔内肿块的压迫；③结肠良性或恶性肿瘤，各种原因引起的肠梗阻、肠粘连等；④全身性疾病使肠肌松弛，排便无力，见于尿毒症、糖尿病患者。

**2. 发病机制** 食物在消化道经消化吸收后，剩余不能再吸收的食糜残渣随肠蠕动由小肠输送至结肠，结肠黏膜进一步吸收食糜残渣中的水分和电解质，粪便一般在横结肠内逐渐形成，经过乙状结肠运至直肠，直肠黏膜受到粪便充盈扩张的机械性刺激后，产生感觉冲动，冲动经盆腔神经、腰骶脊髓神经传入大脑皮质，再经过传出神经将冲动传到直肠，使直肠肌收缩、肛门括约肌松弛，然后腹肌与膈肌同时收缩使粪便由肛门排出体外。排便反射过程的任何一个环节出现障碍，都可导致便秘。便秘发生机制中常见的因素有以下几点：①由于摄入的食物或水分过少，所以肠道内的食糜残渣或粪便的量也少，不足以刺激结肠正常的蠕动；②肠道的蠕动减弱及肠道肌肉张力减低；③肠腔内有狭窄或梗阻存在，使正常的肠蠕动受阻碍，导致粪便不能下排，如肠梗阻等；④排便反射过程中的神经及肌肉活动障碍，如排便反射减弱或消失、肛门括约肌痉挛、腹肌及膈肌收缩力减弱等。

### （三）临床表现

急性便秘多为器质性便秘，常有原发性疾病的临床表现；慢性便秘多属单纯功能性便秘，常无特殊表现，患者可表现为口苦、食欲减退、腹胀、头晕及疲乏等神经功能症状，但一般不严重。长期便秘也可出现排便紧张和焦虑。慢性习惯性便秘多发生在中老年人，尤其是经产妇。

### （四）护理评估要点

**1. 相关病史与诱因**　①饮食习惯，包括饮食种类、是否含足量纤维素、有无偏食和进水量等；②有无影响排便习惯的各种因素存在，如生活条件改变、情绪紧张等；③是否长期滥用泻药及引起便秘的其他药物，并询问药物的种类及疗程；④有无患者长期卧床等情况；⑤有无引起便秘的各类肠道疾病、腹腔疾病等。

**2. 评估便秘情况**　了解便秘的发生与病程，便秘是近期突然出现的，还是长期持续存在的；是偶尔发生还是间歇发作；是于腹泻之后发生，还是与腹泻交替出现。既往排便习惯以及现在的排便频度、排便量、粪便性状、排便是否费力，排便时有无腹部饱胀感、残便感、有无肛裂、出血等。

**3. 评估伴随症状**

（1）伴剧烈腹痛、腹胀及呕吐　应考虑肠梗阻的可能。肠梗阻时，腹部听诊多可闻及肠鸣音亢进，晚期可发生肠麻痹。

（2）伴腹部包块　可能为结肠肿瘤、粪块、肠结核及克罗恩病等。

（3）便秘与腹泻交替　多提示为肠结核、克罗恩病、慢性溃疡性结肠炎或肠易激综合征等。

（4）伴精神紧张多见于功能性便秘。

**4. 便秘对人体功能性健康型态的影响**　有无肛周疼痛及缺乏预防便秘的知识等认知与感知型态的改变；有无肛裂、营养与代谢型态的改变；有无紧张、焦虑、烦躁、抑郁等压力与应对型态的改变。

**5. 诊断、治疗与护理经过**　是否进行与该症状相关的粪便检查及检查结果；是否采取适宜的治疗与护理措施，效果如何。

### （五）相关护理诊断/问题

**1. 便秘**　与长期卧床、饮食中纤维素含量过少、滥用泻药、排便环境改变等有关。

**2. 组织完整性受损（有组织完整性受损的危险）**　与粪便过于干硬所致的肛周组织损伤有关。

**3. 疼痛**　与粪便干硬、排便困难所致的肠痉挛有关。

**4. 知识缺乏**　缺乏保持定时排便及预防便秘的有关知识。

**5. 焦虑**　与便秘反复发生有关。

# 第十一节　呕血与便血

PPT

## 一、概述

呕血（hematemesis）与便血（hematochezia）是消化道出血的常见症状。呕血是指由屈氏韧带以上的消化道包括食管、胃、十二指肠、肝、胆、胰腺疾病或全身性疾病所致的急性上消化道出血，血液从口腔呕出。在确定呕血之前，必须排除口腔、鼻、咽喉等部位的出血以及咯血。便血是指消化道出血，血液经肛门排出。便血可呈鲜红、暗红或黑色（柏油样）。呕血一般都伴有黑便，黑便不一定都伴有呕血。少量的消化道出血，不引起粪便颜色改变，隐血试验阳性，称隐血便。

## 二、病因与发病机制

### （一）病因

引起消化道出血的病因很多，可归纳为以下几类。

**1. 上消化道疾病**

（1）食管疾病　食管炎、食管癌及食管损伤等。

（2）胃及十二指肠疾病　消化性溃疡、药物或应激所致的急性胃黏膜病变、慢性胃炎、胃癌等。

（3）肝、胆疾病　肝硬化所致的食管或胃底静脉曲张破裂、急性出血性胆管炎、胆管癌及胆石症等。

（4）胰腺疾病　急性胰腺炎、胰腺癌等。

**2. 下消化道疾病**

（1）小肠疾病　肠套叠、小肠肿瘤、肠伤寒、急性出血坏死性肠炎等。

（2）结肠疾病　结肠癌、结肠息肉、溃疡性结肠炎及细菌性痢疾、阿米巴痢疾等。

（3）直肠肛管疾病　直肠癌、直肠息肉、痔疮、肛裂等。

**3. 全身性疾病**

（1）血液疾病　白血病、血小板减少性紫癜、血友病等。

（2）感染性疾病　急性重症肝炎、流行性出血热、钩端螺旋体病等。

（3）结缔组织病　系统性红斑狼疮、皮肌炎等。

（4）其他　呼吸衰竭、尿毒症等。

上述病因中，以消化性溃疡最常见，其次为食管或胃底静脉曲张破裂，再次为急性胃黏膜病变。

### （二）发病机制

**1. 门静脉高压**　主要表现为食管和胃底的静脉曲张。一方面曲张的静脉压力不断增加使静脉壁变薄，同时曲张的静脉还会经常受到食物的摩擦，引起曲张静脉破裂出血；另一方面食管静脉缺乏静脉瓣，使胃冠状静脉的血不断被灌入食管静脉，屏气、用力排便等均可引起腹压增高造成食管下段曲张静脉破裂出血。

**2. 炎症与溃疡**　炎症是引起呕血与便血的常见病变。当溃疡活动期侵蚀较大血管时，可引起大量出血。

**3. 肿瘤**　常因瘤体表面糜烂、溃疡及缺血性坏死，病变侵蚀血管而出血。肿瘤引起的上消化道出血中，以胃癌最多见。

**4. 损伤**　常见的损伤包括化学性损伤和机械性损伤。化学性损伤见于强酸、强碱引起的急性腐蚀性病变，黏膜发生糜烂、溃疡致出血；机械性损伤主要是非外力性的自发性损伤，如食管贲门黏膜撕裂综合征、食管异物等。

## 三、临床表现

**1. 呕血与黑便**　是上消化道出血的特征性表现。呕血与黑便的颜色与出血部位、出血量、出血速度有关。出血部位在幽门以上以呕血为主，常伴有黑便；出血部位在幽门以下则以黑便为主，一般无呕血；若出血量大且速度快，血液在胃内停留时间短，呕吐物呈鲜红色或暗红色，常伴有血块；若出血量小且速度慢，血液在胃内停留时间长，血红蛋白与胃酸作用，形成正铁血红蛋白，呕吐物呈棕褐色或咖啡渣样。黑便的颜色与出血量及肠蠕动的快慢有关。若出血量小，血液在肠内推进慢，血红蛋白中铁与肠内硫化物作用形成硫化铁，粪便呈柏油样；若出血量大或肠蠕动快，血液在肠内停留时间短，粪便可呈暗红色甚至鲜红色。

**2. 失血性周围循环衰竭**　上消化道出血患者出血量为血容量的 10% 以下时，患者一般无明显表现；出血量为血容量的 10% ~20% 时，患者表现为头晕、乏力、心悸，多无血压、脉搏等变化；出血量超过血容量的 20% 时，患者常表现为口干、出冷汗、四肢湿冷、心跳加速等急性失血症状；出血量超过血容量的 30% 时，则患者会出现面色苍白、意识模糊、脉搏细速、血压下降、呼吸急促及少尿或无尿等失血性休克的表现。

**3. 发热**　上消化道大出血后，多数患者可有低热，但一般不超过 38.5℃，可持续 3~5 天，发热可能为失血性休克后，引起下丘脑体温调节中枢功能不稳定所致，其机制尚不清楚。

**4. 血液改变**　早期血液检查改变不明显，由于组织液的渗出及输液等，血液被稀释，血红蛋白和红细胞比容降低。

> 💡 **知识链接**
>
> ### 柏油样便
>
> 　　红细胞在肠道内分解时，血红蛋白铁在胃酸和肠道大肠埃希菌等细菌的作用下，与粪便中的硫化物结合成为黑色的硫化铁，使大便变黑；而且硫化铁刺激肠壁，使黏膜分泌大量黏液，大便因此呈现出像柏油样的油性光泽，称为柏油样便。

## 四、护理评估要点

**1. 确定是否是消化道出血引起的呕血与便血**　口腔、鼻腔、咽喉等部位出血及咯血也可以从口腔吐出或咽下后经胃肠道以黑粪排出，均不属于上消化道出血，应注意鉴别。此外，食用动物血、肝、服用铁剂、铋剂也可导致粪便发黑，但一般为灰黑色无光泽，隐血试验阴性，可与消化道出血致血便、黑便鉴别。

**2. 病因或诱因**　主要根据既往史、伴随症状和体征来判断病因；根据出血前有无酗酒、进食粗硬或刺激性食物、劳累或精神紧张、剧烈呕吐等，明确出血的病因及诱因，对出血抢救的护理配合具有重要意义。

**3. 评估出血的量与出血是否停止**

（1）出血量的估计　呕血与便血的次数、颜色、形状及全身反应作为估计出血量的参考。粪便隐血试验阳性表示每天出血量大于 5ml；出现黑便表示出血量在 50~70ml 以上；呕血表示胃内积血量达 250~300ml。伴随体位改变出现头晕、黑矇、心悸、口渴、冷汗表示血容量不足，出血量较大。

> 💡 **考点提示**
>
> 消化道出血出血量的判断。

（2）出血是否停止　可通过以下几方面来评估：①呕血和（或）黑便的次数与量是否减少或停止；②临床表现是否好转或消失；③实验室检查是否逐渐恢复等。

**4. 一般情况**　有无头晕、口渴、心悸及出汗的现象；有无尿量减少、四肢湿冷、血压下降、脉搏加快等休克征象。

**5. 评估伴随症状**　有无腹痛、肝脾肿大、黄疸等伴随症状。①伴上腹痛：中青年人出现慢性反复发作的上腹痛并带有周期性与节律性，多为消化性溃疡；中老年人，慢性上腹痛，疼痛无明显规律性并有畏食及消瘦者，应警惕胃癌。②伴肝脾大：脾大、蜘蛛痣、肝掌、腹壁静脉曲张或有腹水，提示肝硬化门脉高压，食管静脉曲张破裂出血。肝脏明显大，质地坚硬，表面凹凸不平或有结节，血液化验甲胎蛋白（AFP）阳性者多为肝癌。③伴黄疸：黄疸、寒战、发热伴右上腹绞痛而呕血者，可能由肝胆疾病所引起。④伴皮肤黏膜出血：常与血液疾病及凝血功能障碍的疾病有关。⑤其他：近期有无服用非甾体类药物史、颅脑手术史，应考虑急性胃黏膜病变；在剧烈呕吐后继而呕血，应注意食管贲门黏膜撕裂。

**6. 呕血与便血对人体功能性健康型态的影响**　主要为有无乏力、头晕、面色苍白、活动后心悸等活动与运动型态的改变；有无紧张、焦虑、恐惧等压力与压力应对型态的改变。

**7. 诊疗及护理经过**　是否做过内镜检查；实验室检查结果如何；补充血容量所用药物的种类及液体总量；是否给予输血治疗；应用了哪些止血措施及护理措施、效果如何。

## 五、相关护理诊断/问题

**1. 组织灌注量改变**　与消化道出血所致血容量减少有关。

**2. 恐惧/焦虑**　与急性上消化道大量出血、长期便血未能确诊有关。

**3. 活动无耐力**　与呕血、便血所致贫血有关。

**4. 知识缺乏**　与缺乏有关出血病因及防治知识有关。

**5. 潜在并发症**　休克、急性肾衰竭。

# 第十二节　黄　疸

PPT

## 一、概述

黄疸（jaundice）是由于血清总胆红素（total bilirubin，TB）浓度升高致使皮肤、黏膜和巩膜发生黄染的现象。正常人的血清总胆红素浓度为 1.7~17.1μmol/L，其中结合胆红素（conjugated bilirubin，CB）为 0~6.8μmol/L，非结合胆红素（unconjugated bilirubin，UCB）为 1.7~10.2μmol/L。当血清总胆红素浓度在 17.1~34.2μmol/L 时，黄疸不易察觉，称为隐性黄疸。当血清总胆红素浓度超过 34.2μmol/L 时，临床上即可以发现黄疸，称为显性黄疸。

## 二、病因与发病机制

体内的胆红素主要来源于血红蛋白，人体血液中衰老的红细胞经单核-吞噬细胞系统破坏和分解后，生成游离胆红素，又称为非结合胆红素，与血清白蛋白结合而被输送，不溶于水，不能通过肾小球滤过，因此不能由尿液排出。非结合胆红素由肝脏摄取，在肝细胞内葡萄糖醛酸转移酶的催化下与葡萄糖醛酸结合，形成结合胆红素，呈水溶性，可通过肾小球滤过而由尿液排出。

结合胆红素随胆汁排入肠道后经细菌的脱氢作用，被还原生成尿胆原，大部分的尿胆原随大便排出体外，经空气氧化成粪胆素，成为粪便中的主要色素成分。小部分尿胆原（10%~20%）则在肠道内被重吸收，经肝门静脉回到肝脏，其中的大部分再转变为结合胆红素，又随胆汁排入肠腔，即形成胆红素的肝肠循环，被重吸收回肝的小部分尿胆原随血液循环经肾随尿排出体外，称为尿胆素。

正常情况下，进入与离开血循环的胆红素保持动态平衡，血清中胆红素的浓度保持相对恒定。胆红素生成过多，肝细胞对胆红素的摄取、结合、排泄发生障碍，或肝内、外胆管堵塞，都可导致胆红素浓度增高出现黄疸。临床按黄疸的发生机制将其分为溶血性黄疸、肝细胞性黄疸和胆汁淤积性黄疸三种类型。

### 1. 溶血性黄疸

（1）病因　凡能引起溶血的疾病都可导致溶血性黄疸。常见的病因有：①先天性溶血性贫血，如地中海贫血、遗传性球形红细胞增多症等；②后天获得性溶血性贫血，如自身免疫性溶血性贫血、新生儿溶血、不同血型输血后的溶血以及蚕豆病等。

（2）发病机制　由于红细胞大量被破坏，产生过多的非结合胆红素，超过肝脏对非结合胆红素的摄取、结合和排泄能力，使血液中非结合胆红素的浓度升高；另外，溶血所致的贫血、缺氧降低了肝细胞对胆红素的代谢能力，导致血液中非结合胆红素的浓度增高而出现黄疸（图3-7）。

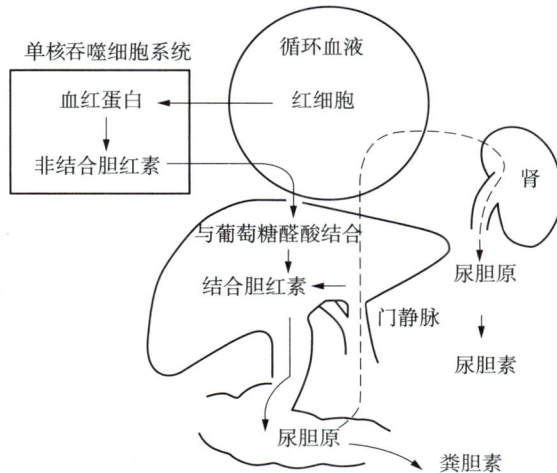

**图3-7　溶血性黄疸的发生机制**

**2. 肝细胞性黄疸**

（1）病因　凡见于各种使肝细胞广泛损害的疾病，如病毒性肝炎、中毒性肝炎、肝硬化、肝癌等。

（2）发病机制　由于肝细胞受损，使肝脏对胆红素的摄取、结合及排泄能力下降，因而血中的非结合胆红素浓度增加。同时未受损的肝细胞仍然能将非结合胆红素转变成结合胆红素，结合胆红素一部分经毛细胆管从胆管排泄，另一部分因肝细胞肿胀、坏死及小胆管内胆栓形成使胆汁排泄障碍反流入血液，导致血中结合胆红素亦增加而出现黄疸（图3-8）。

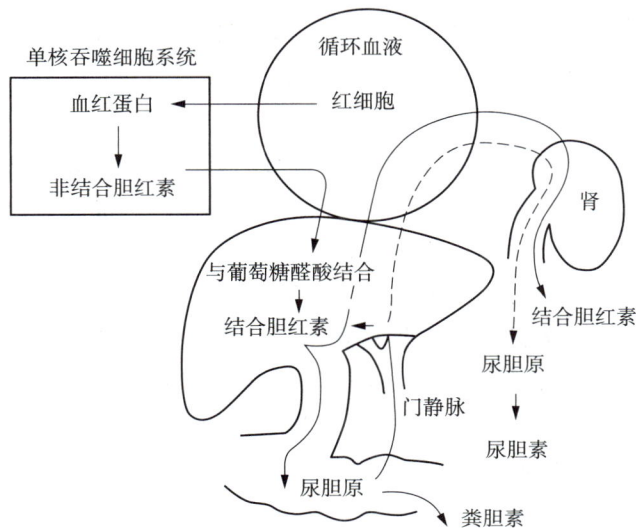

**图3-8　肝细胞性黄疸的发生机制**

**3. 胆汁淤积性黄疸**

（1）病因　胆汁淤积性黄疸又称阻塞性黄疸，根据胆管阻塞的部位可以分为肝外阻塞和肝内阻塞两类：①肝外阻塞的常见病因有胆总管结石、炎性水肿、蛔虫及肿瘤等；②肝内阻塞常见于肝内泥沙样结石、毛细胆管型肝炎、原发性胆汁性肝硬化、药物性黄疸等疾病。

（2）发病机制　由于胆管阻塞，阻塞上方的压力增高，胆管扩张，导致小胆管与毛细胆管发生破裂，胆汁中的结合胆红素反流入血（图 3–9）。另外，由于胆汁分泌功能的障碍，毛细胆管通透性增加，胆汁浓缩而流量减少，可导致胆管内胆盐沉淀及胆栓形成。

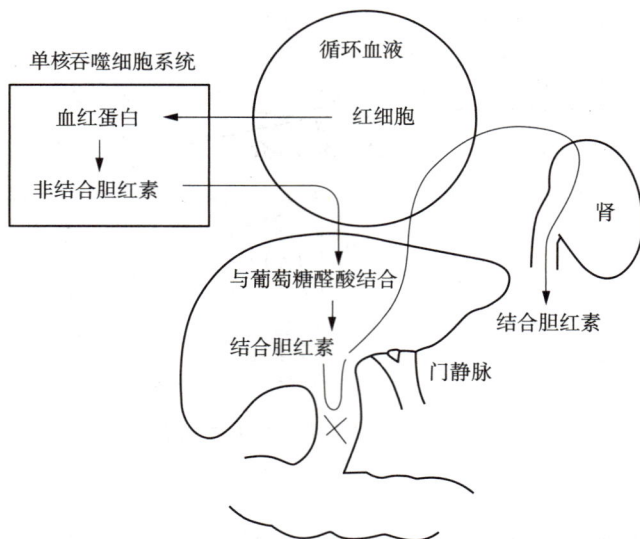

图 3–9　胆汁淤积性黄疸的发生机制

## 三、临床表现

**1. 溶血性黄疸**　一般黄疸较轻，皮肤呈浅柠檬黄色，无皮肤瘙痒，粪色加深。急性溶血时可伴有寒战、高热、头痛、腹痛及腰痛，并有明显的贫血和血红蛋白尿（尿液呈酱油色或浓茶色），严重患者可因血红蛋白堵塞肾小管而发生急性肾衰竭；慢性溶血者多为先天性，以贫血、黄疸和脾大为主要表现。

**2. 肝细胞性黄疸**　皮肤黏膜呈浅黄至深黄色，常有皮肤瘙痒，尿色加深，粪便颜色不变或变浅。常伴有肝脏原发疾病的表现，如病毒性肝炎可有乏力、食欲减退、厌油、肝脏肿大、肝区疼痛；肝硬化患者多较瘦，皮肤黝黑，可有蜘蛛痣，肝脏肿大，质偏硬，常无压痛，脾肿大，晚期常有上消化道出血、腹水等；肝癌患者，肝区疼痛明显，肝脏肿大，质硬，表面凹凸不平，晚期可呈恶病质。

**3. 胆汁淤积性黄疸**　黄疸多较严重，皮肤呈暗黄色，完全阻塞者皮肤颜色更深，呈黄绿或绿褐色，尿色深如浓茶，粪便颜色变浅，肝外胆管发生完全阻塞时患者粪便呈白陶土色。同时可有原发病的表现，如急性化脓性胆管炎可伴有上腹剧痛、高热、寒战等；胰头癌所致的阻塞性黄疸呈进行性、伴无痛性胆囊肿大。另外，因脂溶性维生素 K 的吸收障碍，常伴有出血倾向，因血中胆盐潴留，常有皮肤瘙痒。

综上所述，黄疸可以根据血生化及尿液检查进行初步分类，再根据临床表现及辅助检查确定病因及性质。三种黄疸实验室检查的区别见表 3–3。

> **考点提示**
> 黄疸的分类、各类黄疸的特点及相互间的鉴别。

表 3 – 3　三种黄疸实验室检查的区别

| 类别 | 总胆红素 | 非结合胆红素 | 结合胆红素 | 尿胆红素 | 尿胆原 |
| --- | --- | --- | --- | --- | --- |
| 溶血性黄疸 | 增高 | 明显增高 | 正常 | （－） | （＋＋） |
| 肝细胞性黄疸 | 增高 | 增高 | 增高 | （＋） | （＋） |
| 胆汁淤积性黄疸 | 增高 | 正常 | 明显增高 | （＋＋） | （－） |

## 四、护理评估要点 e 微课

**1. 确定有无黄疸**　注意与假性黄疸鉴别，如食用过多的胡萝卜、南瓜、橘子等可使血中胡萝卜素增加而引起皮肤黄染，但主要以手掌、足底、前额及鼻部等部位明显。

**2. 病因与诱因**　了解有无溶血性疾病、肝病、胆石症、胆道蛔虫病等病史，有无长期服药或大量饮酒史，有无与肝炎患者密切接触史及近期内血制品输注史，黄疸的发生与饮食有无关系，如葡萄糖 – 6 – 磷酸脱氢酶缺乏症患者食用蚕豆可以诱发急性溶血（蚕豆病）等。

**3. 黄疸的特点**　注意询问起病的缓急、持续时间、皮肤黄染的部位及色泽、是否进行性加重（黄疸持续性时间短且反复出现多为胆石症，进行性加重多提示肝癌、胰头癌，病程长且持续不退者见于胆汁性肝硬化）、是否伴有皮肤瘙痒、尿及粪便颜色变化、过去有无类似发作史等。

**4. 评估伴随症状**　①黄疸伴发热，见于急性胆管炎及各种原因引起的急性溶血；②黄疸伴腹痛，伴上腹剧痛见于胆管结石、胆道蛔虫病等；伴持续性上腹痛见于病毒性肝炎、肝癌；③黄疸伴腹水，见于肝硬化、肝癌；④黄疸伴肝大，见于早期肝硬化；⑤黄疸伴脾大，见于肝硬化等；⑥黄疸伴胆囊肿大，见于胰头癌、胆总管癌等。

**5. 黄疸对人体功能性健康型态的影响**　有无因皮肤瘙痒所致的睡眠与休息型态的改变，有无焦虑、恐惧等。

**6. 诊断、治疗与护理经过**　有无进行实验室检查，是否服用过药物，有无采取护理措施，效果如何。

## 五、相关护理诊断/问题

**1. 自我形象紊乱**　与黄疸所引起的皮肤、黏膜和巩膜黄染有关。

**2. 舒适的改变：皮肤瘙痒**　与胆红素排泄障碍和血中胆盐增高有关。

**3. 有皮肤完整性受损的危险**　与胆汁淤积所引起的皮肤瘙痒有关。

**4. 焦虑**　与皮肤、黏膜、巩膜黄染有关。

# 第十三节　意识障碍

PPT

## 一、概述

意识障碍（disturbance of consciousness）是指人体对周围环境和自身状态的识别和觉察能力出现障碍的一种精神状态。多由高级神经中枢功能活动（意识、感觉和运动）受损所引起，可表现为嗜睡、意识模糊和昏睡，严重的意识障碍表现为昏迷。

## 二、病因与发病机制

### （一）病因

**1. 感染性因素**

（1）颅内感染　如各种脑炎、脑膜炎、脑脓肿、颅内静脉窦感染等。

（2）全身严重感染　如败血症、肺炎、中毒性菌痢、伤寒等。

**2. 非感染性因素**

（1）颅脑疾病　①脑血管疾病，如脑出血、蛛网膜下腔出血、脑栓塞、脑血栓形成等；②颅内占位性病变，如脑肿瘤、脑血肿等；③颅脑外伤，如脑震荡、脑挫裂伤、颅骨骨折等；④癫痫。

（2）内分泌与代谢障碍　如甲状腺危象、糖尿病酮症酸中毒、尿毒症、肝性脑病、低血糖昏迷等。

（3）心血管疾病　如严重休克、高血压脑病、心律失常所致的阿－斯综合征等。

（4）水、电解质失衡　如稀释性低钠血症、低氯性碱中毒、高氯性酸中毒等。

（5）中毒　如服用安眠药及有机磷农药，一氧化碳、乙醇等中毒。

（6）物理性及缺氧性损害　如高温中暑、溺水、触电、日射病等。

### （二）发病机制

　　人的意识由意识内容及其"开关"系统两个部分组成。意识内容即大脑皮质功能活动，包括记忆、思维、定向力、情感以及通过视、听、语言和复杂运动等与外界保持紧密联系的能力。意识状态的正常与否取决于大脑半球功能的完整性，急性广泛性的大脑半球损害或半球下移压迫丘脑或中脑时，可导致不同程度的意识障碍。意识的"开关"系统包括经典的感觉传导通路和脑干网状结构。该系统可激活大脑皮质并使之维持一定水平的兴奋性，使机体处于觉醒状态，并在此基础上产生意识内容。由脑缺血、缺氧、热量供给不足及酶代谢异常等因素可引起脑细胞代谢紊乱、脑功能减退，出现不同程度的意识障碍。

## 三、临床表现

　　意识障碍可有以下不同程度的表现。

　　**1. 嗜睡（somnolence）**　是最轻的意识障碍，是一种病理性的倦睡，患者陷入持续的睡眠状态，可被唤醒，并能正确回答问题和做出各种反应，但当刺激去除后很快又再入睡。

　　**2. 意识模糊（confusion）**　是意识水平轻度下降，较嗜睡为深的一种意识障碍。患者能保持简单的精神活动，但对时间、地点、人物等的定向力发生障碍，思维和语言亦不连贯，可出现错觉、幻觉等。

　　**3. 昏睡（sopor）**　是较严重的一种意识障碍，接近于不省人事的意识状态。患者处于深睡状态，不易唤醒，虽在强烈刺激下（如压迫眶上神经、摇动患者身体等）可被唤醒，但很快又再入睡，醒时答话含糊或答非所问。

　　**4. 谵妄（delirium）**　是一种以兴奋性增高为特征的高级神经中枢急性活动失调状态。临床上表现为意识模糊、定向力丧失、幻觉、错觉、躁动不安、言语杂乱等。常见于急性感染的发热期、肝性脑病及急性酒精中毒等。由于病因不同，部分患者可以康复，有些患者则发展为昏迷。

　　**5. 昏迷（coma）**　为最严重的意识障碍，是大脑皮层和皮层下网状结构受高度抑制的一种状态。表现为患者意识状态丧失，运动、感觉和反射功能障碍，给任何刺激都不能使患者觉醒。按其程度可分为以下 3 个阶段。

　　（1）轻度昏迷　意识大部分丧失，无自主运动，对声、光刺激无反应，对疼痛刺激尚可以出现痛苦的表情或肢体退缩等防御反应。角膜反射、吞咽反射、瞳孔对光反射等反射可存在。脉搏、呼吸、血压无变化。

（2）中度昏迷　患者对周围事物及各种刺激均无反应，对于剧烈刺激可出现防御反射，角膜反射及瞳孔对光反射等均减弱或迟钝，无眼球转动。

（3）重度昏迷　患者意识完全丧失，全身肌肉松弛，对各种刺激完全无反应。深、浅反射都消失。脉搏、呼吸、血压常有改变。

## 四、护理评估要点

**1. 病因及诱因**　有无与意识障碍有关的健康史或诱发因素。如有无高血压、糖尿病、肝肾疾病、癫痫、发热等疾病；有无药物、毒物等接触史；注意评估意识障碍发生的缓急、发生时环境、精神状态等及既往有无类似发作状况。

**2. 意识障碍的程度**　根据患者的语言反应、对答是否切题、肢体活动、痛觉试验、角膜反射、瞳孔对光反射等判断意识障碍的程度。通常用格拉斯哥昏迷量表（Glasgow coma scale，GCS）对意识障碍的程度进行测定，评分项目由3部分组成，即睁眼反应、运动反应和语言反应，每个项目下进行反应的细化并针对不同患者赋予不同的分数，将所得到的分数总和作为判断患者昏迷的程度（表3-4）。GCS总分为3～15分；14～15分为正常；8～13分为意识障碍，≤7分为浅昏迷，<3分表示患者处于深昏迷。评估过程中应注意患者运动反应的刺激部位应以上肢为主，并以最佳反应记分。

表3-4　Glasgow 昏迷评分量表

| 评分项目 | 反应 | 得分 |
| --- | --- | --- |
| 睁眼反应 | 自动睁眼 | 4 |
|  | 呼唤睁眼 | 3 |
|  | 刺痛睁眼 | 2 |
|  | 不睁眼 | 1 |
| 运动反应 | 按指令活动 | 6 |
|  | 刺痛能定位 | 5 |
|  | 刺痛能躲避 | 4 |
|  | 刺痛肢体屈曲 | 3 |
|  | 刺痛肢体伸展 | 2 |
|  | 刺痛无反应 | 1 |
| 语音反应 | 回答准确 | 5 |
|  | 回答错误 | 4 |
|  | 语无伦次 | 3 |
|  | 只能发声 | 2 |
|  | 不能发音 | 1 |

**3. 评估伴随症状**

（1）伴发热　先发热后有意识障碍见于重症感染性疾病，如病毒性脑炎、中毒性肺炎等。先有意识障碍后有发热，见于脑出血、蛛网膜下腔出血。

（2）伴瞳孔改变　双侧瞳孔散大见于阿托品中毒、濒死患者等；双侧瞳孔缩小见于有机磷农药中毒、氯丙嗪中毒及吗啡中毒等。

（3）伴偏瘫　见于脑出血、脑梗死、颅内占位性病变。

（4）伴脑膜刺激征　见于脑膜炎、蛛网膜下腔出血。

（5）伴血压改变　血压增高见于高血压脑病、脑出血、尿毒症等；血压降低见于休克。

**4. 意识障碍对人体功能性健康型态的影响**　有无口腔炎、角膜炎、角膜溃疡、压疮等营养与代谢型态的改变；有无肌肉萎缩、关节僵硬所引起的活动与运动型态的改变；有无大小便失禁等排泄型态的改变；有无亲属无能力照顾患者等角色与关系型态的改变等。

**5. 诊断、治疗与护理经过**　是否做过必要的辅助检查以明确诊断，是否已采取治疗与护理措施，效果如何。

## 五、相关护理诊断/问题

**1. 急性意识障碍**　与脑功能障碍有关。

**2. 清理呼吸道无效**　与意识障碍所致的咳嗽及吞咽反射减弱或消失有关。

**3. 有误吸的危险**　与意识障碍所致的咳嗽及吞咽反射减弱或消失有关。

**4. 有外伤的危险**　与意识障碍所致的躁动不安等有关。

**5. 有皮肤完整性受损的危险**　与意识障碍所致的自主运动消失及排尿、排便失禁等有关。

**6. 有感染的危险**　与意识障碍所致的咳嗽、吞咽反射减弱或消失有关。

**7. 尿失禁**　与意识障碍所致患者排尿失控有关。

**8. 排便失禁**　与意识障碍所致患者排便失控有关。

**9. 照顾者角色困难**　与长期昏迷所致的照顾者角色不当有关。

# 第十四节　晕　厥

PPT

## 一、概述

晕厥（syncope）是由于一过性的广泛性脑供血不足所致的短暂意识丧失状态。发作时患者因肌张力丧失不能保持正常的姿势而倒地，一般为突然发作，持续数秒，个别可超过 1 分钟，迅速恢复，很少有后遗症。

## 二、病因与发病机制

### （一）病因

**1. 血管舒缩障碍**　常见于单纯性晕厥、直立性低血压、排尿性晕厥、咳嗽性晕厥、疼痛性晕厥及颈动脉窦综合征等。

**2. 心源性晕厥**　多见于严重的心律失常、心脏排血受阻、心肌缺血性疾病等。如阵发性心动过速、阵发性房颤、病态窦房结综合征、高度房室传导阻滞、主动脉瓣狭窄、急性心肌梗死、心力衰竭、肥厚型心肌病等，最严重的为阿－斯综合征。

**3. 脑源性晕厥**　见于脑动脉粥样硬化、短暂性脑缺血发作、偏头痛、无脉症、慢性铅中毒性脑病等。

**4. 血液成分异常**　见于低血糖、通气过度综合征、重度贫血及高原性晕厥等。

### （二）发病机制

**1. 血管舒缩障碍**　主要是由于各种刺激通过迷走神经反射，引起短暂的血管床扩张、回心血量减少，心排血量下降，血压下降导致脑供血不足。

**2. 心源性晕厥**　由于心脏结构、节律及收缩力改变，使心排血量突然减少或心脏停搏，导致脑组织缺氧而发生晕厥。

**3. 脑源性晕厥**　由于脑部血管或主要供应脑部血液的血管发生循环障碍，导致一时性广泛性脑供血不足所致。

**4. 血液成分异常**　血氧或血糖低而影响大脑的能量供应所致。

## 三、临床表现

晕厥常起病急，部分患者发生前可有前驱症状，如头晕、视物模糊、四肢无力或心悸、胸痛，随之意识丧失。也有患者发作立即出现意识丧失倒地。某些晕厥有明显诱因，如颈动脉窦综合征有用手压迫颈动脉窦、突然转头等诱因；直立性低血压表现为体位骤变（主要由卧位或蹲位突然站起）时发生晕厥；咳嗽性晕厥发生于剧烈咳嗽后；排尿性晕厥发生于排尿中或排尿结束时；重症贫血晕厥常在用力时发生。

晕厥出现时间较短，数秒内恢复意识，恢复后有时伴有全身乏力。多数情况是患者较快软瘫倒地，而非摔倒，无意识丧失；晕厥发生时可有心率减慢、血压下降、面色苍白等。患者常于站位或坐位发生晕厥，如于卧位发生晕厥，应注意患者是否有心脑血管疾病，如心律失常、癫痫或短暂性脑缺血等。

## 四、护理评估要点

**1. 晕厥的特点**　首先明确是否为晕厥，如发生晕厥，则应注意患者的年龄、性别，询问有无诱因，发作前的体位，有无前驱症状，倒地方式，病程持续时间，发作频率，有无加重或缓解因素及伴随症状等。

**2. 相关病因**　有无晕厥的相关疾病或用药史，既往有无相同发作史及家族史等。

**3. 评估伴随症状**　①伴自主神经功能障碍，多见于血管抑制性晕厥或低血糖性晕厥；②伴面色苍白、发绀、呼吸困难，见于急性左心衰竭；③伴抽搐，见于中枢神经系统疾病、心源性晕厥；④伴有心率和心律明显改变，见于心源性晕厥；⑤伴头痛、呕吐、视听障碍，见于中枢神经系统疾病；⑥伴呼吸深快、手足发麻、抽搐，见于通气过度综合征、癔症等。

**4. 晕厥对患者的影响**　注意有无意外损伤发生及焦虑、恐惧或抑郁等情绪反应。

**5. 诊断与护理经过**　已接受的诊断性检查及结果，以及已采用的治疗或护理措施及效果。

## 五、相关护理诊断/问题

**1. 急性意识障碍**　与一过性脑供血不足有关。

**2. 有受伤的危险**　与短暂的突发意识障碍导致意外跌倒有关。

**3. 社交障碍**　与疾病造成的自卑有关。

**4. 焦虑**　与担心疾病预后不良、晕厥反复发生有关。

# 第十五节　失　眠

PPT

## 一、概述

失眠（insomnia）是指在具备充分的睡眠机会和环境时，以入睡困难和（或）睡眠维持困难所致的睡眠质量不满意，而影响日间社会功能的一种主观体验。

## 二、病因与发病机制

**1. 生理因素**　老年人随年龄增长而发生改变，出现早睡、早醒；睡眠时间在昼夜之间重新分配，夜间睡眠减少，白天睡眠增多。

**2. 躯体疾病**　如消化性溃疡、心脑血管疾病、糖尿病等引起疼痛、不适、咳嗽气喘、皮肤瘙痒、强迫体位、活动受限等导致睡眠障碍。帕金森病、脑卒中等使脑部血流减少，也是睡眠障碍的原因。

**3. 心理社会因素**　①重大生活事件，如丧偶、丧子（女）意外伤害等陷入苦闷、忧伤影响睡眠；②性格特点，有些人思维固执，遇到问题反复考虑，如果百思不得其解，直接影响睡眠；③社会角色的变化，老年人面临退休的问题，退休后生活规律和人际交往发生了极大的变化，容易产生无价值感或不公平感，部分老年人会因此产生烦躁、抑郁，从而导致失眠。

**4. 药物因素**　长期服用单一的镇静药、催眠药会产生依赖，出现顽固性睡眠障碍。睡前服用氨茶碱等，会提高交感神经系统的兴奋性，从而影响睡眠。

**5. 不良的睡眠习惯**　每天睡眠时间不规律，白天午睡时间过长，睡前饮用咖啡、浓茶、酒等。不良的行为习惯可破坏睡眠和觉醒的正常节律性交替，也是引起失眠的原因。

## 三、临床表现

**1. 入睡困难**　是失眠最常见的症状，主要表现为辗转难眠，感觉很困，想睡觉，可躺在床上无法入睡，睡眠时间减少。

**2. 睡眠质量差、多噩梦**　有些人虽然能够入睡，但感到睡眠不能解乏，醒后仍有疲劳感，晨起感头昏、精神不振、无精打采、注意力不集中、嗜睡、乏力等。

**3. 神经衰弱和抑郁症**　特别容易被惊醒，对声音、灯光敏感。因过度关注自身的睡眠问题而产生焦虑、抑郁、自主神经紊乱等功能性疾病，长时间失眠导致神经衰弱和抑郁症，而神经衰弱又会加重失眠。

## 四、护理评估要点

**1. 评估有无失眠**　在有条件且环境适合睡眠的情况下，是否仍然出现入睡困难、睡眠维持障碍、早醒、睡眠质量下降或日常睡眠晨醒后无恢复感。

**2. 失眠的特点**　入睡时间、整夜觉醒次数、总睡眠时间，发作频率，有无加重或缓解因素及伴随症状等。

**3. 病因与诱因**　有无心理社会、环境因素及躯体疾病等。

**4. 失眠对患者的影响**　注意有无与睡眠相关的日间功能损害：①疲劳或全身不适；②注意力、注意维持能力或记忆力减退；③学习、工作和（或）社交能力下降；④情绪波动或易激惹；⑤日间思睡；⑥兴趣、精力减退；⑦工作或驾驶过程中错误倾向增加；⑧紧张、头痛、头晕，或与睡眠缺失有关的其他躯体症状；⑨对睡眠过度关注。

**5. 诊断与护理经过**　已接受的诊断性检查及结果，以及已采用的治疗或护理措施及效果。

## 五、相关护理诊断/问题

**1. 活动无耐力**　与失眠所致疲劳和全身不适有关。

**2. 有受伤的危险**　与注意力、精力减退有关。

**3. 知识缺乏**　与缺乏有关失眠病因及防治知识有关。

**4. 焦虑**　与过度关注自己的睡眠问题形成恶性循环有关。

## 目标检测

答案解析

### 一、选择题

1. 体温持续在 39～40℃，达数天或数周，24 小时内体温波动范围不超过 1℃，属于（　　）

    A. 间歇热　　　　　　　B. 不规则热　　　　　　C. 弛张热

    D. 稽留热　　　　　　　E. 波状热

2. 心源性水肿者，其水肿常先出现于（　　）

    A. 低垂部位　　　　　　B. 眼睑　　　　　　　　C. 腹腔

    D. 全身　　　　　　　　E. 胸腔

3. 咳粉红色泡沫痰可能为（　　）

    A. 急性支气管炎　　　　B. 急性肺水肿　　　　　C. 支气管扩张

    D. 气胸　　　　　　　　E. 肺栓塞

4. 咯血最常见的病因为（　　）

    A. 肺结核　　　　　　　B. 肺不张　　　　　　　C. 肺水肿

    D. 肺炎　　　　　　　　E. 以上均错

5. 可引起高铁血红蛋白血症的药物是（　　）

    A. 呋塞米　　　　　　　B. 青霉素　　　　　　　C. 亚硝酸钠

    D. 普萘洛尔　　　　　　E. 地西泮

6. 阻塞性黄疸患者的粪便为（　　）

    A. 黏液脓血便　　　　　B. 柏油样便　　　　　　C. 白陶土样便

    D. 米泔样便　　　　　　E. 绿色稀便

7. 慢性腹泻是指腹泻病程超过（　　）

    A. 1 周　　　　　　　　B. 3 周　　　　　　　　C. 1 个月

    D. 2 个月　　　　　　　E. 3 个月

8. 呕血提示胃内积血量至少达（　　）

    A. 150～200ml　　　　　B. 250～300ml　　　　　C. 350～400ml

    D. 450～500ml　　　　　E. 500～600ml

9. 下列关于溶血性黄疸的临床表现，错误的是（　　）

    A. 黄疸较轻，皮肤呈浅柠檬黄色

    B. 不伴皮肤瘙痒

    C. 粪便颜色加深

    D. 血总胆红素增加，以结合胆红素增高为主

    E. 尿结合胆红素定性试验阴性

10. 患者意识障碍，任何刺激均不能唤醒，可能是（　　）

    A. 嗜睡　　　　　　　　B. 意识模糊　　　　　　C. 昏睡

    D. 昏迷　　　　　　　　E. 谵妄

**二、思考题**

1. 请比较肺源性呼吸困难与心源性呼吸困难的区别。

2. 患者，女，60岁，有高血压病史10余年，于劳动中突感剧烈头痛，随即出现意识障碍，对声光刺激无反应，对疼痛刺激有防御反应，瞳孔大小正常，对光反射存在，呼吸深沉而有鼾音。请问：

（1）该患者意识障碍的程度是什么？

（2）该患者发生意识障碍的病因可能是什么？

（崔会霞　邵小琳）

---

**书网融合……**

本章小结

微课

题库

# 第四章　身体评估

◉ 学习目标

1. 通过本章学习，重点把握身体评估的基本方法、注意事项、身体评估的内容，阐述正常表现及常见异常表现的临床意义。

2. 学会正确进行身体评估，具有准确描述全身各部位评估的正常表现及常见阳性体征的临床意义的能力。

## 第一节　身体评估的准备与基本方法

PPT

» 情境导入

**情景描述**　患者，女，66 岁，反复咳嗽、咳痰、喘息 30 年，1 周前因受凉后复发加重，咳嗽，咳黄色脓痰，呼吸困难，双下肢水肿，在家自行服药无好转，遂来我院住院治疗。

**讨论**　1. 接诊护士如何对该患者进行身体评估？
　　　　2. 该患者身体评估时可能出现哪些异常？

身体评估是指评估者运用自己的感觉器官和（或）借助简单的器械，以了解被评估者身体状况的检查方法。通过身体评估发现患者的异常表现称为体征。体征可为确定护理诊断提供客观依据。

💡 素质提升

### "医者之笛"

在听诊器问世之前，对心肺疾病的听诊是用耳朵直接贴附于患者的胸前来进行的。这种方法非常不方便，而且在遇到肥胖患者时，显得无能为力。1816 年，法国名医兰尼克看到一些儿童在玩别针划刺木头的一端而在另一端听声音的游戏，他得到很大的启发。他迅速地走到医院病房内，临时找了一本薄书本，他把它卷成圆筒状，将圆筒的一端放置于患者的心脏部位，另一端贴在自己的耳朵上，结果使他大为惊奇，因为听到的声音竟比以往用耳朵直接听诊更为清晰。后来，兰尼克继续进行思考与实验后，设计并制造了世界上第一个木质的听诊器。这个听诊器呈直管状，空心，长 30cm，圆筒直径 3cm，管腔直径 5mm。在圆筒的中部可以分开两节，以便于携带。当时，兰尼克把这种听筒称为"探胸器"。但是，由于这种直管状的听筒外观颇象笛子，所以人们曾称之为"医者之笛"。

## 一、评估前的准备

1. **用物准备**　治疗盘内置体温计、听诊器、血压计、压舌板、手电筒、叩诊锤等。
2. **环境准备**　环境应安静、温暖、光线适宜（最好用自然光线）。必要时用屏风遮挡。

**3. 患者准备**　向患者说明评估的目的，以取得患者的配合。询问患者是否需要排便、排尿；协助患者取适当体位，暴露评估部位。

**4. 护士准备**　着装整洁，态度和蔼。评估前护士应先洗手，以免发生医源性交叉感染。冬天应温暖双手。

## 二、身体评估的注意事项

**1. 以患者为中心，关心、体贴、理解患者**　身体评估前，应礼貌地对患者进行自我介绍，并说明评估的目的及配合要领。评估结束时应对患者的配合表示感谢。

**2. 注意保护患者的隐私**　评估者站于受检者右侧，依次暴露受检者各检查部位，每个部位检查完毕后即行遮挡。如为异性患者评估时，应有第三者在场，以避免医患纠纷。

**3. 评估准确规范系统**　身体评估过程中操作要轻柔、准确、规范，检查内容全面系统并有重点。

**4. 评估顺序**　身体评估应按一定顺序进行，通常先观察一般状态，然后依次评估头、颈、胸、腹、脊柱、四肢及神经系统，以免重复或遗漏，并应避免反复改变患者体位。对于危重患者，应先进行重点检查，立即抢救，待患者脱离生命危险后再补充评估。

**5. 手脑并用，边评估边思考**　评估中边检查边思考，注意左、右及相邻部位的对照检查，分析正常与否及引起异常的可能病因。

**6. 及时复查**　身体评估根据病情变化随时复查，以发现新的体征，不断补充和修正检查结果，调整和完善护理诊断与相应的护理措施。

## 三、身体评估的基本方法

身体评估的基本方法包括五种：视诊、触诊、叩诊、听诊、嗅诊。

### （一）视诊

**1. 视诊方法**　评估者利用眼睛来观察患者全身或局部状态的评估方法。视诊可观察患者的一般状态，如发育、营养、意识状态、面容、步态、体位等；亦可观察局部的改变，如口、舌、眼、耳、鼻、关节外形等。某些特殊部位如眼底、鼓膜、胃肠等，则需要借助检眼镜、耳镜、胃镜、肠镜等。

**2. 视诊的注意事项**

（1）尽量暴露评估部位　光线要充足，最好在自然光线下进行，夜间在灯光下常不易辨出黄疸、轻度发绀和皮疹。侧面光线观察搏动、肿物或脏器的轮廓比较清楚。

（2）护士应站在患者右侧　根据患者不同部位，护士应调整视线和视角。根据评估部位不同选择恰当的体位。如一般状态评估、胸部评估可取坐位或卧位；腹部评估应取仰卧位；肛门、直肠评估则应取膝胸位。

### （二）触诊

**1. 触诊方法**　触诊是评估者通过手接触患者被评估部位的感觉来判断病情的评估方法。触诊可用于全身各部位，尤以腹部检查最为重要。触诊可以明确和补充视诊不能发现的情况，如压痛、心尖搏动、摩擦感等。手的部位不同对触诊的敏感度不同，其中以指腹较为敏感，掌指关节掌面皮肤对震动较为敏感，手背皮肤对温度较敏感，因此，触诊时多用这几个部位。触诊可分为浅部触诊法和深部触诊法。📱微课 1

（1）浅部触诊法　一手轻轻平放在受检部位，利用掌指关节和腕关节的协同动作以滑动的方式轻压触摸。此法适用于体表浅在病变，如关节、软组织、浅部的动脉及静脉等。浅部触诊常用于评估腹部有无压痛、抵抗感、搏动、包块等。

（2）深部触诊法　多用于评估腹腔内病变及脏器情况。根据评估的目的和手法不同，又分为深部滑行触诊法、双手触诊法、冲击触诊法和深压触诊法。

1）深部滑行触诊法　检查时嘱受检者张口平静呼吸，尽量放松腹肌，评估者以右手并拢的示指、中指、环指末端逐渐触向腹腔脏器或包块，并在被触及的包块上作上下左右的滑动触摸。常用于腹腔深部包块和胃肠病变检查。

2）双手触诊法　将右手并拢的示指、中指、环指平放于腹壁检查部位上，左手掌置于被评估脏器或包块的背后部，向右手方向托起，这样既可起到固定脏器或包块的作用，又可使被评估脏器或包块更接近体表配合右手触诊。常用于肝、脾、肾和腹腔肿块的检查。

3）冲击触诊法　用右手示指、中指、环指并拢，取 70°~90° 的角度，放置于腹壁上拟检查的相应部位，向腹腔深部做数次急促而有力的冲击动作。在冲击时会出现腹腔内脏器在指端浮沉的感觉。冲击触诊时应避免用力过猛，使患者感到不适。常用于大量腹水时触诊肿大的肝脏、脾脏。

4）深压触诊法　用一或两个并拢的手指逐渐用力深压腹壁被检查部位。多用于探测腹腔深部的病变或确定腹腔压痛点，如阑尾压痛点、胆囊压痛点等。检查反跳痛，是在手指深压的基础上稍停 2~3 秒，然后将手迅速抬起，同时询问被评估者有无疼痛加剧或观察其面部有无痛苦表情。

**2. 触诊注意事项**

（1）触诊前应向患者说明评估的目的及配合动作，触诊时护士的手要温暖轻柔。

（2）护士面向患者并站于患者的右侧，有利于触摸时观察患者的面部表情。

（3）患者一般取仰卧位，双手自然放于身体两侧，双腿稍屈曲，腹肌尽量放松；评估脾脏、肾脏时也可取侧卧位。

（4）进行下腹部触诊时，应嘱患者先排尿，必要时先排便，以免将充盈的膀胱或粪团误认为腹腔肿块。

（5）触诊顺序一般从左下腹开始逆时针方向进行，先左后右，自下而上，触诊全腹，边触诊边观察患者的反应与表情，以判断病变的性质及来源。

### （三）叩诊

评估者用手指叩击或手掌拍击被评估部位，使之震动产生音响，根据音响和震动的特点来判断病变的评估方法。叩诊多用于胸腹部的评估。

**1. 叩诊方法**　根据叩诊的目的和叩诊方法不同分为直接叩诊法和间接叩诊法两种。 ![e]微课2

（1）直接叩诊法　评估者用右手中间并拢的三指的掌面，直接拍击被检查部位，根据拍击的反响和指下的震动感来判断病变情况。适用于评估大面积的病变，如大量胸腔积液、肺部大面积实变及气胸等。

（2）间接叩诊法　在身体评估时应用最广泛。叩诊时，左手中指第二指节紧贴叩诊部位，其余四指微微抬起，避免与体表接触，右手各指自然弯曲，以中指指端垂直叩击左手中指第二指节的前端。叩诊时主要运用腕关节和掌指关节的力量，防止肘关节或肩关节参加活动；叩击后右手中指立即抬起；一个部位可连续叩击 2~3 次（图4-1）。

**2. 叩诊音**　叩诊时被叩击部位产生的声音称为叩诊音。由于被叩击的组织或器官密度、弹性、含气量以及与体表的间距不同，在叩击时可产生不同的音响。根据音响的强弱、频率等差异，分为清音、鼓音、过清音、浊音、实音。

（1）清音　是一种音调低、音响较强、振动时间较长的声音，是肺部的正常叩诊音，提示肺组织弹性、含气量、致密度正常。

（2）鼓音　是一种和谐的乐音，音响强，振动时间也较长。在叩击含有大量气体的空腔器官时出现。正常情况下，见于胃泡区及腹部；病理情况下，见于气胸、肺内大空洞、气腹等。

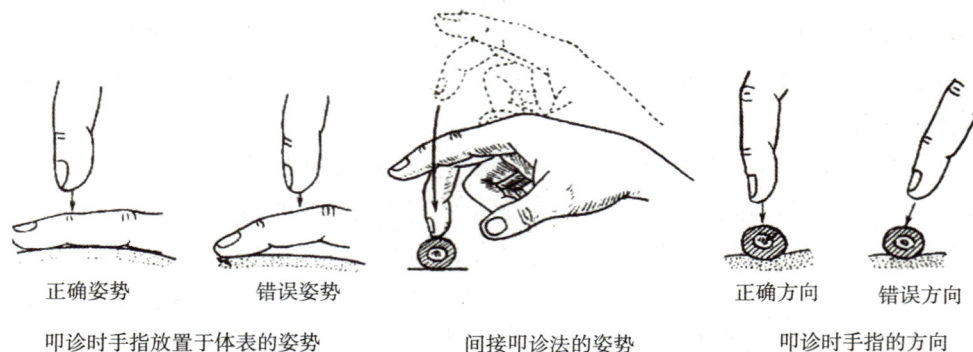

正确姿势　　　　错误姿势

叩诊时手指放置于体表的姿势　　　间接叩诊法的姿势　　　正确方向　　错误方向

叩诊时手指的方向

图 4 - 1　间接叩诊方法

（3）过清音　其音响、强度、振动时间介于清音与鼓音之间。叩击含气量增多、弹性减弱的肺组织时出现该音，临床上见于肺气肿。正常成人不会出现过清音。

（4）浊音　是一种音调较高、音响较弱、振动时间较短的声音。叩击被少量含气组织覆盖的实质脏器时产生，如心脏或肝脏被肺覆盖的部分；病理情况下，见于大叶性肺炎等。

（5）实音　是一种比浊音音调更高、音响更弱、振动时间更短的声音。正常情况下，叩击实质性脏器如心脏或肝脏时产生；病理情况下，见于大量胸腔积液、肺实变等。

叩诊音的特点见表 4 - 1。

表 4 - 1　叩诊音的特点

| 种类 | 音调 | 音响强弱 | 持续时间 | 正常存在部位 | 病理情况 |
|---|---|---|---|---|---|
| 清音 | 较低 | 较强 | 长 | 正常肺 | |
| 浊音 | 较高 | 较弱 | 短 | 心、肝被肺覆盖部分 | 肺部炎症 |
| 实音 | 最高 | 最弱 | 最短 | 肝脏、心脏 | 大量胸腔积液、肺实变等 |
| 鼓音 | 低 | 最强 | 较长 | 胃泡区、腹部 | 气胸、肺内大空洞、气腹 |
| 过清音 | 更低 | 更强 | 更长 | | 肺气肿 |

**3. 叩诊注意事项**

（1）环境安静，温度适宜，评估前先给患者解释叩诊的目的。

（2）充分暴露被评估部位，嘱患者放松，叩诊时认真辨别叩诊音的变化，注意左右、上下部位的比较。

（3）根据叩诊部位的不同，选择恰当的叩诊方法和体位。

（4）叩击动作应短促、灵活、富有弹性。

> **考点提示**
>
> 各种叩诊音正常存在的部位和病理意义。

**（四）听诊**

听诊是评估者利用听觉听取被评估者身体所产生的声音，来判断是否健康的评估方法，常用于心血管、肺部的评估。

**1. 听诊方法**　听诊可分为直接听诊法和间接听诊法两种方法。

（1）直接听诊法　指评估者用耳朵直接贴附于被评估者的体表上进行听诊。这种方法较少使用。

（2）间接听诊法　指用听诊器听诊的方法。此法对声音有一定的放大作用，故应用广泛。

听诊器由耳件、体件、导管三部分组成。体件有钟型和膜型两种。钟型体件适用于听取低调声音，如二尖瓣狭窄的隆隆样舒张期杂音；膜型体件适用于听取高调声音，如主动脉瓣关闭不全的杂音。

**2. 听诊注意事项**

（1）环境应安静、温暖，以避免外界干扰和寒冷导致肌肉震颤产生附加音。

（2）听诊前要注意耳件方向放置是否正确。

（3）听诊器的体件要紧贴皮肤，切忌隔着衣服听诊，避免与皮肤摩擦产生附加音。

（4）听诊时注意力要集中，听诊心音时要排除呼吸音的干扰，听诊肺部时要排除心音的干扰。

### （五）嗅诊

嗅诊是评估者运用嗅觉来判断发自被评估者的异常气味与疾病之间关系的评估方法。

**1. 嗅诊方法**　嗅诊时，评估者用手将发自患者的气味轻轻地扇向自己的鼻部，仔细分辨气味的特点与性质，以提供有价值的线索。

**2. 异常气味的临床意义**

（1）痰液　正常痰液无特殊气味。恶臭味提示厌氧菌感染，多见于支气管扩张症、肺脓肿；血腥味见于咯血患者。

（2）脓液　一般无特殊气味。恶臭的脓液提示有厌氧菌感染或气性坏疽。

（3）呼气　浓烈的酒味见于大量饮酒后；大蒜味见于有机磷农药中毒；烂苹果味见于糖尿病酮症酸中毒；氨味见于尿毒症；肝腥味见于肝性脑病。

（4）呕吐物　正常胃内容物略带酸味，明显酸味提示幽门梗阻；粪臭味提示低位肠梗阻。

（5）粪便　腐败性臭味常见于消化不良；腥臭味常见于细菌性痢疾。

（6）尿液　浓烈氨味见于膀胱炎，因尿液被细菌发酵引起。

（7）口臭　为口腔发出的难闻气味，见于口腔炎症、胃炎等。

> **考点提示**
>
> 常见异常气味的临床意义。

**3. 嗅诊注意事项**

（1）要仔细分辨气味的性质以及气味的来源，也可以请其他医护人员协助嗅诊，必要时配合其他评估方法。

（2）嗅诊时注意排除外界环境气味的干扰。

# 第二节　一般状态评估

一般状态评估是身体评估的第一步，是对患者全身状态的概括性观察，以视诊为主。包括生命体征、发育与体型、营养状态、意识状态、面容与表情、体位、步态等。

## 一、生命体征

生命体征包括体温（temperature，T）、脉搏（pulse，P）、呼吸（respiration，R）、血压（blood pressure，BP），是评价生命活动存在与否及其质量的指标，是身体评估的重要内容。

### （一）体温

**1. 体温测量及正常范围**

（1）腋测法　擦干腋下汗液，将消毒后的体温计水银端放入被评估者腋窝深处，嘱被评估者用上臂夹紧，10分钟后读数，正常值为36～37℃。此法简便、安全，不易发生交叉感染，患者易接受，最常用。

（2）口测法　将消毒后的体温计水银端置于被评估者的舌下，嘱被评估者紧闭口唇，用鼻呼吸，必要时用手托住体温计，5分钟后读数，正常值为36.3～37.2℃。被评估者测量前10分钟内禁饮冰水和热水。此方法测量结果较准确。

（3）肛测法　被评估者取侧卧位，暴露肛门区，将消毒后的肛门体温计水银端涂以润滑剂，徐徐插入肛门，深达体温计长度的一半为止，5分钟后读数，正常值为36.5～37.7℃。此方法测量结果最准确，多用于婴幼儿及神志不清者。

（4）额测法　是用红外线测温计，测量额头皮肤温度，仅用于体温筛查。

**2. 体温测量的注意事项**　测量时应注意：①体温测量前应将体温计汞柱甩到35℃以下；②婴幼儿、精神异常及意识不清者禁用口测法；③使用口测法或腋测法时，测量前不能用热水漱口或热毛巾擦拭腋部；④体温计附近不能放置冰袋、热水袋等过冷或过热的物体。

**3. 体温异常及其临床意义**

（1）体温升高　指体温高于正常，即发热，见于感染、肿瘤、创伤、抗原－抗体反应、内分泌与代谢疾病等。

（2）体温降低　指体温低于正常，见于休克、甲状腺功能减退、严重营养不良及在低温环境下暴露过久等。

### （二）脉搏

脉搏是指动脉的搏动。最常采用触诊桡动脉的搏动，评估时注意脉率、节律、强弱及管壁弹性。

**1. 评估方法**　应选择浅表动脉，一般多选桡动脉为测量部位，在某些特殊情况下也可查颈动脉、肱动脉、股动脉、足背动脉等。协助被评估者取仰卧位或坐位，手臂放于舒适位置，腕部伸展。评估者以示指、中指和环指的指腹平放于被评估者手腕桡动脉搏动处，压力大小以清楚触到脉搏为宜，计数1分钟。

**2. 正常状态**

（1）脉率　即每分钟脉搏的次数，正常成人安静状态下脉率为60～100次/分。儿童较快，小于3岁的儿童多在100次/分以上，老年人偏慢。

（2）脉律　即脉搏的节律。正常人脉律规则，窦性心律不齐者可表现为脉搏在吸气时增快，呼气时减慢。

（3）强弱　脉搏的强度与心搏出量、脉压、外周血管阻力相关。脉搏增强是由于心搏出量大、脉压大、外周血管阻力低所致，见于高热、甲状腺功能亢进、主动脉瓣关闭不全等。脉搏减弱是由于心搏出量少、脉压小、外周血管阻力增高所致，见于心力衰竭、主动脉瓣狭窄、休克等。

**3. 常见异常脉搏及其临床意义**

（1）水冲脉　指脉搏骤起骤降，犹如潮水涨落。此为脉压增大所致，见于主动脉瓣关闭不全、甲状腺功能亢进症及严重贫血等。评估时，紧握被评估者手腕掌面桡动脉处，将其前臂抬举过头，可明显感知犹如水冲的脉搏。

（2）交替脉　指节律规则而强弱交替的脉搏。一般认为系左心室收缩力强弱交替所致，是左心衰竭的重要体征之一，见于高血压性心脏病、急性心肌梗死等导致的心力衰竭。

（3）奇脉　指吸气时脉搏明显减弱或消失，又称"吸停脉"。心脏压塞或缩窄性心包炎时，吸气时右心舒张受限，回心血量减少，右心排血量不能补偿吸气时肺循环血容量增加，使肺静脉回流入左心房血量减少，左心室排血减少，形成脉搏减弱，甚至不能扪及。

> ☀ **考点提示**
>
> 常见异常脉搏的概念及临床意义。

（4）无脉　即脉搏消失。多见于严重休克，多发性大动脉炎时由于某一段动脉闭塞相应部位脉搏亦可消失。

（5）脉搏短绌　指脉率少于心率。常见于心房颤动等。

### （三）呼吸

**1. 评估方法**　静息状态下观察胸壁或腹壁的起伏，一吸一呼为一次，测 1 分钟记数。危重患者呼吸微弱时，可用棉花纤维放于患者鼻孔前，观察棉花纤维吹动次数，测 1 分钟记数。

**2. 正常状态**　正常成人静息状态下，呼吸节律规整，深浅适度，频率为 12 ~ 20 次/分，呼吸与脉搏之比为 1∶4。新生儿呼吸频率较快，约 44 次/分，随年龄增长而逐渐减慢。

**3. 常见异常呼吸及其临床意义**

（1）呼吸频率改变

1）呼吸过速　指呼吸频率超过 20 次/分，见于高热、贫血、甲状腺功能亢进症等。一般体温升高 1℃，呼吸约增加 4 次/分。

2）呼吸过缓　指呼吸频率低于 12 次/分，见于麻醉剂或镇静剂过量、颅内压增高等。

（2）呼吸深度改变

1）呼吸浅快　见于肺炎、胸膜炎、胸腔积液、呼吸肌麻痹、腹腔积液、肥胖等。

2）呼吸深快　见于剧烈运动、情绪激动等。严重代谢性酸中毒时，亦出现深而快的呼吸，称为库斯莫尔（Kussmaul）呼吸或酸中毒大呼吸，见于尿毒症酸中毒、糖尿病酮症酸中毒等，为严重的代谢性酸中毒时，机体为排除过多的二氧化碳而进行的代偿调节。

（3）呼吸节律改变

1）潮式呼吸　又称陈 - 施（Cheyne - Stokes）呼吸，表现为呼吸由浅慢逐渐变为深快，再由深快转为浅慢，随后呼吸暂停，如此周而复始（图 4 - 2）。

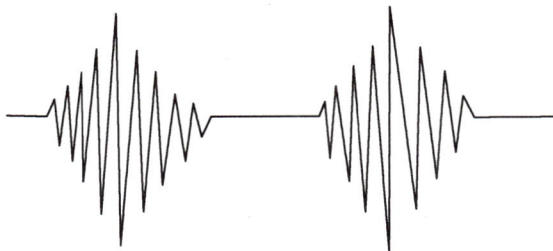

图 4 - 2　潮式呼吸

2）间停呼吸　又称比奥（Biot）呼吸，表现为有规律的呼吸几次后，突然停止一段时间，后又开始规律呼吸，周而复始（图 4 - 3）。

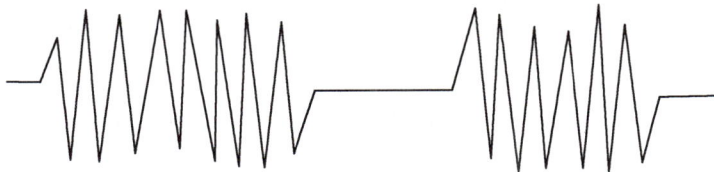

图 4 - 3　间停呼吸

上述两种异常呼吸的机制是由于呼吸中枢的兴奋性降低，使调节呼吸的反馈系统失常所致。多见于中枢神经系统疾病如脑炎、脑膜炎、颅内压增高等或某些药物所致的呼吸抑制。其中间停呼吸更严重，多在临终前出现。

💡 **考点提示**

潮式呼吸、间停呼吸的概念及临床意义。

### （四）血压

血压通常指体循环动脉血压，是重要的生命体征。临床上常用上肢肱动脉测得的血压。血压的高低主要取决于外周血管阻力、大动脉壁的弹性、心搏出量及心肌收缩力。

**1. 测量方法** 目前临床上广泛采用间接测量法，即袖带加压法测量血压。常用的血压计有汞柱式、弹簧式和电子血压计，以汞柱式血压计最为常用。

测量血压时，被评估者在安静环境下休息 5～10 分钟，取坐位或仰卧位，被测上肢裸露，伸直并外展，上臂与心脏在同一水平。将袖带紧贴皮肤缠于上臂，使其下缘距肘窝横纹上方 2～3cm，袖带的中央位于肱动脉表面。将听诊器体件放置在肱动脉搏动处，向袖带内充气，边充气边听诊，充气至肱动脉搏动消失时，再升高 20～30mmHg 后，缓慢放气。当听到第一次声响时，血压计上的读数即为收缩压。继续放气，声音逐渐增强，然后突然减弱变为低沉，最终消失，声音消失时的读数为舒张压。收缩压与舒张压之差为脉压。血压记录用收缩压/舒张压表示，单位为毫米汞柱（mmHg）。

某些疾病需加测下肢血压。被检者取俯卧位，袖带缠于大腿部，下缘距腘窝上方 3～4cm，其余步骤与判定方法同上。

**2. 血压标准** 根据中国高血压防治指南（2010 年修订版），18 岁以上成人血压标准的规定，见表 4-2。

表 4-2 血压水平的定义和分类

| 类别 | 收缩压（mmHg） | 舒张压（mmHg） |
|---|---|---|
| 正常血压 | < 120 | < 80 |
| 正常高值 | 120～139 | 80～89 |
| 高血压 | | |
| 1 级高血压（轻度） | 140～159 | 90～99 |
| 2 级高血压（中度） | 160～179 | 100～109 |
| 3 级高血压（重度） | ≥180 | ≥110 |
| 单纯收缩期高血压 | ≥140 | < 90 |

注：如收缩压与舒张压不在同一级别时，按其中较高的级别分类。单纯收缩期高血压也可按照收缩压水平分为 1、2、3 级

**3. 血压改变的临床意义**

（1）高血压 指安静、清醒状态下，至少 3 次非同日测得的血压值，收缩压均≥140mmHg 和（或）舒张压均≥90mmHg。其中绝大多数患者为原发性高血压，约 5% 继发于肾脏疾病、肾上腺肿瘤等，称继发性高血压。

（2）低血压 血压低于 90/60mmHg 者称为低血压。常见于休克、急性心肌梗死等，亦可见于体位性低血压。

（3）脉压的改变 脉压增大（>40mmHg），结合病史可考虑主动脉瓣关闭不全、甲状腺功能亢进症等；脉压减小（<30mmHg），见于主动脉瓣狭窄、心包积液、严重心力衰竭等。

（4）双上肢血压差别显著 正常人两上肢血压差在 5～10mmHg 内，若超过 10mmHg 则为血压不对称，见于先天性动脉畸形、多发性大动脉炎等。

（5）上下肢血压差异常　正常人下肢血压高于上肢血压 20～40mmHg，如出现下肢血压低于上肢血压，考虑主动脉缩窄或胸腹主动脉型大动脉炎等。

## 二、发育与体型

### （一）发育

发育正常与否，通过年龄、智力和体格成长状态（身高、体重、第二性征）之间的关系来判断。发育与地区、种族遗传、年龄、性别、内分泌、生活条件、环境状况及体育锻炼等有关。

**1. 成人发育正常的指标**　①胸围约等于身高的 1/2；②两上肢平展的长度约等于身高；③头部长度为身高的 1/7～1/8；④坐高约等于下肢的长度。

**2. 发育异常**　与内分泌改变密切相关。①在发育成熟前，如果出现腺垂体功能亢进，可致体格异常高大，称巨人症；②在发育成熟前，如果发生垂体功能减退，可致体格异常矮小，称垂体性侏儒症；③甲状腺激素能促进体格的发育，在新生儿期甲状腺激素分泌减少可致体格矮小和智力低下，称呆小病。

### （二）体型

体型是身体各部发育的外观表现，包括骨骼、肌肉的生长与脂肪的分布状态等。临床上将成人体型分为以下三种。

**1. 正力型（匀称型）**　身体各部分结构匀称适中，腹上角 90°左右。见于多数正常成人。

**2. 无力型（瘦长型）**　体高肌瘦、颈细长、肩窄下垂、胸廓扁平、腹上角小于 90°。

**3. 超力型（矮胖型）**　体格粗壮、颈粗短、肩宽平、胸围大、腹上角大于 90°。

## 三、营养状态

机体的营养状态与食物的摄入、消化、吸收和代谢等因素密切相关，可作为鉴定健康和疾病的指标之一。营养过度和营养不良均为营养状态异常，营养过度引起肥胖，营养不良引起消瘦。营养状态可通过皮肤、毛发、皮下脂肪、肌肉的发育情况等进行评估。

### （一）营养状态评估

**1. 体重与身高**　应于清晨、空腹、排便后，使用体重计进行测量。

（1）标准体重　标准体重（kg）＝身高（cm）－105。±10% 范围内属于正常；超过标准体重 20% 为肥胖；低于标准体重的 10% 为消瘦，极度消瘦称为恶病质。

（2）体重指数（body mass index，BMI）　体重指数（BMI）＝体重（kg）/身高$^2$（m$^2$）。我国成人 BMI 正常范围为 18.5～23.9kg/m$^2$，BMI＜18.5kg/m$^2$ 为消瘦，BMI 24～27.9kg/m$^2$ 为超重，BMI≥28kg/m$^2$ 为肥胖。

**2. 皮褶厚度**　临床上通过测量皮下脂肪厚度来评估脂肪的贮存情况，常用的测量部位有肱三头肌、肩胛骨下和脐部。以三头肌皮褶厚度（triceps skinfold，TSF）测量最常用。评估方法：被评估者取立位，双上肢自然下垂，掌心对着大腿侧面，评估者站在被评估者背面，用拇指和示指在肩峰至尺骨鹰嘴连线中点的上方 2cm 处捏起皮褶，捏时两指间的距离为 3cm，用皮脂卡测量被捏起的皮肤皱褶的厚度，重复 3 次取其平均值。中国健康成人标准厚度：男性为 13.1mm±6.6mm，女性为 21.5mm±6.9mm。TSF 实测值＞90% 以上为正常，80%～90% 为轻度营养不良，60%～80% 为中度营养不良，＜60% 为重度营养不良。

### （二）营养状态分级

临床上营养状态一般分为良好、中等、不良三个等级。

**1. 良好** 皮肤黏膜红润、有光泽、弹性好，皮下脂肪丰满，肌肉结实，毛发、指甲润泽，肋间隙及锁骨上窝深浅适中，肩胛部、股部肌肉丰满，皮褶厚度正常或增大。

**2. 不良** 皮肤黏膜干燥、弹性减低，皮下脂肪菲薄，皮褶厚度低于正常，肌肉松弛无力，毛发稀疏干枯，指甲粗糙无光泽。肋间隙及锁骨上窝凹陷，肩胛部、髂骨嶙峋突出。

**3. 中等** 介于两者之间。

### （三）营养状态异常

**1. 营养不良** 多表现为消瘦，极度消瘦为恶病质。引起营养不良的主要原因是营养摄入不足和消耗增多。常见于长期或严重的疾病，如消化道疾病所致的摄食障碍或消化吸收不良、活动性结核、肿瘤、糖尿病、甲状腺功能亢进症等。

**2. 营养过度** 肥胖主要原因为摄食过多，也与内分泌、生活方式、遗传、运动及精神因素等有关。肥胖可分为原发性肥胖和继发性肥胖，临床上以前者多见。原发性肥胖亦称单纯性肥胖，其特点为体内脂肪分布较均匀，多因摄食过多或运动过少所致。继发性肥胖是指由内分泌、代谢疾病等引起，如甲状腺功能减退症、皮质醇增多症等引起的肥胖。

## 四、意识状态

意识是大脑高级神经中枢功能活动的综合表现，是人对周围环境和自身状态的认知和觉察能力。正常人意识清晰，反应敏锐精确，思维活动正常，语言流畅、准确，表达能力良好，定向力正常。凡影响大脑功能活动的疾病都可引起不同程度的意识改变，称为意识障碍。根据意识障碍的程度，临床上将其分为嗜睡、意识模糊、昏睡、谵妄和昏迷。

评估患者意识状态多采用问诊，以了解患者的思维、反应、情感、计算、定向力等。必要时还可进行痛觉试验、瞳孔对光反射等评估。

## 五、面容与表情

健康人表情自如，神态安怡。某些疾病会出现一些特殊性的面容和表情，对疾病的诊断有重要的临床意义。评估面容与表情常采用视诊，临床上常见的典型面容改变如下。

**1. 急性病容** 面色潮红，兴奋不安，鼻翼扇动，口唇疱疹，表情痛苦等。见于急性感染性疾病，如大叶性肺炎、疟疾等。

**2. 慢性病容** 面容憔悴，面色苍白、晦暗，目光暗淡。见于慢性消耗性疾病，如恶性肿瘤、严重肺结核等。

**3. 贫血面容** 面色苍白，唇舌色淡，表情疲惫。见于各种原因所致的贫血。

**4. 肝病面容** 面色晦暗，额部、鼻背、双颊有褐色色素沉着，有时可见蜘蛛痣。见于慢性肝脏疾病。

**5. 肾病面容** 面色苍白，眼睑、颜面浮肿，舌色淡。见于慢性肾脏疾病。

**6. 二尖瓣面容** 面色晦暗，两颊紫红，口唇发绀。见于风湿性心脏病二尖瓣狭窄（图4-4）。

**7. 甲状腺功能亢进症面容** 表情惊愕，眼裂增宽，眼球凸出，瞬目减少，目光炯炯有神，兴奋不安，烦躁易怒。见于甲状腺功能亢进症（图4-5）。

**8. 黏液性水肿面容**　面色苍黄、颜面水肿，睑厚面宽，目光呆滞，表情淡漠，眉毛、头发稀疏，反应迟钝。见于甲状腺功能减退症。

**9. 肢端肥大症面容**　头颅增大，面部变长，下颌增大前凸，眉弓及两颧隆起，唇舌肥厚，耳鼻增大。见于肢端肥大症（图4-6）。

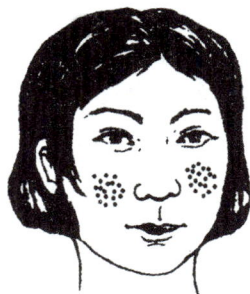

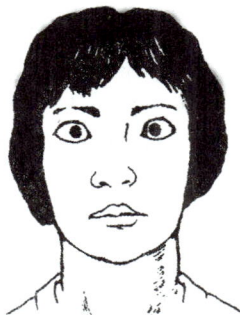

图4-4　二尖瓣面容　　　　　　图4-5　甲状腺功能亢进症面容　　　　　图4-6　肢端肥大症面容

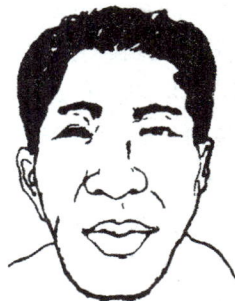

**10. 满月面容**　面圆如满月，皮肤发红，常伴有痤疮和毛发增多。见于库欣（Cushing）综合征及长期应用糖皮质激素者。

**11. 苦笑面容**　呈苦笑状，牙关紧闭，面肌痉挛。见于破伤风。

**12. 面具面容**　面部呆板无表情，似面具样。见于帕金森病。

> 💡 **考点提示**
>
> 常见病态面容的特点及临床意义。

## 六、体位

体位指被评估者身体所处的状态。某些特征性体位对疾病的诊断具有一定的意义。常见体位有以下几种。

**1. 自动体位**　身体活动自如，不受限制。见于正常人、轻症患者。

**2. 被动体位**　患者不能自己随意调整或更换身体位置。见于极度衰弱、意识丧失患者。

**3. 强迫体位**　患者为减轻痛苦而被迫采取某种体位。临床常见以下8种。

（1）强迫仰卧位　患者取仰卧位，双腿屈曲，以减轻腹肌的紧张。见于急性腹膜炎等。

（2）强迫俯卧位　患者俯卧以减轻脊背肌肉紧张。见于脊柱疾病。

（3）强迫侧卧位　患者卧向患侧，以减轻疼痛或减轻呼吸困难，有利于健侧代偿呼吸。见于一侧胸膜炎和大量胸腔积液的患者。

（4）强迫坐位（端坐呼吸）　此体位有助于辅助呼吸肌参与呼吸运动，使膈肌下降幅度加大，增加肺通气量，并可减少下肢回心血量，减轻心脏负荷。见于心、肺功能不全者。

（5）强迫蹲位　在活动过程中，患者突然停止活动，采取蹲踞位或膝胸位以缓解呼吸困难或心悸。见于发绀型先天性心脏病。

（6）强迫停立位　在步行时，因心前区疼痛突然发作，患者立即站住，并用手抚心前区，待症状稍缓解后再继续行走。见于心绞痛。

> 💡 **考点提示**
>
> 各种体位的临床意义。

（7）辗转体位　疼痛发作时，患者辗转反侧，坐卧不安。见于胆石症、胆道蛔虫病、肾绞痛等。

（8）角弓反张位　颈及脊背肌肉强直，使患者头向后仰，胸腹前凸，背过伸，躯干呈弓形。见于破伤风及小儿脑膜炎等。

### 七、步态

步态是指走路时所表现的姿态。健康人步态稳健，在某些疾病时可引起特殊的步态。常见步态如下。

**1. 蹒跚步态** 走路时，身体左右摇摆似鸭行。见于佝偻病、大骨节病、进行性肌营养不良、先天性双侧髋关节脱位等。

**2. 醉酒步态** 行走时躯干重心不稳，步态紊乱，似醉酒状。见于小脑疾病、酒精中毒等。

**3. 跨阈步态** 由于踝部肌腱、肌肉弛缓，患足下垂，行走时必须高抬患侧下肢才可起步。见于腓总神经麻痹。

**4. 共济失调步态** 走路时双目向下注视，两脚间距宽，起步时一脚高抬，骤然垂落，闭目时不能保持身体平衡。见于脊髓病变。

**5. 慌张步态** 起步后小步急速前冲，身体前倾，双脚擦地，有难以止步之势。见于帕金森病患者。

> **考点提示**
>
> 常见异常步态的临床意义。

**6. 剪刀步态** 由于双下肢肌张力增高，移步时下肢内收过紧，双腿交叉呈剪刀状。见于脑性瘫痪患者。

# 第三节 皮肤、黏膜及全身淋巴结的评估

PPT

## 一、皮肤、黏膜评估

皮肤是身体与外界环境间的屏障，皮肤本身的病变或全身性病变均可导致皮肤结构和（或）生理功能发生改变。皮肤黏膜评估的主要方法为视诊，有时尚需配合触诊。评估的内容主要有颜色、湿度、弹性、皮疹、脱屑、皮下出血、蜘蛛痣与肝掌、水肿等。

### （一）颜色

皮肤颜色与种族和遗传有关，并可因毛细血管分布、血液充盈度、色素量多少及皮下脂肪厚薄不同而有差异。评估皮肤颜色最好在自然光线下进行。

**1. 苍白** 皮肤黏膜苍白可由贫血、末梢毛细血管痉挛或充盈不足引起，检查时注意观察口唇、甲床、结膜和口腔黏膜等部位的颜色。见于寒冷、休克、虚脱、主动脉瓣关闭不全等。四肢末端的局限性苍白，可能与局部动脉痉挛或阻塞有关，见于雷诺病、血栓闭塞性脉管炎等。

**2. 发红** 是由于毛细血管扩张充血、血流加速及红细胞数量增多所致。生理情况下见于运动、饮酒后；病理情况下见于发热性疾病（如肺炎球菌性肺炎、猩红热等）、某些中毒（阿托品、一氧化碳中毒）等。皮肤持久性发红见于库欣综合征及真性红细胞增多症等。

**3. 发绀** 皮肤黏膜呈青紫色，常出现在口唇、面颊、耳郭及肢端。由于单位容积血液中还原血红蛋白量增多或异常血红蛋白血症引起。见于心、肺疾病和亚硝酸中毒。

**4. 黄染** 皮肤黏膜发黄称为黄染，主要见于黄疸。检查黄染最好在自然光线下进行。黄疸首先出现于巩膜、硬腭后部及软腭黏膜，较明显时才见于皮肤。黄疸时巩膜黄染是连续的，近角膜处黄染轻、黄色淡，远离角膜缘处黄染重、黄色深。此外应注意：①过多食用胡萝卜、南瓜、橘子等引起血中胡萝卜素含量增高，也可使皮肤黄染，其黄染首先出现于手掌、足底、前额及鼻部皮肤，一般不出现巩膜和口腔黏膜黄染；②长期服用含有黄色素的药物，如阿的平、呋喃类等也可引起皮肤黄染，其黄染首先出现于皮肤，严重者也可出现于巩膜，巩膜黄染的特点为近角膜缘处黄染重、黄色深；远离角膜缘处越

远，黄染色越淡，借此可与黄疸区别。

**5. 色素沉着**　由于表皮基底层的黑色素增多，引起部分或全身皮肤色泽加深，称为色素沉着。生理情况下，身体的外露部分、腋窝、乳头、关节、生殖器官、肛门周围等处皮肤色素较深。如果这些部位的色素明显加深，或其他部位出现色素沉着，则为病理征象，常见于慢性肾上腺皮质功能减退、肝硬化等。妊娠妇女面部、额部可出现棕褐色对称性色素斑，称为妊娠斑。老年人全身或面部也可出现散在色素斑，称为老年斑。

**6. 色素脱失**　正常皮肤含有一定量的色素，当酪氨酸酶缺乏致体内酪氨酸不能转化为多巴而形成黑色素时，便可发生色素脱失。临床上常见的色素脱失有白癜风、白斑和白化症。

（1）白癜风　为大小不等的多形性色素脱失斑片，发生后可逐渐扩大，但进展缓慢，无自觉症状，也不引起生理功能改变，常见于白癜风患者。

（2）白斑　多为圆形或椭圆形色素脱失斑片，面积一般不大，常发生在口腔黏膜及女性外阴部，部分白斑可发生癌变。

（3）白化病　为一种遗传性疾病，由于先天性酪氨酸酶合成障碍，致全身皮肤和毛发色素脱失，头发可呈浅黄色或金黄色。

**（二）湿度**

皮肤湿度与皮肤的排泌功能有关，排泌功能由汗腺和皮脂腺完成，其中汗腺起主要作用。出汗少者皮肤比较干燥，出汗多者皮肤比较湿润。在气温高、湿度大的环境中，出汗增多是一种生理调节功能。病理性出汗增多见于风湿病、结核病、甲状腺功能亢进症及佝偻病等。夜间睡后出汗称为盗汗，多见于结核病。手脚皮肤发凉而大汗淋漓称为冷汗，见于休克、虚脱患者。皮肤少汗或无汗见于维生素 A 缺乏症、脱水、黏液性水肿、硬皮病等。

**（三）弹性**

皮肤弹性与年龄、营养状态、皮下脂肪、组织间隙所含液体量有关。儿童与青年人皮肤紧张富有弹性；中年以后皮肤组织逐渐松弛，弹性减退；老年人皮肤组织萎缩，皮下脂肪减少，弹性较差。评估皮肤弹性时，以示指和拇指将手背或上臂内侧皮肤提起，松手后如皮肤皱褶迅速平复为弹性正常；如皮肤皱褶平复缓慢为弹性减弱，见于长期消耗性疾病或严重脱水者。

**（四）皮疹**

皮疹多为全身性疾病的表现之一，常见于传染病、皮肤病、药物及其他物质所致的过敏反应等。评估时应仔细观察皮疹出现与消失的时间、发展顺序、分布部位、形态大小、颜色、平坦或隆起、压之是否褪色、有无瘙痒及脱屑等。皮疹的种类很多，临床上常见的皮疹有以下 6 种。

**1. 斑疹**　表现为局部皮肤发红，一般不凸出皮面。见于斑疹伤寒、丹毒、风湿性多形红斑等。

**2. 丘疹**　为较小的实质性皮肤隆起伴有局部皮肤发红，病灶凸出于皮肤表面。见于药物疹、麻疹、湿疹等。

**3. 斑丘疹**　在丘疹周围有皮肤发红的底盘称为斑丘疹。见于风疹、猩红热、药物疹等。

**4. 玫瑰疹**　为一种直径为 2～3mm 的鲜红色圆形斑疹，是由于病灶周围血管扩张所致。评估时以手指按压可使皮疹消退，松开时又复出现，多出现于胸腹部。为伤寒、副伤寒的特征性皮疹。

**5. 荨麻疹**　为稍隆起皮肤表面的苍白色或红色的局限性水肿，大小不等，形态不一，发生快，消退亦快，常伴有剧痒，为速发性皮肤变态反应所致，见于各种过敏性疾病。

**6. 疱疹**　为局限性高出皮肤表面的腔性皮损，颜色可因腔内所含液体不同而各异。腔内液体为血清、淋巴液，直径小于 1cm 者为小水疱，见于单纯疱疹、水痘等。直径大于 1cm 者为大水疱。腔内含脓者为脓疱，脓疱可以原发，也可以由水疱感染而来，可见于糖尿病足、烫伤等。

### （五）脱屑

正常皮肤由于表层不断角化和更新，经常有少量脱屑，但一般不易察觉。病理状态下可见大量皮肤脱屑，如米糠样脱屑常见于麻疹；片状脱屑常见于猩红热，银白色鳞状脱屑常见于银屑病。

### （六）皮下出血

皮下出血根据其直径大小及伴随情况分为 4 种：①瘀点，直径小于 2mm；②紫癜，直径 3～5mm；③瘀斑，直径大于 5mm；④血肿，片状出血并伴有皮肤显著隆起。评估时，较大面积的皮下出血易于判断，对于较小的瘀点应注意与红色的皮疹或小红痣进行鉴别。皮疹受压时一般可褪色或消失，瘀点和小红痣受压后不褪色，但小红痣表面光亮，在触诊时可感到稍高于皮肤表面。皮下出血常见于血液系统疾病、重症感染、某些血管损害性疾病以及毒物或药物中毒等。

### （七）蜘蛛痣与肝掌

**1. 蜘蛛痣**  是由皮肤小动脉末端分支性扩张所形成的血管痣，形似蜘蛛（图 4-7）。多出现于上腔静脉分布的区域内，如面、颈、上臂、手背、前胸、肩部等处，其大小不等。评估时用棉签或铅笔尖、火柴杆等压迫蜘蛛痣的中心，其辐射状的小血管网立即消失，去除压力后又复出现。一般认为蜘蛛痣的出现与肝脏对雌激素的灭活作用减弱有关。常见于急、慢性肝炎或肝硬化，健康妇女在妊娠期间也可出现。

**2. 肝掌**  手掌大、小鱼际处常发红，加压后褪色，称为肝掌。见于慢性肝病，其发生机制与蜘蛛痣相同。

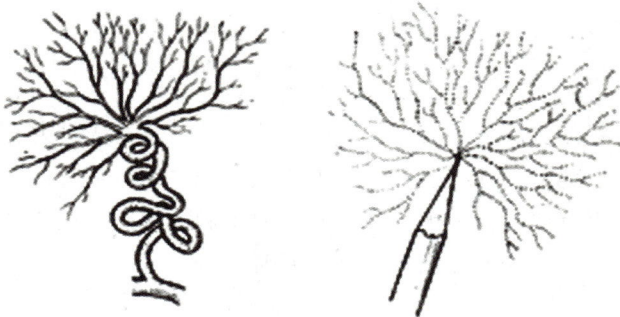

**图 4-7  蜘蛛痣**

### （八）水肿

水肿是指皮下组织的细胞内及组织间隙内液体积聚过多。水肿的评估应以视诊和触诊相结合进行。凹陷性水肿在局部受压后可出现凹陷，而黏液性水肿及象皮肿（丝虫病）尽管组织肿胀明显，但在受压后并无组织凹陷。

根据水肿的轻重，可分为轻、中、重三度。

轻度：水肿仅见于眼睑、眶下软组织、胫骨前、踝部皮下组织，指压后组织轻度下陷，平复较快。

中度：全身组织均见明显水肿，指压后出现明显的或较深的组织下陷，平复缓慢。

重度：全身组织严重水肿，身体低位皮肤绷紧发亮，甚至有液体渗出，常伴有胸腔积液和腹水，外阴部也可见严重水肿。

### （九）皮下结节

正常人无皮下结节，评估时需要结合视诊和触诊进行，触诊时应注意皮下结节的大小、硬度、部位、活动度及有无压痛等。常见的皮下结节有 3 种。

**1. 风湿结节**　位于关节、骨隆突附近，圆形、质硬、无压痛的皮下结节，数目不多，大小不等（直径为 0.5～2.0cm），见于风湿热、类风湿关节炎等疾病。

**2. 痛风结节**　也称痛风石，一般以耳郭、跖趾、指（趾）关节及掌指关节等部位多见。为大小不等（直径为 0.2～2.0cm）的黄白色结节，是痛风的特征性病变。

**3. Osler 结节**　为指尖、足趾、大小鱼际肌处出现的豌豆大的红或紫色结节，有压痛，见于感染性心内膜炎。

### （十）压疮

压疮（pressure sore）又称压力性溃疡，为局部组织长期受压，血液循环障碍，局部持续缺血、缺氧、营养不良而致的皮肤损害，多见于枕部、耳郭、肩胛部、肘部、髋部、骶尾部、膝关节内外侧、内外踝、足跟等身体受压较大的骨突部位。活动障碍、神经功能障碍、循环障碍、感觉迟钝等是压疮形成的危险因素。

根据组织损伤程度，可将压疮分为 4 期。

**1. Ⅰ期（淤血红肿期）**　皮肤完整，局部红肿，有触痛，伴有红、肿、热、痛。

**2. Ⅱ期（炎性浸润期）**　红肿扩大、变硬，受损皮肤由红转紫，表层出现水疱、破皮、浅表溃疡。

**3. Ⅲ期（浅表溃疡期）**　水疱、破溃扩展，疼痛加剧，继发感染。

**4. Ⅳ期（坏死溃疡期）**　全层皮肤及骨骼、肌肉及肌腱、韧带等发生坏死，溃疡很深，有时有窦道形成。严重者可并发脓毒血症，危及生命。

## 二、淋巴结的评估

淋巴结分布全身，一般身体评估只能评估身体各部浅表的淋巴结。正常情况下，淋巴结较小，直径多在 0.2～0.5cm 之间，表面光滑，质地柔软，无压痛，不易触及，与毗邻组织无粘连。

### （一）表浅淋巴结分布

**1. 头颈部**　颈部淋巴结群见图 4－8。

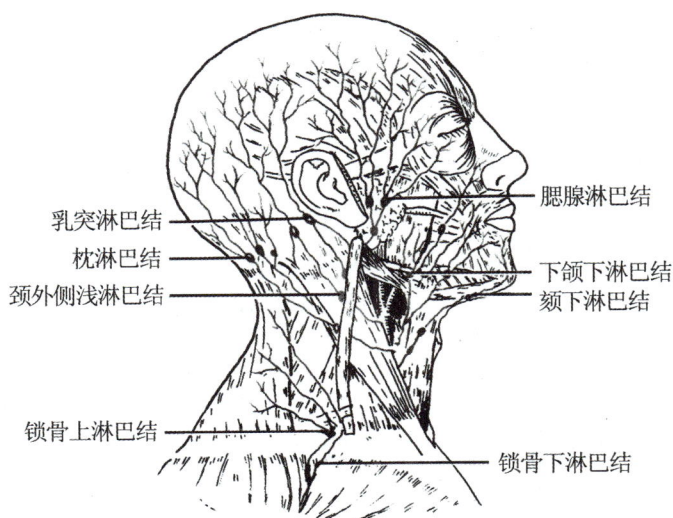

图 4－8　颈部淋巴结群

（1）耳前、耳后淋巴结　耳前淋巴结位于耳屏前方；耳后淋巴结亦称为乳突淋巴结，位于耳后乳突表面、胸锁乳突肌止点处。

（2）枕淋巴结　位于枕部皮下，斜方肌起点与胸锁乳突肌止点之间。

（3）颌下淋巴结　位于颌下腺附近，在下颌角与颏部中间位置处。

（4）颏下淋巴结　位于颏下三角内，下颌舌骨肌表面，两侧下颌骨前端中点后方。

（5）颈前、颈后淋巴结　颈前淋巴结位于胸锁乳突肌表面及下颌角处；颈后淋巴结位于斜方肌前缘。

（6）锁骨上淋巴结　位于锁骨与胸锁乳突肌所形成的夹角处。

**2. 上肢**

（1）腋窝淋巴结　是上肢最大的淋巴结组群，可分为五群：①外侧淋巴结群，位于腋窝外侧壁；②胸肌淋巴结群，位于胸大肌下缘深部；③肩胛下淋巴结群，位于腋窝后皱襞深部；④中央淋巴结群，位于腋窝内侧壁近肋骨及前锯肌处；⑤腋尖淋巴结群，位于腋窝顶部。

（2）滑车上淋巴结　位于上臂内侧、内上髁上方3～4cm处，肱二头肌与肱三头肌之间的间沟内。

**3. 下肢**

（1）腹股沟淋巴结　位于腹股沟韧带下方股三角内。

（2）腘窝淋巴结　位于小隐静脉和腘静脉的汇合处。

### （二）评估方法及顺序

**1. 评估方法**　评估淋巴结的方法是视诊和触诊。视诊时不仅要注意局部征象（包括皮肤是否隆起，颜色有无变化，有无皮疹、瘢痕、瘘管等），还要注意全身状态。

触诊是评估淋巴结的主要方法。评估时将示指、中指、环指三指并拢，指腹平放于被评估部位的皮肤上进行滑动触诊。需要注意，在淋巴结的滑动触诊中，指腹的滑动是在皮肤和皮下组织之间的滑动，滑动的方式应取相互垂直的多个方向或转动式滑动，这样有助于淋巴结与肌肉和血管结节相鉴别，肌肉或血管结节为条索形走向，而淋巴结为圆形。

评估颈部淋巴结时可站在被评估者前面或背后，手指紧贴评估部位，由浅入深进行滑动触诊，嘱被评估者头稍低或偏向评估侧，以使皮肤或肌肉松弛，便于触诊。评估锁骨上淋巴结时，让被评估者取坐位或卧位，头部稍向前屈，用双手进行触诊，以左手触诊右侧，以右手触诊左侧，由浅部逐渐触摸至锁骨后深部。评估腋窝淋巴结时，评估者用手扶住被评估者前臂并稍外展，以右手评估左侧，左手评估右侧，触诊由浅入深至腋窝各部。评估滑车上淋巴结时，评估者以左手（右）扶托被评估者左（右）前臂，以右（左）手向滑车上由浅及深进行触摸。

发现淋巴结肿大时，应注意肿大淋巴结的部位、大小、数目、压痛、硬度、活动度、有无粘连，局部皮肤有无红肿、瘢痕、瘘管等，同时注意寻找引起淋巴结肿大的原发病灶。

**2. 评估顺序**　评估淋巴结时应按顺序进行，以免遗漏。一般顺序为：耳前、耳后、枕部、颌下、颏下、颈前颈后、锁骨上窝、腋窝、滑车上、腹股沟、腘窝淋巴结。评估腋窝淋巴结时，应按腋尖群→中央群→胸肌群→肩胛下群→外侧群的顺序进行。

### （三）淋巴结肿大的临床意义

淋巴结肿大按其分布可分为局限性和全身性淋巴结肿大。

**1. 局限性淋巴结肿大**

（1）非特异性淋巴结炎　由引流区域的急、慢性炎症所引起。如急性化脓性扁桃体炎、牙龈炎可致颈部淋巴结肿大；乳腺炎症引起腋窝淋巴结肿大。急性炎症，肿大的淋巴结柔软、有压痛、表面光滑、无粘连，肿大至一定程度即停止。慢性炎症时，淋巴结质地较硬、无压痛，最终可缩小或消退。

（2）单纯性淋巴结炎　为淋巴结本身的急性炎症。肿大的淋巴结有疼痛，中等硬度，有触痛，常发生于颈部淋巴结。

（3）淋巴结结核　肿大的淋巴结常发生在颈部血管周围，呈多发性，大小不等，质地稍硬，可相互粘连，或与周围组织粘连，若发生干酪性坏死，则可触及波动感。晚期破溃后形成瘘管，愈合后可形成瘢痕。

（4）恶性肿瘤淋巴结转移　肿大的淋巴结质地坚硬，或有橡皮样感，表面可光滑或突起，一般无压痛，与周围组织粘连，不易推动。胸部肿瘤如肺癌可向右侧锁骨上或腋窝淋巴结转移；胃癌多向左侧锁骨上淋巴结转移，因此处系胸导管进入颈静脉的入口，这种肿大的淋巴结称为 Virchow 淋巴结，常为胃癌、食管癌转移的标志。

**2. 全身性淋巴结肿大**　淋巴结肿大的部位遍布全身，大小不等，无粘连。多见于淋巴瘤、急（慢）性白血病、传染性单核细胞增多症及艾滋病等。

# 第四节　头面部及颈部评估

头部及其器官是人体最重要的外形特征之一，是评估者最先和最容易见到的部分，头面部及颈部评估以视诊和触诊为主。

## 一、头发和头皮、头颅

### （一）头发和头皮

头发的评估要注意其颜色、疏密度、脱发的类型与特点。头发的颜色、曲直、疏密度可因种族、遗传、年龄而不同。脱发可由疾病引起，如斑秃、甲状腺功能低下、伤寒等，也可由物理与化学因素引起，如放射治疗和抗肿瘤药治疗后。

评估头皮时需拨开头发，观察头皮的颜色、头皮屑，有无头癣、疖痈、血肿、外伤与瘢痕等。

### （二）头颅

视诊应注意头颅大小、外形变化、有无异常活动。触诊时用双手仔细触摸头颅的每一个部位，了解其外形、有无压痛及异常隆起。头颅的大小以头围来衡量，测量方法：用软尺自眉间绕经枕骨粗隆绕头一周来测量。正常成人头围≥53cm。儿童头围在发育阶段的变化为：新生儿约34cm，出生后的前半年增加8cm，后半年增加3cm，第二年增加2cm，第三、四年内增加1.5cm，4~10岁共增加1.5cm，到18岁可达53cm或以上，以后基本无变化。矢状缝和其他颅缝大多在出生后6个月内骨化，骨化过早会影响颅脑发育。

**1. 头颅大小异常或畸形**　头颅的大小异常或畸形往往是一些疾病的典型体征，临床常见如下。

（1）小颅　小儿囟门多在12~18个月内闭合，如过早闭合可形成小颅畸形，常同时伴有智力发育障碍。

（2）巨颅　额、顶、颞及枕部突出膨大呈圆形，颈部静脉充盈，相比之下颜面很小。由于颅内压增高，压迫眼球，形成双目下视、巩膜外露的特殊表情，称落日现象，见于脑积水（图4-9）。

（3）尖颅　亦称塔颅，头顶部尖突高起，造成与颜面的比例异常，是由于矢状缝与冠状缝过早闭合所致。见于先天性疾病尖颅并指（趾）畸形，即 Apert 综合征（图4-9）。

（4）方颅　前额左右突出，头顶平坦呈方形，见于小儿佝偻病或先天性梅毒（图4-9）。

（5）变形颅　发生于中年人，其特征为颅骨增大变形，同时伴有长骨的骨质增厚与弯曲，见于变形性骨炎。

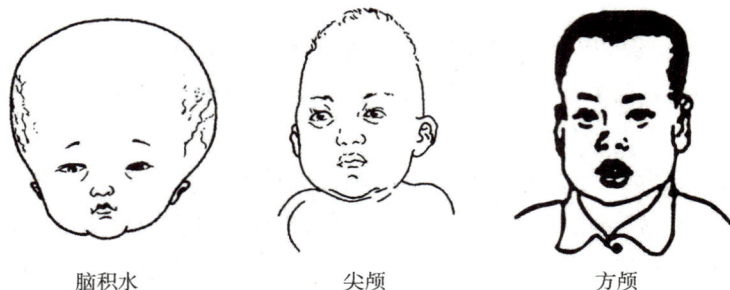

脑积水　　　　　　　　尖颅　　　　　　　　方颅

**图 4 - 9　头颅畸形**

**2. 头部运动异常**　头部的运动异常一般经视诊即可发现。头部活动受限，见于颈椎疾病。头部不随意地颤动，见于帕金森病（Parkinson disease）。与颈动脉搏动一致的点头运动称 de Musset 征，见于严重主动脉瓣关闭不全。

## 二、颜面及其器官

### （一）眼

**1. 眼眉**　正常人的眉毛疏密不完全相同，一般内侧与中间部分较浓密，外侧部分比较稀疏。外 1/3 眉毛过于稀疏或脱落见于黏液性水肿、腺垂体功能减退症、麻风病等。

**2. 眼睑**

（1）睑内翻　由于瘢痕形成使睑缘向内翻转所致，见于沙眼。

（2）眼睑闭合障碍　双侧眼睑闭合障碍可见于甲状腺功能亢进症，单侧眼睑闭合障碍见于面神经麻痹。

（3）上睑下垂　双侧上睑下垂见于先天性上睑下垂、重症肌无力，单侧上睑下垂见于蛛网膜下腔出血、脑炎、脑脓肿、外伤等引起的动眼神经麻痹。

（4）眼睑水肿　眼睑皮下组织疏松，轻度或初发水肿常在眼睑表现出来，临床常见于肾炎、营养不良、慢性肝病、血管神经性水肿等。

**3. 结膜**　分睑结膜、穹窿部结膜、球结膜三部分。评估上睑结膜时需将眼睑翻转。评估者用右手评估受评估者左眼，用左手评估右眼。翻转要领为：嘱被评估者向下看，评估者用示指和拇指捏住上睑中外 1/3 交界处的边缘，轻轻向前下方牵拉，并以示指向下压迫睑板上缘，与拇指配合将睑缘向上捻转即可将眼睑翻开。评估时动作要轻柔，以免引起被评估者的痛苦和流泪。评估后，轻轻向前下牵拉上睑，同时嘱被评估者往上看，即可使眼睑恢复正常位置。

结膜常见的改变有：①结膜充血见于结膜炎、角膜炎；②颗粒与滤泡见于沙眼；③苍白见于贫血；④发黄见于黄疸；⑤出现多少不等散在的出血点，见于感染性心内膜炎；⑥大片的结膜下出血，可见于高血压、动脉硬化。

**4. 巩膜**　巩膜不透明，为瓷白色。发生黄疸时，巩膜较其他黏膜最先出现黄染而容易被发现。中年以后在内眦部可出现黄色斑块，为脂肪沉着所致，呈不均匀性分布，应注意与黄疸鉴别。血液中其他黄色色素成分（如胡萝卜素、阿的平等）增多时，也可引起皮肤黏膜黄染，应注意鉴别。

**5. 角膜**　角膜表面具有丰富的感觉神经末梢，因此其感觉十分灵敏。评估时用斜照光更易观察其透明度，注意有无云翳、白斑、溃疡、软化及新生血管等。①云翳与白斑：如发生在角膜的瞳孔部位可引起不同程度的视力障碍。②角膜周边的血管增生：可能为严

> ⊕ **考点提示**
>
> 黄染最先出现的部位。

重沙眼所致。③角膜软化：见于婴幼儿营养不良、维生素 A 缺乏症等。④Kayser - Fleischer 环：评估时发现在角膜边缘出现黄色或棕褐色的色素环，环的外缘较清晰，内缘较模糊，见于肝豆状核变性（Wilson 病），是铜代谢障碍的结果。

**6. 虹膜**　为眼球葡萄膜的最前部分，中央有圆形孔洞即瞳孔，通过虹膜内的瞳孔括约肌与扩大肌可调节瞳孔的大小。正常虹膜纹理近瞳孔部分呈放射状排列，周边呈环形排列。虹膜纹理模糊或消失见于虹膜炎症、水肿和萎缩，虹膜形态异常或有裂孔见于虹膜后粘连、外伤、先天性虹膜缺损等。

**7. 瞳孔**　是虹膜中央的孔洞，评估时应注意瞳孔的形状，大小，双侧是否等圆、等大，对光反射及集合反射等。

（1）瞳孔的形状与大小　正常为圆形，直径为 3～4mm，双侧等大、等圆。瞳孔的形状可因疾病而变化，青光眼或眼内肿瘤时，瞳孔可呈椭圆形；虹膜粘连时瞳孔的形状可不规则。

生理情况下，婴幼儿和老年人瞳孔较小，在光亮处瞳孔较小；青少年瞳孔较大，兴奋或在暗处瞳孔扩大。

病理情况下：①瞳孔缩小，见于虹膜炎症、中毒（有机磷类农药、毒蕈中毒）、药物反应（毛果芸香碱、吗啡、氯丙嗪）等；②瞳孔扩大，见于外伤、颈交感神经刺激、视神经萎缩、药物影响（阿托品、可卡因）等；③双侧瞳孔散大并伴有对光反射消失为濒死状态的表现；④双侧瞳孔大小不等，常提示有颅内病变，如脑外伤、脑肿瘤、中枢神经梅毒、脑疝等。

> **考点提示**
>
> 瞳孔正常状态。

（2）对光反射　包括直接对光反射和间接对光反射。评估时嘱被评估者注视正前方，光源从侧方照入瞳孔，观察其动态反应。正常人用手电筒直接照射一侧瞳孔，该侧瞳孔立即缩小，移开光源后瞳孔迅速复原，称为直接对光反射。用一手隔开两眼（挡住光线），用手电筒照射一侧瞳孔时，对侧瞳孔也立即缩小，移开光线，瞳孔扩大，称为间接对光反射。对光反射迟钝或消失见于昏迷患者。 🅔 微课 3

（3）集合反射　嘱被评估者注视 1m 以外的目标（通常是评估者的示指尖），然后将目标迅速移近眼球（距眼球 5～10cm），正常人此时可见瞳孔逐渐缩小，称为调节反射；再次将目标由 1m 外缓慢移近眼球，此时双侧眼球向内聚集，称为集合反射。甲状腺功能亢进时集合反射减弱；动眼神经功能损害时，集合反射和调节反射均消失。

**8. 眼球**　评估时注意眼球的外形和运动。

（1）眼球突出　双侧眼球突出见于甲状腺功能亢进症。甲亢患者除突眼外还有以下眼征。①Stellwag 征：瞬目（即眨眼）减少。②Joffroy 征：上视时无额纹出现。③Mobius 征：集合运动减弱。④Graefe 征：眼球下转时上睑不能相应下垂。单侧眼球突出多由局部炎症或眶内占位性病变引起，偶见于颅内病变。

（2）眼球下陷　双侧下陷见于严重脱水，单侧下陷见于霍纳（Horner）综合征和眶壁骨折。

💡 **知识链接**

**Horner 综合征**

一侧眼交感神经麻痹，产生 Horner 综合征，出现同侧上眼睑下垂、眼球下陷、瞳孔缩小、同侧结膜充血及面部无汗。

（3）眼球运动　实际上是评估六条眼外肌的运动功能。评估者将目标物（棉签或手指尖）置于被评估者眼前 30～40cm 处，嘱被评估者头部固定，眼球随目标方向移动，一般按左→左上→左下，右→

右上→右下 6 个方向的顺序进行，每一方向的运动由双眼的一对配偶肌支配，若有某一方向运动受限提示该对配偶肌功能障碍，并伴有复视。

双侧眼球发生一系列有规律的快速往返运动，称为眼球震颤。运动的速度起始时缓慢，称慢相；复原时迅速，称快相。运动方向以水平方向常见，垂直方向和旋转方向少见。评估时嘱被评估者眼球随评估者手指所示方向（水平和垂直方向）运动数次，观察是否出现震颤。自发的眼球震颤见于耳源性眩晕、小脑疾病、视力严重低下等。

**9. 眼的功能评估**　包括视力、色觉、视野等检查。

（1）视力　分为远视力和近视力，近视力通常指阅读视力。采用通用国际标准视力表进行视力检测。

远视力表检测：被评估者距视力表 5m 远，两眼分别检查，以能看清"1.0"行视标者为正常视力。在 1m 处不能辨认"0.1"行视标者，则改为"数手指"。手指移近眼前 5cm 仍数不清者，则改为用手指在被评估者眼前左右摆动。不能看到眼前手动者，到暗室中用手电筒照被检眼，检测光感是否存在，如光感消失，即为失明。

近视力表检测：在距视力表 33cm 处，能看清"1.0"行视标者为正常视力。视力检查可初步判断被评估者有无近视、远视、散光等。

（2）视野　当眼球向正前方固视不动时所见的空间范围称为视野。采用手试对比检查法可粗略地测定视野。评估方法为：被评估者与评估者相对而坐，距离约 1m，两眼分别评估。评估右眼时，嘱其用手遮住左眼，右眼注视评估者的左眼，此时，评估者也应将自己的右眼遮盖；然后，评估者将其手指置于自己与被评估者中间等距离处，分别从上、下、左、右等不同的方位自外周逐渐向眼的中央部移动，嘱被评估者在发现手指时，立即示意。如被评估者能在各方向与评估者同时看到手指，则视野大致正常。如果对比检查法结果异常或疑有视野缺失，可用视野计做精确的视野测定。

视野在各方向均缩小，称为向心性视野狭小。视野内的视力缺失地区称为暗点。视野的左或右一半缺失，称为偏盲。双眼视野颞侧偏盲，见于视交叉以后的中枢病变；单侧不规则的视野缺损见于视神经和视网膜病变。

（3）色觉　色觉异常可分为色弱和色盲两种。色弱是对某种颜色的识别能力减低；色盲是对某种颜色的识别能力丧失。色盲又分先天性和后天性两种，先天性色盲是遗传性疾病，以红绿色盲最常见；后天性色盲多由视网膜病变、视神经萎缩、球后视神经炎引起。蓝黄色盲极为少见，全色盲更罕见。

色觉评估要在适宜的光线下进行，让被评估者在 50cm 距离处读出色盲表上的数字或图像，如果受检者在 5～10 秒内不能读出色盲表上的彩色数字或图像，则可按色盲表的说明判断为某种色盲或色弱。

**（二）耳**

耳是听觉和平衡器官，分外耳、中耳、内耳三个部分。

**1. 外耳**

（1）耳郭　注意其外形、大小、位置、对称性，有无发育畸形、外伤瘢痕、红肿与结节等。耳郭红肿伴有局部发热、疼痛，见于感染。牵拉和触诊耳郭引起疼痛，提示有炎症。痛风患者可在耳郭上触及痛性小结节，为尿酸钠沉着所致。

（2）外耳道　注意皮肤是否正常，有无溢液。若有黄色液体流出并有痒痛者为外耳道炎。外耳道内有局部红肿、疼痛，并有耳郭牵拉痛为疖肿。有脓液流出并有全身症状，应考虑急性中耳炎。有血液或脑脊液流出应考虑颅底骨折。对耳鸣患者应注意是否存在盯聍、外耳道瘢痕狭窄或异物堵塞。

**2. 中耳**　观察鼓膜是否穿孔，注意穿孔位置，若有溢脓并有恶臭，可能为表皮样瘤。

**3. 乳突**　外壳由骨密质组成，内腔为大小不等的骨松质小房，乳突内腔与中耳道相连。化脓性中耳炎引流不畅时可蔓延为乳突炎，评估时可发现耳郭后方皮肤有红肿、乳突有明显压痛，有时可见瘘管，严重时可继发耳源性脑脓肿或脑膜炎。

**4. 听力**　听力评估有粗略测量和精确测量两种方法。评估时可先用粗略测量了解被评估者的听力，方法为：在静室内嘱被评估者闭目坐于椅子上，用手指堵塞一侧耳道，评估者持机械手表或以拇指与示指互相摩擦，从 1m 以外逐渐移近被评估者耳部，直到被评估者听到声音为止，测量距离。用同样方法评估另一耳。正常人一般在 1m 处可听到机械表声或捻指声。听力减退见于耳道有耵聍或异物、听神经损害、中耳炎、局部或全身血管硬化、耳硬化等。粗略测量发现听力减退者应进行精确测量，方法为：使用规定频率的音叉或电测听设备进行一系列较精确的测试，对明确诊断更有价值。

### （三）鼻

**1. 鼻外形**　评估时以视诊为主，评估鼻部皮肤颜色和外形有无改变。①酒渣鼻：鼻尖和鼻翼处皮肤发红，并有毛细血管扩张和组织肥厚。②蛙状鼻：鼻腔完全堵塞，外界变形，鼻梁宽平如蛙状，见于肥大的鼻息肉患者。③鞍鼻：由于鼻骨破坏，鼻梁塌陷所致，见于鼻骨骨折、鼻骨发育不良、先天性梅毒等。④蝶形红斑：鼻梁部皮肤出现红色斑块，病损处高起皮面并向两侧面颊部扩展，见于系统性红斑狼疮。⑤鼻翼扇动：吸气时鼻孔张大，呼气时鼻孔回缩，为严重呼吸困难的表现。

**2. 鼻中隔**　正常成人的鼻中隔多数稍有偏曲，很少完全正中，如有明显的偏曲并引起呼吸障碍则称为鼻中隔偏曲。严重的高位偏曲可压迫鼻甲，产生神经性头痛，也可因偏曲部骨质刺激黏膜而引起出血。鼻中隔出现孔洞称为鼻中隔穿孔，患者可听到鼻腔中有哨声，用小型手电筒照射一侧鼻孔，可见对侧鼻孔有亮光透入，多由鼻腔慢性炎症、外伤等引起。

**3. 鼻出血**　评估时注意为单侧还是双侧。多为单侧，见于外伤、鼻腔感染、局部血管损伤、鼻咽癌、鼻中隔偏曲等。双侧出血则多由全身性疾病引起，如血液系统疾病（血小板减少性紫癜、再生障碍性贫血、白血病、血友病）、高血压、肝脏疾病、某些发热性传染病（流行性出血热、伤寒等）、维生素 C 或维生素 K 缺乏症等。

**4. 鼻腔分泌物**　鼻腔黏膜受到各种刺激时会产生过多的分泌物。清稀无色的分泌物为卡他性炎症，多为病毒感染；黏稠发黄或发绿的分泌物为鼻或鼻窦的化脓性炎症所致，多为细菌感染。

**5. 鼻窦**　为鼻腔周围含气的骨质空腔，共四对（图 4 - 10），皆有窦口与鼻腔相通，当引流不畅时容易发生炎症。鼻窦炎时出现鼻塞、流涕、头痛、鼻窦压痛。

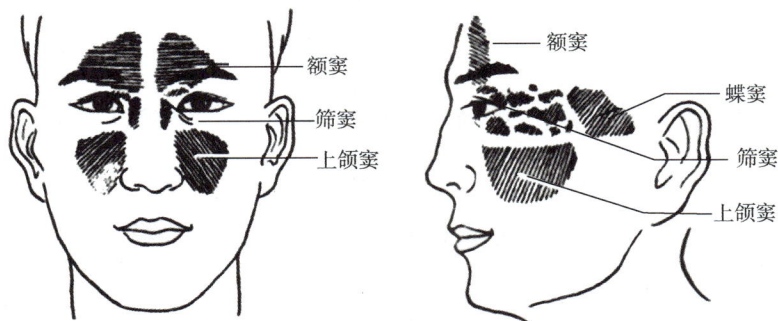

**图 4 - 10　鼻窦位置示意图**

各鼻窦区压痛的评估方法如下。

（1）额窦　评估者一手扶持被评估者枕部，将另一手拇指或示指置于眼眶上缘内侧用力向后、向上按压。或以双手固定头部，两手拇指置于眼眶上缘内侧用力向后、向上按压，询问有无压痛，比较两侧有无差异。

（2）筛窦　评估者双手固定于被评估者的两侧耳后，将两手拇指分别置于鼻根部与眼内眦之间向后方按压，询问有无压痛。

（3）上颌窦　评估者双手固定于被评估者的两侧耳后，将两手拇指分别置于左、右颧部向后按压，询问有无压痛，比较两侧压痛有无区别。

（4）蝶窦　因解剖位置较深，不能在体表进行评估。

### （四）口

口的评估包括口唇、口腔内器官和组织、口腔气味等。

**1. 口唇**　注意口唇颜色，有无疱疹、口角糜烂及歪斜。口唇的毛细血管十分丰富，因此健康人口唇红润光泽。口唇苍白见于贫血、虚脱等。口唇颜色深红见于急性发热性疾病。口唇发绀见于心力衰竭、呼吸衰竭等。口唇呈樱桃红色见于一氧化碳中毒。口唇干燥并有皲裂，见于严重脱水。口唇疱疹为口唇黏膜与皮肤交界处发生的成簇的半透明的小水疱，多为单纯疱疹病毒感染所致，常伴发于大叶性肺炎、感冒、流行性脑脊髓膜炎等。口唇突然发生非炎症性、无痛性肿胀见于血管神经性水肿。口唇肥厚增大见于黏液性水肿、肢端肥大症、呆小病等。口角糜烂见于核黄素缺乏症。口角歪斜见于面神经瘫痪、脑血管意外。

**2. 口腔黏膜**　评估口腔黏膜应在自然光线下进行，也可用手电筒照明。正常口腔黏膜光洁呈粉红色。出现蓝黑色色素沉着斑片多为肾上腺皮质功能减退症（Addison 病）。口腔黏膜见大小不等的黏膜下出血点或瘀斑，见于各种出血性疾病、维生素 C 缺乏症等。若在相当于第二磨牙的颊黏膜处出现冒针头大小的白色斑点，称为麻疹黏膜斑（Koplik 斑），为麻疹的早期特征。黏膜上有白色或灰白色凝乳块状物称为鹅口疮，见于白念珠菌感染，多见于衰弱的患儿或老年患者、长期使用广谱抗生素或抗肿瘤药后。

> **考点提示**
>
> Koplik 斑的临床意义。

**3. 牙**　评估时应注意有无龋齿、残根、缺牙、义齿等。若发现牙疾病应按下列各式标明所在部位。

| | | | | | | | 上 | | | | | | | | |
|---|---|---|---|---|---|---|---|---|---|---|---|---|---|---|---|
| 右 | 8 7 6 5 4 3 2 1 | | | | | | | 1 2 3 4 5 6 7 8 | | | | | | | 左 |
| | 8 7 6 5 4 3 2 1 | | | | | | | 1 2 3 4 5 6 7 8 | | | | | | | |
| | | | | | | | 下 | | | | | | | | |

1. 中切牙；2. 侧切牙；3. 尖牙；4. 第一前磨牙；5. 第二前磨牙；
6. 第一磨牙；7. 第二磨牙；8. 第三磨牙

如 6| 为右下第一磨牙；1| 为右上中切牙；$\frac{\phantom{0}|3}{5|}$ 为右下第二前磨牙及左上尖牙有病变。

正常牙齿为瓷白色。牙齿呈黄褐色称斑釉牙，为长期饮用含氟量过高的水所致。如发现中切牙切缘呈月牙形凹陷且牙间隙分离过宽，称为哈钦森（Hutchinson）牙，为先天性梅毒的重要体征之一。单纯牙间隙过宽见于肢端肥大症。

**4. 牙龈**　正常牙龈呈粉红色，质地坚韧且与牙颈部紧密贴合。评估时经压迫无出血及溢脓。牙龈水肿见于慢性牙周炎。牙龈缘出血常为口腔内局部因素引起，如牙石等，亦可由全身性疾病引起，如维生素 C 缺乏症、肝脏疾病、血液系统出血性疾病等。牙龈经挤压后有脓液溢出，见于慢性牙周炎、牙龈瘘管等。牙龈的游离缘出现蓝灰色点线称为铅线，是铅中毒的特征。在铋、汞、砷等中毒时，也可出现类似的黑褐色点线状色素沉着，应结合病史注意鉴别。

**5. 舌**　正常人舌质淡红，覆有薄白苔，舌体柔软，伸舌居中，活动自如，无震颤。①干燥舌：明显的干燥舌见于鼻部疾病、阿托品作用、放射治疗后；严重的干燥舌可见舌体缩小并有纵沟，见于严重脱水。②舌体增大：见于黏液性水肿、肢端肥大症等。③草莓舌：舌乳头肿胀、发红类似草莓，见于猩红热或长期发热患者。④地图舌：舌面上出现黄色上皮细胞堆积而成的隆起部分，状如地图，见于核黄素缺乏症患者。⑤牛肉舌：舌面绛红如生牛肉状，见于糙皮病（烟酸缺乏）患者。⑥镜面舌：也称光滑舌，舌乳头萎缩，舌体较小，舌面光滑呈粉红色或红色，见于缺铁性贫血、恶性贫血、慢性萎缩性胃炎患者。⑦毛舌：也称黑舌，舌面覆有黑色或黄褐色毛，是由于丝状乳头缠绕了真菌丝及其上皮细胞角化而形成，见于久病衰弱或长期使用广谱抗生素的患者。⑧运动异常：舌震颤见于甲状腺功能亢进症，伸舌偏斜见于舌下神经麻痹。

**6. 咽部及扁桃体**　咽部可分为鼻咽、口咽、喉咽三部分。咽部评估一般指口咽部评估。

（1）评估方法　被评估者取坐位，头略后仰，口张大并发"啊"音，此时评估者用压舌板在舌的前2/3与后1/3交界处迅速下压，此时软腭上抬，在照明的配合下即可观察软腭、腭垂、软腭弓、扁桃体、咽后壁情况。

（2）临床意义　若咽部黏膜充血、红肿、黏液分泌增多，多见于急性咽炎。若咽部黏膜充血、表面粗糙，淋巴滤泡呈簇状增殖，见于慢性咽炎。扁桃体发炎时，扁桃体充血、肿大，在扁桃体隐窝内有黄白色分泌物，或渗出物形成的苔片状假膜，很易剥离。此点与咽白喉在扁桃体上所形成的假膜不同，白喉的假膜不易剥离，若强行剥离则易引起出血。

💡 **考点提示**

扁桃体肿大分度。

扁桃体增大一般分为三度（图4-11）：增大不超过咽腭弓者为Ⅰ度；超过咽腭弓者为Ⅱ度；达到或超过咽后壁中线者为Ⅲ度。

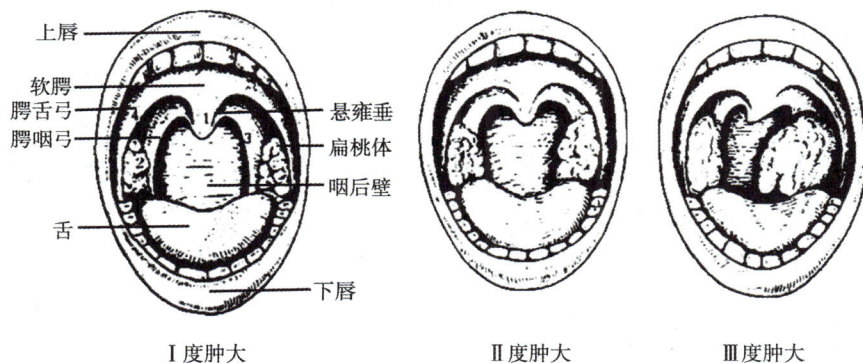

图4-11　扁桃体位置及其大小分度示意图

**7. 口腔气味**　健康人口腔无特殊气味。如有特殊难闻的气味称为口臭，可由口腔局部、胃肠道或其他全身性疾病引起。牙龈炎、龋齿、牙周炎可产生臭味；牙槽脓肿为腥臭味；牙龈出血为血腥味。糖尿病酮症酸中毒患者可发出烂苹果味；尿毒症患者可有尿味；肝坏死患者可有肝臭味；肺脓肿患者可发出组织坏死的臭味；有机磷农药中毒患者可闻到大蒜味。

**（五）腮腺**

腮腺位于耳屏、下颌角、颧弓所构成的三角区内。正常腮腺体薄而软，触诊时摸不出腺体轮廓。腮腺导管位于颧骨下1.5cm处，横过咀嚼肌表面，开口相当于上颌第二磨牙对面的颊黏膜上（图4-12）。评估时要注意导管口有无分泌物。腮腺肿大时，可见到以耳垂为中心的隆起，并可触及边缘不明显的包块。

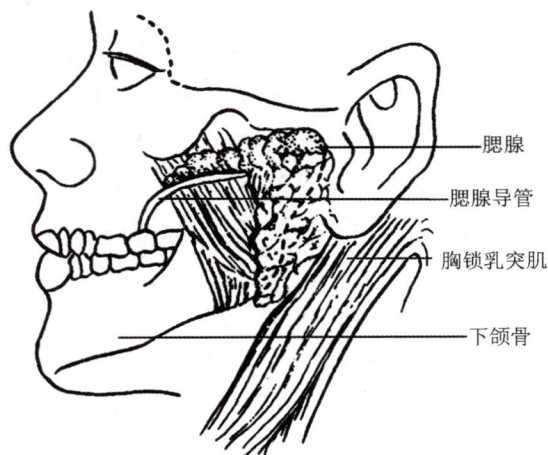

图 4 - 12 腮腺及腮腺导管位置图

腮腺肿大的临床意义如下。

**1. 急性流行性腮腺炎** 腮腺迅速肿大，先为单侧，继而可累及对侧，表面皮肤亮而不红，有压痛，腮腺导管口可见红肿，挤压无脓性分泌物流出。急性期可能累及胰腺、睾丸或卵巢。

**2. 急性化脓性腮腺炎** 多为单侧性，表面皮肤红肿、有压痛，在导管口处加压后有脓性分泌物流出，常发生于抵抗力低下的重症患者，如胃肠道术后及口腔卫生不良者。

**3. 腮腺肿瘤** 多形性腺瘤质韧呈结节状，边界清楚，可有移动性。恶性肿瘤质硬、有痛感，发展速度快，与周围组织有粘连，可伴有面瘫。

## 三、颈部评估

颈部评估时被评估者最好取舒适坐位，解开内衣，暴露颈部和肩部，在平静、自然的状态下进行，评估的手法应轻柔，疑有颈椎疾病时更应注意。

### （一）颈部外形与分区

**1. 颈部外形** 正常人颈部直立，两侧对称。男性甲状软骨比较突出，女性则平坦不显露，转头时可见胸锁乳突肌突起。评估时嘱被评估者头稍后仰，更易观察颈部有无包块、瘢痕、两侧是否对称。正常人在静坐时颈部血管不显露。

**2. 颈部分区** 为描述和标记颈部病变的部位，根据解剖结构，将颈部两侧各分为两个大三角区域，即颈前三角和颈后三角。颈前三角为胸锁乳突肌内缘、下颌骨下缘和前正中线之间的区域；颈后三角为胸锁乳突肌后缘、锁骨上缘和斜方肌前缘之间的区域。

### （二）颈部姿势与运动

正常人坐位时颈部直立，伸曲、转动自如。常见的运动异常有：①头不能抬起，见于严重消耗性疾病的晚期、重症肌无力、进行性肌萎缩等；②斜颈：头部向一侧偏斜称为斜颈，见于颈肌外伤、瘢痕收缩、先天性颈肌挛缩和斜颈；③颈部运动受限并伴有疼痛，可见于软组织炎症、颈肌扭伤、肥大性脊椎炎、颈椎结核或肿瘤；④颈部强直，为脑膜受刺激的表现，见于各种脑膜炎、蛛网膜下腔出血等。

### （三）颈部皮肤与包块

**1. 颈部皮肤** 评估时应注意有无蜘蛛痣、感染（疖、痈、结核）、瘢痕、瘘管、神经性皮炎等。

**2. 颈部包块** 评估时应注意其部位、数目、大小、质地、活动度、有无压痛、与邻近器官的关系等。淋巴结肿大时，若质地不硬、有轻度压痛，可能为非特异性淋巴结炎；若质地较硬，且伴有纵隔、胸腔或腹腔病变的症状或体征，应考虑恶性肿瘤淋巴结转移的可能；若为全身性、无痛性淋巴结肿大，则多见于血液系统疾病。若包块弹性大又无全身症状，可能为囊肿。肿大的甲状腺和甲状腺来源的包块，在做吞咽动作时可随吞咽向上移动，借此可与颈前其他包块鉴别。

### （四）颈部血管

**1. 颈静脉** 正常人立位或坐位时颈外静脉常不显露，平卧时可稍见充盈，但充盈的水平仅限于锁骨上缘至下颌角距离的下 2/3 以内。若在坐位或半坐位（身体呈45°）时，颈静脉明显充盈、怒张或平卧时充盈度超过正常水平，称颈静脉怒张，提示颈静脉压升高，见于右心衰竭、缩窄性心包炎、心包积液、上腔静脉阻塞综合征等。

正常人看不到颈静脉的搏动，颈静脉搏动可见于三尖瓣关闭不全等。

**2. 颈动脉** 正常人颈部动脉的搏动只在剧烈活动后可见，且很微弱。若在安静状态下出现颈动脉明显搏动，则多见于主动脉瓣关闭不全、高血压、甲状腺功能亢进症、严重贫血等。

> **考点提示**
>
> 颈静脉怒张的概念与临床意义。

因颈动脉和颈静脉都可能发生搏动，且部位相近，应注意鉴别。一般静脉搏动柔和，范围弥散，触诊时无搏动感；而动脉搏动比较强劲，为膨胀性，搏动感明显。

**3. 颈部血管听诊** 如在颈部大血管区听到血管性杂音，应考虑颈动脉或椎动脉狭窄。若在锁骨上窝处听到杂音，则可能为锁骨下动脉狭窄。若在右锁骨上窝处听到低调、柔和、连续性杂音，则可能为颈静脉血流快速流入上腔静脉口径较宽的球部时产生，属生理性，用手指压迫颈静脉后即可消失。

### （五）甲状腺

甲状腺位于甲状软骨下方和两侧（图4-13），正常为15～25g，表面光滑、质地柔软，不易触及。

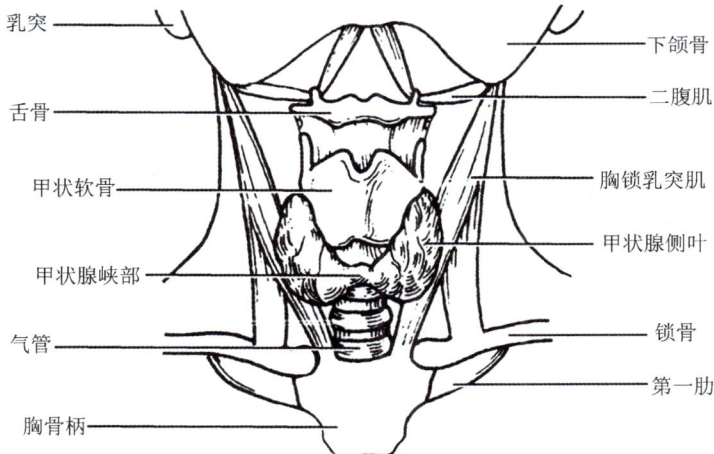

**图4-13 甲状腺位置图**

**1. 甲状腺评估方法**

（1）视诊 观察甲状腺的大小和对称性。正常人甲状腺外观不突出，女性在青春发育期可略增大。评估时让被评估者做吞咽动作，可见甲状腺随吞咽动作而向上移动，若不易辨认，再嘱被评估者两手放于枕后，头向后仰，再进行观察即较明显。

（2）触诊 比视诊更能明确甲状腺的轮廓和病变的性质。触诊时应注意其大小、质地、表面是否光滑、有无结节、压痛、震颤等。

1）甲状腺峡部 位于环状软骨下方第2～4气管环前面。评估者站于被评估者前面以拇指或站于被评估者后面以示指从胸骨上切迹向上触摸，可感到气管前软组织，嘱被评估者做吞咽动作，可感到此软组织在手指下滑动，判断有无肿大及肿块。

2）甲状腺侧叶　①前面触诊：评估者以一手拇指施压于被评估者一侧甲状软骨，将气管推向对侧，以另一手示、中指在对侧胸锁乳突肌后缘向前推挤甲状腺侧叶，拇指在胸锁乳突肌前缘触诊，配合吞咽动作，重复评估，可触及被推挤的甲状腺（图4-14A）。以同样的方法评估另一侧甲状腺。②后面触诊：评估者以一手示、中指施压于被评估者一侧甲状软骨，将气管推向对侧，以另一手拇指在对侧胸锁乳突肌后缘向前推挤甲状腺侧叶，示、中指在胸锁乳突肌前缘触诊，配合吞咽动作，重复评估（图4-14B）。以同样的方法评估另一侧甲状腺。

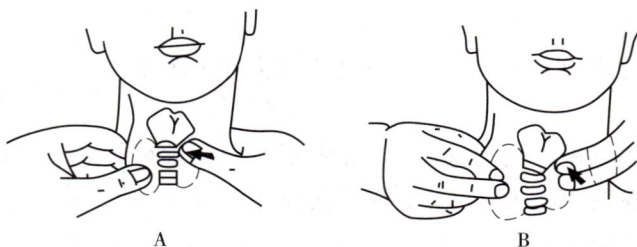

图4-14　甲状腺触诊示意图

A. 前面触诊；B. 后面触诊

（3）听诊　当甲状腺肿大时，用钟型听诊器直接放在肿大的甲状腺上，若能听到低调的连续性静脉"嗡鸣"音，对诊断甲状腺功能亢进症很有帮助。

甲状腺肿大可为分三度：不能看出肿大但能触及者为Ⅰ度；能看到肿大又能触及，但在胸锁乳突肌以内者为Ⅱ度；超过胸锁乳突肌外缘者为Ⅲ度。

**2. 甲状腺肿大的临床意义**

（1）甲状腺功能亢进症　肿大的腺体质地柔软，触诊可有震颤，听诊有血管杂音。

（2）单纯性甲状腺肿　甲状腺肿大很突出，可为弥漫性，亦可为结节性，不伴有甲状腺功能亢进体征。

（3）甲状腺癌　触诊时包块不规则、质硬，可有结节感。

（4）慢性淋巴性甲状腺炎（桥本甲状腺炎）　呈弥漫性或结节性肿大，容易和甲状腺癌相混淆。

### （六）气管

正常人的气管位于颈前正中部。评估时让被评估者取舒适坐位或仰卧位，使颈部处于自然直立状态，评估者将示指与环指分别置于两侧胸锁关节上，将中指置于气管之上，观察中指是否在示指与环指中间来判断气管有无偏移。

根据气管的偏移方向来判断病变的性质。一侧大量胸腔积液、积气、纵隔肿瘤、单侧甲状腺肿大可将气管推向健侧；一侧肺不张、肺硬化、胸膜粘连可将气管拉向患侧。

> 🔆 **考点提示**
>
> 气管移位的临床意义。

# 第五节　胸部评估

胸部评估时，患者可采取坐位或卧位，按视、触、叩、听顺序进行，依次评估前胸部、侧胸部、背部，并对比评估左右对称部位。

PPT

## 一、胸部的体表标志

胸部的体表标志包括骨骼标志、自然陷窝、解剖区域和人工划线，借以描述和记录胸廓内脏器和病变的部位和范围。

### （一）骨骼标志

**1. 胸骨角**　为胸骨柄与胸骨体连接处向前突起而形成，又称路易（Louis）角。胸骨角与左右两侧的第2肋软骨相连，为前胸壁计数肋骨和肋间隙的重要标志。胸骨角还是支气管分叉、心房上缘和上下纵隔交界的重要标志，相当于第4或第5胸椎水平（图4-15）。

**2. 脊柱棘突**　是后正中线的标志。以第7颈椎棘突最为突出，为背部颈椎和胸椎交界的骨性标志。低头时最易触及，为计数胸椎的标志（图4-16）。

**3. 肩胛下角**　为肩胛骨最下端。直立位两上肢自然下垂时，肩胛下角相当于第7肋或第8肋骨水平，或相当于第8胸椎水平，常作为胸腔积液穿刺时计数肋间隙的标志。

**4. 肋脊角**　为背部第12肋骨与脊柱构成的夹角。肋脊角的前方为肾和输尿管上端所在区域。

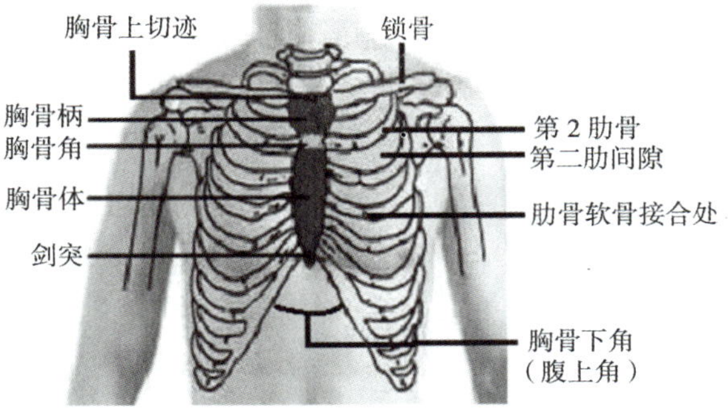

图4-15　胸部的骨性标志（前胸壁）

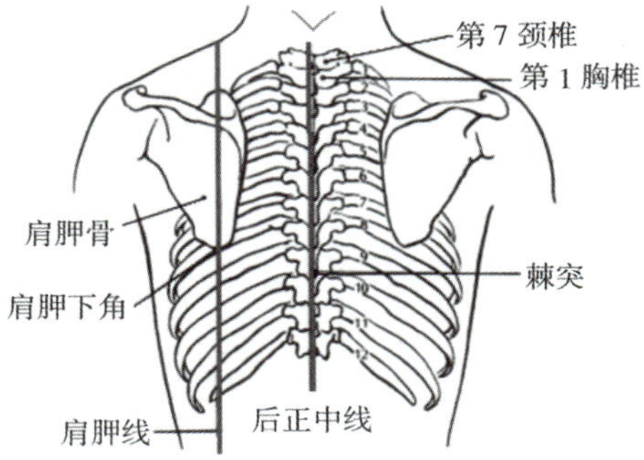

图4-16　胸部的骨性标志（后胸壁）

### （二）胸部自然陷窝和分区

自然陷窝和分区见图4-17~图4-19。

**1. 胸骨上窝**　为胸骨柄上方的凹陷部，正常时气管位于其后正中。

**2. 锁骨上窝（左、右）**　为锁骨上方的凹陷处，相当于两肺尖的上部。

**3. 锁骨下窝（左、右）**　为锁骨下方的凹陷处，其下界为第3肋骨下缘，相当于两肺尖的下部。

**4. 腋窝（左、右）**　为上肢内侧与胸壁相连的凹陷部。

**5. 肩胛上区（左、右）**　为肩胛冈以上的区域，外上方以斜方肌上缘为界，相当于两肺尖的下部。

**6. 肩胛下区（左、右）**　为两肩胛下角连线与第12胸椎水平线之间的区域，后正中线将其分为左右两部分。

**7. 肩胛间区（左、右）**　为背部两肩胛骨内缘之间的区域。后正中线将其分为左右两部分。

### （三）垂直线标志

**1. 前正中线**　为通过胸骨正中的垂直线。

**2. 锁骨中线（左、右）**　为通过锁骨的肩峰端与胸骨端两者中点的垂直线，即通过锁骨中点的垂直线。

**3. 腋前线（左、右）**　通过腋窝前皱襞沿前侧胸壁向下的垂直线。

**4. 腋后线（左、右）**　通过腋窝后皱襞沿后侧胸壁向下的垂直线。

**5. 腋中线（左、右）** 通过腋窝顶部的垂直线，即腋前线与腋后线等距离向下的垂直线。

**6. 肩胛线（左、右）** 两臂自然下垂时，通过肩胛下角的垂直线。

**7. 后正中线** 通过椎骨棘突的垂直线或沿脊柱正中下行的垂直线，即脊柱中线。

💡 **考点提示**

胸部常见体表标志及意义。

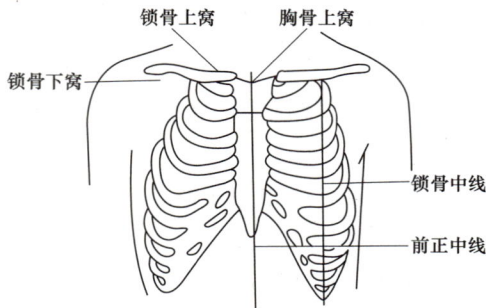

图 4 – 17 胸部的人工划线、自然陷窝和分区（前胸壁）

图 4 – 18 胸部的人工划线、自然陷窝和分区（侧胸壁）

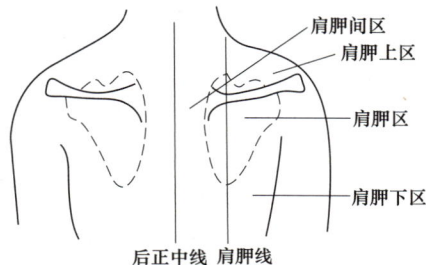

图 4 – 19 胸部的人工划线、自然陷窝和分区（后胸壁）

## 二、胸壁、胸廓与乳房评估

### （一）胸壁

**1. 胸壁静脉** 正常胸壁静脉无明显显露。当上腔静脉或下腔静脉回流受阻时，可见胸壁静脉充盈或曲张。

**2. 皮下气肿** 当胸部皮下组织有气体积存时称为皮下气肿。用手按压皮下气肿的皮肤，引起气体在皮下组织内移动，可出现捻发感或握雪感。用听诊器按压皮下气肿部位时，可闻及类似捻动头发的声音，称为捻发音。多因气管、肺、胸膜受损后，气体从病变部位逸出沿组织间隙到皮下所致，亦可见于局部产气荚膜梭菌感染等。

**3. 胸壁压痛** 正常胸壁无压痛。胸壁压痛见于肋间神经炎、肋软骨炎、胸壁软组织炎、肋骨骨折、急性白血病等。急性白血病时，可伴有胸骨叩击痛。

### （二）胸廓

正常胸廓两侧大致对称，其大小和外形有一些个体差异。成人胸廓前后径与左右径之比约为1∶1.5，小儿和老年人胸廓前后径略小于左右径或相等。

常见的胸廓外形改变如下（图4–20）。

**1. 扁平胸**　胸廓呈扁平状，其前后径小于左右径的一半，常见于瘦长体型或慢性消耗性疾病如肺结核等。

**2. 桶状胸**　胸廓呈圆桶状，其前后径与左右径几乎相等，甚至超过左右径。肋骨上抬呈水平状，肋间隙增宽。常见于肺气肿，亦可见于老年人或矮胖体型者。

**3. 佝偻病胸**　为佝偻病所致。①鸡胸：胸廓前后径略长于左右径，其上下长度较短，胸骨下端前突，胸廓前侧壁肋骨凹陷。②肋膈沟：下胸部前面的肋骨外翻，沿膈附着的部位胸壁向内凹陷，形成沟状带。③漏斗胸：胸骨剑突处显著凹陷呈漏斗状。④佝偻病串珠：沿胸骨两侧各肋软骨与肋骨交接处隆起，形成串珠状。

**4. 脊柱畸形引起的胸廓改变**　脊柱前凸、后凸、侧凸主要由脊柱病变造成，严重者可引起呼吸、循环功能障碍。常见于脊柱结核、发育畸形等（图4－21）。

**5. 胸廓一侧或局部变形**　胸廓一侧隆起多见于该侧大量胸腔积液、气胸、一侧严重代偿性肺气肿等。胸廓一侧凹陷见于该侧肺广泛纤维化、广泛胸膜肥厚粘连、肺不张等。胸廓局部隆起见于心脏增大、心包积液、升主动脉瘤、胸壁肿瘤、肋软骨炎、肋骨骨折等。胸廓局部凹陷见于局限肺不张等。

💡 **考点提示**

常见胸廓外形改变的临床意义。

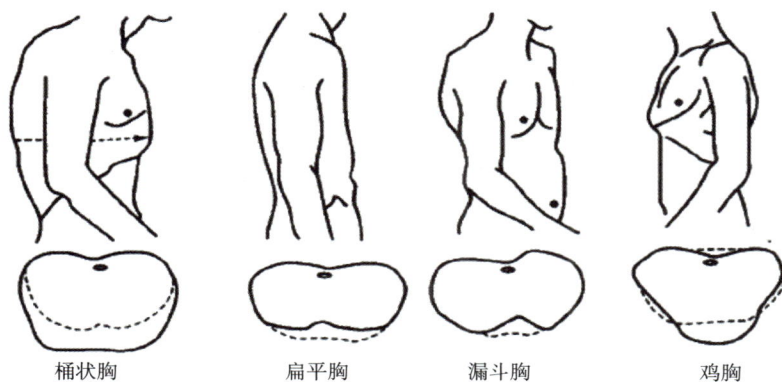

桶状胸　　扁平胸　　漏斗胸　　鸡胸

**图4－20　胸廓外形的改变**

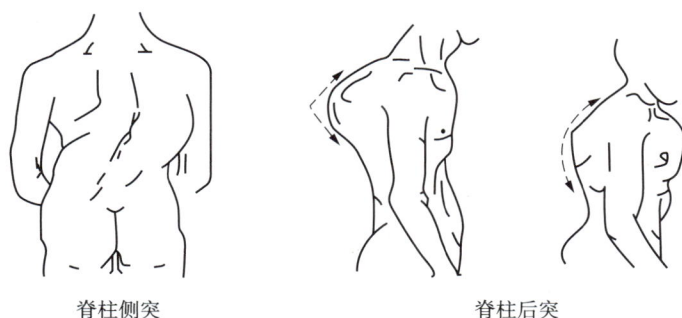

脊柱侧突　　　　　脊柱后突

**图4－21　常见脊柱畸形**

## （三）乳房

**1. 评估方法**　一般先做视诊，然后做触诊。被评估者可取坐位或仰卧位，应充分暴露胸部。

（1）视诊　观察双侧乳房的位置、大小、形态、对称性及有无溃疡、瘢痕、色素沉着、水肿、过度角化等，观察双侧乳头是否对称、有无回缩、分泌物等。必要时嘱被评估者采取前倾位，此时乳房下垂，如有乳房病变并与胸肌粘连，则可出现局部凹陷。

（2）触诊　用通过乳头的水平线和垂直线将乳房分为 4 个象限（图 4 - 22）。评估者四指平伸，平放在乳房上，用指腹轻施压进行滑动触诊，先健侧，后患侧，依次按外上、外下、内下、内上 4 个象限的顺序进行，最后触诊乳头。触诊时，必须注意乳房的硬度和弹性、有无压痛及包块。若触及包块须注意其部位、大小、形态、硬度、压痛及活动度。评估乳房发现有异常后应再仔细触诊腋窝及锁骨上窝的淋巴结有无肿大或其他异常。

**2. 正常状态**　儿童及男性乳房不大，乳头一般位于第 4 肋间锁骨中线处。女性乳房在青春期逐渐长大。孕妇及哺乳期妇女乳房明显增大，乳晕扩大，色素加深。正常乳房触诊呈模糊的颗粒感和柔韧感，无压痛，无包块。

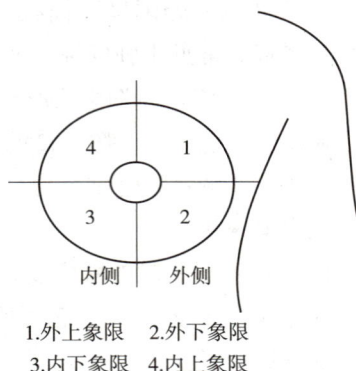

1.外上象限　2.外下象限
3.内下象限　4.内上象限

**图 4 - 22　乳房分区**

**3. 常见异常改变**　乳房红、肿、热、痛，常局限于一侧乳房的某一象限。触诊有硬结包块伴发热、寒战等全身中毒症状，提示为急性乳腺炎，常发生于哺乳期妇女。乳房有单个质韧包块，表面光滑，提示为乳房纤维腺瘤；乳房包块，凸凹不平，质地坚硬，不易推动，表面皮肤呈"橘皮"样或形成溃疡、易出血、有恶臭，提示为乳腺癌。男性乳房增大常见于内分泌紊乱，如使用雌激素、肾上腺皮质功能亢进症及肝硬化等。在腋窝与腹股沟连线上，出现多个乳头或乳房，称为副乳，为发育过程中退化不全所致。乳房乳晕区单个直径数毫米大小包块，伴乳头血性（亦可为暗棕色）溢液，提示为乳管内乳头状瘤。非哺乳期乳头流出清淡乳汁，多伴有闭经、不育，提示为催乳素瘤。

## 三、肺和胸膜

### （一）视诊

**1. 呼吸运动**　健康人在静息状态下呼吸运动稳定而有节律。正常男性与儿童以腹式呼吸为主。女性以胸式呼吸为主。这两种呼吸运动多同时存在。某些疾病可使呼吸运动发生改变，肺、胸膜或胸壁疾病如肺炎、胸膜炎、肋间神经痛等均可使胸式呼吸减弱，而腹式呼吸增强。腹膜炎、大量腹水、腹腔巨大肿瘤等则使腹式呼吸减弱，而胸式呼吸增强。

发生肺组织实变、肺气肿、肺肿瘤、肺空洞、胸腔积液、气胸、胸膜增厚或粘连等时，呼吸运动减弱；发生酸中毒大呼吸时，呼吸运动增强。

**2. 呼吸频率、节律及深度**　见一般状态评估。

### （二）触诊

**1. 胸廓扩张度**　即呼吸时的胸廓动度。正常两侧胸廓扩张度一致。

评估时评估者将两手掌平放于被评估者前胸下部两侧的对称部位，拇指沿肋缘指向剑突，在深呼气末，拇指尖置于前正中线两侧对称部位，嘱其深呼吸，两手随之移动，观察两拇指分开的距离。后胸廓扩张度的测定，将两手掌平置于被评估者背部，约于第 10 肋骨水平，拇指与中线平行，将两侧皮肤向中线轻推，当被评估者深呼吸时，观察比较两手的动度是否一致（图 4 - 23）。若一侧胸廓扩张度受限，见于该侧大量胸腔积液、气胸、肺不张、胸膜增厚等。

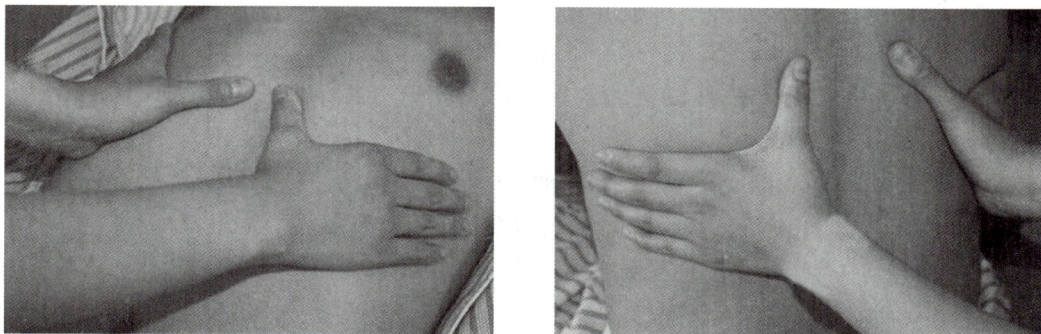

图 4 - 23　评估胸廓扩张度的方法

**2. 语音震颤**　又称"触觉震颤"。被评估者发自声门的语音产生的声波振动沿气管、支气管及肺泡传至胸壁，可由评估者的手触及。

评估者双手掌的掌面或尺侧缘置于被评估者胸廓两侧对称部位，嘱其发长音"yi"，手掌能感知振动。顺序为自上到下，从内至外，比较两侧对应部位的语音震颤是否一致（图 4 - 24）。语音震颤的强弱与发音的强弱、音调的高低、胸壁的厚薄等多种因素有关，也与被评估的部位有关。正常成人、男性、消瘦者较儿童、女性、肥胖者强，前胸上部较下部强，右胸上部较左胸上部强。

语音震颤的病理性变化如下。

（1）语音震颤增强　主要见于：①肺实变，如大叶性肺炎实变期、肺梗死、压迫性肺不张等；②肺内巨大空腔，如肺结核空洞、肺脓肿空洞等。

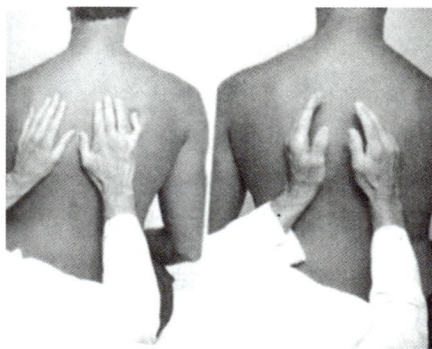

图 4 - 24　评估语音震颤

（2）语音震颤减弱或消失　主要见于：①肺内含气量增多，如肺气肿；②支气管阻塞，如阻塞性肺不张；③胸腔积液或积气；④严重胸膜肥厚；⑤胸壁皮下气肿等。

**3. 胸膜摩擦感**　正常胸膜光滑，胸膜腔内有少量浆液起润滑作用，呼吸时不产生摩擦感。急性胸膜炎时，沉着在胸膜上的纤维蛋白使胸膜表面粗糙，呼吸时两层胸膜互相摩擦，触诊有似皮革相互摩擦的感觉，称为胸膜摩擦感，在胸廓的下前侧部最易触及，呼气和吸气时均可出现，吸气末更明显，屏气时消失。

> 💡**考点提示**
>
> 　语音震颤及胸膜摩擦感的临床意义。

### （三）叩诊

**1. 叩诊方法**　胸部叩诊的方法有间接叩诊法和直接叩诊法，以间接叩诊法最为常用。①体位：患者可取坐位或卧位，叩诊前胸时，胸部挺直；叩诊背部时，头稍低，胸稍向前倾，两手交叉抱肘；叩诊侧胸时，上臂举起置于头部。②板指方向：叩诊前胸部时，板指平贴在肋间且与肋骨平行；叩诊肩胛间区时，板指与脊柱平行；至肩胛下角以下，板指仍需平贴于肋间并与肋骨平行。③顺序：叩诊时应自上而下，由前向后，两侧对比。④力度：叩击力量均等，轻重适宜。

**2. 正常胸部叩诊音**　正常肺部叩诊呈清音，特殊部位可出现浊音、鼓音、实音。肺上叶的体积较下叶小，含气量较少，且上胸部肌肉较厚，故前胸上部较下部叩诊音相对稍浊；右肺上叶较左肺小，且惯用右手者右侧胸大肌较左侧为厚，故右肺上部叩诊音亦相对稍浊；背部肌肉、骨骼层次较多，故背部叩诊音较前胸部稍浊；右侧腋下部因受肝的影响叩诊音稍浊。

正常胸部叩诊音可有四种。肺部叩诊呈清音；左侧腋前线下方胃泡区，叩诊呈鼓音，又称 Traube 鼓音区；心脏或肝脏被肺覆盖的区域叩诊呈浊音；心脏或肝脏未被肺覆盖的区域叩诊呈实音（图 4-25）。

**3. 异常叩诊音**　在正常肺部的清音区内叩出浊音、实音、过清音、鼓音，即为异常叩诊音，亦称病理性叩诊音，提示肺、胸膜、膈或胸壁有病理性改变。异常叩诊音的类型取决于病变的大小、性质及部位的深浅。一般病变部位深度距体表5cm以上，或病变范围直径小于3cm或少量胸腔积液，常不能分辨出叩诊音的改变。

（1）浊音　主要见于肺炎、肺不张、肺结核、重度肺水肿等。

（2）实音　主要见于大量胸腔积液、肺实变等。

（3）鼓音　主要见于气胸、空洞型肺结核等。

（4）过清音　肺泡含气量增加且张力减弱所致，见于肺气肿。

**4. 肺界的叩诊**

（1）肺上界　即肺尖的宽度，其内侧为颈肌，外侧为肩胛带。叩诊时从斜方肌的前缘中点开始叩诊，逐渐叩向外侧，当清音变为浊音时，即为肺上界外侧终点。再由起始部位叩向内侧，当清音变为浊音时，为肺上界内侧终点。此清音带的宽度即为肺尖的宽度，又称 Kronig 峡（图 4-26），正常值为 4~6cm。肺上界增宽常见于肺气肿患者，肺上界变窄或叩诊呈浊音常见于肺结核浸润肺尖。

（2）肺下界　正常人平静呼吸时肺下界分别位于锁骨中线第6肋间隙、腋中线第8肋间隙和肩胛下角线第10肋间隙，两侧肺下界基本一致。肺下界受体型、发育的影响，矮胖者可上升1肋间隙，瘦长者可下降1肋间隙，妊娠时肺下界上移。病理情况下，肺下界下移常见于肺气肿、腹腔脏器下垂；肺下界上移见于肺不张、腹水等。

（3）肺下界移动范围　肺下界在呼吸时有一定的移动范围。评估方法：首先在被评估者平静呼吸时，在肩胛线上叩出肺下界的位置，然后被评估者在深吸气后屏住呼吸的同时，沿肩胛线继续向下叩诊，当由清音变为浊音即为肺下界的最低点，用笔作标记；再深呼气后屏住呼吸，重新自下而上叩出肺下界的最高点，再用笔作标记，两标记间的距离即为肺下界移动范围，正常为 6~8cm（图 4-26）。用同样的方法可在锁骨中线和腋中线叩出肺下界的移动范围。肺下界移动范围减小，可见于肺气肿、肺不张、肺纤维化、肺炎等。大量胸腔积液、积气或广泛胸膜增厚粘连时，不能叩出肺下界移动范围。

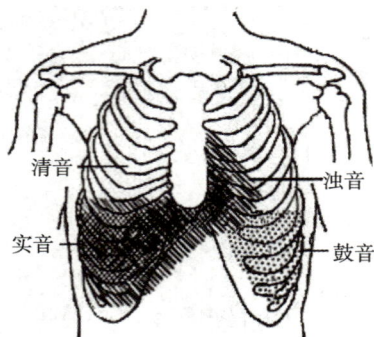

图 4-25　正常前胸叩诊音

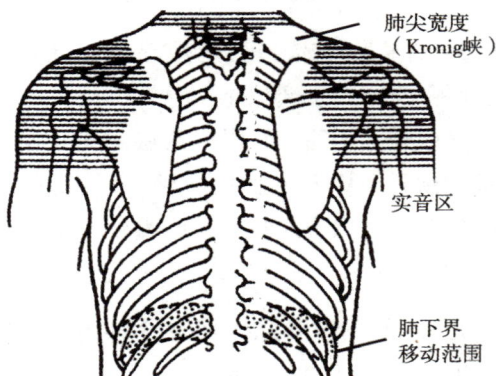

图 4-26　正常肺尖宽度与肺下界移动度

## （四）听诊

听诊时被评估者取坐位或卧位。听诊一般由肺尖开始，自上而下，从前胸到侧胸再到背部，两侧对比。听诊时，嘱患者微张口均匀呼吸，必要时深呼吸或咳嗽，以便更容易听到呼吸音及附加音的变化。

**1. 正常呼吸音**　包括支气管呼吸音、支气管肺泡呼吸音、肺泡呼吸音（图 4-27）。

（1）支气管呼吸音　是气体进出声门、气管和主支气管时形成的湍流所产生的声音。类似将舌抬高后经口腔呼气所发出的"ha"音，特点为音响强而音调高，呼气相比吸气相长，呼气音强于吸气音。正常人在喉部、胸骨上窝和背部第6、7颈椎及第1、2胸椎附近均可听到支气管呼吸音。

（2）支气管肺泡呼吸音 又称混合呼吸音。有支气管呼吸音和肺泡呼吸音的特点，吸气音与正常肺泡呼吸音相似，但音调较高，音响较强；呼气音与支气管呼吸音相似，但音调较低，音响较弱。正常人在胸骨两侧第1、2肋间隙、肩胛间区第3、4胸椎水平及肺尖前后部均可听到支气管肺泡呼吸音。吸气相与呼气相大致相等。

（3）肺泡呼吸音 是由于空气在细支气管和肺泡进出移动的结果。吸气时气流进入肺泡，冲击肺泡壁，使其由松弛变为紧张，呼气时又由紧张变为松弛，这种肺泡弹性的变化和气流的振动形成的声音即为肺泡呼吸音。类似上牙咬下唇吸气时发出的柔和吹风样的"fu"音，吸气相长于呼气相，吸气音强于呼气音。除支气管呼吸音及支气管肺泡呼吸音听诊区域以外的大部分肺野均可听到肺泡呼吸音。其中乳房下部、肩胛下部肺泡呼吸音最强，其次为腋窝下部，而肺尖及肺下缘区域较弱。肺泡呼吸音还与年龄、体型、性别等因素有关，儿童较老年人强，瘦长者较矮胖者强，男性较女性强。三种正常呼吸音的特征比较见表4-3。

图 4 - 27 三种正常呼吸音示意图

升支为吸气时相，降支为呼气时相；线条粗细表示音响强弱，长短表示时相；斜线与垂线的夹角表示音调高低，角度小为音调高，角度大为音调低

表 4 - 3 三种正常呼吸音的特征比较

| 特征 | 支气管呼吸音 | 支气管肺泡呼吸音 | 肺泡呼吸音 |
|---|---|---|---|
| 强度 | 响亮 | 中等 | 柔和 |
| 音调 | 高 | 中等 | 低 |
| 吸：呼 | 1：3 | 1：1 | 3：1 |
| 性质 | 粗糙，"ha"音 | 介于两者之间 | 柔和，"fu"音 |

### 2. 异常呼吸音

（1）异常肺泡呼吸音 ①肺泡呼吸音减弱或消失：因进入肺泡的空气流量减少、流速减慢或呼吸音传导障碍所致。肺泡呼吸音减弱可出现于双侧、单侧或局部。常见原因为：肺疾病，如肺气肿、肺炎及肺纤维化等；胸廓活动受限，如胸痛、肋骨骨折等；呼吸肌疾病，如重症肌无力、膈肌麻痹等；支气管阻塞，如慢性阻塞性肺疾病、支气管狭窄等；胸膜疾病，如气胸、胸腔积液等。腹部疾病，如大量腹水、腹腔内巨大肿瘤等；全身衰竭，呼吸无力。②肺泡呼吸音增强：因肺泡通气功能增强，气流加速所致。双侧增强，见于剧烈运动后、发热及代谢性酸中毒等。一侧增强，见于一侧肺组织病变而另一侧发生代偿性肺泡呼吸音增强。③呼气延长：由于下呼吸道部分阻塞或狭窄，致呼气的阻力增加；或由于肺组织弹性减退，致呼气的驱动力减弱所致。常见于支气管哮喘、慢性阻塞性肺气肿等。

（2）异常支气管呼吸音 凡在正常肺泡呼吸音听诊区域内听到支气管呼吸音，即为异常支气管呼

**考点提示**

三种正常呼吸音的特点及听诊区域。

吸音，又称管样呼吸音。常见于以下病变。

1）肺组织实变　支气管呼吸音通过致密的实变部位，由于传导良好，在胸壁易于听到。实变范围越大、越浅，其声音越强；反之则弱。见于大叶性肺炎实变期等。

2）肺内大空腔　当空腔较大与支气管相通，且其周围肺组织又有实变时，音响在空洞内产生共鸣，加之实变组织传导良好，故可在胸壁听到支气管呼吸音。见于肺脓肿空洞、肺结核空洞等。

3）压迫性肺不张　肺组织受压，使肺膨胀不全，组织变致密，传导良好，在积液的上方可听到较弱的支气管呼吸音。见于胸腔积液等。

（3）异常支气管肺泡呼吸音　在正常肺泡呼吸音听诊区域内听到支气管肺泡呼吸音，即为异常支气管肺泡呼吸音。机制：肺内较小的实变区与正常的肺组织掺杂或实变区部位较深并被正常的肺组织覆盖。常见于支气管肺炎、大叶性肺炎早期等。

考点提示

各种异常呼吸音的临床意义。

**3. 啰音**　啰音是指呼吸音之外的附加音，该音正常情况下并不存在。依据其性质的不同，分为干啰音和湿啰音两种（图4-28）。

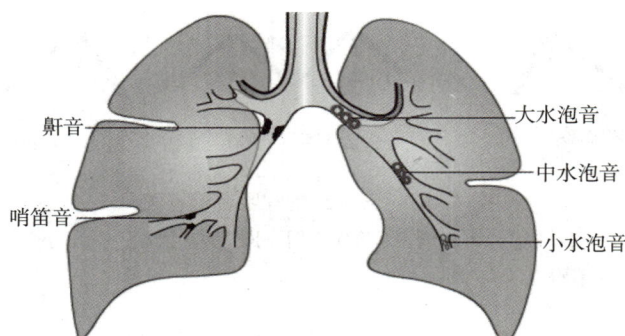

鼾音　　　　　　大水泡音
　　　　　　　　中水泡音
哨笛音　　　　　小水泡音

**图4-28　啰音发生机制**

（1）干啰音　因气管、支气管及细支气管狭窄或部分阻塞，气流通过时形成湍流所产生的声音。病理基础：炎症引起的呼吸道黏膜充血、肿胀、黏稠分泌物增多；支气管平滑肌痉挛；管腔内有包块、异物；管壁被管外淋巴结或包块压迫。

1）听诊特点　啰音的强度、性质、部位、数量易发生改变；吸气与呼气均可听到，呼气末更明显；音调较高，持续时间较长。

2）分类　①鼾音：又称低调干啰音，音调低而响亮，类似熟睡时的鼾声，发生于气管、主支气管。②哨笛音：又称高调干啰音，音调高，似乐音，根据其性质常被描述为哮鸣音、飞箭音、哨笛音等，发生于较小的支气管、细支气管。

3）临床意义　双肺的弥漫性干啰音常见于支气管哮喘、慢性喘息性支气管炎和心源性哮喘等。局限性干啰音是由于局部支气管狭窄所致，常见于支气管内膜结核或支气管肺癌等。

（2）湿啰音　吸气时气体通过呼吸道内的稀薄液体形成的水泡破裂所产生的声音，故又称水泡音。或小支气管管壁因分泌物黏着而陷闭，吸气时突然张开，重新充气所产生的爆裂音。

1）听诊特点　部位及性质不易变化；吸气时或吸气末最明显，有时也出现于呼气早期；断续而短暂，一次连续多个出现，咳嗽后减轻或消失。

2）分类　按呼吸道管腔大小及管腔内液体量的多少可将湿啰音分为4类。①粗湿啰音：又称大水泡音，发生于气管、主支气管或空洞部位，多在吸气早期出现。②中湿啰音：又称中水泡音，发生于中等大小的支气管，多在吸气中期出现。③细湿啰音：又称小水泡音，发生于小支气管，多在吸气后期出现。④捻发音：是一种极细而均匀一致的湿啰音。多出现在吸气终末，颇似在耳边用手指捻搓一束头发时所发出的声音。

　　3）临床意义　局限性湿啰音提示局限性病变，如肺炎、肺结核、支气管扩张等；两侧肺底的湿啰音多见于心力衰竭所致肺淤血等；两肺满布湿啰音见于急性肺水肿。

　　**4. 语音共振**　语音共振产生的机制与语音震颤相似。评估方法为：嘱被评估者发重复长音"yi"，声音产生的振动经气管、支气管、肺泡传导到胸壁，评估者可用听诊器听到，是一种柔和、含糊的声音，即语音共振。正常语音共振在气管及大支气管附近较强，在肺底较弱。其临床意义同语音震颤。

　　**5. 胸膜摩擦音**　正常胸膜表面光滑，胸膜腔内有少量液体起润滑作用，呼吸时胸膜互相摩擦无声音。当胸膜发生炎症时，纤维素渗出致两层胸膜表面变得粗糙，呼吸时可产生胸膜摩擦音，颇似用一手掩耳，以另一手指在其手背上摩擦时所听到的声音。通常在吸气和呼气时均可听到，但在吸气末或呼气初较明显，屏气时消失；前下侧胸壁听诊最清楚。胸膜摩擦音常发生于纤维素性胸膜炎、尿毒症、胸膜肿瘤等患者。

### （五）肺与胸膜常见疾病的体征

　　肺与胸膜常见疾病的体征见表4-4。

表4-4　肺与胸膜常见疾病的体征

| 疾病 | 视诊 | | 触诊 | | 叩诊 | | 听诊 | |
|---|---|---|---|---|---|---|---|---|
| | 胸廓 | 呼吸动度 | 气管 | 语颤 | 叩诊音 | 啰音 | 呼吸音 | 语音共振 |
| 肺实变 | 对称 | 患侧减弱 | 正中 | 患侧增强 | 浊音 | 湿啰音 | 管状呼吸音 | 患侧增强 |
| 肺气肿 | 桶状 | 两侧减弱 | 正中 | 两侧减弱 | 过清音 | 多无 | 双侧减弱 | 减弱 |
| 哮喘 | 对称 | 双侧减弱 | 正中 | 两侧减弱 | 过清音 | 哮鸣音 | 减弱 | 减弱 |
| 胸腔积液 | 患侧饱满 | 患侧减弱 | 移向健侧 | 减弱或消失 | 实音 | 多无 | 减弱或消失 | 减弱 |
| 气胸 | 患侧饱满 | 患侧减弱 | 移向健侧 | 减弱或消失 | 鼓音 | 多无 | 减弱或消失 | 减弱或消失 |
| 肺不张 | 患侧平坦 | 患侧减弱 | 移向病侧 | 减弱 | 浊音 | 无 | 减弱或消失 | 减弱或消失 |
| 肺水肿 | 对称 | 双侧减弱 | 正中 | 正常或减弱 | 正常或浊音 | 湿啰音 | 减弱 | 正常或减弱 |

## 四、心脏

　　心脏评估时环境需安静、温暖、光线充足，被评估者可取仰卧位或坐位，充分暴露胸部，通常按视、触、叩、听的顺序进行。

### （一）视诊

　　心前区视诊时，被评估者取仰卧位或坐位，评估者站在患者右侧，视线与胸廓同高，观察心前区外形、心尖搏动等。

　　**1. 心前区外形**　正常人心前区外形与右侧相应部位是基本对称的，异常情况有以下2种。

　　（1）心前区隆起　胸骨下段及胸骨左缘第3、4、5肋间的局部隆起，为儿童时期心脏增大，影响胸廓正常发育所致。见于先天性心脏病如法洛四联症、肺动脉瓣狭窄等。

　　（2）心前区饱满　心前区肋间隙突出，常见于大量心包积液。

　　**2. 心尖搏动**　心脏收缩时，心尖向前冲击前胸壁，形成心尖搏动。正常心尖搏动位于左侧第5肋间锁骨中线内侧 0.5 ~ 1.0cm 处，搏动范围的直径为 2.0 ~ 2.5cm。由于胸壁肥厚、女性乳房遮盖的影响，部分正常人见不到心尖搏动。

（1）位置的改变 ①生理情况下：心尖搏动的位置主要与体位、体型、妊娠等因素有关。仰卧位时心尖搏动稍上移；左侧卧位时心尖搏动向左移 2.0 ~ 3.00cm；右侧卧位时可向右移动 1.0 ~ 2.5cm。小儿、肥胖体型者、妊娠时心脏呈横位，心尖搏动向外上方移位可达左锁骨中线外第 4 肋间；瘦长体型者心脏呈垂位，心尖搏动可向内下移至第 6 肋间。②病理情况下：左心室增大，心尖搏动向左下移位；右心室增大，心尖搏动向左移位；左、右心室增大，心尖搏动向左下移位，且心浊音界向两侧扩大。凡能使纵隔、横膈移位的疾病心尖搏动也会相应移位。

（2）强弱、范围的改变 ①生理情况下：胸壁肥厚、肋间隙窄时心尖搏动范围缩小、强度减弱；胸壁薄或肋间隙增宽时心尖搏动强，范围大；剧烈运动、情绪激动时，心尖搏动增强。②病理情况下：心尖搏动增强见于发热、重度贫血、甲状腺功能亢进症，左心室肥大明显，可呈抬举性心尖搏动等；心尖搏动减弱见于心肌炎、心肌梗死、左侧大量胸腔积液、心包积液等。

（3）负性心尖搏动 若心脏收缩时，心尖部胸壁搏动内陷，称负性心尖搏动，见于粘连性心包炎等。

**3. 心前区异常搏动** 胸骨左缘第 2 肋间的搏动，见于肺动脉高压或肺动脉扩张；胸骨左缘第 3 ~ 4 肋间搏动见于右心室肥大；剑突下搏动见于肺源性心脏病右心室肥大或腹主动脉瘤。

### （二）触诊

触诊可发现视诊不能发现的体征，还可进一步验证视诊的结果。开始触诊时，评估者先用右手全手掌置于心前区，确定需触诊的部位和范围，然后逐渐缩小到用手掌尺侧或示指、中指及环指指腹并拢同时触诊，必要时也可单指指腹触诊。

**1. 心尖搏动** 视诊未见心尖搏动时，可通过触诊确定，视诊已见心尖搏动时，可通过触诊进一步证实视诊的结果。其正常状态、异常改变及其临床意义同视诊。由于心尖搏动冲击胸壁的时间即心室收缩的开始，触诊有助于确定心音、震颤及杂音出现的时期，也有助于确定心尖搏动是否为抬举性。抬举性心尖搏动是指心尖区徐缓、有力的搏动，可使手指尖端抬起且持续到第二心音开始，同时心尖搏动范围也增大，为左心室肥厚的体征。

**2. 震颤** 是触诊时手掌在心前区触及的一种微细的震动感，与用手在猫喉部摸到的呼吸震颤相似，也称猫喘，为器质性心血管疾病的特征性体征。发生机制：血流经狭窄的口径或异常通道形成涡流使瓣膜、心壁或血管壁产生振动传到胸壁所致，多见于心脏瓣膜狭窄及某些先天性心脏病。瓣膜狭窄程度越重，压力差越大，血流速度越快，震颤越强，过度狭窄则震颤消失。震颤部位及临床意义见表 4 - 5。

表 4 - 5 心前区震颤的部位、时相、临床意义

| 部位 | 时相 | 常见病变 |
| --- | --- | --- |
| 胸骨右缘第 2 肋间 | 收缩期 | 主动脉瓣狭窄 |
| 胸骨左缘第 2 肋间 | 收缩期 | 肺动脉瓣狭窄 |
| 胸骨左缘第 3、4 肋间 | 收缩期 | 室间隔缺损 |
| 胸骨左缘第 2 肋间 | 连续性 | 动脉导管未闭 |
| 心尖区 | 舒张期 | 二尖瓣狭窄 |

**3. 心包摩擦感** 在急性心包炎时，由于纤维蛋白渗出致心包膜表面粗糙，心脏收缩时两层心包互相摩擦产生的振动传至胸壁被触及即为心包摩擦感。以胸骨左缘第3、4肋间处最易触及，收缩期、前倾坐位、呼气末明显。当心包渗液增多时，摩擦感消失。故心包摩擦感见于纤维蛋白性心包炎，或称干性心包炎。屏气时胸膜摩擦感消失，而心包摩擦感仍存在。

> **考点提示**
>
> 心包摩擦感的概念及临床意义。

### （三）叩诊

叩诊有助于确定心脏的大小、形状及其在胸腔中的位置。心脏左右缘被肺遮盖的部分叩诊呈相对浊音，而不被肺遮盖的部分为绝对浊音。通过心脏的相对浊音界反映心脏的实际大小（图4-29）。

**1. 叩诊的方法** 被评估者一般取仰卧位或坐位，采用间接叩诊法，板指与肋间平行（仰卧位时）或板指与肋间垂直（坐位时）。叩诊顺序：由外向内，自下而上，先左后右，沿肋间进行。叩左心界时，从心尖搏动外2～3cm处开始，逐渐向内叩诊，叩诊音由清音变为浊音即为心界外缘，做一标记，再依次上移一个肋间叩诊，直至第2肋间；叩右心界时，在右锁骨中线上先叩出肝上界，然后在其上一肋间由外向内叩诊，依次上移至第2肋间为止，用同样的方法叩出右心界并标记。测量各标记至前正中线的垂直距离。

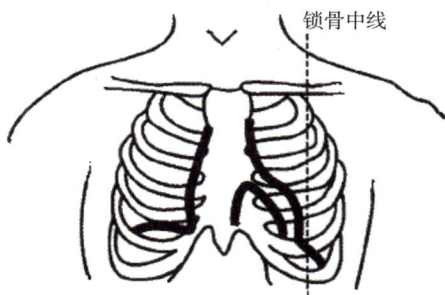

图4-29 心脏相对浊音界及绝对浊音界

**2. 正常心脏浊音界** 心脏的浊音界包括绝对浊音界和相对浊音界。正常心脏右界几乎与胸骨右缘相一致，仅在第4肋间略超过胸骨右缘；左界自第2肋间开始直至第5肋间逐渐向左下形成一个向外凸起的弧形。正常成人心脏相对浊音界与前正中线的距离见表4-6。

表4-6 正常成人心脏相对浊音界

| 右界（cm） | 肋间 | 左界（cm） |
| --- | --- | --- |
| 2～3 | II | 2～3 |
| 2～3 | III | 3.5～4.5 |
| 3～4 | IV | 5～6 |
| | V | 7～9 |

注：左锁骨中线距前正中线为8～10cm。

**3. 心界各部分的组成** 心脏左界第2肋间处相当于肺动脉段，第3肋间为左心耳，第4、5肋间为左心室；心脏右界第2肋间相当于上腔静脉和升主动脉，第3肋间以下为右心房；心下界心尖部为左心室，其余均为右心室（图4-30）。

**4. 心脏浊音界的改变及其临床意义** 心脏浊音界的改变受心脏本身因素和心脏以外因素的影响。

（1）心脏本身因素 ①左心室增大：心浊音界向左下扩大，心腰部由钝角变为近似直角，心浊音界呈靴形，称为"靴形心"，常见于主动脉瓣关闭不全、高血压性心脏病，又称"主动脉型心"（图4-31）。②右心室增大：轻度增大时，无明显改变；明显增大时，相对浊音界向两侧扩大，以向左侧扩大更明显。常见于肺源性心脏病等。③双心室增大：心浊音界向两侧扩大，且左界向左下扩大呈普大型，常见于扩张型心肌病等。④左心房与肺动脉段扩大：心腰部饱满或膨出，使心浊音界呈梨形，称

> **考点提示**
>
> 常见心脏浊音界改变的临床意义。

"梨形心"。常见于二尖瓣狭窄,故又称"二尖瓣型心"（图 4 - 32）。⑤心包积液:心界向两侧扩大,随体位改变,坐位时心浊音界呈三角形烧瓶样,称"烧瓶心";平卧位时心底部浊音界增宽（图 4 - 33）。

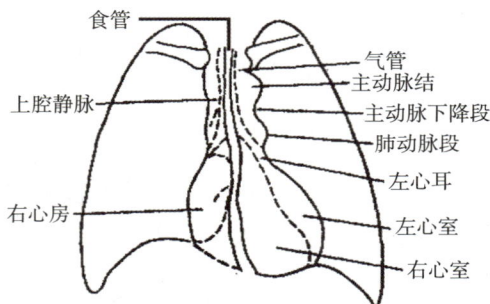

图 4 - 30　心界各部分的组成

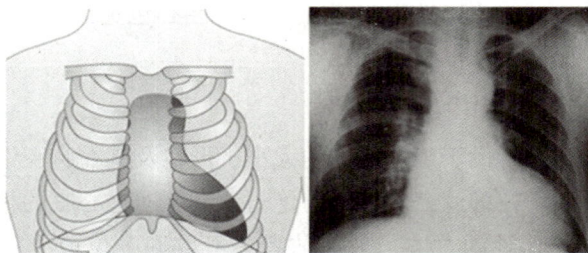

图 4 - 31　主动脉瓣关闭不全的心脏浊音界（靴形心）

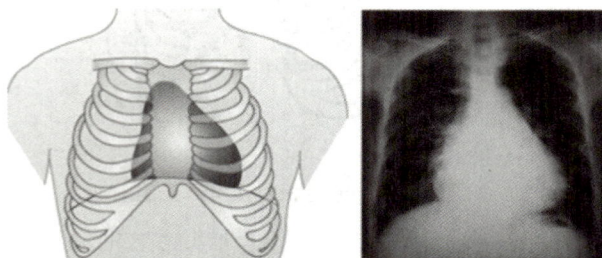

图 4 - 32　二尖瓣狭窄的心浊音界（梨形心）

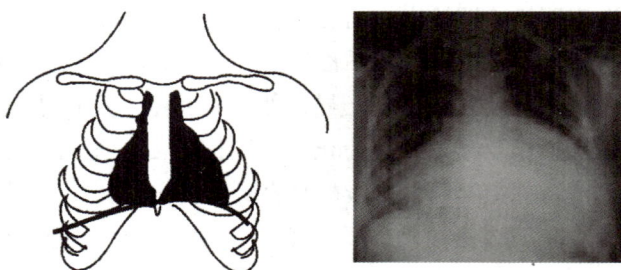

图 4 - 33　心包积液的心脏浊音界（烧瓶心）

（2）心脏以外因素　一侧大量胸腔积液或气胸,心界向健侧移位;一侧胸膜增厚、肺不张,心界向患侧移位;大量腹水或腹腔巨大肿瘤,使横膈抬高、心脏呈横位,心界向左扩大;肺气肿时心浊音界变小。

### （四）听诊

**1. 心脏瓣膜听诊区**　心脏各瓣膜开放与关闭时所产生的声音沿血流方向传导至前胸壁体表不同部位,在体表听诊最清楚的部位即为心脏瓣膜听诊区。心脏各瓣膜听诊区与瓣膜口在胸壁的投影并不完全一致（图 4 - 34）,通常有 5 个瓣膜听诊区。①二尖瓣区:心尖部,即心尖搏动最强点,又称心尖区。②肺动脉瓣区:胸骨左缘第 2 肋间。③主动脉瓣区:胸骨右缘第 2 肋间。④主动脉瓣第二听诊区:位于胸骨左缘第 3 肋间。⑤三尖瓣区:胸骨下端左缘,即胸骨左缘第 4、5 肋间。听诊顺序:可由二尖瓣区开始,沿逆时针方向,依次进行二尖瓣区、肺动脉瓣区、主动脉瓣区、主动脉瓣第二听诊区、三尖瓣区的听诊。

> 🔅 **考点提示**
>
> 心脏各瓣膜听诊区位置及听诊顺序。

**2. 听诊内容**　包括心率、心律、心音、额外心音、杂音及心包摩擦音。

（1）心率　是指每分钟心脏跳动的次数。正常成人安静时的心率范围是 60 ~ 100 次/分。儿童较快,老年人偏慢。成人心率超过 100 次/分或婴幼儿心率超过 150 次/分称为心动过速,见于运动、发热、贫血及甲状腺功能亢进症等;心率低于 60 次/分称为心动过缓,见于运动员、老年人、颅内压增高等。

（2）心律　是指心脏跳动的节律。正常成人心律基本规整。常见的心律不齐如下。①窦性心律不齐:表现为吸气时心率增快,呼气时心率减慢。一般无临床意义,可见于部分健康的儿童及青少年。

②期前收缩（过早搏动）：简称早搏，是在规则心律基础上，突然提前出现一次心跳。听诊特点：早搏的第一心音增强，第二心音减弱，其后有一较长的代偿间歇。早搏规律出现，可形成联律，连续每一次窦性搏动后出现一次期前收缩，称为二联律；每两次窦性搏动后出现一次期前收缩，称为三联律。根据异位起搏点的不同，可分为室性早搏、房性早搏和交界性早搏，室性早搏最常见。③心房颤动：听诊特点为心律绝对不齐、第一心音强弱绝对不等、脉搏短绌。心房颤动常见于二尖瓣狭窄、冠心病、甲状腺功能亢进症等。

（3）心音　按其在心动周期中出现的先后次序，依次命名为第一心音（S₁）、第二心音（S₂）、第三心音（S₃）和第四心音（S₄）。通常情况下，只能听到第一和第二心音；在部分青少年中可闻及第三心音。第四心音一般听不到，如听到则为病理性。

第一心音出现于心室收缩的早期，标志着心室收缩期的开始。主要是二尖瓣和三尖瓣关闭产生的振动形成。

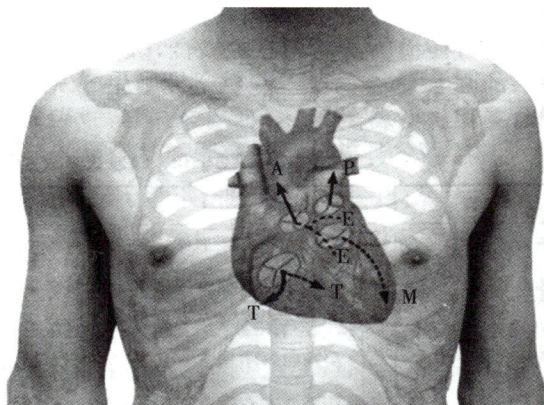

图 4-34　心脏瓣膜解剖部位与瓣膜听诊区位置
M. 二尖瓣区；A. 主动脉瓣区；E. 主动脉第二听诊区；
T. 三尖瓣区；P. 肺动脉瓣区

第二心音出现于第一心音之后，标志着心室舒张的开始。主要是主动脉瓣和肺动脉瓣关闭产生的振动形成。

第三心音主要是由于在心室的快速充盈期，血流自心房急速流入心室，冲击心室壁，使心室壁、腱索、乳头肌突然紧张、振动所致。见于部分正常的儿童和青少年。

第一心音与第二心音的区别见表 4-7。

表 4-7　第一心音与第二心音的区别

| 项目 | 第一心音 | 第二心音 |
| --- | --- | --- |
| 音调 | 较低 | 较高 |
| 强度 | 较响 | 较第一心音弱 |
| 持续时间 | 较长，约 0.1 秒 | 较短，约 0.08 秒 |
| 与心尖搏动的关系 | 同时出现 | 出现在心尖搏动之后 |
| 最响部位 | 心尖部最响 | 心底部最响 |

1）心音强度的改变及其临床意义　第二心音包括主动脉瓣第二心音（A₂）和肺动脉瓣第二心音（P₂），通常 A₂ 在主动脉瓣区最清楚，P₂ 在肺动脉瓣区最清楚。

心音强度改变的临床意义见表 4-8。

💡 考点提示

第一心音、第二心音产生的机制、意义、区别。

表 4-8　心音强度改变的临床意义

| 心音强度变化 | 临床意义 |
| --- | --- |
| S₁ 增强 | 二尖瓣狭窄（瓣膜尚未钙化僵硬时）、高热、贫血、甲状腺功能亢进症 |
| S₁ 减弱 | 二尖瓣关闭不全、心肌炎、心肌梗死、心力衰竭 |
| S₁ 强弱不等 | 心房颤动、完全性房室传导阻滞 |
| A₂ 增强 | 高血压、主动脉粥样硬化 |
| P₂ 增强 | 肺源性心脏病、二尖瓣狭窄伴肺动脉高压 |
| A₂ 减弱 | 主动脉瓣狭窄或关闭不全 |

续表

| 心音强度变化 | 临床意义 |
| --- | --- |
| $P_2$减弱 | 肺动脉瓣狭窄或关闭不全 |
| $S_1$、$S_2$同时增强 | 情绪激动、贫血、甲状腺功能亢进症 |
| $S_1$、$S_2$同时减弱 | 心肌严重受损、心包积液、休克等 |

2）心音性质改变　当心肌病变严重时，第一心音失去原有性质且明显减弱，与同时减弱的第二心音极相似，当心率增快时，收缩期与舒张期时限几乎相等，听诊类似钟摆声，故称"钟摆律"或"胎心律"，常见于急性大面积心肌梗死、重症心肌炎等。

3）心音分裂　正常情况下，左、右两侧心室活动基本同步，听诊第一心音、第二心音均为一个声音。若左、右心室活动明显不同步，听诊时一个心音分成两个心音的现象，称为心音分裂。① $S_1$分裂：因二尖瓣和三尖瓣关闭时间明显不同步所致，常见于完全性右束支传导阻滞、肺动脉高压等。② $S_2$分裂：以肺动脉瓣区明显，因主动脉瓣与肺动脉瓣关闭时间明显不同步所致。生理性分裂见于青少年，病理性分裂见于二尖瓣狭窄伴肺动脉高压、肺动脉瓣狭窄等。

**考点提示**

胎心律的临床意义。

（4）额外心音　是指在正常的心音之外听到的附加心音，多数为病理性。

1）奔马律　额外心音出现在第二心音之后，在心率增加时，与原有的第一、第二心音组成三音律，犹如骏马奔跑时的蹄声，故称奔马律。奔马律是心肌严重损害的重要体征。按其出现时间可分为舒张早期、晚期奔马律和重叠型奔马律。舒张早期奔马律最常见，实为病理性的 $S_3$，是由于心室舒张期负荷过重，心肌张力减低，顺应性减退，以致心室舒张时，血流充盈引起室壁振动造成，常见于急性心肌梗死、重症心肌炎、心肌病等引起的心力衰竭。舒张晚期奔马律又称收缩期前奔马律，是由于心室舒张末期压力增高或顺应性减退，心房加强收缩所产生的异常心房音。常见于高血压性心脏病、主动脉瓣狭窄等。重叠型奔马律为舒张早期和晚期奔马律重叠出现所致。常见于心肌病、心力衰竭等。

**考点提示**

奔马律的临床意义。

2）开瓣音　又称二尖瓣开放拍击声，见于二尖瓣狭窄而瓣膜尚柔软时，是二尖瓣瓣叶弹性尚好的标志，可作为二尖瓣分离术适应证的参考。舒张早期血液自高压力的左心房迅速流入左心室，弹性尚好的瓣叶迅速开放后突然停止，瓣叶振动引起的拍击音，在心尖稍内侧听诊较清楚。

3）心包叩击音　见于缩窄性心包炎。在舒张早期心室快速充盈时，增厚的心包阻碍心室舒张，导致心室在舒张过程中骤然停止，引起室壁振动形成心包叩击音。在胸骨下段左缘听诊较清楚。

**考点提示**

开瓣音、心包叩击音的临床意义。

4）医源性额外心音　常见的有人工瓣膜音和人工起搏音，前者是心脏植入人工瓣膜所致，后者是植入心脏起搏器所致。

（5）杂音　是指在心音与额外心音之外出现的异常声音。

1）杂音的产生机制　正常血流呈层流状态，不发出声音。当存在瓣膜口狭窄、瓣膜关闭不全、血管管径异常改变、血流加速、异常血流通道、心腔内漂浮物等情况时，可使血流从层流变为湍流或漩涡而冲击心壁、大血管壁、瓣膜、腱索等使之振动而产生杂音（图4-35）。

2）杂音的听诊要点

①最响部位：杂音最响部位常与病变部位有关。一般情况下，杂音最响部位即为病变所在部位。二尖瓣病变的杂音在心尖部位最响，主动脉瓣病变的杂音在主动脉瓣听诊区最响，室间隔缺损的杂音在胸骨左缘3肋间最响，房间隔缺损、动脉导管未闭的杂音在胸骨左缘2肋间最响。

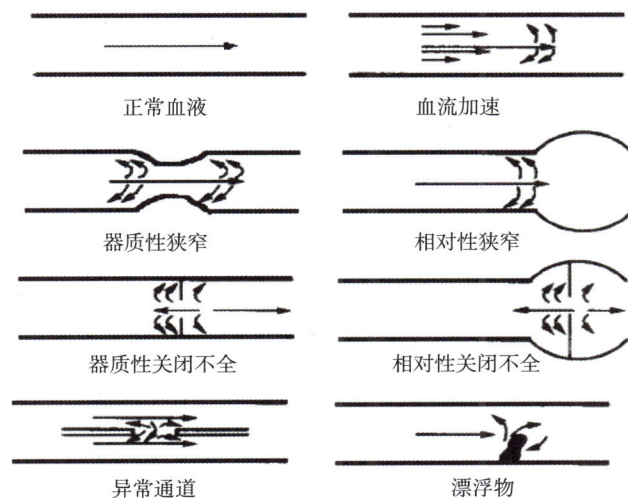

正常血液      血流加速

器质性狭窄      相对性狭窄

器质性关闭不全      相对性关闭不全

异常通道      漂浮物

**图 4 - 35 杂音产生机制**

②时期：出现在第一心音和第二心音之间的杂音称为收缩期杂音；出现在第二心音与下一心动周期第一心音之间的杂音称为舒张期杂音；连续出现在收缩期与舒张期的杂音称为连续性杂音。收缩期与舒张期均出现但不连续的杂音，称为双期杂音。收缩期杂音可能是功能性的也可能是器质性的，而舒张期杂音和连续性杂音均是器质性的。

③传导方向：杂音可以较局限，亦可沿着产生杂音的血流方向传导。根据杂音的最响部位及其传导方向，可判断杂音的来源及性质。如二尖瓣关闭不全的收缩期杂音在心尖部位最响，多向左腋下传导；主动脉瓣关闭不全的舒张期杂音在主动脉瓣第二听诊区最响，向心尖部传导；主动脉瓣狭窄的收缩期杂音在主动脉瓣区最响，向颈部传导；而二尖瓣狭窄的杂音常局限于心尖部。一般杂音传导越远，声音越弱，但性质保持不变。

④性质：是指杂音的频率不同表现出的音色与音调的不同。根据杂音音色可分为吹风样、隆隆样、叹气样、喷射样、机器样和鸟鸣样等。按音调又可分为柔和、粗糙两种。临床上可根据杂音性质的不同来推断不同的疾病，一般器质性杂音较粗糙，而功能性杂音较柔和。如在心尖部闻及粗糙的全收缩期吹风样杂音提示二尖瓣关闭不全；在心尖部闻及舒张期隆隆样杂音提示二尖瓣狭窄；在主动脉瓣第二听诊区闻及舒张期叹气样杂音提示主动脉关闭不全；胸骨左缘 2 肋间及附近的连续机器样杂音主要见于动脉导管未闭。

⑤强度：杂音的强度即杂音响亮的程度。强度与血流速度、瓣膜口狭窄程度、瓣膜口或异常通道两侧的压力差、心肌收缩力强弱有关。通常瓣膜口狭窄越重、血流速度越快、瓣膜口或异常通道两侧的压力差越大、心肌收缩力越强，杂音越强。杂音的强度不一定与病变的严重程度成正比，病变较重时，杂音可较弱，病变较轻时，杂音也可较强。收缩期杂音的强度一般采用 Levine 6 级分级法，具体分级见表4 - 9。记录杂音时，以 6 为分母，杂音的级别为分子，如 2 级收缩期杂音，记为 2/6。对舒张期杂音的分级也可参照此标准，但亦有只分为轻、中、重三级。

⑥与体位、呼吸和运动的关系：左侧卧位可使二尖瓣狭窄的杂音更明显；前倾坐位可使主动脉瓣关闭不全的杂音更明显，仰卧位则可使二尖瓣、三尖瓣及肺动脉瓣关闭不全的杂音更明显。深吸气时，三尖瓣、肺动脉瓣狭窄或关闭不全的杂音增强。深呼气时，二尖瓣、主动脉瓣关闭不全或狭窄的杂音增强。深吸气后，紧闭声门并用力做呼气动作，肥厚型梗阻性心肌病的杂音增强。运动时心率增快，血流加速，在一定心率范围内可使杂音增强。

表4-9 杂音强度分级

| 级别 | 响度 | 听诊特点 | 震颤 |
|---|---|---|---|
| 1 | 最轻 | 很弱，须在安静环境下仔细听诊才能听到 | 无 |
| 2 | 轻度 | 较易听到，杂音柔和 | 无 |
| 3 | 中度 | 明显的杂音，较响亮 | 无 |
| 4 | 响亮 | 杂音响亮 | 有 |
| 5 | 很响 | 杂音很强，向周围及背部传导 | 明显 |
| 6 | 最响 | 杂音极响、震耳，听诊器稍离开胸壁也能听到 | 强烈 |

### 知识链接

#### 杂音形态

常见的杂音形态有5种。①递减型杂音：杂音由较强逐渐减弱，如主动脉瓣关闭不全时的舒张期叹气样杂音。②递增型杂音：杂音由弱逐渐增强，如二尖瓣狭窄的舒张期隆隆样杂音。③递增递减型杂音：又称菱形杂音，杂音由弱转强，再由强转弱，如主动脉瓣狭窄时的收缩期杂音。④一贯型杂音：杂音强度大体保持一致，如二尖瓣关闭不全时的全收缩期杂音。⑤连续型杂音：由收缩期开始，杂音逐渐增强，高峰在 $S_2$ 处，舒张期开始逐渐减弱，直到下一心动周期的 $S_1$ 前消失，如动脉导管未闭时的连续性杂音。

3）杂音的临床意义　根据杂音产生的部位有无器质性病变，可区分为器质性杂音和功能性杂音；根据杂音的临床意义又可分为病理性杂音和生理性杂音。功能性杂音包括生理性杂音、全身性疾病导致的血流动力学改变（如甲状腺功能亢进症引起的血流加速）产生的杂音及相对性杂音（瓣膜相对狭窄或关闭不全产生的杂音）。相对性杂音与器质性杂音合称为病理性杂音。生理性与器质性收缩期杂音的鉴别见表4-10。临床常见器质性心脏病杂音的听诊特点见表4-11。

> **考点提示**
>
> 常见心脏瓣膜病杂音的听诊特点。

表4-10　生理性与器质性收缩期杂音的鉴别

| 鉴别点 | 生理性 | 器质性 |
|---|---|---|
| 年龄 | 儿童、青少年多见 | 任何年龄 |
| 部位 | 肺动脉瓣区或心尖区 | 任何瓣膜区 |
| 性质 | 柔和，吹风样 | 粗糙，吹风样，常呈高调 |
| 持续时间 | 短促 | 较长，多为全收缩期 |
| 强度 | 3/6 级以下 | 3/6 级以上 |
| 震颤 | 无 | 伴有震颤 |
| 传导 | 局限，传导不远 | 沿血流方向传导较远 |
| 心脏大小 | 正常 | 可有心房或心室增大 |

表 4－11 常见器质性心脏病杂音的特点

| 病变 | 最响部位 | 性质 | 时期 | 传导方向 |
|------|----------|------|------|----------|
| 二尖瓣关闭不全 | 心尖部 | 粗糙、吹风样 | 收缩期 | 左腋下 |
| 二尖瓣狭窄 | 心尖部 | 隆隆样 | 舒张期 | 局限 |
| 主动脉瓣狭窄 | 主动脉瓣区 | 喷射样 | 收缩期 | 颈部 |
| 主动脉瓣关闭不全 | 主动脉瓣第二听诊区 | 叹气样 | 舒张期 | 心尖部 |
| 肺动脉瓣狭窄 | 肺动脉瓣区 | 喷射样 | 收缩期 | 左锁骨下 |
| 三尖瓣关闭不全 | 胸骨下端左缘 | 吹风样 | 收缩期 | 胸骨右下缘 |
| 室间隔缺损 | 胸骨左缘第3、4肋间 | 粗糙、吹风样 | 收缩期 | 心前区 |
| 动脉导管未闭 | 胸骨左缘第2肋间 | 机器样 | 连续性 | 上胸部 |

（6）心包摩擦音 正常心包膜表面光滑，脏层与壁层之间有少量液体起润滑作用。当心包炎症使脏层与壁层心包因纤维素沉着而变得粗糙，在心脏搏动时相互摩擦产生声音叫心包摩擦音。特点音调高，与心搏一致，与呼吸无关，以胸骨左缘第3、4肋间最响亮，在前倾坐位及呼气末更明显。心包摩擦音屏气时仍存在，可据此与胸膜摩擦音鉴别。见于各种感染性心包炎，也可见于急性心肌梗死、尿毒症、心脏损伤后综合征等导致的心包炎。当心包腔内有一定量积液后，心包摩擦音可消失。

> **考点提示**
>
> 心包摩擦音的临床意义。

## 五、血管评估

血管评估的内容包括脉搏、血压、血管杂音、周围血管征评估。脉搏、血压评估见一般状态评估，下面介绍血管杂音及周围血管征评估。

### （一）血管杂音

**1. 静脉杂音** 由于静脉压力低，不易出现湍流，通常无杂音。临床较有意义的有颈静脉营营声，系颈静脉血流快速回流至上腔静脉所致。在颈根部近锁骨处，甚至在锁骨下，尤其是右侧，可听到低调、柔和的连续性杂音，站立及坐位时明显。

**2. 动脉杂音** 多见于周围动脉、肺动脉、冠状动脉。如甲状腺功能亢进症，在甲状腺侧叶可听到连续性杂音；肺内动静脉瘘时，在病变部位可闻及连续性杂音；多发性大动脉炎，在血管狭窄病变部位可听到收缩期杂音；肾动脉狭窄，在上腹部或腰背部可闻及收缩期杂音。

### （二）周围血管征

周围血管征是由于脉压增大所致，包括水冲脉、毛细血管搏动征、枪击音、Duroziez双重杂音，主要见于主动脉瓣关闭不全、甲状腺功能亢进症、严重贫血、动脉导管未闭等。

**1. 水冲脉** 见本章一般状态评估。

**2. 毛细血管搏动征** 用手指轻压被评估者指甲末端，或用清洁玻片轻压其口唇黏膜，使局部发白，当心脏收缩和舒张时则发白的边缘出现有规律的红、白交替改变即为毛细血管搏动征。

**3. 枪击音** 将听诊器体件轻放在外周较大动脉表面，常选股脉，可听到与心跳一致的短促如用枪射击的声音，即为枪击音。

**4. Duroziez 双重杂音** 将听诊器体件稍加压力置于股动脉上，并使体件开口稍偏向于近心端，可闻及收缩期与舒张期双期吹风样杂音称为 Duroziez 双重杂音。

> **考点提示**
>
> 周围血管征的概念及临床意义。

## 六、常见心脏病变体征

常见心脏病变体征见表4－12。

表4－12 常见心脏病变体征

| 心脏病变 | 视诊 | 触诊 | 叩诊 | 听诊 |
|---|---|---|---|---|
| 二尖瓣狭窄 | 二尖瓣面容，心尖搏动向左移位 | 心尖搏动向左移位，心尖部可触及舒张期震颤 | 心浊音界向左扩大，心浊音界可呈梨形 | 心尖部第一心音亢进，心尖部局限的隆隆样舒张中晚期杂音，可伴开瓣音、肺动脉瓣区第二心音亢进及分裂 |
| 二尖瓣关闭不全 | 心尖搏动向左下移位 | 心尖搏动向左下移位，常呈抬举性 | 心浊音界向左下扩大，后期向两侧扩大 | 心尖部3/6级以上粗糙的吹风样全收缩期杂音，范围广泛，向左腋部及左肩胛下区传导，P$_2$亢进、分裂，心尖部第一心音减弱 |
| 主动脉瓣狭窄 | 心尖搏动向左下移位 | 心尖搏动向左下移位，呈抬举性。胸骨右缘第二肋间可触及收缩期震颤 | 心浊音界向左下扩大 | 主动脉瓣区（一区）响亮粗糙收缩期杂音，向颈部传导，可第二心音减弱、第二心音逆分裂 |
| 主动脉瓣关闭不全 | 心尖搏动向左下移位，颈动脉搏动明显，并可随心脏收缩出现点头征 | 心尖搏动向左下移位且范围较广，呈抬举性。有水冲脉，毛细血管搏动征阳性 | 心浊音界向左下扩大，心浊音界呈靴形 | 主动脉瓣第二听诊区叹气样递减型舒张期杂音，向心尖部传导。可有股动脉枪击音及Duroziez双重杂音 |
| 心包积液 | 心前区饱满，颈静脉怒张，心尖搏动减弱或消失 | 心尖搏动减弱或触不到，肝颈静脉回流征阳性，奇脉 | 心浊音界向两侧扩大，并可随体位改变而变化，呈烧瓶样 | 心音遥远，心率增快 |

# 第六节 腹部评估

PPT

腹部评估是身体评估的重要组成部分。腹部的范围上起横膈，下至骨盆，主要由腹壁、腹腔及腹腔内脏器组成。其体表上起自两侧肋弓下缘和胸骨剑突，下至两侧腹股沟韧带和耻骨联合，前面和侧面由腹壁组成，后面为脊柱和腰肌。

腹部评估应用视诊、触诊、叩诊、听诊四种方法，其中以触诊最重要。

## 一、腹部体表标志及分区

为准确描述脏器病变和体征的部位和范围，需借助腹部的天然体表标志和人为的腹部分区。

### （一）体表标志

常用的体表标志如下（图4－36）。

**1. 肋弓下缘** 由第8～10肋软骨连接形成的肋缘和第11、12浮肋构成。肋弓下缘为腹部体表的上界，常用于腹部分区、胆囊的定位及肝、脾的测量。

**2. 剑突** 是胸骨下端的软骨，是腹部体表的上界，常作为肝脏测量的标志。

**3. 腹上角** 是两侧肋弓至剑突根部的交角，常用于判断体型和肝脏的测量。

**4. 脐** 位于腹部中心，向后投影相当于第3～4腰椎之间，是腹部四区分法的标志。

**5. 髂前上棘** 是髂峰前方凸出点，常用于腹部分区、阑尾压痛点定位，是骨髓穿刺的部位。

**6. 腹直肌外缘** 相当于锁骨中线的延续，常用于胆囊点的定位。

**7. 腹中线** 是前正中线的延续，是腹部四区分法的垂直线。

**8. 腹股沟韧带** 是腹部体表的下界，常是腹股沟疝的通过部位，是寻找股动脉和股静脉的标志。

**9. 耻骨联合** 是两耻骨间的纤维软骨连接，与耻骨共同组成腹部体表的下界。

**10. 肋脊角** 是背部两侧第 12 肋骨与脊柱的交角，为评估肾脏压、叩痛的位置。

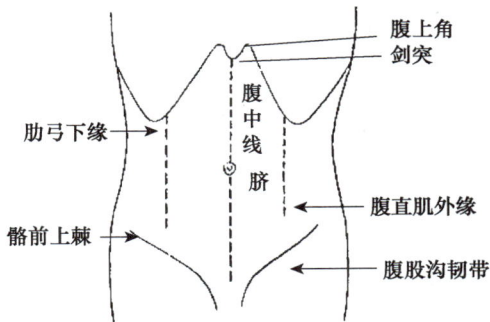

图 4 - 36 腹部体表标志

### （二）腹部分区

常用的有四区分法和九区分法两种。

**1. 四区分法** 通过脐划一水平线和一垂直线，两线相交将腹部分为四个区，即右上腹部、右下腹部、左上腹部和左下腹部（图 4 - 37）。

**2. 九区分法** 用两条水平线和两条垂直线将腹部划分为九个区。以两侧肋弓下缘最低点的连线和两侧髂前上棘的连线为两条水平线，以左、右髂前上棘至腹中线连线的中点处的垂直线为两条垂直线，四线相交将腹部分为井字形九个区，即右上腹部（右季肋部）、右侧腹部（右腰部）、右下腹部（右髂部）、上腹部、中腹部（脐部）、下腹部（耻骨上部）、左上腹部（左季肋部）、左侧腹部（左腰部）、左下腹部（左髂部）（图 4 - 38）。各区脏器分布如下。

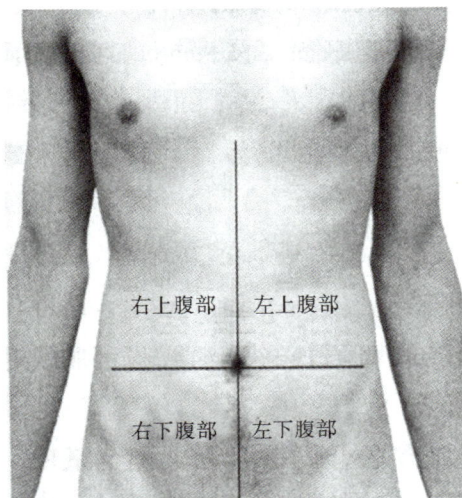

图 4 - 37 腹部体表分区示意图（四区分法）

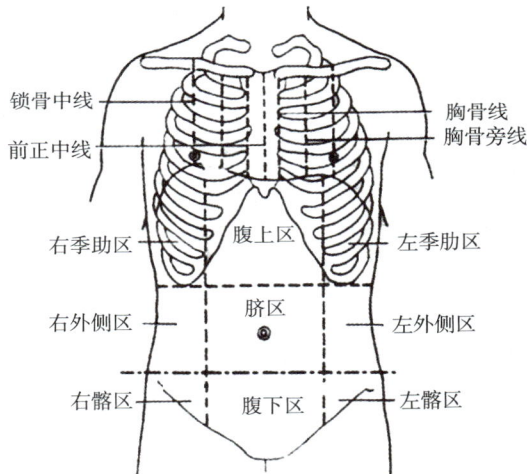

图 4 - 38 腹部体表分区示意图（九区分法）

（1）右上腹部（右季肋部）　肝右叶、胆囊、结肠肝曲、右肾、右肾上腺。

（2）右侧腹部（右腰部）　升结肠、空肠、右肾。

（3）右下腹部（右髂部）　盲肠、阑尾、回肠末端、淋巴结、女性右侧卵巢及输卵管、男性右侧精索。

（4）上腹部　胃、肝左叶、十二指肠、胰头和胰体、横结肠、腹主动脉、大网膜。

（5）中腹部（脐部）　十二指肠、空肠、回肠、下垂的胃或横结肠、肠系膜及淋巴结、腹主动脉、大网膜。

（6）下腹部　回肠、乙状结肠、输尿管、胀大的膀胱、增大的子宫。

（7）左上腹部（左季肋部）　胃、脾、结肠脾曲、胰尾、左肾、左肾上腺。

（8）左侧腹部（左腰部）　降结肠、空肠、回肠、左肾。

（9）左下腹部（左髂部）　乙状结肠、淋巴结、女性左侧卵巢及输卵管、男性左侧精索。

## 二、视诊

腹部视诊前，嘱被评估者排空膀胱，以免充盈的膀胱致下腹部微隆而干扰视诊。视诊时光线宜充足而柔和，从前侧方射入视野。被评估者取低枕仰卧位，双手置于身体两侧，充分暴露腹部，上至剑突，下至耻骨联合。评估者站在被评估者右侧，按一定顺序自上而下观察腹部，有时为了观察细小隆起或蠕动波，评估者应将视线降至腹平面，从侧面呈切线方向进行观察。

腹部视诊内容有腹部外形、呼吸运动、腹壁静脉、胃肠型和蠕动波以及腹壁其他情况等。

### （一）腹部外形

应注意腹部外形是否对称，有无局部或全腹的膨隆或凹陷。健康成人平卧时，前腹壁处于或略低于肋缘至耻骨联合的平面，称为腹部平坦，坐起时脐以下部分稍前凸。肥胖者及小儿平卧时，前腹壁稍高于肋缘与耻骨联合平面，称为腹部饱满。消瘦者平卧时，前腹壁稍低于肋缘与耻骨联合平面，称为腹部低平。这些都是正常的腹部外形。

**1. 腹部膨隆**　平卧时前腹壁显著高于肋缘至耻骨联合的平面，外观呈凸起状，称腹部膨隆。根据膨隆范围分为全腹膨隆和局部膨隆。

（1）全腹膨隆　腹部弥漫性膨隆，外形多呈球形或椭圆形，除因肥胖、腹壁皮下脂肪增多，脐凹陷外，因腹腔内容物增多所致者，腹壁无增厚，受腹压影响使脐凸出。①腹水：大量腹水、平卧位时腹壁松弛，液体沉于腹腔两侧，腹部明显膨出，腹部外形扁而宽，称为蛙腹，变换体位时，腹形改变明显。常见于肝硬化门脉高压症、心力衰竭、结核性腹膜炎等，腹膜有炎症或肿瘤浸润时，腹部常呈尖凸型，称为尖腹。②腹内积气：胃肠道内积气可因肠梗阻或肠麻痹所致，大量积气可引起全腹膨隆，使腹部呈球形，两侧腰部膨出不明显，变换体位时，腹形改变不明显；腹腔内积气可因胃肠穿孔或治疗性人工气腹所致，称为气腹。③腹腔内巨大肿块：可因巨大卵巢囊肿、畸胎瘤、妊娠等致全腹膨隆。

全腹膨隆时，为观察其膨隆的程度、变化，常需测量腹围。方法为：被评估者排尿后平卧，用软尺经脐绕腹一周，测得的周长即为腹围（脐周腹围），还可以经腹部最膨隆处绕腹一周，测得的周长为最大周长（最大腹围），通常以厘米（cm）为单位，同时记录。定期在同样条件下测量比较，以观察腹腔内容物（如腹水）的变化。

（2）局部膨隆　可因脏器肿大、腹内肿瘤或炎症性包块、腹壁上的肿物和疝等所致。视诊时应注意膨隆的部位、外形，是否随呼吸或体位而改变，有无搏动等。脏器肿大一般都在该脏器所在部位，并保持该脏器的外形特征。如上腹中部膨隆见于肝左叶肿大、胃癌、幽门梗阻等；右上腹部膨隆见于肝大（肿瘤、脓肿、淤血等）、胆囊肿大等；左上腹部膨隆见于脾肿大等；腰部膨隆见于多囊肾、肾盂积水等；脐部膨隆见于脐疝；下腹部膨隆见于子宫增大等；右下腹部膨隆见于阑尾周围脓肿等；左下腹部膨隆见于降结肠及乙状结肠肿瘤、干结粪块等。

腹壁包块和腹腔内包块均可引起局部膨隆，二者的鉴别方法是：被评估者仰卧位做屈颈抬肩动作，使腹壁肌肉紧张，如肿块更加明显说明肿块位于腹壁上；若不明显或消失，则提示肿块位于腹腔内，被收缩变硬的腹肌所掩盖。

**2. 腹部凹陷**　仰卧时前腹壁明显低于肋缘与耻骨联合的平面，称腹部凹陷。

（1）全腹凹陷　可因消瘦或脱水所致，严重时前腹壁凹陷几乎贴近脊柱，肋弓、髂嵴和耻骨联合显露，腹部外形呈舟状，称为舟状腹，见于恶病质如结核、恶性肿瘤等慢性消耗性疾病。

（2）局部凹陷　多由手术后腹壁瘢痕收缩所致，较少见。

### （二）呼吸运动

正常人腹壁随呼吸上下起伏，吸气时上抬，呼气时下陷，即为腹式呼吸运动。成年男性和儿童以腹式呼吸为主；成年女性以胸式呼吸为主，腹壁起伏不明显。

腹式呼吸减弱见于腹膜炎症、腹水、急性腹痛、腹腔内巨大肿物或妊娠等；腹式呼吸消失见于胃肠穿孔所致急性腹膜炎或膈肌麻痹等；腹式呼吸增强较少见，常因肺部或胸部疾病使胸式呼吸受限或为癔症性呼吸所致。

### （三）腹壁静脉

正常人腹壁静脉一般不显露。腹壁静脉明显可见或迂曲变粗称为腹壁静脉曲张，常见于门静脉高压致循环障碍或上、下腔静脉回流受阻而有侧支循环形成时。

为辨别腹壁静脉曲张的来源需评估其血流方向。评估方法是选择一段无分支的腹壁静脉，评估者将右手示指和中指并拢压在该段静脉上，然后一手指紧压静脉向外滑动，挤出静脉内血液，至一定距离后放松该手指，另一手指紧压不动，观察挤空的静脉是否迅速充盈，如迅速充盈，则血流方向从放松的一端流向手指紧压的一端。依此法放松另一手指，观察充盈速度，即可判断血流方向（图4-39）。

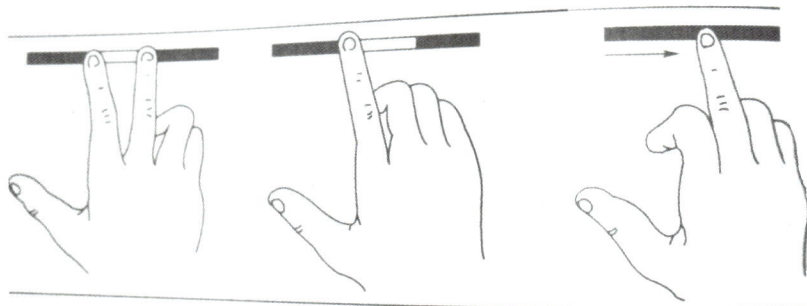

图4-39　评估静脉血流方向手法

正常时，在脐水平线以上的腹壁静脉血流自下而上经胸壁静脉和腋静脉流入上腔静脉，脐水平线以下的腹壁静脉血流自上而下经大隐静脉流入下腔静脉。门静脉高压时，腹壁静脉血流方向以脐为中心向四周放射，形如水母头（图4-40A），脐水平以上自下向上，脐水平以下自上向下；下腔静脉梗阻，曲张静脉分布在腹壁两侧，血流方向自下向上（图4-40B）；上腔静脉梗阻时，上腹壁浅静脉曲张，血流方向自上向下（图4-40C）。

> 💡 **考点提示**
>
> 评估门静脉高压时，腹壁静脉的血流方向。

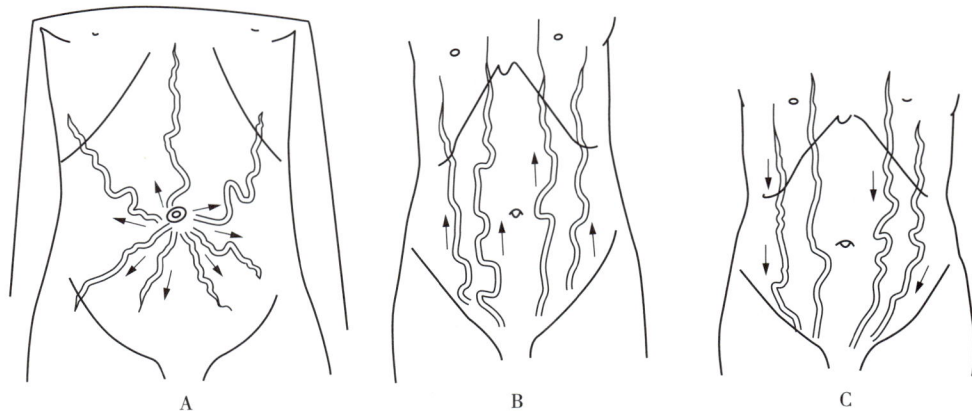

图4-40　静脉梗阻时腹壁浅静脉血流方向
A. 门静脉阻塞；B. 下腔静脉阻塞；C. 上腔静脉阻塞

### （四）胃肠型和蠕动波

正常人腹部一般看不到，腹壁菲薄或松弛的老年人、经产妇或极度消瘦者可能见到。

胃肠道发生梗阻时，梗阻近端的胃或肠段饱满而隆起，显出各自的轮廓，称为胃型或肠型。同时，由于该部位的蠕动加强，可看到蠕动波。胃蠕动波自左肋缘下开始，缓慢地向右推进，到达右腹直肌旁消失，此为正蠕动波。有时还可见自右向左运行的逆蠕动波。肠梗阻时亦可看到肠蠕动波，结肠梗阻所致蠕动波多位于腹部周边，小肠梗阻所致蠕动波多见于脐部。若发生肠麻痹，则蠕动波消失。观察蠕动波时，从侧面观察更易发现，也可用手轻拍腹壁诱发后查看。

### （五）腹壁其他情况

**1. 皮疹**　腹部皮疹常见于某些传染病和药物过敏。一侧腹部或腰部的沿脊神经走行分布的疱疹提示带状疱疹。

**2. 色素**　正常情况下，腹部皮肤颜色较暴露部位稍淡。皮肤皱褶处（如腹股沟及系腰带部位）有褐色素沉着，见于肾上腺皮质功能减退症（Addison disease）。腰部、季肋部、下腹部皮肤呈蓝色，为血液自腹膜后间隙渗到侧腹壁的皮下所致，称为格雷特纳征（Grey-Turner sign），见于重症胰腺炎。脐周围或下腹壁皮肤发蓝为腹腔内大出血的征象，称库伦征（Cullen sign），见于重症胰腺炎等。妇女妊娠时，在脐与耻骨之间的中线上有褐色素沉着，常持续至分娩后才逐渐消退。

**3. 腹纹**　多分布于下腹部。银白色条纹为腹壁真皮结缔组织因张力增高断裂所致，见于肥胖者或经产妇女；妊娠纹出现于下腹部和髂部，下腹部以耻骨为中心略呈放射状，条纹处皮肤较薄，在妊娠期呈淡蓝色或粉红色，产后转为银白色长期存在。紫纹见于皮质醇增多症，由于糖皮质激素引起蛋白质分解增强和被迅速沉积的皮下脂肪膨胀，真皮层中结缔组织胀裂，致紫纹处的真皮萎缩变薄，上面覆盖一层薄薄的表皮，而皮下毛细血管网丰富，红细胞偏多，故呈紫纹。

**4. 疝**　腹部疝可分为腹内疝和腹外疝两大类，后者较多见，为腹腔内容物经腹壁或骨盆壁的间隙或薄弱部分向体表凸出而形成。脐疝多见于婴幼儿，成人则可见于经产妇或有大量腹水的患者；股疝位于腹股沟韧带中部，多见于女性；腹股沟疝偏于内侧，男性可下降至阴囊；手术瘢痕愈合不良处可有切口疝。

## 三、触诊

触诊是腹部评估的主要方法。触诊时，被评估者应排尿后取低枕仰卧位，两手自然放于躯干两侧，两脚屈曲并稍分开，以放松腹肌，张口缓慢腹式呼吸。评估者面对被评估者站在其右侧，前臂与腹平面在同一水平。评估时手要温暖，动作要轻柔，由浅入深，先以全手掌放于腹壁上部，使被评估者适应片刻，并感受腹肌紧张度。评估一般从左下腹部开始逆时针方向到右下腹，再到脐部，依次评估腹部各区。原则是先触诊健康部位，逐渐移向病变区域，以免造成患者感受的错觉。边触诊边观察被评估者的反应与表情。触诊时，根据不同目的选取恰当的触诊方法。浅部触诊常用于腹壁的紧张度、表浅的压痛、肿块、搏动、腹壁上的肿物等。深部触诊常用于评估腹腔内脏器、深部压痛、反跳痛及肿块的评估。腹部的触诊内容如下。

### （一）腹壁紧张度

正常人腹壁有一定张力，但触之柔软，无抵抗，称腹壁柔软。有些人因不习惯触摸或怕痒而发笑致腹肌自主性痉挛，称肌卫增强，属于正常现象。某些病理情况可使全腹或局部腹肌紧张度增加或减弱。

**1. 腹壁紧张度增加**　根据范围可分为全腹紧张度增加和局部紧

> 💡 **考点提示**
>
> 板状腹、揉面感的临床意义。

张度增加。

（1）全腹紧张度增加　　主要因腹膜炎症刺激引起腹肌痉挛所致，多见于急性胃肠道穿孔或脏器破裂引起的急性弥漫性腹膜炎，此时腹壁明显紧张，触之硬如木板，称板状腹；结核性腹膜炎或癌性腹膜炎时，腹壁柔韧有抵抗力，不易压陷，称揉面感。

（2）局部紧张度增加　　多因腹内脏器炎症累及腹膜所致，如右上腹壁紧张见于急性胆囊炎，右下腹壁紧张见于急性阑尾炎。

**2. 腹壁紧张度减低**　　多因腹肌张力降低或消失所致，按压时腹壁松软无力，失去弹性，见于慢性消耗性疾病、大量放腹水后、年老体弱、严重脱水等。

### （二）压痛及反跳痛

正常腹部触诊不引起疼痛，深压时仅有一种压迫感。

**1. 压痛**　　由浅入深触压腹部引起的疼痛称腹部压痛，多因腹壁或腹腔内脏器病变所致。压痛部位常为病变所在部位，如右上腹痛多见于肝胆疾病，右下腹压痛多见于盲肠、阑尾病变等。某些位置较固定的压痛点常反映特定的疾病，如脐与右髂前上棘连线的中、外 1/3 交界处的麦氏点（McBurney point）压痛是阑尾病变的标志；右锁骨中线与肋缘交界处的胆囊点压痛是胆囊病变的标志。

> **考点提示**
>
> 反跳痛、腹膜刺激征的定义及临床意义。

**2. 反跳痛**　　触诊腹部出现压痛后，手指在该处稍停片刻，待压痛感觉趋于稳定后，迅速抬起手指，若被评估者感觉腹痛骤然加重，并伴有痛苦表情或呻吟，称为反跳痛。反跳痛是腹膜壁层受到炎症累及的征象。腹膜炎患者常有腹肌紧张、压痛和反跳痛，称为腹膜刺激征，也称腹膜炎三联征。

### （三）肝脏触诊　📱微课4

肝脏触诊主要用于了解肝脏下缘的位置和肝脏的质地、表面、搏动等。触诊时，被评估者处于仰卧位，两膝关节屈曲，腹壁放松，做较深腹式呼吸以使肝脏在膈下上下移动。评估者立于被评估者右侧用单手或双手触诊。

**1. 触诊方法**

（1）单手触诊法　　较为常用，评估者将右手四指并拢平放于右锁骨中线上估计肝下缘的下方，掌指关节伸直，示指前端的桡侧与肋缘大致平行，配合被评估者的呼吸运动进行触诊。呼气时，手指压向腹壁深部，吸气时，手指缓慢抬起朝肋缘向上迎触下移的肝缘，如此反复进行，手指逐渐向肋缘移动，直到触到肝缘或肋缘为止。以同样方法在前正中线上触诊肝左叶。

（2）双手触诊法　　评估者右手位置同单手法，左手手掌置于受检者右腰部，将肝脏向上托起，拇指张开置于右季肋部，限制右下胸部扩张，以增加膈肌下移的幅度，使吸气时下移的肝脏更容易被触及（图 4 - 41）。

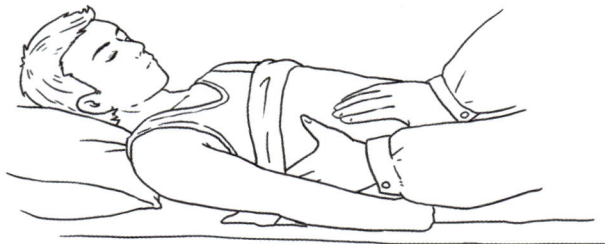

图 4 - 41　肝脏双手触诊法示意图

**2. 触诊内容** 触及肝脏时，应注意以下内容。

（1）大小 正常成人的肝脏一般在肋缘下触不到，但腹壁松软的瘦长体型于深吸气时可在肋弓下触及肝下缘，在1cm以内；在剑突下触及肝下缘，多在3cm以内；如肝下缘超出上述标准，肝脏质地柔软、表面光滑、无压痛，首先考虑肝脏下移，此时叩诊肝上界也相应降低；如肝上界正常或升高，应考虑肝肿大。弥漫性肝肿大见于肝炎、肝淤血、脂肪肝、早期肝硬化等。局限性肝肿大见于肝脓肿、肝肿瘤等。肝缩小见于急性和亚急性重型肝炎、门静脉性肝硬化晚期。

（2）质地 一般将肝脏质地分为质软、质韧、质硬三级。正常肝脏质地柔软，如触口唇；急性病毒性肝炎、脂肪肝时肝脏质地稍韧，慢性病毒性肝炎、肝淤血时质韧，如触鼻尖；肝硬化质硬、肝癌最硬，如触前额。

（3）边缘和表面状态 正常肝脏表面光滑、边缘整齐、厚薄一致。肝边缘圆钝常见于脂肪肝、肝淤血；肝边缘锐利，表面触及细小结节多见于肝硬化；肝边缘不规则，表面高低不平，呈结节或巨块状见于肝癌。

（4）压痛 正常肝脏无压痛。肝包膜有炎性反应或因肝肿大受到牵拉时则有压痛。轻度弥漫性压痛见于肝炎、肝淤血等，局限性剧烈压痛见于较浅表的肝脓肿。当右心衰引起肝淤血肿大时，用手压迫肝脏可使颈静脉怒张更明显，称为肝颈静脉回流征阳性。

### （四）脾脏触诊

正常情况下脾脏不能触及。内脏下垂或左侧胸腔积液、积气时膈下降，可触及下移的脾脏。除此以外，触及脾脏即提示脾肿大。

**1. 触诊方法** 一般采用双手触诊法。被评估者取仰卧位，双腿屈曲，评估者左手绕过被评估者腹前方，手掌置于其左胸下部第9~11肋处，从后向前托起脾脏，并限制胸廓运动，右手掌平放于脐部，与左肋弓大致呈垂直方向，自脐平面开始，配合呼吸，如同触诊肝脏一样，迎触脾尖，直至触到脾缘或左肋缘为止。脾脏轻度肿大而仰卧位不易触到时，可嘱被评估者取右侧卧位，右下肢伸直，左下肢屈曲，此时双手法较易触及（图4-42）。

**2. 脾脏肿大的测量法和分度** 临床上多采用第Ⅰ线测量、第Ⅱ线测量、第Ⅲ线测量描述脾脏的大小，以厘米表示。第Ⅰ线又称甲乙线，是指测量左锁骨中线与肋缘交点至脾下缘的距离；第Ⅱ线又称甲丙线，是指测量左锁骨中线与肋缘交点至脾脏最远点的距离；第Ⅲ线又称丁戊线，是指测量脾右缘与前正中线的距离。若脾脏高度肿大向右超过前正中线，以"+"表示，未超过前正中线，则以"-"表示（图4-43）。

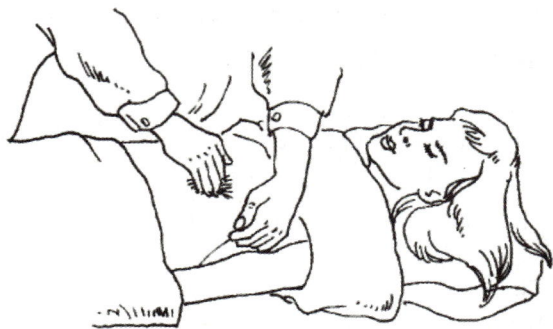

图4-42 脾脏触诊示意图

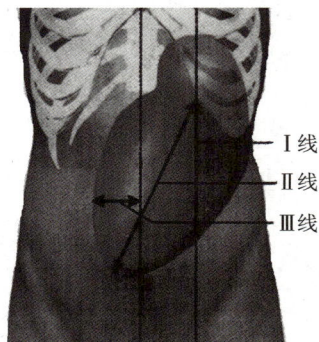

图4-43 脾脏肿大测量法示意图

临床常将脾脏肿大分为轻、中、高三度。脾缘不超过肋下 2cm 为轻度肿大，见于急（慢）性肝炎、伤寒等；超过 2cm，在脐水平线以上为中度肿大，见于肝硬化、慢性淋巴细胞性白血病、淋巴瘤等；超过脐水平线或前正中线为高度肿大，即巨脾，见于慢性粒细胞性白血病、慢性疟疾等。脾脏轻度肿大时只作第Ⅰ线测量，脾脏高度肿大时，应加测第Ⅱ线、第Ⅲ线，并作图表示。

触及脾脏时应注意其大小、质地、边缘、表面情况、有无压痛及摩擦感等。

### （五）胆囊触诊

胆囊触诊可用单手滑行触诊法或钩指触诊法进行。正常胆囊隐存于肝脏之后，不能触及。当胆囊肿大时方超过肝缘及肋缘，可在右肋缘下腹直肌外缘处触及。肿大的胆囊一般呈梨形或卵圆形，表面光滑，张力较高，随呼吸上下移动。如胆囊肿大呈囊性感并有明显压痛，见于急性胆囊炎；有实性感并伴有轻度压痛，见于胆囊结石或胆囊癌。

胆囊疾病时，其肿大情况各有不同。有时胆囊有炎症，但未肿大到肋缘以下，触诊不能查到胆囊，此时可探测胆囊触痛。评估时，评估者将左手掌平置于被评估者右胸下部，以拇指指腹勾压于右肋下胆囊点处，嘱被评估者缓慢深吸气，在吸气过程中发炎的胆囊下移碰到用力按压的拇指，可引起疼痛，此为胆囊触痛，如因剧烈疼痛而致吸气中止称墨菲征（Murphy sign）阳性（图 4－44）。胆囊触痛及墨菲征阳性提示急性胆囊炎。胰头癌压迫胆总管导致胆道阻塞、黄疸进行性加深，胆囊也显著肿大，但无压痛，称为库瓦西耶征（Courvoisier sign）阳性。

> **考点提示**
>
> Murphy 征阳性的临床意义。

### （六）肾脏触诊

肾脏触诊一般用双手触诊法。采取仰卧位或立位。卧位触诊右肾时，嘱被评估者两腿屈曲并做较深腹式呼吸。评估者立于被评估者右侧，以左手掌托起其右腰部，右手掌平放在右上腹部，手指方向大致平行于右肋缘进行深部触诊右肾，于被评估者吸气时双手夹触肾脏。触诊左肾时，左手越过被评估者腹前方从后面托起左腰部，右手掌横置于被评估者左上腹部，依前法双手触诊左肾。如卧位未触及肾脏，还可让被评估者站立床旁，评估者于被评估者侧面用两手前后联合触诊肾脏。

正常人肾脏一般不易触及。身材瘦长者、肾下垂时，肾脏较易触及。在深吸气时能触及 1/2 以上的肾脏即为肾下垂。如肾下垂明显并能在腹腔各个方向移动时称为游走肾。肾脏肿大见于肾盂积水、多囊肾等。肾盂积水或积脓时，肾脏的质地柔软而富有弹性，有时有波动感。多囊肾时，一侧或两侧肾脏不规则增大，有囊性感。

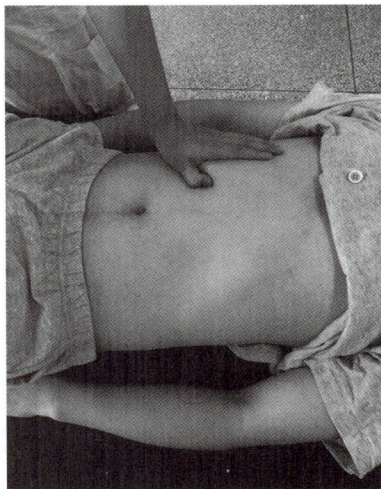

**图 4－44 墨菲征的评估方法**

当肾脏和尿路有炎症时，可在相应部位出现压痛点（图 4－45）：①季肋点，在第 10 肋骨前端，右侧位置稍低，相当于肾盂位置；②上输尿管点，在脐水平线腹直肌外缘；③中输尿管点，在髂前上棘连线腹直肌外缘的相交点，相当于输尿管第二狭窄处；④肋脊点，背部第 12 肋骨与脊柱的交角顶点；⑤肋腰点，在第 12 肋骨下缘与腰肌外缘的交角顶点。

肋脊点和肋腰点压痛提示肾盂肾炎、肾脓肿、肾结核等；季肋点压痛亦提示肾脏病变；上输尿管点或中输尿管点压痛提示输尿管结石、结核等。

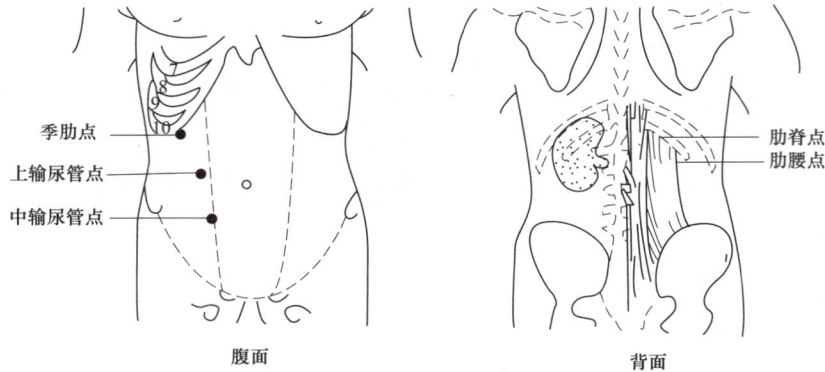

季肋点
上输尿管点
中输尿管点

肋脊点
肋腰点

腹面　　　　　　　　　　　　背面

图4-45　肾脏和尿路疾病压痛点

### （七）膀胱触诊

膀胱触诊常采用单手滑行触诊法。被评估者仰卧屈膝位，评估者以右手自脐开始向耻骨联合方向触摸。正常膀胱空虚时隐存于盆腔内，不易触到。当膀胱积尿，充盈胀大超越耻骨上缘时，可在下腹部触及。膀胱增大多因积尿所致，呈扁圆形或圆形，触之有囊性感，不能被推移，按压时憋胀有尿意，排空或导尿后缩小或消失。

膀胱胀大多见于尿道梗阻、脊髓病所致的尿滞留，也见于昏迷、腰椎或骶椎麻醉后、手术后局部疼痛者。

### （八）腹部肿块

腹部肿块包括异位或肿大的脏器、炎症性肿块、囊肿、肿大的淋巴结、肿瘤、肠内粪块等。触诊到腹部肿块应注意肿块的部位、大小、形态、质地、压痛、搏动及活动度等，以鉴别肿块来源于何种脏器及其性质。如果肿块有明显压痛多为炎性肿块；肿块无压痛、质地坚硬、表面凹凸不平，形态不规则多为恶性肿瘤。

### （九）液波震颤

腹腔内有大量游离液体时，如用手指叩击腹部，可有波动感，又称液波震颤。被评估者取仰卧位，评估者用一手的掌面贴于被评估者一侧腹壁，另一手四指并拢屈曲，用指端拍击对侧腹壁，如有大量液体存在，则贴于腹壁的手掌有被液体波动冲击的感觉。为防止腹壁本身的震动传至对侧，可让另一人将手掌尺侧缘压于脐部腹中线上，即可阻止（图4-46）。用此法评估腹水需有3000～4000ml以上液量才能查出，不如移动性浊音敏感。

## 四、叩诊

腹部叩诊主要用于判断腹腔脏器的大小、位置、有无叩痛，胃肠道充气情况，腹腔内有无积气、积液和肿块等。直接叩诊法和间接叩诊法均可用于腹部叩诊，间接叩诊法较常用。

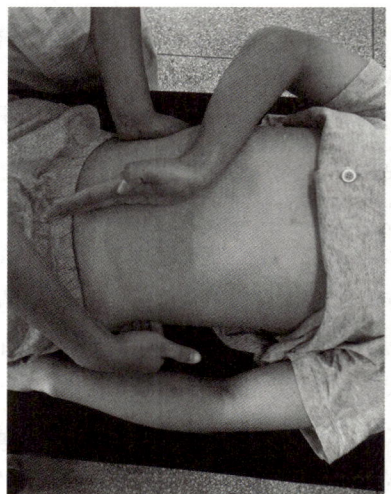

图4-46　液波震颤评估方法

### （一）腹部叩诊音

正常情况下，腹部叩诊大部分区域均为鼓音，只有肝、脾所在部位，增大的膀胱和子宫占据的部位，以及两侧腹部近腰肌处叩诊为浊音。

鼓音范围明显增大或出现于不应有鼓音的部位（如肝浊音界内）见于胃肠高度胀气或胃肠穿孔所致气腹。鼓音范围缩小，见于肝、脾或其他脏器极度肿大，腹腔内肿瘤或大量腹水，此时病变部位可呈浊音或实音。

### （二）肝脏叩诊

**1. 肝上下界叩诊**　叩诊肝上下界时，嘱被评估者平静呼吸，评估者一般沿右锁骨中线、右腋中线和右肩胛线，由肺部清音区向下叩向至腹部，当清音转为浊音时，即为肝上界，此处相当于被肺覆盖的肝脏顶部，又称肝相对浊音界。再向下叩 1 ~ 2 肋间，浊音变为实音，此处的肝脏不再被肺所覆盖而直接贴近胸壁，称肝绝对浊音界（亦为肺下界）。然后由腹部鼓音区沿右锁骨中线或正中线向上叩，由鼓音转为浊音处即为肝下界。匀称体型者的正常肝脏在右锁骨中线上，其上界在第 5 肋间，下界位于右季肋下缘。两者之间的距离为肝上下径，为 9 ~ 11cm；在右腋中线上，其上界为第 7 肋间，下界相当于第 10 肋骨水平；在右肩胛线上，其上界为第 10 肋间。矮胖体型者肝上下界均可高一个肋间，瘦长体型者则可低一个肋间。

肝浊音界上移见于右肺纤维化、右下肺不张、气腹等；肝浊音界下移见于肺气肿、右侧张力性气胸等。肝浊音界扩大见于肝炎、肝淤血、肝脓肿、肝癌等；肝浊音界缩小见于急性重症肝炎、肝硬化和胃肠胀气等；肝浊音界消失代之以鼓音，多因肝表面覆有气体，见于急性胃肠道穿孔。

> 💡 **考点提示**
>
> 　胃肠道穿孔时，肝浊音界的变化。

**2. 肝区叩击痛**　评估者以左手手掌平放于被评估者的肝区所在部位，右手握拳以中等力量叩击左手背，评估有无叩击痛。正常人肝区无叩击痛，叩击痛阳性见于肝脓肿、肝炎、肝癌等。

### （三）移动性浊音

腹腔内有较多液体贮留时，因重力作用，液体多潴积于腹腔的低处，故在此处叩诊呈浊音。先让被评估者仰卧，两侧腹部因腹水积聚，叩诊呈浊音，腹中部因含气的肠管在液面上浮，叩诊呈鼓音；评估者自腹中部脐水平面开始向被评估者左侧叩诊，发现浊音时，板指固定不动，嘱被评估者右侧卧，再度叩诊，如变成鼓音，表明浊音移动。同样方法向右侧叩诊，叩得浊音后嘱被评估者左侧卧位，以核实浊音是否移动。这种随体位改变而出现浊音区变化的现象，称为移动性浊音（图 4 - 47）。若出现移动性浊音阳性，提示腹腔内游离腹水在 1000ml 以上。

> 💡 **考点提示**
>
> 　移动性浊音阳性的临床意义。

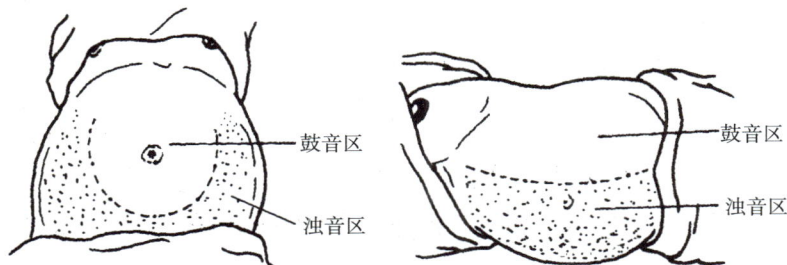

鼓音区
浊音区
鼓音区
浊音区

**图 4 - 47　移动性浊音示意图**

### （四）肋脊角叩击痛

被评估者取坐位或侧卧位，评估者用左手手掌平放在其肋脊角处，右手握拳用轻至中等的力量叩击左手背。正常时肋脊角处无叩击痛，肾炎、肾盂肾炎、肾结石、肾结核时，可有不同程度叩击痛。

### （五）膀胱叩诊

膀胱叩诊在耻骨联合上方进行，通常从上向下，由鼓音转为浊音。膀胱空虚时，因小肠位于耻骨联合上方遮盖膀胱，叩诊呈鼓音，叩不出膀胱轮廓。当膀胱有尿液充盈时，在耻骨联合上方可叩出圆形浊音区，排尿或导尿后再叩，浊音区转为鼓音。用此方法可与妊娠子宫、卵巢囊肿、子宫肌瘤等所致该区域出现的浊音相鉴别。

## 五、听诊

腹部听诊应全面听诊腹部各区，尤其注意上腹部、中腹部、腹部两侧及肝、脾各区。听诊内容主要有肠鸣音、振水音、血管杂音等。

### （一）肠鸣音

肠蠕动时，肠管内气体和液体随之流动，产生一种断断续续的咕噜声或气过水声，称为肠鸣音。正常情况下，肠鸣音为 4～5 次/分，通常以右下腹部作为肠鸣音听诊点。

**1. 肠鸣音活跃**　肠蠕动增强时，肠鸣音可达 10 次/分以上，但音调不特别高亢，见于急性胃肠炎、服泻药后或胃肠道大出血等。

**2. 肠鸣音亢进**　肠鸣音次数增多，且响亮、高亢，甚至呈金属声或叮当声，见于机械性肠梗阻。

**3. 肠鸣音减弱**　肠鸣音次数明显减少或数分钟才听到 1 次，见于老年性便秘、低钾血症、腹膜炎、胃肠动力低下等。

**4. 肠鸣音消失**　持续听诊 3～5 分钟仍未听到肠鸣音，用手指轻叩或搔弹腹部仍未听到肠鸣音，称为肠鸣音消失，见于急性腹膜炎或麻痹性肠梗阻。

### （二）振水音

胃内气体与液体相撞击的声音称为振水音。评估时，被评估者取仰卧位，评估者将一耳凑近被评估者上腹部或将听诊器体件放于此处，然后以冲击触诊法连续迅速冲击被评估者上腹部。正常人餐后或饮入大量液体时，可听到。若空腹或餐后 6～8 小时以上仍能听到，提示胃内有较多液体潴留，见于幽门梗阻、胃扩张等。

> 💡 **考点提示**
>
> 振水音的临床意义。

### （三）血管杂音

腹部血管杂音有动脉性杂音和静脉性杂音两种。

**1. 动脉性杂音**　腹中部的收缩期血管杂音提示腹主动脉瘤或腹主动脉狭窄；左、右上腹部的血管杂音常提示肾动脉狭窄，可见于年轻的高血压患者；下腹两侧的杂音提示髂动脉狭窄。

**2. 静脉性杂音**　为连续性嗡鸣声。常在脐周或上腹部，尤其是腹壁静脉曲张严重处，提示门静脉高压侧支循环形成。

> 💡 **考点提示**
>
> 正常肠鸣音及变化的临床意义。

# 第七节　脊柱四肢评估

PPT

## 一、脊柱

脊柱是支撑体重、维持躯体各种姿势的重要支柱，还是躯体活动的枢纽。脊柱由 7 个颈椎、12 个胸椎、5 个腰椎、5 个骶椎和 4 个尾椎组成。脊柱病变时，表现为局部疼痛、姿势或形态异常以及活动度受限等。脊柱评估时，被评估者可取站立位或坐位，按视诊、触诊、叩诊顺序进行，以了解脊柱弯曲度及有无畸形、活动受限、压痛和叩击痛等。

### （一）脊柱弯曲度

**1. 评估方法**　被评估者取站立位或坐位，双臂自然下垂，评估者从侧面观察脊柱有无前凸或后凸畸形；被评估者取坐位或直立位，从背面观察其脊柱有无侧凸畸形。轻度侧弯时，需借助触诊确定，评估者用示指、中指沿被评估者脊柱的棘突自上向下稍用力划压，使皮肤出现一条红色充血痕，以此痕为标准，观察脊柱有无侧弯。　📱微课5

**2. 生理弯曲**　正常人直立位时，脊柱有四个生理性弯曲，即颈段稍前凸，胸段稍后凸，腰段明显前凸，骶段明显后凸，呈"S"形。正常人脊柱无侧弯。

**3. 病理性变形**

（1）颈椎变形　直立时侧偏见于先天性斜颈，表现为头向一侧偏斜，患侧胸锁乳突肌隆起。

（2）脊柱后凸　脊柱过度后弯称脊柱后凸，又称驼背（图4-48）。多发生于胸段脊柱，常见于佝偻病、脊柱结核、强直性脊柱炎、脊椎退行性变、脊椎骨折等。

（3）脊柱前凸　多发生于腰段脊柱，腹部明显向前膨出，臀部明显向后突起，见于晚期妊娠、大量腹水、腹腔巨大肿瘤、先天性髋关节后脱位者等。

（4）脊柱侧凸　指脊柱离开后正中线向左或向右偏移（图4-49）。根据脊柱侧凸的性状分为姿势性和器质性两种。①姿势性侧凸：无脊柱结构异常，改变体位能使侧凸纠正，多见于儿童发育期姿势不良、椎间盘突出症等。②器质性侧凸：改变体位不能使侧凸纠正，多见于先天性脊柱发育不全、肌肉麻痹、慢性胸膜肥厚、胸膜粘连、肩或胸廓畸形等。

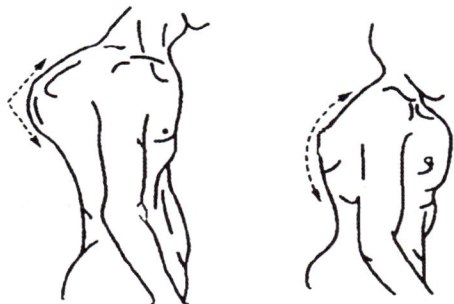

图4-48　脊柱后凸

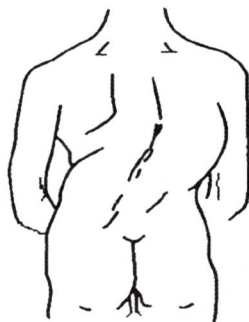

图4-49　脊柱侧凸

### （二）脊柱活动度

嘱被评估者做前屈、后伸、侧弯及旋转动作，以观察脊柱活动度及有无变形。

**1. 正常表现**　正常人脊柱有一定活动度，但各部位活动范围不同。颈椎段和腰椎段活动范围最大，胸椎段活动范围最小，骶椎和尾椎已融合成骨块状，几乎无活动性。正常人在直立、骨盆固定的条件下，脊柱各段活动范围见表4-13。

表4-13　颈胸腰椎及全脊柱活动范围

| | 前屈 | 左右侧弯 | 旋转 |
|---|---|---|---|
| 颈椎 | 35°～45° | 45° | 60°～80° |
| 胸椎 | 30° | 20° | 35° |
| 腰椎 | 75°～90° | 20°～35° | 30° |
| 全脊柱 | 128° | 73.5° | 115° |

注：由于年龄、运动、脊柱结构差异，脊柱活动范围存在个体差异。

**2. 活动受限**　脊柱各段活动度受限常见于相应脊柱节段肌肉、韧带劳损，结核或肿瘤所致脊椎骨质破坏，脊椎外伤、骨折或关节脱位。

### （三）脊柱压痛和叩击痛

**1. 压痛**　嘱被评估者取端坐位，身体稍前倾。评估者以右手拇指从枕骨粗隆开始自上而下逐个按压每一个棘突及椎旁肌肉。正常人无压痛。有压痛者见于相应部位脊椎结核、外伤、骨折或椎间盘脱出症，椎旁肌肉压痛为腰背肌劳损。

**2. 叩击痛**

（1）直接叩诊法　以中指或叩诊锤垂直叩击各椎体的棘突，多用于评估胸椎和腰椎，颈椎骨关节损伤时一般不用此法。

（2）间接叩诊法　被评估者取坐位，以左手掌置于其头部，右手半握拳以小鱼际部叩击左手背，了解脊柱各部位有无疼痛。叩击痛阳性见于脊柱结核、脊椎骨折、椎间盘脱出症，叩击痛部位多为病变所在。

## 二、四肢与关节评估

四肢与关节评估以视诊和触诊为主，主要评估形态、活动度或运动情况。正常人四肢与关节左右对称，形态正常，活动不受限。

### （一）上肢

#### 1. 肩关节

（1）外形　嘱被评估者脱去上衣，取坐位，光线充足情况下观察。正常双肩对称呈弧形。肩关节脱位时，肩关节弧形轮廓消失，肩峰突出，呈"方肩"。

（2）运动　嘱被评估者做自主运动，观察有无活动受限，或评估者固定其肩胛骨，另一手持其前臂进行多个方向的活动。正常肩关节外展可达90°，内收45°，前屈90°，后伸35°，旋转45°。肩关节周围炎时，关节各方向的活动均受限，称冻结肩。

**2. 肘关节**　正常时肘关节双侧对称，伸直时肘关节轻度外翻5°~15°，称为携物角。肘外翻时，此角大于15°；肘内翻时小于15°。髁上骨折时，肘窝上方突出；桡骨头脱位时肘窝外下方向桡侧突出；肘关节后脱位时，鹰嘴向肘后方突出。肘关节积液和滑膜增生时，常出现肿胀。

**3. 腕关节及手**　正常腕关节可背伸30°~60°，掌屈50°~60°，内收25°~30°、外展30°~40°。手的功能位置为腕背伸30°，并稍偏尺侧，拇指于外展时掌屈曲位，其余各指屈，呈握杯姿势。

（1）肿胀和隆起　腕关节肿胀见于外伤、关节炎、关节结核，腕关节背侧或旁侧局部隆起见于腱鞘囊肿，腕背侧肿胀见于腕肌腱鞘炎或软组织损伤。手指关节梭形肿胀见于类风湿关节炎、骨性关节炎等。

（2）畸形　腕部手掌的神经、血管、肌腱及骨骼损伤均可引起畸形，常见的畸形如下。①腕垂症：见于桡神经损伤。②猿掌：见于正中神经损伤。③爪形手：见于尺神经损伤、进行性肌萎缩等。④餐叉样畸形：见于Colles骨折（图4-50）。⑤杵状指（趾）：为手指或足趾末端增生、肥厚、增宽、增厚，指甲从根部到末端拱形隆起呈杵状，可能与肢体末端慢性缺氧、代谢障碍及中毒性损害有关，见于支气管扩张、支气管肺癌、发绀型先天性心脏病等（图4-51）。⑥匙状甲（图4-52）：又称反甲，为指甲中央凹陷，边缘翘起，指甲变薄，表面粗糙有条纹，见于缺铁性贫血等。

> **考点提示**
>
> 匙状指的临床意义。

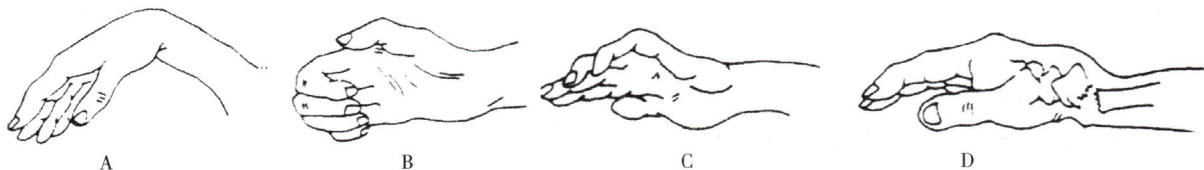

**图4-50 腕部畸形**
A. 腕垂症；B. 猿掌；C. 爪形手；D. 餐叉样畸形

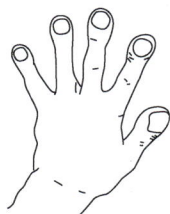

**图4-51 杵状指**

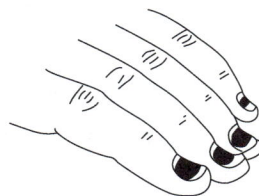

**图4-52 匙状指**

## （二）下肢

### 1. 髋关节

（1）正常表现　正常髋关节活动范围：屈曲130°~140°；后伸15°~30°；内收20°~30°，外展30°~45°；内外旋转45°。

（2）畸形　见于髋关节脱位、股骨干及股骨头骨折借位等。①内收畸形：正常时双下肢可伸直并拢，如一侧下肢超越躯干中线向对侧偏移，且不能外展，称内收畸形。②外展畸形：下肢离开中线向外侧偏移，不能内收。③旋转畸形：仰卧位时，正常髌骨及拇趾指向上方，若向内外侧偏斜，称髋关节内外旋畸形。

### 2. 膝关节

（1）正常表现　正常膝关节活动范围：屈曲可达120°~150°，伸5°~10°，内旋10°，外旋20°。正常人两脚并拢直立时，双膝和双踝可靠拢。

（2）畸形　若双踝靠拢时，双膝分离呈"O"形，称为膝内翻，也称"O"形腿；若双膝靠拢时、双踝分离呈"X"形，称为膝外翻，也称"X"形腿（图4-53）。见于佝偻病等。

> **考点提示**
>
> "O"形腿和"X"形腿的临床意义。

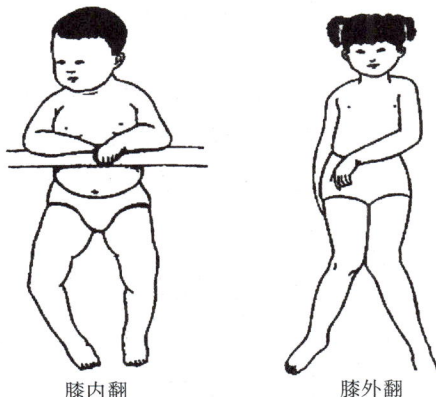

膝内翻　　膝外翻

**图4-53 膝内翻、膝外翻**

（3）肿胀　膝关节积液时，膝关节匀称性胀大，双侧膝眼消失并突出，可出现浮髌试验阳性提示关节积液（图4-54）。评估方法：嘱被评估者平卧，下肢伸直放松，评估者一手虎口卡于患膝髌骨上极，并加压压迫髌上囊，使关节积液集中于髌骨底面，另一手示指垂直按压髌骨并迅速抬起，按压时髌骨与关节面有碰触感，松手时髌骨浮起，为浮髌试验阳性。

图4-54　浮髌试验

**3. 踝关节与足**　评估时，一般让被评估者取站立位或坐位，脱去鞋袜，两侧对比观察。有时需要被评估者步行，从步态观察。

（1）正常表现　正常跟腱两侧呈凹陷状。踝关节活动范围背伸20°～30°，跖屈40°～50°，内、外翻各约30°。

（2）畸形　①足内翻：跟骨内旋，前足内收，足纵弓高度增加，站立时足不能踏平，外侧着地，常见于小儿麻痹后遗症（图4-55）。②足外翻：跟骨外旋，前足外展，足纵弓塌陷，舟骨突出，扁平状，跟腱延长线落在跟骨内侧，见于胫前胫后肌麻痹。

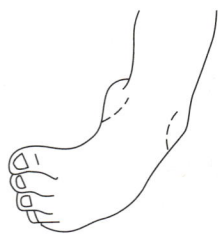

图4-55　足内翻

# 第八节　肛门、直肠与生殖器评估

PPT

## 一、肛门与直肠评估

直肠全长12～15cm，下连肛管。肛管下端在体表的开口为肛门。肛门与直肠的评估一般以视诊和触诊为主，辅以内镜检查。

### （一）评估体位

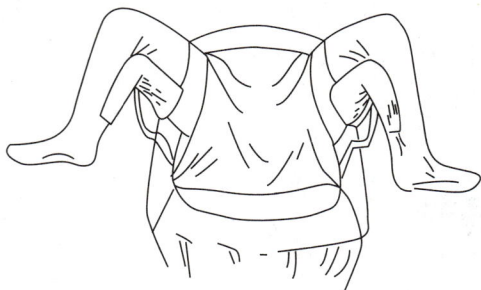

图4-56　截石位

评估生殖器、肛门与直肠时，可根据具体病情及需要，让被评估者采取不同的体位，常用的体位如下。

**1. 仰卧位或截石位**　被评估者仰卧，臀部垫高，双膝屈起、抬高并外展（图4-56）。此体位适用于重症体弱患者或直肠膀胱陷凹的评估，也可进行直肠双合诊，评估盆腔器官。

**2. 左侧卧位**　被评估者左侧卧位，右腿向腹部屈曲，左腿伸直，臀部靠近检查台边缘。评估者位于被评估者背后进行评估。适用于病重、年老体弱者（图4-57）。

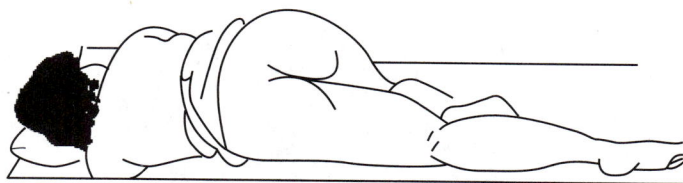

图4-57　左侧卧位

**3. 肘膝位** 被评估者两肘关节屈曲，置于检查台上，胸部尽量靠近检查台，两膝关节屈曲成直角跪于检查台上，臀部抬高。此体位用于评估前列腺、精囊，也可用于内镜检查（图4-58）。

**图4-58 肘膝位**

**4. 蹲位** 被评估者下蹲呈排大便的姿势、屏气用力。适用于评估直肠脱出、内痔、直肠息肉等。

### （二）视诊

评估时用手分开被评估者臀部，观察肛门及其周围皮肤颜色及皱褶，此外，还应注意观察肛门周围有无脓血、黏液、肛裂、外痔、瘘管口及脓肿等。正常肛门周围皮肤颜色较深，皱褶呈放射状。

**1. 肛门闭锁与狭窄** 多见于新生儿先天性畸形，表现为新生儿无排便或排便困难。

**2. 肛门周围脓肿** 肛门周围有红、肿、压痛，有时可有波动感。

**3. 肛裂** 肛管下端深达皮肤全层的纵行及梭形裂口或多发性小溃疡，排便时常有剧烈疼痛和出血。

**4. 痔** 是肛门和直肠下部痔静脉丛淤血扩张形成的静脉团。以肛管齿状线为界分为外痔、内痔和混合痔。①外痔：为位于齿状线以下的直肠下静脉曲张所致，肛门外口可见紫色柔软包块。②内痔：为位于齿状线以上的直肠上静脉曲张所致，在肛门内口可见到柔软的紫红色包块，排便时可突出于肛门外，严重时大便常带血。③混合痔：为内痔和外痔同时存在者。

**5. 肛瘘** 在肛门内外可见瘘管开口，经久不愈。是直肠、肛管与肛门皮肤相通的瘘管，多由直肠周围脓肿或结核引起。

**6. 直肠脱垂** 又称脱肛。指肛管、直肠或乙状结肠下端的肠壁部分或全层外翻脱出于肛门外，让被评估者做排便动作时，可见紫红色球状突出物，为直肠部分脱垂，若突出物呈椭圆形块状物，表面有环形皱襞，为直肠完全脱垂。

### （三）触诊

对肛门或直肠的触诊称为直肠指诊或肛诊，对于肛门直肠以及盆腔病变的诊断有重要意义。

**1. 评估方法** 评估者戴好手套（或指套），涂上少许润滑剂，用右手示指首先在肛门口轻轻按摩，让被评估者张口深呼吸，等肛门括约肌放松后，再将示指徐徐插入肛门，触摸肛门口及直肠的四壁。必要时进行双合诊。

**2. 评估内容**

（1）肛门括约肌紧张度 肛裂者括约肌高度紧张呈挛缩状；脊髓神经疾病者括约肌松弛无力。

（2）肛管病变 慢性肛裂可在肛门前或后连合处触及硬结；肛门周围脓肿或坐骨肛门窝脓肿，可在肛管内壁触及肿块并有压痛。

（3）直肠壁管腔及邻近组织的病变 ①直肠息肉：为带蒂柔软而活动的肿块。②直肠癌：在直肠内可触及质硬表面不规则的肿块，肠腔变窄。③盆腔肿物：可经直肠壁评估盆腔肿物的部位、大小、硬度、表面、活动性以及与盆腔脏器的关系。④前列腺：男性经直肠前壁可触及前列腺，应注意其大小、形状、硬度、压痛、表面及中央沟是否存在等。⑤精囊：位于前列腺外上方，正常柔软、光滑，直肠指诊一般不易触及。前列腺炎或积液累及精囊时，可触及条索状肿胀并有压痛。前列腺结核累及精囊时，则精囊表面不平呈结节状。

## 二、生殖器评估

### （一）男性生殖器

男性生殖器包括阴茎、阴囊、前列腺和精囊等。评估时嘱患者充分暴露下身，双下肢外展位，视诊与触诊相结合。先评估外生殖器阴茎和阴囊，后评估内生殖器前列腺和精囊。主要评估内容如下。

**1. 阴茎** 为前段膨大的圆柱体，分头、体、根三部分。

（1）包皮 阴茎的皮肤在冠状沟前向内翻转覆盖于阴茎表面的部分称为包皮。正常成人包皮不应掩盖尿道口，翻起后可露出阴茎头。翻起后不能露出尿道外口或阴茎头者称包茎，见于先天性包皮口狭窄或炎症。包皮长过阴茎头，但翻起后能露出尿道口和阴茎头称包皮过长，易引起炎症和包皮嵌顿，甚至会导致阴茎癌。

（2）阴茎 正常成年人阴茎长 7～10cm，阴茎过小见于垂体或性腺功能减退。阴茎前端膨大部分称为阴茎头，在阴茎头、颈交界处有一环形浅沟，称为冠状沟。正常表面光滑红润、质地柔软。评估时应注意有无充血、水肿、分泌物及结节等，如有痛性硬节并伴有暗红色溃疡易出血者应考虑阴茎癌。冠状沟处发现单个椭圆形硬质溃疡称为下疳，愈合后留有瘢痕，见于梅毒。阴茎头部出现淡红色小丘疹融合成蕈样或乳头状，为尖锐湿疣。

（3）尿道口 评估时用拇指和示指将尿道分开。正常尿道口黏膜红润、清洁，无分泌物。尿道口红肿、有分泌物或有溃疡，且有触痛，见于尿道炎。尿道口开口于阴茎腹面，称尿道下裂。

**2. 阴囊** 评估时，被评估者取站立位或仰卧位，两腿稍分开。先观察阴囊皮肤及外形，后进行阴囊触诊。触诊时评估者将双手的拇指置于阴囊前面，其余四指放在阴囊后面，拇指做来回滑动触诊。可双手同时触诊，两侧对比。

（1）阴囊皮肤及外形 正常阴囊皮肤呈深暗色，多皱褶。①阴囊皮肤苔藓样增厚或暗红糜烂浆液渗出：伴顽固性奇痒，见于阴囊湿疹。②阴囊水肿紧绷：见于肾病综合征、淋巴液回流受阻等所致的阴囊水肿。③阴囊皮肤水肿粗糙、增厚呈橡皮样：见于丝虫病引起的淋巴管阻塞；一侧或双侧阴囊肿大触之如囊样感，有时可回纳入腹腔，用力咳嗽可降入阴囊，见于阴囊疝（肠管或肠系膜等经腹股沟管下降至阴囊）；阴囊肿大，触诊有水囊样感，透光试验阳性，见于鞘膜积液。

💡 **知识链接**

**透光试验评估方法**

用不透明的纸片卷成圆筒，一端置于肿大的阴囊部位，然后在对侧用手电筒照射。如被遮处阴囊呈橙红色均质半透明状，即为睾丸鞘膜积液；不透明者为阴性，可为腹股沟斜疝或睾丸肿瘤。

（2）睾丸 左右各一，为椭圆形，表面光滑柔软，轻压时有酸痛感。评估时应两侧对比，注意大小、形状、硬度，有无触压痛等。①睾丸急性肿痛，压痛明显，见于急性睾丸炎症；②睾丸慢性肿痛，多由结核引起；③一侧睾丸肿大，质硬并有结节，应考虑睾丸肿瘤；④睾丸过小，常由先天性或内分泌异常引起；⑤如睾丸未降入阴囊内而隐居在腹腔、腹股沟管内或阴茎根部、会阴部等处，称为隐睾症。

（3）附睾　沿睾丸长轴附着于睾丸的后外侧，分头、体、尾三部分，上端膨大，下端细小。急性附睾炎时红肿、压痛明显；慢性附睾炎时有附睾肿大及轻压痛；附睾结核时附睾呈结节状硬块，无压痛，输精管增粗呈串珠状图。

（4）精索　位于附睾上方，正常呈柔软的条索状，无压痛。若局部皮肤红肿且有挤压痛，多为精索急性炎症；若呈串珠样结节，见于输精管结核；精索有蚯蚓团样感时，则为精索静脉曲张。

**3. 前列腺**　位于膀胱下方、耻骨联合后方约 2cm 处，上宽下窄，后面平坦。正中浅沟将其分为左右两叶。评估时，被评估者取肘膝位，评估者戴无菌手套，外涂润滑油后，缓缓插入肛门，向腹侧触诊。

正常前列腺质韧有弹性，左右两叶之间可触及正中沟。若正中沟消失，表面光滑有韧感，无压痛及粘连，多见于老年人良性前列腺肥大；前列腺肿大且有明显压痛，多见于急性前列腺炎；前列腺肿大，质硬，无压痛，表面有硬结多见于前列腺癌。

**4. 精囊**　位于膀胱底的后方。正常时，肛诊一般不易触及精囊。精囊呈索条状肿胀伴有触压痛，多见于炎症；表面呈结节状，多见于结核；质硬肿大应考虑癌变。

#### （二）女性生殖器

女性生殖器包括外生殖器和内生殖器。外生殖器又称外阴，由阴阜、大阴唇，小阴唇、阴蒂和阴道前庭组成。内生殖器由阴道、子宫、输卵管和卵巢组成。评估时被评估者充分暴露下身，排空膀胱，取截石位。采用视诊和触诊，触诊方法有双合诊、三合诊及肛腹诊（详见妇产科护理学），未婚女性一般采用肛腹诊评估。

**1. 外阴**　观察外阴的发育、阴毛的分布及多少、皮肤色泽、前庭大腺是否增大，有无畸形或肿瘤等，阴道口、处女膜状态，阴道前后壁有无膨出。

（1）阴阜　为趾骨联合前面的皮肤隆起，皮下有丰富的脂肪组织。青春期此部皮肤开始生长阴毛。阴毛稀少或缺如见于希恩综合征（Sheehan syndrome）或性功能减退症。阴毛明显增多呈男性分布见于肾上腺皮质功能亢进。

（2）大阴唇　经产妇两侧大阴唇多分开，绝经后呈萎缩状，局部受伤易形成血肿。

（3）小阴唇　小阴唇有红肿、疼痛见于炎症；局部色素脱失见于白斑症；若有结节、溃烂则可能为恶性肿瘤。

（4）阴蒂　阴蒂过小见于性功能发育不全，阴蒂过大见于两性畸形或雄激素水平过高。

（5）阴道前庭　阴道口两侧红肿、疼痛或有脓液溢出，则可能为前庭大腺脓肿。未开始性生活者处女膜多完整，已有性生活者处女膜有裂痕，顺产经产妇仅余残痕。

**2. 阴道**　视诊需借助阴道窥器观察。正常阴道黏膜呈浅红色、柔软、光滑，评估时应注意有无肿块、瘢痕、分泌物及出血。触诊注意阴道的通畅度、弹性，有无畸形、瘢痕、肿块等。

**3. 子宫**　为一空腔器官，在膀胱和直肠的中央，呈前倾前屈位。触诊子宫应以双合诊法进行。正常成人未孕子宫长 7～8cm，宽 4～5cm，厚 2～3cm；产后子宫增大、触之较韧，光滑无压痛。正常宫颈表面光滑，妊娠时质软着紫色，评估时注意宫颈有无出血、糜烂、肥大、息肉等。

**4. 输卵管**　为一对输送卵子的弯曲管道。正常输卵管表面光滑、质韧无压痛，不能触及。输卵管肿胀、增粗或有结节、明显压痛，且常与周围组织粘连、固定，多见于急性慢性炎症或结核。输卵管明显增大则多为输卵管积水或积脓。

**5. 卵巢**　为一对扁椭圆形的性腺，产生卵子和性激素。正常卵巢约为 4cm×3cm×1cm 大小，表而光滑、质软。绝经后卵巢变小、变硬。卵巢触诊多用双合诊。卵巢增大有压痛见于卵巢炎症；卵巢囊肿常可出现卵巢常有不同程度的增大。

# 第九节　神经系统评估

神经系统评估是身体评估中的重要部分。神经系统包括中枢神经系统和周围神经系统。神经系统的评估主要包括感觉功能、运动功能、生理反射、病理反射、脑膜刺激征等。神经系统评估要求有很高的准确性，评估时需在意识清晰的状态下完成。因此，评估前要做好充分的准备，并取得被评估者的合作。如果被评估者感到紧张，应给予关心并进行解释，使其放松。

## 一、脑神经评估

脑神经共有 12 对，临床上可从脑神经表现出的异常判断脑部病变的位置。根据神经出颅腔的位置高低使用罗马数字命名，其中，第Ⅰ、Ⅱ、Ⅷ对为感觉神经，第Ⅲ、Ⅳ、Ⅵ、Ⅺ、Ⅻ对为运动神经，第Ⅴ、Ⅶ、Ⅸ、Ⅹ对为感觉和运动的混合性神经。评估时应按序进行，以免遗落，同时注意双侧对比（表4 – 14）。

表 4 – 14　脑神经功能与损伤后表现

| 脑神经 | 功能 | 损伤后表现 |
| --- | --- | --- |
| Ⅰ嗅神经 | 嗅觉 | 嗅觉丧失 |
| Ⅱ视神经 | 视觉 | 视力减退或全盲 |
| Ⅲ动眼神经 | 眼球运动；晶状体调节、瞳孔收缩 | 复视；上睑下垂、瞳孔散大、调节反射消失 |
| Ⅳ滑车神经 | 眼球运动 | 复视 |
| Ⅴ三叉神经 | 面部皮肤及眼鼻口腔黏膜感觉；咀嚼运动 | 面部感觉异常；咀嚼无力 |
| Ⅵ展神经 | 眼球运动 | 复视 |
| Ⅶ面神经 | 味觉；泪腺、下颌下腺、舌下腺的分泌，面部表情 | 舌前 2/3 味觉丧失；口干，眼干；面肌瘫痪 |
| Ⅷ前庭蜗神经 | 听觉；平衡 | 耳聋，耳鸣；头晕、眼球震颤 |
| Ⅸ舌咽神经 | 味觉；咽喉、耳感觉；咽肌运动；腮腺分泌 | 舌后 1/3 味觉丧失；咽麻痹；口干 |
| Ⅹ迷走神经 | 耳部及内脏感觉，咽喉软腭运动 | 声音嘶哑、吞咽困难；软腭上抬无力 |
| Ⅺ副神经 | 胸锁乳突肌、斜方肌的运动 | 肩下垂、向对侧转颈无力，同侧耸肩乏力 |
| Ⅻ舌下神经 | 舌的运动 | 伸舌无力，舌萎缩 |

## 二、运动功能评估

运动是指骨骼肌的活动，包括随意运动和不随意运动，随意运动受大脑皮层运动区支配，由锥体系统管理；不自主运动由锥体外系、小脑等共同支配。运动功能评估一般包括肌力、肌张力、不自主运动和共济运动。

### （一）肌力

肌力是指肌肉主动运动时的最大收缩力。评估时嘱被评估者肢体做伸、屈动作，评估者施以相反的力，测试被评估者对阻力的克服力量，注意两侧比较。

**1. 肌力的分级**　肌力采用 0 ~ 5 级的六级分级法。

0 级：完全瘫痪，测不到肌肉收缩。

1 级：有肌肉收缩，但不能产生动作。

2 级：肢体能在床面上水平移动，但不能抬离床面。

3 级：肢体能抬起，但不能抵抗阻力。

4 级：肢体能抵抗阻力，但弱于正常人。

5 级：正常肌力。

**2. 肌力异常** 肌力减弱或丧失称瘫痪。

（1）根据瘫痪的程度不同分为完全性瘫痪（肌力消失者）和不完全性瘫痪（肌力减退者）。临床常见的瘫痪类型见表4-15。

表 4-15 常见的瘫痪类型

| 瘫痪类型 | 表现 | 病变部位 |
| --- | --- | --- |
| 单瘫 | 单一肢体瘫痪 | 脊髓灰质炎或大脑皮层运动区损伤 |
| 截瘫 | 双下肢瘫痪 | 脊髓横贯性损伤 |
| 偏瘫 | 一侧肢体瘫痪和同侧中枢性面瘫及舌瘫 | 对侧大脑半球运动区或内囊损害 |
| 交叉瘫 | 一侧脑神经周围性麻痹与对侧肢体的中枢性瘫痪 | 一侧脑干病变 |

（2）根据病变部位不同分为上运动神经元性瘫痪（中枢性瘫痪）和下运动神经元性瘫痪（周围性瘫痪），二者鉴别见表4-16。

表 4-16 上、下运动神经元瘫痪的鉴别

| 瘫痪类型 | 上运动神经元瘫痪 | 下运动神经元瘫痪 |
| --- | --- | --- |
| 瘫痪分布 | 整个肢体为主 | 肌群为主 |
| 肌张力 | 增强 | 减弱或消失 |
| 腱反射 | 增强或亢进 | 减弱或消失 |
| 病理反射 | 有 | 无 |
| 肌萎缩 | 无 | 有 |

### （二）肌张力

肌张力是指静止状态下的肌肉紧张度。以评估者触摸被评估者肌肉的硬度或做肢体被动运动时所感知的阻力来判断。

**1. 肌张力增高** 触诊时肌肉有坚实感，或伸屈被评估者肢体时阻力增高。可分两种。

（1）痉挛性 在被动伸屈其肢体时，起始阻力大，终末突然阻力减弱，称折刀现象，见于锥体束损害。

（2）强直性 伸屈肢体时始终阻力一样增加，称铅管样强直，见于锥体外系损害。

**2. 肌张力降低** 触诊时肌肉松软，或被动伸屈患肢时感觉到阻力减低，可表现为关节过伸，见于周围神经病、脊髓前角灰质炎及小脑病变等。

### （三）不自主运动

不自主运动亦称不随意运动，是由随意肌不自主地收缩所发生的一些无目的的异常动作。主要见于锥体外系病变。

**1. 震颤** 为两组拮抗肌交替收缩引起的不自主动作，可分为静止性震颤和意向性震颤两类。①静止性震颤：静止时震颤明显，在运动时减轻，睡眠时消失，伴有肌张力增高，常见于帕金森病。②意向性震颤：又称动作性震颤。肢体指向目的物时出现震颤，动作时发生，休息时消失。见于小脑疾病。

**2. 舞蹈样动作** 为面部或肢体的一种快速、不规则、无目的、不对称的运动，类似舞蹈，精神紧

张时加重，睡眠时减轻或消失。该动作如发生在面部，犹如做鬼脸，多见于儿童期风湿性舞蹈病。

**3. 手足搐搦** 发作时手足肌肉呈紧张性痉挛，上肢呈现为手腕屈曲、手指伸展、指掌关节屈曲、拇指内收靠近掌心并与小指相对，形成助产士手；下肢表现为踝关节与趾关节均呈屈曲状。见于低钙血症、碱中毒等。

### （四）共济运动

机体任何随意动作的完成均依赖于一定肌群协调一致的运动称共济运动，这种协调除锥体系参与外，主要靠小脑的功能，其他还有前庭神经、视神经、深感觉及锥体外系等参与协调。当上述部位发生病变，协调动作出现障碍时，称为共济失调。评估时，让被评估者先睁眼完成动作，然后再闭眼重复。常用方法如下。

**1. 指鼻试验** 被评估者前臂外展伸直，以示指指尖触碰自己鼻尖，先慢后快，重复上述动作观察是否准确，双侧分别评估。先睁眼完成动作，然后再闭眼重复。小脑半球病变时同侧指鼻不准；若睁眼时指鼻准确，闭眼时指鼻不准则为感觉性共济失调。

**2. 轮替动作** 被评估者双手反复做旋前或旋后动作，或用双手反复做手掌和手背的快速翻转运动，观察完成是否协调或动作有无困难。共济失调者动作缓慢、不协调。

**3. 跟－膝－胫试验** 被评估者仰卧，先抬起一侧下肢，然后将足跟放在对侧膝盖上，并沿胫骨前缘徐徐下滑直达足背，双下肢分别进行，先睁眼后闭眼，重复进行，观察动作是否稳准。小脑损害时，动作不稳；感觉性共济失调者，闭眼时动作障碍。

**4. 闭目难立征（Romberg征）** 嘱被评估者双足平行靠拢直立，双上肢向前平伸，观察是否能平稳站立。如睁眼、闭眼均不能完成动作，称小脑性共济失调，见于小脑病变。若睁眼时动作稳准，闭眼时动作摇晃，不稳不准，则为感觉性共济失调，见于感觉系统病变。

## 三、感觉功能评估

感觉功能评估时，被评估者必须意识清醒、合作、闭目，充分暴露被评估部位，将刺激物由感觉障碍区移向正常区，或由正常区移向感觉过敏区，注意两侧、上下及远、近端对比，明确感觉障碍的种类、性质、程度和范围。对意识不清的被评估者或小儿，可根据面部表情、肢体回缩动作及哭叫等反应，粗略估计感觉功能有无障碍。

### （一）浅感觉

浅感觉包括皮肤及黏膜的痛觉、触觉和温度觉。

**1. 痛觉** 用大头针的针尖轻刺被评估者皮肤，询问被评估者有无疼痛的感觉，并左右、远近端对比。痛觉障碍见于脊髓丘脑侧束病变。

**2. 触觉** 用棉签头上拉出的细丝或软纸片轻触被评估者的皮肤或黏膜，询问有无感觉，并对比。触觉障碍见于脊髓丘脑前束和后索病损。

**3. 温度觉** 用盛有热水（40~50℃）或冷水（5~10℃）的试管交替接触被评估者皮肤，然后嘱其说出冷或热的感觉。温度觉障碍见于脊髓丘脑侧束损害。

### （二）深感觉

深感觉包括运动觉、位置觉和震动觉。深感觉障碍常见于脊髓后索病变。

**1. 运动觉** 嘱被评估者闭目，评估者轻轻夹住被评估者的手指或足趾的两侧，并做上下运动，然后固定于某一位置。让被评估者说出是"向上"或"向下"。运动觉障碍见于脊髓后索病变。

**2. 位置觉**　嘱被评估者闭目，将其肢体摆动成一姿势，然后让被评估者描述该姿势或用对侧肢体模仿。位置觉障碍见于脊髓后索病变。

**3. 震动觉**　将震动的音叉柄置于骨突处，如内外踝、手指、尺骨茎突、鹰嘴、桡骨小头、脊椎等，询问有无震动感，并两侧对比。震动觉障碍见于脊髓后索病变。

### （三）复合感觉

复合感觉又称皮质感觉，是经过大脑的分析和综合来完成。深、浅感觉评估正常时才评估复合感觉。常用的有皮肤定位觉、两点辨别觉、体表图形觉和实体觉等。被评估时也均需闭目，并两侧对比。

**1. 皮肤定位觉**　评估者的手指或棉签轻触被评估者皮肤某处，让被评估者指出被触部位。皮肤定位觉障碍见于皮质损害。

**2. 两点辨别觉**　以钝角分规两脚分开一定距离同时接触被评估者皮肤，如感觉为两点，则缩小其间距，直至感觉为一点为止，再测量分规两脚之间距离。身体各部位对两点辨别感觉灵敏度不同，以鼻尖、舌尖、手指最敏感，四肢近端和躯干最差。正常人两点辨别觉指尖处皮肤为2mm，舌是1mm，手掌是8~12mm，躯干后背处皮肤40~60mm，脚趾是3~8mm。触觉正常而两点辨别觉障碍见于额叶病变。

**3. 体表图形觉**　用钝物在被评估者皮肤上画简单几何图形或写简单数字，请其说出。不能辨别者见于丘脑水平以上病变。

**4. 实体觉**　让被评估者用单手触摸生活中常用物品（如钥匙、钢笔、硬币等），然后说出物品形状和名称。功能障碍见于大脑皮质病变。

## 四、神经反射评估

神经反射通过反射弧完成，并受高级中枢控制。反射弧任一环节病变都可导致反射减弱或消失，而锥体束以上部位病变，则会使一些反射活动失去抑制而出现反射亢进。

### （一）生理反射

正常人应具有的反射称为生理反射。在某些病理情况下这些反射可以增强、减弱或消失。临床上根据刺激部位的不同，又分为浅反射和深反射。

**1. 浅反射**　是刺激皮肤、黏膜、角膜等引起肌肉快速收缩的反应，包括以下4种。

（1）角膜反射　嘱被评估者眼睛注视内上方，评估者用细棉签毛由角膜外缘处向内轻触其角膜。正常时可见其眼睑迅速闭合，称为直接角膜反射；如刺激一侧角膜，对侧也出现眼睑闭合反应，称为间接角膜反射。直接和间接角膜反射皆消失者为三叉神经病变；直接反射消失，间接反射存在，为同侧面神经病变。深昏迷患者双侧角膜反射均消失。

（2）腹壁反射　被评估者仰卧，双下肢稍屈曲使腹壁放松，然后评估者用钝头竹签迅速由外向内轻划上、中、下腹部皮肤（图4-59），正常反应为受刺激部位腹肌收缩。上腹壁反射消失为胸髓7~8节病损；中腹壁反射消失为胸髓9~10节病损；下腹壁反射消失为胸髓11~12节病损。一侧上、中、下反射均消失见于同侧锥体束损害；双侧上、中、下反射均消失见于昏迷、急性腹膜炎患者。肥胖、老年人及经产妇等腹壁过于松弛或腹部膨胀者，腹壁反射减弱或不易引出。

（3）提睾反射　被评估者体位与腹壁评估相同，评估者用钝头竹签由下而上轻划男性被评估者股内侧上方皮肤，观察睾丸上提情况。正常反应为同侧提睾肌收缩，睾丸上提（图4-59）。其传入和传出神经皆为生殖股神经，中枢为腰髓1~2节段。双侧反射消失见于腰髓1~2节段损害或昏迷患者；一侧反射消失见于同侧锥体束损害。此外，腹股沟疝、阴囊水肿、睾丸炎等局部病变亦可使该反射减弱或消失。

（4）跖反射　被评估者仰卧，下肢伸直，评估者手持其踝部，用钝头竹签由后向前划足底外侧至小趾掌关节处再转向拇趾侧，正常表现为足趾向跖面屈曲（图4-60）。跖反射的传入、传出神经为胫神经，中枢为骶髓1~2节段。

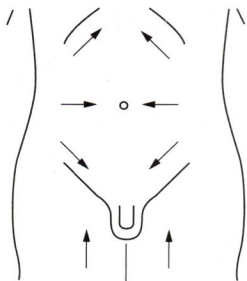

图4-59　腹壁反射与提睾反射

图4-60　跖反射

💡 **知识链接**

### 反射与反射弧

反射是最简单也是最基本的神经活动，它是机体对刺激的非自主反应。神经反射通过反射弧来完成，并受高级神经中枢的控制。反射弧包括感受器、传入神经、中枢、传出神经和效应器，反射弧中任何一环节病变都可影响反射，使其减弱或消失，但锥体束以上的病变可使反射活动失去抑制而出现反射亢进。神经反射评估时，在被评估者肢体放松情况下，进行左、右两侧对比，两侧不对称时临床意义较大。

**2. 深反射**　刺激骨膜、肌腱等经深部感受器完成的反射称深反射，又称腱反射。评估时被评估者要合作，肢体放松，位置适当。评估者叩击时力量要均等，两侧对比。

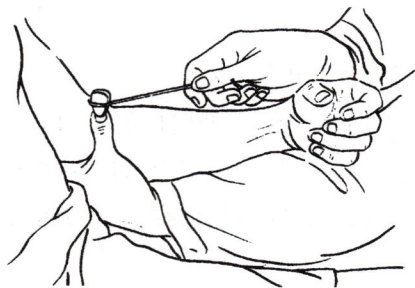

图4-61　肱二头肌反射

（1）肱二头肌反射　评估者用左手托起被评估者肘部使其前臂屈曲内旋，且左手拇指按住其肘关节稍上方的肱二头肌肌腱，其余四指托住肘关节，然后用右手持叩诊锤适当用力直接叩击左手拇指，正常反应为肱二头肌收缩，前臂快速屈曲（图4-61）。肱二头肌反射的传入、传出神经为肌皮神经，中枢为颈髓5~6节段。📱 微课6

（2）肱三头肌反射　评估者用左手托扶患者肘部，嘱其前臂屈曲，然后评估者右手用叩诊锤直接叩击尺骨鹰嘴突上方的肱三头肌肌腱，正常反应为肱三头肌收缩，前臂稍伸展（图4-62）。肱三头肌反射的传入、传出神经为桡神经，中枢为颈髓6~7节段。

（3）桡骨骨膜反射　被评估者前臂置于半屈半旋前位，评估者左手托住其腕部，并使其腕关节自然下垂，然后用叩诊锤叩其桡骨茎突（图4-63），正常可见肱桡肌收缩、屈肘和前臂旋前。反射中枢在颈髓5~6节。

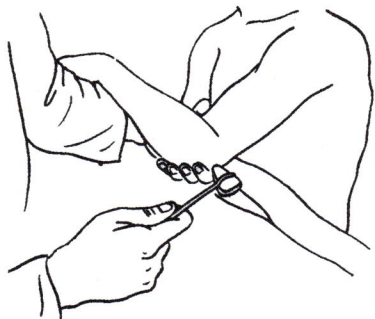

图 4 - 62　肱三头肌反射

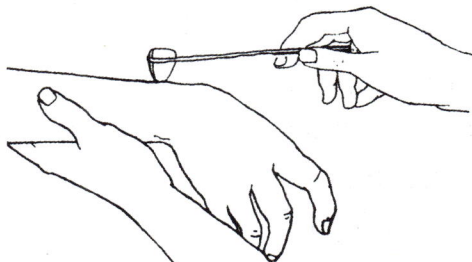

图 4 - 63　桡骨骨膜反射

（4）膝反射　坐位评估时，被评估者小腿完全松弛下垂，与大腿约成 90°；卧位时，评估者以左手在腘窝处托起下肢使小腿屈曲约 120°，足跟不要离开床面，然后右手持叩诊锤叩击髌骨下方的股四头肌肌腱（图 4 - 64）。正常反应为小腿伸展。若被评估者过于紧张，反射引不出，可嘱其双手扣起并用力拉紧再试，即可引出。膝反射的传入、传出神经为股神经，中枢为腰髓 2 ~ 4 节段。

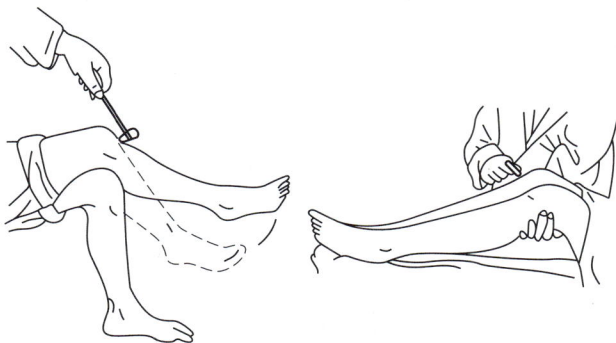

图 4 - 64　膝反射

（5）跟腱反射　又称踝反射。被评估者仰卧，髋、膝关节稍屈曲，下肢取外旋外展位，评估者用左手托被评估者足掌，使足部背屈呈直角，右手持叩诊锤叩击跟腱（图 4 - 65）。正常反应为腓肠肌收缩，足向跖面屈曲。如不能引出，可让被评估者跪于床边，足悬床外，再叩击跟腱，反应同前。跟腱反射的传入、传出神经为胫神经，中枢为骶髓 1 ~ 2 节段。

深反射改变的意义：深反射减弱和消失常见于使反射弧受损害的器质性病变，如周围神经炎、神经根炎、脊髓前角灰质炎等；肌肉疾病，如重症肌无力、周期性瘫痪等；脑或脊髓的急性损伤，如急性脊髓炎、脑出血早期；深昏迷、深度麻醉等。被评估者精神紧张或注意力集中于评估部位，可出现可疑性减弱或消失。

图 4 - 65　跟腱反射

深反射亢进常见于锥体束损害，如脑血栓形成、脑出血等。此外，也见于神经症、甲状腺功能亢进症等。

### （二）病理反射

病理反射是指锥体束损害时，失去了对脑干和脊髓的抑制功能而出现踝和脚拇趾背伸的现象，又称锥体束征。1 岁半以内的婴幼儿由于锥体束未发育完善，可出现类似现象，且多为两侧，不属于病理性。常见病理反射如下。

**1. 巴宾斯基（Babinski）征** 为最经典的病理反射。被评估者仰卧，髋及膝关节伸直，评估者用钝头竹签由后向前划足底外侧缘，至小趾根部再转向拇趾侧，正常反应多为足趾向跖面屈曲。阳性反应为拇趾缓缓背伸，其余四趾呈扇形展开（图4-66）。<sub></sub> 📱微课7

**2. 奥本海姆（Oppenheim）征** 评估者用拇指及示指沿被评估者的胫骨前缘由上向下推移，阳性表现同巴宾斯基征（图4-66）。

**3. 戈登（Gordon）征** 评估者用拇指和其他四指分置于腓肠肌两侧，以适当的力量捏压，阳性表现同巴宾斯基征（图4-66）。

**4. 查多克（Chaddock）征** 评估者用钝头竹签划外踝下方及足背外缘，阳性表现同巴宾斯基征（图4-66）。

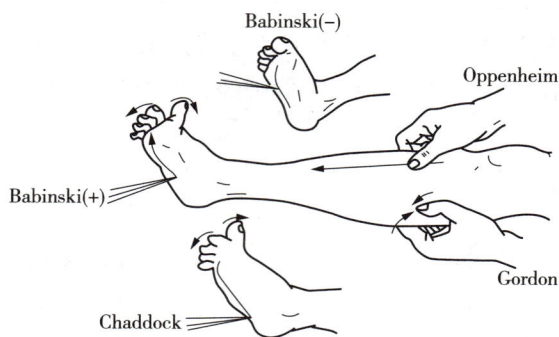

**图4-66 常见的几种病理反射**

**5. 霍夫曼（Hoffmann）征** 评估者用左手持被检者腕关节上方，右手以中指及示指夹持被评估者中指第二节，稍向上提，使其腕部处于轻度过伸位，并用拇指迅速向下弹刮其中指指甲，若出现被评估者其余四指掌曲反应为阳性（图4-67）。此征为上肢锥体束征，多见于颈髓7节至胸髓1节的病变。

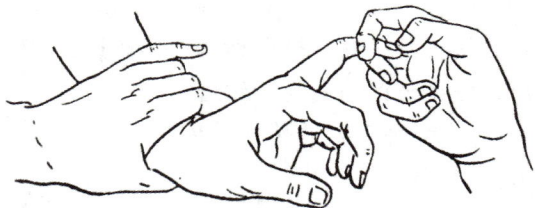

**图4-67 Hoffmann征**

### （三）脑膜刺激征

脑膜刺激征是脑膜受刺激的表现，见于各种脑膜炎、脑炎、蛛网膜下腔出血、颅内压增高等。

**1. 颈强直** 被评估者去枕仰卧，双下肢伸直，评估者右手置于被评估者胸前，左手托其枕部并使其做被动屈颈动作。正常颈部柔软易屈，若颈有抵抗或下颏不能触及胸骨柄并有痛苦表情，提示为颈强直。

**2. 凯尔尼格（Kernig）征** 被评估者仰卧，评估者托起被评估者一侧大腿，使髋、膝关节各屈曲成直角，然后一手置于其膝关节前上方固定膝关节，另一手托其踝部，将被评估者小腿抬高尽量使其膝关节伸直（图4-68）。正常膝关节可伸达135°以上。阳性表现为伸膝受限，并伴大腿后侧及腘窝部疼痛。

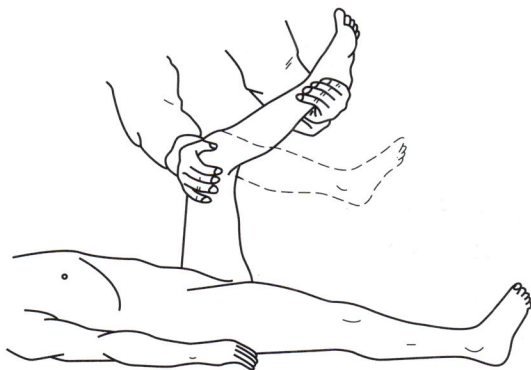

图 4 – 68　Kernig 征

**3. 布鲁津斯基（Brudzinski）征**　被评估者仰卧，下肢伸直，评估者用一手托被评估者枕部，另一手置于被评估者胸前，使头前屈（图 4 – 69）。正常表现双下肢不动。阳性表现为双侧膝关节和髋关节同时不自主屈曲。📱微课 8

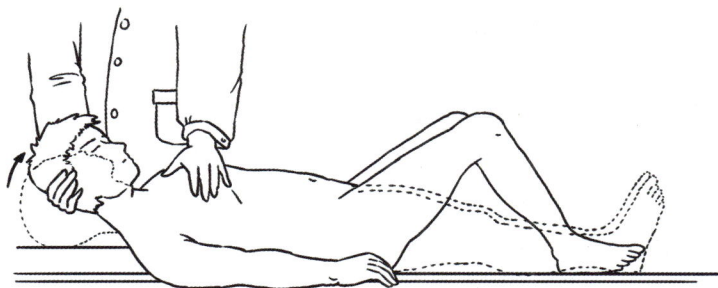

图 4 – 69　Brudzinski 征

## 五、自主神经功能评估

自主神经分为交感神经和副交感神经，其主要功能是调节内脏、血管、腺体等活动。

**1. 眼心反射**　被评估者仰卧，眼睑自然闭合，计数脉率。评估者中指和示指分别置于被评估者眼球两侧，逐渐加压，以其不感到疼痛为度。加压 20 ~ 30 秒后计数脉率。正常可减少 10 ~ 12 次/分；超过 12 次/分为副交感（迷走）神经功能增强；迷走神经麻痹时则无反应；交感神经功能亢进时，压迫后脉率不减慢反而加速。

**2. 卧立位试验**　被评估者平卧位时计数脉率，然后嘱被评估者起立站直，再次计数脉率。由卧位到立位，脉率增加超过 10 ~ 12 次/分，提示交感神经兴奋性增强；由立位到卧位，脉率减慢超过 10 ~ 12 次/分，提示副交感（迷走）神经兴奋性增强。

**3. 皮肤划痕试验**　用钝头竹签在被评估者皮肤上适度加压划 1 条线（注意不要划伤皮肤）。正常时，数秒后，其皮肤会先出现白色划痕并高出皮面，之后变红；交感神经兴奋性增高时，白色划痕持续较久，超过 5 分钟；副交感（迷走）神经兴奋性增高或交感神经麻痹时，红色划痕迅速出现，持续时间较长，明显增宽甚至隆起。

## 目标检测

答案解析

### 一、选择题

1. 皮下出血的直径为（　）mm 称为紫癜
   A. 1 ~ 2　　　　　　　B. 2 ~ 3　　　　　　　C. 3 ~ 4
   D. 3 ~ 5　　　　　　　E. <2

2. 下列有关蜘蛛痣的说法，错误的是（　）
   A. 是皮肤小动脉末端分支性扩张所形成的血管痣
   B. 多出现于面、颈、上臂、手背、前胸、肩部等处
   C. 与肝脏对雌激素的灭活作用减弱有关
   D. 常见于急、慢性肝炎或肝硬化
   E. 出现蜘蛛痣肯定属于病理状态

3. 正常瞳孔为圆形，双侧等大，直径为（　）
   A. 1 ~ 2mm　　　　　　B. 2 ~ 3mm　　　　　　C. 3 ~ 4mm
   D. 4 ~ 5mm　　　　　　E. 4 ~ 6mm

4. 扁桃体肿大，但没有超过腭咽弓为（　）
   A. Ⅰ度　　　　　　　　B. Ⅱ度　　　　　　　C. Ⅲ度
   D. Ⅳ度　　　　　　　　E. Ⅴ度

5. 下列疾病会引起气管向患侧移位的是（　）
   A. 一侧胸腔积液　　　　B. 一侧气胸　　　　　C. 单侧纵隔肿瘤
   D. 一侧肺不张　　　　　E. 单侧甲状腺肿大

6. 正常人生理情况下不出现的叩诊音是（　）
   A. 鼓音　　　　　　　　B. 清音　　　　　　　C. 实音
   D. 过清音　　　　　　　E. 浊音

6. 呼吸中枢严重受抑制时可出现（　）
   A. 叹气样呼吸　　　　　B. Biot 呼吸　　　　　C. 潮式呼吸
   D. 呼气性呼吸困难　　　E. 吸气性呼吸困难

8. 水冲脉最常见于（　）
   A. 缩窄性心包炎　　　　B. 主动脉瓣关闭不全　　C. 心包积液
   D. 主支脉瓣狭窄　　　　E. 右心功能不全

9. 在心脏听诊中，正常人不会听到的是（　）
   A. 窦性心动过缓　　　　B. 2 级及以下收缩期杂音　C. 第二心音
   D. 窦性心律不齐　　　　E. 第四心音

10. 异常支气管呼吸音最常见于（　）
    A. 大叶性肺炎消散期　　　　　　　　　B. 大叶性肺炎充血期
    C. 慢性阻塞性肺气肿　　　　　　　　　D. 大叶性肺炎实变期
    E. 支气管肺炎

11. Murphy 征阳性见于（　）

A. 急性胰腺炎　　　　　B. 急性肝炎　　　　　C. 急性胆囊炎

D. 急性阑尾炎　　　　　E. 消化性溃疡

12. 匙状指常见于（　　）

A. 支气管扩张　　　　　B. 先天性心血管病　　　C. 肝硬化

D. 缺铁性贫血　　　　　E. 肺气肿

13. 浮髌试验主要用于检查（　　）

A. 膝腱反射　　　　　　　　　　　　B. 膝关节滑膜炎

C. 关节腔有无积液　　　　　　　　　D. 髌骨有无骨折

E. 膝关节活动度

14. 患者，男，32 岁，在打篮球时突然出现剧烈头痛、呕吐。检查：颈强直（＋＋＋），Kernig 征（＋）。最可能的诊断是（　　）

A. 脑膜炎　　　　　　　B. 小脑出血　　　　　C. 脑出血

D. 脑干出血　　　　　　E. 蛛网膜下腔出血

## 二、思考题

1. 患者，男，28 岁，转移性右下腹痛 8 小时入院。患者 8 小时前无明显诱因出现腹部不适，胀痛，2 小时前逐渐转移至右下腹，伴有恶心、呕吐。查体：T 38.3℃，P 82 次/分，R 18 次/分，BP 120/80mmHg。腹软，右下腹麦氏点压痛，反跳痛。经医生诊断为急性阑尾炎。

请问：

（1）麦氏点的具体位置在哪里？

（2）若患者出现阑尾穿孔，还可出现哪些阳性体征？

2. 试述肌力的分级。

（郭大英　欧应华　李伟萍）

**书网融合……**

| 本章小结 | 微课 1 | 微课 2 | 微课 3 | 微课 4 | 微课 5 |

| 微课 6 | 微课 7 | 微课 8 | 题库 |

# 第五章  心理与社会评估

健康评估的评估对象是人，人是生理、心理、社会三方面统一的整体个体，人的生理健康与心理及社会功能息息相关，在当今生物－心理－社会医学模式下，整体化护理要做到"以患者为中心"，不仅要关注患者生理方面的变化，也要关注其心理、社会方面的变化，并进行综合评估，其评估结果对制订个体整体化护理方案有重大意义。

≫ 情境导入

**情景描述**  张女士是一位单身网络作家，45 岁。性格内向，不善交际，整日待在家中。平时与父亲住在一起。最近父亲生病住院，张女士以往未引起重视的一些表现开始显现并加重，变得更加懒散、沉默寡言、心情郁闷。常独自哭泣，失眠，记忆力下降，并在网络上查阅自杀的方法。护士小月是其表妹，近期发现她的异常，带她专科门诊就医。

**讨论**  1. 张女士初步诊断是什么？

2. 可采取哪些方法对其进行评估？

💡 素质提升

### 心理学之父——威廉·冯特

威廉·冯特（Wilhelm Wundt）是德国的心理学家。他创建了第一个心理实验室，是世界心理学发展史上一个极其重要的里程碑。他把过去所有关于心理实验结果加以收集并组织成一个系统，使心理学从哲学中独立出来成为一门科学。他主张用客观的方法研究心理问题，把心理学研究的权利从玄学家手中夺回到科学家手中，为心理学的研究方法开拓了一条新的途径。威廉·冯特勤奋整理千头万绪之细节，补遗填缺、承前启后，使心理学成为完整有序之科学，是促进和推动世界心理学走上科学道路的引路人，真正意义上的近代心理学大师。他在心理学的各个领域作出了富有教益的理论建树和实验研究上的卓越贡献，不愧为"心理科学之父"。

## 第一节  心理评估

### 一、概述 e 微课

**（一）心理评估的概念**

心理评估是依据心理学的理论知识、技能与方法，对评估对象的心理品质及水平做出鉴定。

### （二）心理评估的目的

**1. 有利于明确护理诊断，制订护理计划**　评估患者的心理活动，尤其是评估疾病发展过程中的心理活动，有利于发现患者心理方面现存的或潜在的健康问题，以便明确护理诊断，并依此制订护理计划和护理措施。

**2. 明确患者心理特征**　通过心理评估，明确患者个性心理特征，据此选择恰当的护患沟通方式。

**3. 制订干预计划**　通过心理评估，明确患者的压力源、压力反应及应对方式，据此制订有针对性的护理干预计划。

### （三）心理评估的一般过程

心理评估的一般过程主要包括四个环节。

**1. 确定评估目的**　是心理评估的首要环节，明确患者心理状况，测查人格特质及判断是否存在心理异常。

**2. 搜集相关信息**　运用多种基本方法，了解和明确患者目前的心理问题。

**3. 信息处理和分析**　对于一些特殊问题和重点问题，需要深入了解后对所搜集的资料信息进行分析、处理。

**4. 完成评估报告**　通过分析处理后得出结论，写出评估报告并负责解释，提出可行性建议。

### （四）心理评估的原则与注意事项

心理评估是一项复杂而细致的工作，强调客观性、科学性、合理性和针对性。所以需要熟悉心理评估的原则和注意事项。

**1. 心理评估的原则**

（1）客观性原则　是心理评估的最基本原则。科学的方法手段和实事求是的态度是保证客观性原则的关键。心理现象作为一种主观现象，要避免主观猜测，所以在心理评估中需要特别强调客观性原则。

（2）整体性原则　在心理评估过程中，要综合运用系统观点整合患者的心理现象及影响因素的相互关系，同时对患者的心理现象进行多层次的系统分析。

（3）动态性原则　评估者评估患者的心理问题时要运用动态、发展的眼光，避免采用僵化的评估模式。

（4）综合性原则　在心理评估中，不能运用单一的心理学方法，而要综合运用多种学科的方法，以获得最佳的评估效果。

（5）指导性原则　对存在心理问题的患者，予以针对性的指导，能更好地解决其心理问题，有利于心理健康的发展。

（6）保密性原则　是心理评估最基本的道德水准，是从事心理评估工作的最基本要求，可以激励患者提供真实性材料，并体现对患者人格的尊重。患者的有关信息及谈话内容属于患者的隐私，没有经过患者本人的同意不允许告诉任何人。

**2. 心理评估的注意事项**

（1）建立良好的治疗性人际关系　在心理评估过程中，评估者与患者之间需要建立良好的沟通交流方式，取得相互信任，可确保心理评估质量和效率。

（2）多渠道收集资料　主观资料与客观资料进行对比，在不同的场合患者会出现不同的表现，所以收集资料时可以从患者本人、家属、朋友及其他医务人员等多渠道获得。结合患者的主观资料与客观资料，能更好地反映患者真实的心理状况。

（3）避免主观因素影响评估结果　心理评估主观性强，评估者的观念、态度、经验等都会影响评估结果。因此，在评估过程中，尽量从患者的角度去分析，避免主观因素造成评估结果出现偏倚。

（4）评估目的明确，选用方法得当　心理评估要有明确的目的和针对性，并充分考虑各种方法的优势，根据情况综合应用多种评估方法。

（5）评估重点突出，评估全面　评估过程中重点评估患者的心理状况，生理状态对心理状态有一定的影响，需要参考患者的生理状态。

### （五）心理评估的基本方法

心理评估的常用方法有访谈法、观察法和心理测验法等。在心理评估中综合运用多种方法，能获得更好的评估效果。

**1. 访谈法**　又称交谈法、会谈法，是一种评估者与患者面对面的谈话方式，是心理评估最基本的方法。通过访谈双方建立相互合作与信任的关系，从而获得患者对自身心理状况和问题的描述。可分为正式访谈和非正式访谈两种形式，正式访谈是指提前通知患者，按照预定的问题提纲有目的、有计划、有步骤地交谈，这种谈话内容局限固定，重点突出，操作简便，可省时、高效地收集较系统的资料，但交谈程序固定，容易使患者陷于被动状态，不能深入交流；非正式访谈是指日常生活或工作中自然的交谈，谈话氛围轻松、不受约束，患者能真实地表达思想和情感，但是话题广泛，无重点，收集资料费时、低效。根据需要，在心理评估时，应结合正式访谈和非正式访谈两种形式。

**2. 观察法**　在心理评估中应用非常广泛，可分为自然观察法和实验观察法两种。

（1）自然观察法　在自然条件下，带着目的有计划地系统观察患者的活动（如语言、仪表、表情、态度、行为举止等），以了解其内在心理活动的方法。该方法得到的资料更接近生活实际，但要求观察者要有丰富的知识和较强的分析判断能力，较客观、真实。

（2）实验观察法　又称控制观察法，是指在特殊的实验环境下观察患者对特定刺激的反应。该方法的使用需要预先设计，并按预定的程序进行，每一位患者都接受同样的刺激。该方法获取的结果有较强的可比性和科学性。但当患者意识到自己正在接受实验时，会影响结果的客观性。

**3. 心理测量**　是心理评估常用的标准化手段之一，具有客观性、科学性等优点，分为心理测量法和评定量表法。

（1）心理测量法　在标准情形下，用统一的测量手段测试患者对测量项目所做出的反应。
（2）评定量表法　用标准化的量表来测量某种心理品质。

### （六）心理评估的内容

对患者的心理评估内容应包括自我概念评估、认知评估、情绪和情感评估、行为评估。

## 二、自我概念评估

### （一）自我概念评估概述

**1. 自我概念的定义**　是人们通过对自己的内在及外在特征和他人对其反应的感知与体验而形成的对自我的认识与评价。

**2. 自我概念的组成**　包括人的身体意象（即体像）、社会认同、自我认同和自尊。

（1）身体意象　也称体像，是人们对自己身体外形以及身体功能的认识与评价，如高、矮、胖、瘦、美、丑、强、弱等，为自我概念的主要组成部分。身体意象是自我概念中最不稳定的部分，容易受到疾病、手术、外伤等因素的影响。

（2）社会认同　是人们对自己的社会人口特征，如年龄、性别、职业、政治学术资格及社会名誉、地位的认识与评价。

（3）自我认同　也称精神自我，是人们对自己智力、能力、性情、道德水平等的认识与判断。

（4）自尊　是人们对自己在社会群体中价值的主观判断和评价，是人们尊重自己、维护自己的尊严和人格，不容他人任意歧视、侮辱的一种心理意识和情感体验。

### （二）评估方法与内容

评估方法包括访谈法、观察法、评定量表法等。

**1. 访谈法**　访谈是获取患者自我概念主观资料的一种方法。通过询问了解患者对体像、社会认同、性格特征、心理素质、社会能力以及自尊等方面的看法，了解患者对自我认同和自尊的看法。

> 💡 **考点提示**
>
> 自我概念的评估方法。

**2. 观察法**　通过观察患者的外表、非语言行为、语言行为、情绪状态等外在表现了解其自我概念。

**3. 评定量表法**　常用量表有 Rosenberg 自尊量表（表 5-1）、Pieer-Harries 儿童自我概念评估量表、Michigan 青少年自我概念评定量表、Coopersmith 青少年自尊量表。每种量表均是针对特定人群所设计的，使用时应合理选择。

表 5-1　Rosenberg 自尊量表

| 项目 | 应答方式 | | | |
|---|---|---|---|---|
| 1. 总的来说，我对自己满意 | SA | A | D* | SD* |
| 2. 有时，我觉得自己一点都不好 | SA* | A* | D | SD |
| 3. 我觉得我有不少优点 | SA | A | D* | SD* |
| 4. 我和绝大多数人一样能干 | SA | A | D* | SD* |
| 5. 我觉得我没有什么值得骄傲的 | SA* | A* | D | SD |
| 6. 有时，我真觉得自己没用 | SA* | A* | D | SD |
| 7. 我觉得我是个有价值的人 | SA | A | D* | SD* |
| 8. 我能多一点自尊就好了 | SA* | A* | D | SD |
| 9. 无论如何我都觉得自己是个失败者 | SA* | A* | D | SD |
| 10. 我总以积极的态度看待自己 | SA | A | D* | SD* |

使用说明：该量表含有 10 个有关测评自尊的项目，回答方式为非常同意（SA）、同意（A）、不同意（D）、很不同意（SD）。凡选标有 * 号的答案表示自尊低下。

## 三、认知评估

认知过程是人们推测和判断客观事物的心理过程，是在以往的经验及对有关线索进行分析的基础上形成的对信息的理解、分类、归纳、演绎及计算。认知活动包括思维、语言和定向三部分。

### （一）相关概念

**1. 思维**　是人脑对客观现实间接、概括的反映，是认识事物本质特征及内部规律的理性过程。反映思维能力水平的主要指标包括抽象思维能力、洞察力和判断力。

（1）抽象思维能力　又称逻辑思维能力，是以记忆、注意、概念、理解、推理的形式反映事物本质特征与内部联系的精神现象。

（2）洞察力　是理解客观事物真实性的能力，体现人们的认知、情感及行为动机与相互关系的分析能力。

（3）判断力　是人们肯定或否定某事物具有某种属性或某种行动方案具备某种可行性的思维方式。

**2. 语言** 是人们表达思维的工具，是思维的物质外壳，也是人们交流思想的主要工具。思维的抽象与概括借助语言得以实现。思维和语言不可割裂，没有语言就不可能有理性思维，没有思维也就不需要作为工具和手段的语言。思维和语言是密切相关的统一体，共同反映着人的认知水平。

**3. 定向力** 是指个体对时间、地点、人物及自身状态的判断认识能力，包括时间、地点、空间及人物定向力等。

### （二）评估方法与内容

认知评估包括思维能力评估、语言能力评估和定向力评估。

**1. 思维能力评估** 通过抽象思维能力、洞察力和判断力三方面进行评估。

（1）抽象思维能力 包括记忆、注意、概念、理解和推理。

1）记忆 是个体经历过的事物在大脑中的反映，分为短时记忆和长时记忆。评估短时记忆时，可让患者重复一句话或一组由 5~7 个数字组成的数字串。评估长时记忆可让患者说出其家人的名字，当天进食过哪些食品，或叙述其孩童时代的事件等。

2）注意 是心理活动有选择地对一定对象的指向和集中，分无意注意（又称随意注意，没有预定目的也不需要意志努力的注意）和有意注意（有预定目的且需要意志努力的注意）两种。评估无意注意可通过观察被评估者对周围环境的变化，如对所住病室新来患者、开关灯有无反应等进行判断。评估有意注意可以指派一些任务让患者完成，如让患者叙述自己入院前的治疗经过，同时观察其执行任务时的注意专注程度。

3）概念 是大脑反映客观事物本质特性的思维形式。人们通过抽象、概括，舍弃事物次要的、非本质的特性，把握事物的本质特性，并据此将同类事物联系起来，形成对该类事物的概念。评估患者概念化能力可在日常护理过程中进行，如经数次健康教育后让其总结概括其所患疾病的特征、所需的自理知识等，判断患者对这些知识进行概念化的能力。

4）理解 评估患者理解力可指示其做一些由简单到复杂的动作，如要求患者关门，坐在椅子上，将右手放在左手手心里，然后按顺时针方向搓擦手心，观察其能否理解和执行情况。

5）推理 是由已知判断推出新判断的思维过程，包括演绎和归纳。归纳推理是从特殊事例到一般原理的推理；演绎是从一般原理到特殊事例的推理。评估患者推理能力时，必须根据患者的年龄、生活环境提出相应问题，如对 6~7 岁的儿童可问"一切木头做的东西在水中都会浮起来，现在有个东西丢在水里浮不起来，想一想这个东西是什么做的？"如果儿童能回答出"不是木头做的"，表明他的演绎推理能力已初步具备；如果回答出"是铁或是石头"，表明他还不具备演绎推理能力。

（2）洞察力 让患者描述所处情形，再与实际情形比较看有无差异。评估洞察力时可以让其描述对病房环境的观察，再与实际情形相比较。对更深层洞察力的评估可让患者解释格言、谚语或比喻等。

（3）判断力 可以以现实为基础，也可以脱离现实，受患者智力、情绪、受教育水平和所生活的社会、文化环境等因素的影响，并随年龄而变化。评估判断力时可通过展示实物让患者说出其属性，也可通过评价患者对将来打算的现实性与可行性进行评估。如问患者"你出院后准备如何争取他人的帮助？""出院后经济上遇到困难你将怎么办？"等。

**2. 语言能力评估** 主要通过提问、复述、自发性语言、命名、阅读、书写等方法进行，观察其说话时的音量、音调、语速、节奏以及用词的正确性、陈述的流畅性、语意的连贯性等，以检测其语言表达能力和对文字符号的理解能力。

（1）语言能力评估方法

1）提问 可向患者进行一般性问题的提问，可由简单到复杂，由具体到抽象，通过患者的回答情况了解其理解能力和回答能力。

2）复述　说一些简单词句，让患者重复说出。

3）自发性语言　给患者一个主题，让患者自己组织语言并进行陈述，如让其陈述自己的健康史，可通过观察其陈述的流利程度、措辞和表达情况了解其语言能力。

4）命名　拿出一些常用生活物品，让患者说出其名称或用途。

5）阅读　使用简单文字素材，让患者读出单个或数个词语、短句或一段文字，默读一段短文或一个简单的故事后，让其说出大意，评价其读音和阅读理解的程度。

6）书写　分为自发性书写、默写和抄写3种方式，自发性书写是让患者随意写出一些简单的字、短句、数字、物品名称等。默写是让患者默写出评估者所口述的字句。抄写是让患者抄写一段文字。

（2）明确语言障碍的类型

1）运动性失语　不能说话，或只能讲一两个简单的字，常用词不当，但对他人的言语及书面文字能理解。

2）感觉性失语　自述流利，不能理解他人的语言，发音用词错误，不能理解自己所言，严重时他人也完全听不懂。

3）命名性失语　称呼原熟悉的人名、物品名的能力丧失，但能叙述其用途，他人告知名称时，能辨别对错。

4）失写　不能书写或写出的句子有错误，尚有抄写能力，能听懂他人语言及认识书面文字。

5）失读　丧失对文字、图画等视觉符号的认识能力，常与失写同时存在。

6）构音困难　主要是由于发音器官或肌肉病变导致麻痹、共济失调或肌张力异常增高所致，表现为发音不清，但用词正确。

**3. 定向力评估**　包括时间、地点、空间、人物定向力。

（1）时间定向力　评估时让患者回答"现在是几点钟？""今天是星期几？""今年是哪一年？"等问题。

（2）地点定向力　评估时让患者回答"你现在在哪里？"

（3）空间定向力　评估时让患者根据参照物描述环境中某物品的位置，如让其回答"呼叫器在哪儿？""床旁桌放在床的左边还是右边？"等问题。

（4）人物定向力　评估时让患者回答"你叫什么名字？""你知道我是谁吗？"等问题。

定向力障碍者不能将自己与时间、地点、空间联系起来。定向力障碍发生的先后顺序依次为时间、地点、空间和人物定向力障碍。

## 四、情绪与情感评估

### （一）相关概念

**1. 情绪和情感**　情绪和情感是人们对客观事物是否满足个体需要的内心体验和反映。当个体需要获得满足，就会产生积极肯定的情绪与情感；反之则会产生消极的情绪和情感。情绪和情感既有联系又有区别。

**2. 情绪和情感的联系**　情绪和情感都是个体的主观体验，存在一定的联系，情绪依赖于情感，各种情绪受已经形成的情感特点的制约；情感也依赖于情绪，人的情感总是在各种不断变化着的情绪中得到体现。情绪是情感的外在表现，情感是情绪的内在本质。

**3. 情绪和情感的区别**　情绪是人和动物共有的暂时性的、与生理需求满足与否有关的心理活动。情感则是稳定的、与社会性需求满足与否相联系的，是人类特有的心理活动。情绪具有较强的情境性、激动性和暂时性，不稳定；情感则具有较强的稳定性、深刻性和持久性。

### （二）评估方法与内容

**1. 访谈法**  是评估情绪与情感最常用的方法，用于收集患者情绪、情感的主观资料。可通过询问患者"你最近心情怎么样?""有什么事情使你感到高兴、忧虑或沮丧?""这样的情绪持续多久了?"等。应将结果与患者的家属、同事及朋友进行核实。

**2. 观察与测量**  观察患者的各种表情，包括面部、身体及言语表情。测量患者的呼吸频率、心率、血压、皮肤颜色和温度、食欲及睡眠状况等变化获得情绪、情感变化的客观资料，并对问诊收集的主观资料进行验证。如紧张时常伴有皮肤苍白，焦虑、恐惧时常伴有出冷汗，抑郁时常伴有食欲减退、睡眠障碍等表现。

**3. 评定量表法**  是评估情绪与情感较为可靠、客观的方法。常用的有 Zung 焦虑自评量表和 Zung 抑郁自评量表。

（1）Zung 焦虑自评量表（self‑rating anxiety scale，SAS）  见表 5‑2，该量表共 20 个条目，每个条目按 1~4 级评分。使用方法：让患者根据最近 1 周的实际情况在相应栏目内打"√"。采用 4 级评分标准评定，其中 5、9、13、17、19 反向计分，将 20 项得分相加得总分，再乘以 1.25，四舍五入取整数部分，即得标准分。焦虑评定的分界值为 50 分，50 分以上可诊断为有焦虑倾向，分值越高，焦虑倾向越明显。

表 5‑2　Zung 焦虑自评量表

| 项目 | 偶尔 | 有时 | 经常 | 持续 |
| --- | --- | --- | --- | --- |
|  | 1 | 2 | 3 | 4 |
| 1. 我觉得最近比平常容易紧张、着急 | | | | |
| 2. 我无缘无故地感到害怕 | | | | |
| 3. 我容易心烦意乱或觉得惊慌 | | | | |
| 4. 我有将要发疯的感觉 | | | | |
| 5. 我感到不如意或觉得其他糟糕的事将要发生在自己身上 | | | | |
| 6. 我感到自己发抖 | | | | |
| 7. 我常感头痛、胃痛 | | | | |
| 8. 我常感到疲乏无力 | | | | |
| 9. 我发现自己无法静坐 | | | | |
| 10. 我感到心跳得很厉害 | | | | |
| 11. 我常感到头晕 | | | | |
| 12. 我有过晕厥或觉得要晕倒似的 | | | | |
| 13. 我感到气不够用 | | | | |
| 14. 我感到四肢或唇周麻木 | | | | |
| 15. 我感到心里难受、想吐 | | | | |
| 16. 我常常要小便 | | | | |
| 17. 我手心容易出汗 | | | | |
| 18. 我感到脸红发烫 | | | | |
| 19. 我感到无法入睡 | | | | |
| 20. 我常做噩梦 | | | | |

（2）Zung 抑郁自评量表（self‑rating depression scale，SDS）包含 20 个条目，用于反映有无抑郁症状及严重程度。该量表计分方法同 Zung 焦虑自评量表见表 5‑3，其中 2、5、6、11、12、14、16、17、18、20 反向计分抑郁评定的分界值为 53 分，53 分以上可诊断有抑郁倾向，分值越高，抑郁倾向越明显。

**做一做**

请根据自己目前的实际情况完成 Zung 焦虑自评量表，并计算得分。

表 5‑3　Zung 抑郁自评量表

| 项目 | 偶尔 1 | 有时 2 | 经常 3 | 持续 4 |
|---|---|---|---|---|
| 1. 我觉感到情绪沮丧、郁闷 | | | | |
| 2. 我感到早晨心情最好 | | | | |
| 3. 我想哭或者要哭 | | | | |
| 4. 我入睡困难或者经常早醒 | | | | |
| 5. 我最近饭量像平时一样多 | | | | |
| 6. 我与异性接触和往常一样感兴趣 | | | | |
| 7. 我感到体重减轻 | | | | |
| 8. 我排便习惯改变，常为便秘烦恼 | | | | |
| 9. 我感到心跳比平时快 | | | | |
| 10. 我容易无故感到疲劳 | | | | |
| 11. 我的头脑和平时一样清楚 | | | | |
| 12. 我做事情像平时一样并不困难 | | | | |
| 13. 我坐卧不安，难以平静 | | | | |
| 14. 我对未来充满希望 | | | | |
| 15. 我比平时容易生气、冲动 | | | | |
| 16. 我觉得做出决定是容易的 | | | | |
| 17. 我觉得自己是有用的人 | | | | |
| 18. 我的生活很有意义 | | | | |
| 19. 我若死了，别人会过得更好 | | | | |
| 20. 我依然喜欢平时喜欢的事物 | | | | |

**知识链接**

### 抑郁自评量表

抑郁自评量表是由 William W. K. Zung 于 1965—1966 年开发的一种测量抑郁的工具，包括 20 个反应抑郁主观感受的项目，其中精神性情感症状 2 个项目、躯体性障碍 8 个项目、精神运动性障碍 2 个项目、抑郁性心理障碍 8 个项目。每个项目按症状出现的频度分为 4 级评分，其中 10 个为正向评分，10 个为反向评分。该量表使用简便，在一定程度上能够了解被调查者近期的心境，并能相当直观地反映患者抑郁的主观感受及其在治疗中的变化，适用于具有抑郁症状的成年人，对心理咨询门诊及精神科门诊或住院精神患者均可使用，但对于具有严重迟缓症状的抑郁则难于评定，此外抑郁自评量表对于文化程度较低或智力水平稍差的人评定效果不佳。

### 五、健康行为评估

#### (一) 相关概念

**1. 行为** 是指机体在内外环境因素刺激下发生的外显的活动、动作等，是内在生理变化和心理活动的反映。

**2. 行为与健康** 人类行为与健康关系密切，目前严重威胁人类健康的疾病是心脑血管病、糖尿病、恶性肿瘤等各种慢性病，其发生与心理社会因素和行为方式密切相关，改善不良的行为方式可以预防这些慢性病的发生，并有利于这些疾病的治疗。

**3. 健康行为** 也称行为免疫，是指人们为了维持和促进身心健康、增强体质而进行的各种活动，如合理饮食、充足睡眠和适量运动等。

**4. 损伤健康行为** 是指偏离个人、团体和社会健康期望方向的对健康有不良影响的行为，如吸烟、酗酒、暴饮暴食等。通常分为以下四类。

（1）不良生活方式与习惯 主要指不良饮食习惯和缺乏运动。不良饮食习惯包括暴饮暴食、高糖高脂饮食、低纤维素饮食、偏食、进食过快，食用过烫、过硬、过辣食物等。长期缺乏运动会导致心、肺、肝、肾等脏器功能减退、肌肉下降等。不良的生活方式和习惯会导致各种慢性病的发生，如肥胖、冠心病、糖尿病等，危害人类健康。

（2）日常健康危害行为 是指吸烟、酗酒、吸毒和不良性行为等。

（3）不良病感行为 是指人们从感知到自身患有疾病到疾病康复全过程所表现出的一系列不利于健康的行为，包括疑病、瞒病、恐病、不及时就诊、不遵从医嘱、迷信或放弃治疗等。

（4）致病行为模式 是指导致特异性疾病发生的行为模式。研究比较多的是 A 型行为模式和 C 型行为模式。A 型行为模式者争强好胜、求成心切，有较强的事业心；个性急躁；易对人产生戒心和敌意，容易罹患冠心病。C 型行为模式者的行为特征为退缩和防御，心情容易压抑和克制，容易罹患癌症。

#### (二) 评估方法与内容

健康行为评估主要是对相应的行为及对相关行为的认识、态度等进行评估，常用的评估方法有访谈法、观察法、评定量表法等。

**1. 访谈法** 通过询问了解患者是否存在不良的生活方式与习惯、日常健康危害行为、不良病感行为和致病行为模式等及其可能的原因。

**2. 观察法** 观察患者有无健康行为和健康损伤行为，如饮食的量、种类；日常运动类型、频率；有无吸烟、酗酒、吸毒行为等；是否存在致病行为模式等。

**3. 评定量表法** 常用的评定表有健康促进生活方式问卷、A 型行为评定量表等。

# 第二节 社会评估

PPT

在临床护理工作中，护理人员不仅要对患者的躯体和心理进行评估，还要对其社会功能和社会适应能力进行评估，可获得更准确、更全面的健康资料，为整体护理提供依据。社会评估的内容包括评估患者的角色功能、文化背景、家庭状况和环境等。

## 一、概述

### (一) 社会评估的目的

**1. 评估个体的角色功能** 了解个体有无角色功能紊乱，如角色适应不良等。

**2. 评估个体的文化背景**　了解个体文化背景特征，以便提供适合患者文化需求的护理服务。

**3. 评估个体的家庭**　了解个体家庭成员的关系、结构以及家庭功能，找出影响患者健康的家庭因素，制订有针对性的家庭护理计划。

**4. 评估个体所处的环境**　了解个体所处的环境，明确现存的或潜在的环境危险因素，为制订环境干预措施提供依据。

### （二）社会评估的方法

可采用访谈法、观察法和量表评定法，也可根据患者的实际情况和评估内容的特点进行评估，环境评估中还应采取实地观察和专门的抽样调查。

### （三）社会评估的注意事项

**1. 进行整体性评估**　社会评估与心理评估、身体评估应有机结合，如在身体评估中，评估者可以通过陪同家属的言行评估其家庭情况，通过患者对饮食的陈述了解其文化背景。

**2. 提供适宜的评估环境**　在社会评估中，需要了解患者的个人隐私信息，如身份、婚姻、家庭状况、职业以及对家庭、工作、职业的看法和感受等，因此要提供安静、舒适、私密的评估环境，确保患者能真实、安心地进行评估。

**3. 选择合适的评估方法**　根据个体差异性有针对性地选择合适的评估方法对患者进行评估。

**4. 注意运用恰当的沟通技巧**　在评估过程中，使用倾听、提问、沉默、触摸等多种沟通技巧，使用通俗易懂的语言，用关心、体贴的语气提问，提问应减慢语速、语音清晰，适当停顿和重复，耐心倾听患者回答诉说，对谈话内容表示有兴趣，换位思考充分理解患者的处境，不要随意打断患者的谈话，交谈中要尊重患者，保持适当的目光接触，注意观察患者的非语言行为，有助于充分了解患者内心的真实感受。

## 二、角色评估

### （一）角色的定义

角色是社会认可的一种行为的综合性形态，指处于一定社会地位的个体在实现与这种地位相联系的权利与义务中所表现出的与社会期望一致的规范与行为模式。

### （二）角色的分类

**1. 第一角色**　又称基本角色，是决定个体的主体行为，与年龄、性别有关的角色，如妇女、儿童、男人、老人等。

**2. 第二角色**　又称一般角色，是个体为完成每个生长发育阶段特定任务所必须承担的、由所处社会情形和职业所确定的角色，如母亲、学生角色。

**3. 第三角色**　又称独立角色，是个体为完成某些暂时性发展任务而临时承担的角色，如患者、护士角色，此类角色大多可以自由选择。

角色的分类是相对的，可在不同情形下相互转换，如患者角色，因疾病是暂时的，为第三角色，当疾病变为慢性病时，患者角色就成为第二角色了。

### （三）角色的形成

经历了角色认知与角色表现两个阶段。

**1. 角色认知**　是个体通过各种途径如自己的观察、家庭、学校和社会教育等认识自己和他人的身份、地位以及各种社会角色的区别与联系的过程。模仿是角色认知的基础，先对角色产生总体的印象，然后深入角色的各个部分认识角色的权利与义务。

**2. 角色表现**　是个体为达到自己所认识的角色要求而采取行动的过程，也是角色成熟的过程。

## （四）角色适应不良

角色适应不良是指个体扮演不好相应的角色或达不到角色期望的要求。角色适应不良会给患者带来生理和心理的不良反应。生理方面有头痛、头晕、睡眠障碍、心律异常；心理方面有紧张、伤感、焦虑、抑郁或绝望等不良情绪。角色适应不良常见的类型有角色冲突、角色模糊、角色匹配不当、角色负荷过重和角色负荷不足。

**1. 角色冲突**　是指角色期望与角色表现差距大，使个体难以适应而发生的心理冲突与行为矛盾。主要表现为空间、时间上的冲突和行为模式内容上的冲突两种情况。

（1）空间、时间上的冲突　如作为晚辈，承担着孝敬长辈的义务；作为学生，肩负着学习的任务；作为哥哥，承担着爱护弟弟或妹妹的任务。这样不可避免地就在时间和空间上产生了矛盾。

（2）行为模式内容上的冲突　如一个人改变了旧角色，担任了新角色，当新角色与旧角色有性质区别时产生新旧角色的冲突。如一些升入高一级学府的新生面对新生活的不适应就是一个例证。

**2. 角色模糊**　是指个体对角色期望不明确，不知承担这个角色应该如何行动而造成的不适应反应。引起角色模糊的原因有角色改变速度快、角色期望复杂、主要角色与互补角色间沟通不良等。

**3. 角色匹配不当**　是指个体的自我概念、自我价值观或自我能力与其角色期望不匹配。

**4. 角色负荷过重**　是指个体角色行为难以达到过高的角色期望。

**5. 角色负荷不足**　是对个体的角色期望过低，使个体才能不能充分发挥的情况。

## （五）患者角色

当个体患病后，便无可选择地进入患者这一角色，对其原有的社会角色进行部分或全部替代。

**1. 患者角色的特点**

（1）减轻或免除社会责任　患者可脱离或减轻日常生活中的其他角色，根据疾病的性质、严重程度，相应地减轻或免除他所承担的社会责任与义务。

（2）对自身疾病不必负责任　患者对自身陷入疾病状态没有责任，处于一种需要照顾的态度。

（3）有配合医疗和护理的义务　生病是暂时的非正常状态，在恢复健康的医疗和护理活动中，患者有义务寻求适当的帮助，并与医生、护士合作共同战胜疾病。

（4）患者有享受健康服务、寻求健康保健信息、知情同意和要求保密的权利，寻求治疗，恢复健康。

**2. 患者角色适应不良的类型**

（1）患者角色冲突　指个体在适应患者角色的过程中与正常状态下的各种角色发生心理冲突和行为矛盾。如某领导住院期间，会因担心其工作不能完成而在医院带病工作，不能得到应有的休息，致使其疾病治疗和康复受到影响，这就是典型的患者角色冲突。

（2）患者角色缺如　指个体患病后未能进入角色，拒绝承认自己有病或对患者角色感到厌倦，不接纳和否认患者角色。多见于年轻人、初次住院、初诊为癌症的患者。

（3）患者角色强化　指个体已恢复健康仍沉溺于患者角色，对医生和医院的依赖性增强，期望继续享有患者角色所获得的利益。由于依赖性加强和自信心减弱，患者对自己能力产生怀疑，对承担原来的社会角色感到恐惧，或者自觉病情严重程度超过实际情况，小病大养。

（4）患者角色消退　指因其他社会角色与患者角色产生冲突，使其迅速转入常态角色，在承担相应义务和责任时使其患者角色行为退化甚至消失。如已进入角色的患者，由于更强烈的情感需要，不顾病情而从事力所不及的活动，表现出对病、伤不重视，而影响到疾病的治疗。

## （六）角色功能评估

角色功能评估的主要方法是访谈和观察。

**1. 访谈**　重点了解个体在家庭、工作和社会生活中所承担的角色情况，包括角色数量、对角色的感知以及是否存在角色适应不良的情况。

**2. 观察**　主要观察个体是否有角色适应不良的生理、心理反应及行为改变，如是否经常感到疲劳、心悸、睡眠障碍、头晕等。

## 三、文化评估

### （一）文化的定义

文化是一个社会及其成员所特有的物质和精神财富的总和，即特定人群为适应社会环境和物质环境而共有的行为和价值模式。

### （二）文化要素

文化由价值观、信念与信仰、习俗、语言符号等组成，其中价值观、信念与信仰和习俗构成核心要素，与健康密切相关。

**1. 价值观**　是指社会或群体中的人们在长期社会化过程中通过后天学习逐步形成的和共有的对于区分事物的好与坏、对与错、符合或违背人的愿望、可行与不可行的观点、看法与准则。价值观是信念、态度和行为的基础，通过形成人的思想、观点、立场、建立目标与需要的优先顺序来指导人的行动，对人的社会生活起着重要的作用。

**2. 信念与信仰**　信念是个体认为可以确信的看法，是个体在自身经历中积累起来的认识原则。信仰则是人们对某种事物或思想、主义的极度尊崇和信服，并将其作为自己的精神寄托和行为准则。

**3. 习俗**　又称风俗，是指一个群体或民族的人们在生产、居住、饮食、沟通、婚姻与家庭、医药、丧葬、节日、庆典、礼仪等物质文化生活上的共同喜好与禁忌。

### （三）文化休克

文化休克是指人们生活在某一种文化环境中初次进入到另一种不熟悉的文化环境，因失去自己熟悉的所有社会交流的符号与手段所产生的思想混乱与心理上的精神紧张综合征。文化休克可分为兴奋期、意识期、转变期与适应期四期。

### （四）评估方法与内容

可通过访谈法、观察法等方法对患者进行文化评估。

**1. 访谈法**

（1）价值观的评估　价值观存在于潜意识中，很难进行评估，目前通常通过询问"你有什么生活信念？你信奉的做人原则是什么？患病后你的价值观有没有改变？有哪些改变？"等问题来了解个体的价值观信息。

（2）信念与信仰的评估　可通过询问以下问题了解其宗教信仰和精神支持。如"你有无因宗教信仰而必须禁止的事物？宗教信仰对你来说有多重要？最近有什么事改变了你的宗教信仰吗？你认为祈祷或用药对你有无帮助？你的家庭中有谁与你有相同的宗教信仰？"

（3）习俗的评估　主要是饮食习俗和语言沟通，同时结合观察患者与医护人员之间、家属之间、同室病友之间交流时的表情、眼神、手势、坐姿等收集其沟通有无文化差异的资料。

**2. 观察法**　可通过观察其是否定时、定量进餐，是否偏食，有无暴饮暴食、烟酒嗜好，是否饭前、便后洗手，是否饭后漱口和散步，餐具是否清洁干净等行为来了解习俗；通过观察其与他人交流过程及语言沟通情况来了解沟通情况；通过观察患者的外表、服饰，有无宗教信仰活动及其宗教信仰的改变，来了解其宗教信仰。

## 四、家庭评估

家庭是个体最重要的生活环境和社会关系网络，是社会的基本单位，家庭中的许多问题都会直接或间接地影响家庭成员的健康，因此家庭评估是社会评估的重要组成部分，也是医护人员了解个体健康影响因素的重要途径。

### （一）家庭

家庭是基于婚姻、血缘或收养关系而形成的社会生活基本单位。

### （二）家庭结构

家庭结构是指家庭内部的构成和运作机制，反映了家庭成员之间的相互作用和相互关系。包括人口结构、权力结构、角色结构、沟通过程和家庭价值观。

（1）人口结构　我国家庭类型常可分为核心家庭、主干家庭、扩大型家庭和不完全型家庭。①核心家庭：是由夫妻及其未婚子女组成的家庭。家庭规模小，关系简单，只有一个核心，是最稳定的一种家庭结构。②主干家庭：是由核心家庭成员加上夫妻任何一方的直系亲属如祖父母、外祖父母等组成的家庭。③扩大型家庭：是由核心家庭或主干家庭加上其他旁系的亲属组成的家庭。④不完全型家庭：指夫妻关系残缺的家庭，如单亲家庭、父母双亡家庭。

（2）权力结构　是指家庭中夫妻间、父母与子女间在影响力、控制权和支配权方面的相互关系。家庭权力结构的一般类型有传统权威型、工具权威型、分享权威型和感情权威型。

（3）角色结构　是指家庭对每个占有特定位置的家庭成员所期待的行为和规定的家庭权力、义务与责任。良好的家庭角色结构应具有以下特征：每个家庭成员都能认同和适应自己的角色范围；家庭成员的角色期望一致，并符合社会规范；角色期待能满足家庭成员的心身社会发展需要。

（4）沟通过程　能反映家庭成员之间的相互作用与关系，家庭沟通良好是家庭和睦与家庭功能正常的保证。家庭内部沟通过程良好的特征：家庭成员对家庭沟通充满自信，能进行广泛的情感交流；沟通过程中尊重对方的感受和信念；家庭成员能坦诚地讨论个人与社会问题，不宜沟通的领域极少。

（5）家庭价值观　是指家庭成员对家庭生活的行为准则和生活目标的共同态度和基本信念。

### （三）家庭生活周期

家庭生活周期指从家庭单位的产生、发展到解体的整个过程。根据 DuVall 模式，家庭生活周期可分为 8 个阶段，见表 5 - 4。

表 5 - 4　DuVall 家庭生活周期模式

| 周期 | 定义 | 主要任务 |
| --- | --- | --- |
| 新婚期家庭 | 男女结合 | 沟通与适应，性生活协调及计划生育 |
| 生产期家庭 | 最大孩子 0 ~ 30 个月 | 适应父母角色，应对经济压力，照顾婴幼儿的压力 |
| 有学龄前儿童家庭 | 最大孩子 30 个月 ~ 6 岁 | 抚育孩子，培养其社会化技能 |
| 有学龄期儿童家庭 | 最大孩子 6 ~ 13 岁 | 教育孩子，确保孩子的身心健康发育 |
| 有青少年家庭 | 最大孩子 13 ~ 20 岁 | 与孩子沟通，对孩子进行责任和义务教育、性教育等 |
| 孩子离家创业家庭 | 最大孩子离家至最小孩子离家之间 | 继续为孩子提供支持，逐步调整自己以适应环境的改变 |
| 父母独处家庭 | 所有孩子离家至退休 | 适应空巢状态，巩固婚姻关系，计划退休生活 |
| 老年期家庭 | 退休至死亡 | 应对退休、衰老、疾病、丧偶、孤独和死亡等 |

### （四）家庭功能

家庭功能即家庭对人类生活和社会发展方面所能起到重要的作用，能满足人类生存的基本身心需要，功能健全的家庭不仅可以满足其家庭成员的感情需求，促进健全人格的形成，还可以增进其成员的生理健康，对健康不佳的成员提供良好的支持与照顾。家庭功能包括生物、经济、文化、教育和心理等方面的功能。

### （五）家庭危机

家庭危机是指家庭压力超过家庭资源所导致的家庭功能失衡状态。家庭压力主要有：家庭经济收入低下或减少，如失业、破产；家庭成员关系的改变与终结，如离婚、分居、丧偶；家庭成员角色的改变，如初为人父、退休等，家庭成员生病、残障、无能等。

### （六）家庭资源

家庭资源是指家庭为了维持其基本功能、应对压力事件或危机状态所必需的物质和精神上的支持。一个家庭可利用的资源越充足越有利于家庭及其成员的健康发展。家庭资源可分为内部资源和外部资源。内部资源包括经济支持、精神与情感支持、信息支持和结构支持等。外部资源包括社会资源、文化资源、宗教资源、医疗资源等。

### （七）评估方法与内容

可通过访谈法、观察法、量表评定法等进行评估。

**1. 访谈法**

（1）评估家庭人口结构　可通过询问患者"你家有几口人，由哪些人组成?"来确定其家庭组成。

（2）评估家庭结构　①权力结构通过询问患者："家里事情通常由谁做主? 遇到困难时通常由谁提出意见和解决办法?"②角色结构可通过询问患者："家庭中各成员所承担的角色是什么?"③沟通过程可通过询问患者："你的家庭和睦、快乐吗?""当大家有想法或要求时是否直截了当地提出来?"④价值观可通过询问患者："家庭最主要的日常规范有哪些?""是否主张预防为主、有病及时就医?"

（3）家庭生活周期　可通过询问，确定其家庭所处的生活周期。

（4）家庭功能　可通过询问患者："你觉得你家收入能否能满足衣、食、住、行等基本生活需要?""家庭是否和睦、快乐?"

**2. 观察法**　通过观察患者与家庭成员的沟通、相处方式等，了解其家庭内部关系如何、有无沟通障碍以及权力结构和家庭功能状况。

**3. 量表评定法**　常用的有 Smilkstein 的家庭关怀指数问卷（表 5-5）及 Procidano 和 Heller 的家庭功能量表（表 5-6）。

表 5-5　**Smilkstein 的家庭关怀指数问卷**

| 条目 | 经常 | 有时 | 很少 |
| --- | --- | --- | --- |
| 1. 当我遇到困难时，可从家人得到满意帮助<br>补充说明： | | | |
| 2. 我很满意家人与我讨论、分担问题的方式<br>补充说明： | | | |
| 3. 当我从事新的活动或希望发展时，家人能接受并给我支持<br>补充说明： | | | |
| 4. 我很满意家人对我表达感情的方式以及对我情绪的反应<br>补充说明： | | | |
| 5. 我很满意家人与我共度时光的方式<br>补充说明： | | | |

评分方法：经常 =3 分，有时 =2 分，很少 =1 分。总分在 7~10 分，表示家庭功能良好；4~6 分表示家庭功能中度障碍，0~3 分表示家庭功能严重障碍。

表 5 – 6  Procidano 和 Heller 的家庭功能量表

| 条目 | 是 | 否 |
| --- | --- | --- |
| 1. 我的家人给予我所需的精神支持 | | |
| 2. 遇到棘手的事时，我的家人帮我出主意 | | |
| 3. 我的家人愿意倾听我的想法 | | |
| 4. 我的家人给予我情感支持 | | |
| 5. 我与我的家人能开诚布公地交谈 | | |
| 6. 我的家人分享我的爱好和兴趣 | | |
| 7. 我的家人能时时觉察到我的需求 | | |
| 8. 我的家人善于帮助我解决问题 | | |
| 9. 我与家人感情深厚 | | |

评分方法：是 = 1 分，否 = 0 分，总得分越高，表示家庭支持度越高。

## 五、环境评估

### （一）环境的定义

环境是人类生存或生活的空间。广义的环境是指人类赖以生存、发展的社会与物质条件的总和；狭义的环境则是指环绕个体的区域，如病房、居室。根据环境的性质可分为自然环境和社会环境。而护理学中人的环境分为内环境与外环境。人体的内环境包括人体所有的组织和系统。人体的外环境包括物理环境、社会环境、文化环境和政治环境，重点是对物理环境、社会环境的评估。

### （二）环境的构成

**1. 自然环境**  又称物理环境，是一切存在于机体外环境的物理因素的总和，包括空间、声音、温度、湿度、采光、通风、气味、整洁、室内装饰、布局以及与安全有关的因素，如大气污染、水污染和各种机械性、化学性、温度性、放射性、过敏性、医源性损伤因素等。这些因素必须控制在一定范围内，否则会威胁到人类的健康与安全，甚至导致疾病。

**2. 社会环境**  是人类生存及活动范围内的社会物质、精神条件的总和。包括文化、教育、法律、制度、人口、经济、民族、职业、生活方式、社会关系、社会支持等诸多方面，健康评估中对社会环境的评估主要包括教育、经济、生活方式、社会关系与社会支持这几方面。

（1）教育  良好的教育有助于患者认识疾病、获取健康保健信息、改变不良习惯及提高对卫生服务的有效利用。

（2）经济  是保证人们衣食住行基本需要及享受健康服务的物质基础，在社会环境因素中经济对健康的影响最大。

（3）生活方式  对个体的健康状态有重要的影响，不良的生活方式如吸烟、酗酒、吸毒、赌博等导致内部失调而致病。

（4）社会关系与社会支持  社会关系是社会环境的重要组成部分，对患者的健康会造成一定影响。个体的社会关系网越健全，人际关系越亲密融洽，越容易得到所需的信息、情感、物质的支持。

### （三）评估方法与内容

**1. 访谈**  通过访谈了解是否存在影响个体健康的物理和社会环境因素。

（1）物理环境　评估家庭和工作环境。可通过询问"你的住处和工作场所是否整洁、明亮？空气是否流通？"

（2）社会环境　着重评估社会是否安定和谐，医疗保健和保健制度是否健全合理，个体的生活方式是否健康，社会关系是否稳定、受教育程度等。

**2. 实地考察**　通过实地考察了解患者所处的家庭环境、工作环境和病室环境。

（1）家庭环境　主要评估患者居住环境及其家庭是否存在不安全因素，如是否存在安全隐患，如危险化学品。

（2）工作环境　主要评估工作场所有无危险因素，如高空作业是否采取保护措施等。

（3）病室环境　评估患者所处的病室是否干净、整洁、无尘、无异味，温度、湿度是否适宜，地面是否干燥、平整、光滑等；噪音是否控制在允许范围内；用氧是否有防火、防热、防震、防油安全标志；电源是否妥善安置及使用是否安全；药物存储是否安全等。

## 目标检测

答案解析

### 一、选择题

1. 心理评估涵盖的内容不包括（　　）

　　A. 自我概念　　　　　　　　　　　　　B. 认知评估

　　C. 情绪和情感　　　　　　　　　　　　D. 压力和压力应对

　　E. 角色适应

2. 自我概念中最不稳定的部分是（　　）

　　A. 个体的身体意象（即体像）　　　　　B. 社会认同

　　C. 自我认同　　　　　　　　　　　　　D. 自尊

　　E. 自我期望

3. 社会评估的内容不包括（　　）

　　A. 家庭　　　　　　　B. 文化　　　　　　　C. 角色

　　D. 自我概念　　　　　E. 宗教信仰

4. 属于第三角色的是（　　）

　　A. 妇女　　　　　　　B. 儿童　　　　　　　C. 母亲

　　D. 患者　　　　　　　E. 男人

5. 患者，男，46岁，无固定职业，收入不稳定，最近诊断为恶性肿瘤，一直不能进入患者角色，否认自己有病，对患者角色不接纳和否认，此患者属于患者角色适应不良中的（　　）

　　A. 患者角色冲突　　　　　　　　　　　B. 患者角色缺如

　　C. 患者角色强化　　　　　　　　　　　D. 患者角色消退

　　E. 患者角色混乱

### 二、思考题

患者，男，65岁，与儿子一家住在一起，最近买菜总是不记得自己买过什么菜，比如买了土豆过一会儿又会再买一次。在家做饭也经常忘记放盐或者重复放盐。慢慢进展到出门办事找不到回家的路。

请问：

（1）根据上述表现，患者主要存在哪些问题？

（2）为明确诊断，需要给患者进行哪些内容的评估？

（王　莉）

**书网融合……**

　　本章小结　　　　　　微课　　　　　　题库

# 第六章 实验室检查

## 学习目标

1. 通过本章学习，重点把握常用实验室检查的标本采集方法及注意事项，解释常用实验室检查结果及异常的临床意义。
2. 学会正确采集、保存和送检各项检查标本，根据实验室检查的结果提出护理问题。
3. 具有尊重患者、爱护患者和保护患者隐私的职业精神。

实验室检查是运用物理学、化学、生物学、细胞学、微生物学等相关学科的实验方法与技术，对受检者的血液、体液和分泌物、排泄物或组织细胞等标本进行检测，反映机体的功能状态或病理变化，对协助疾病诊断、治疗、病情观察、判断预后及制订护理措施具有非常重要的作用。实验室检查与护理关系密切，护理人员必须熟悉常用实验室检查的目的、标本采集要求、方法及结果的临床意义。

## 情境导入

**情景描述** 患者，女，26岁，月经量增多7个月，近1周出现头晕、乏力、注意力不集中、心悸等症状，遂到医院就诊，无其他疾病病史。查体发现患者面色苍白、唇舌色淡、下眼睑结膜苍白，初步评估为贫血。

**讨论** 1. 患者需做哪项检查明确诊断？
   2. 血液常规检查的主要指标有哪些？指标异常有何临床意义？

## 第一节 血液检查

PPT

## 一、标本采集法

### （一）采血部位

**1. 静脉采血** 是目前最常用的采血方法，多采用位于体表的浅静脉，常用的静脉有肘部静脉、手背静脉、内踝静脉或股静脉。多使用真空采血管，用于生化、免疫等项目检查。

**2. 动脉采血** 主要用于血气分析时。常用的动脉有股动脉、肱动脉和桡动脉。采得的血标本必须与空气隔离，立即送检。

**3. 毛细血管血** 一般使用采血针，在消毒后的指端或耳垂等部位采集血液，成人首选的是指端。采血部位应无炎症或水肿，切忌用力挤压，以免影响结果。

### （二）采血时间

**1. 空腹采血** 一般指禁食8小时后采血，多在晨起早餐前采血。此类标本主要适用于大部分生化检验项目，如血糖、血脂、肝功能等测定。

**2. 特定时间采血** 要求在特定的时间段内采集的标本，如口服葡萄糖耐量试验、血药浓度监测等。

**3. 随机或急诊采血** 采血时间不受时间限制。

### （三）采血后的处理

**1. 保温**　将血标本保持于体温或37℃环境中，如冷凝集素测定。

**2. 避光**　血标本用锡纸包裹或避光的容器采集，以避免血中某些成分遇光分解，引起测定值有误差。如胆红素、维生素 $B_{12}$ 测定等。

**3. 冰浴**　将血标本置于冰浴水中，用以减缓各种成分的代谢变化，如血氨测定、凝血试验等。

**4. 隔绝空气**　血气分析的标本采集后应排出气泡，将针头迅速刺入木塞或橡皮塞。

### （四）血液标本类型

**1. 全血**　血液的全部成分，主要用于血细胞计数分类、红细胞沉降率、血液细菌培养等项目的检查。

**2. 血浆**　加有抗凝剂的全血经离心、分离血细胞后所得到的液体部分称为血浆，主要用于凝血因子测定及部分临床生物化学检查。

**3. 血清**　不加抗凝剂的全血经过一定时间自然凝固后分离出来的液体成分，称为血清，常用于临床生物化学和免疫学检验等项目的检查。

### （五）采血的注意事项

1. 采血时注射器和容器必须干燥，止血带束缚不得太紧，时间不宜太长（＜1分钟），抽血后将血液沿容器壁缓慢注入可防止血标本溶血。

2. 不得从输液的同侧肢体血管采血，以防标本受输入药物影响。

3. 标本采集后及时送检，送检中避免剧烈震荡导致溶血。

4. 根据检验项目合理选用采血管及添加剂。

## 二、红细胞计数及血红蛋白测定

单位体积（每升）全血中红细胞数和其主要内容物血红蛋白的变化，可反映机体生成红细胞的能力并能协助诊断与红细胞有关的疾病。

### （一）参考范围

成年男性：红细胞计数（4.0～5.5）× $10^{12}$/L；血红蛋白（120～160）g/L。

成年女性：红细胞计数（3.5～5.0）× $10^{12}$/L；血红蛋白（110～150）g/L。

新生儿：红细胞计数（6.0～7.0）× $10^{12}$/L；血红蛋白（170～200）g/L。

> **考点提示**
>
> 成年男性与女性红细胞计数及血红蛋白量测定的参考值。

### （二）临床意义

**1. 红细胞及血红蛋白增多**　指单位容积血液中红细胞数及血红蛋白量高于参考值高限。成年男性红细胞＞6.0× $10^{12}$/L，血红蛋白＞170g/L；成年女性红细胞＞5.5× $10^{12}$/L，血红蛋白＞160g/L时即认为增多。可分为相对性增多和绝对性增多两类。

（1）**相对性增多**　是因血浆容量减少，使红细胞容量相对增多。见于严重呕吐、腹泻、大量出汗、大面积烧伤、尿崩症等。

（2）**绝对性增多**　临床上称为红细胞增多症，按病因可分为继发性和原发性两类。①继发性红细胞增多：主要是红细胞生成素增多所致，多由于组织缺氧，红细胞代偿性生产增多。红细胞生理性增多见于新生儿、高原地区居民等；病理性增多见于严重的慢性心

> **考点提示**
>
> 最能反映贫血程度的实验室检查指标是血红蛋白。

肺疾病（如肺源性心脏病、发绀型先天性心脏病）等，也可见于非代偿性增加，与某些肿瘤或肾脏疾病有关，如肾癌、卵巢癌等。②原发性红细胞增多：又称真性红细胞增多症，是以红细胞数量增多为主的骨髓增殖性肿瘤，其特点为红细胞持续性显著增多，白细胞和血小板也有增多，总血容量也增加。

**2. 红细胞及血红蛋白减少** 指在同一海平面下，相同地区、年龄、性别的人群中，单位容积血液中红细胞数和血红蛋白含量低于参考值低限，称为贫血，其中以血红蛋白减少更重要。临床根据血红蛋白减少的程度将贫血分为四度：①轻度贫血，血红蛋白 $<90g/L$；②中度贫血，血红蛋白 $90 \sim 60g/L$；③重度贫血，血红蛋白 $60 \sim 30g/L$；④极重度贫血，血红蛋白 $<30g/L$。红细胞及血红蛋白减少可分为生理性减少和病理性减少两类。

（1）生理性减少 婴幼儿及 15 岁以前的儿童，因生长发育迅速而引起造血原料相对不足。妊娠中、晚期由于孕妇血浆容量明显增加使血液稀释而出现贫血。老年人由于骨髓造血功能逐渐减低导致贫血。

（2）病理性减少 见于各种贫血，其减少的原因可以分为红细胞生成减少、红细胞破坏增多、红细胞丢失过多三大类。红细胞生成减少可能由于造血功能障碍和造血原料缺乏所引起；红细胞破坏增多可能由于血管内或血管外溶血导致的破坏增加；红细胞丢失过多主要见于急性或者慢性失血。

## 三、白细胞的检测

### （一）白细胞计数

**1. 参考范围**

| | |
|---|---|
| 成人 | $(4 \sim 10) \times 10^9/L$； |
| 新生儿 | $(15 \sim 20) \times 10^9/L$； |
| 6 个月至 2 岁 | $(11 \sim 12) \times 10^9/L$ |

**2. 临床意义** 白细胞计数高于 $10 \times 10^9/L$，称白细胞增多；白细胞计数低于 $4 \times 10^9/L$，称白细胞减少。由于中性粒细胞在白细胞中所占百分数最高，故白细胞数量的增多或减少主要受中性粒细胞数量的影响。

### （二）白细胞分类计数

白细胞分类计数（differential count，DC）是测定各种白细胞的相对百分数或绝对数值。正常人外周血中白细胞包括中性粒细胞、嗜酸性粒细胞、嗜碱性粒细胞、淋巴细胞和单核细胞五种。五种白细胞正常百分数和绝对值数量见表 6-1。

表 6-1 成人白细胞分类计数参考范围

| 细胞类型 | 百分数（%） | 绝对值（$\times 10^9/L$） |
|---|---|---|
| 中性粒细胞杆状核 | $0 \sim 5$ | $0.04 \sim 0.5$ |
| 中性粒细胞分叶核 | $50 \sim 70$ | $2 \sim 7$ |
| 嗜酸性粒细胞 | $0.5 \sim 5$ | $0.05 \sim 0.5$ |
| 嗜碱性粒细胞 | $0 \sim 1$ | $0 \sim 0.1$ |
| 淋巴细胞 | $20 \sim 40$ | $0.8 \sim 4$ |
| 单核细胞 | $3 \sim 8$ | $0.12 \sim 0.8$ |

**1. 中性粒细胞（neutrophil，N）**

（1）中性粒细胞增多 引起中性粒细胞增多有生理性和病理性两个方面。

1）生理性增多 见于新生儿、妊娠后期及分娩时、剧烈运动、高温、严寒、剧烈疼痛等。

2）病理性增多　①急性感染：尤其是化脓性球菌感染，为最常见的原因，如金黄色葡萄球菌、溶血性链球菌、肺炎链球菌等感染。②严重组织损伤或坏死：如大面积烧伤、急性心肌梗死、严重外伤等。③急性大出血：在急性大出血后1～2小时，中性粒细胞数会明显增加，特别是内出血者。④急性中毒：如代谢紊乱所致的代谢性酸中毒（糖尿病酮症酸中毒、尿毒症等）、有毒有害化学物质及生物毒素中毒。⑤恶性肿瘤：如白血病、骨髓增殖性肿瘤等。

（2）中性粒细胞减少　当中性粒细胞绝对值 $<1.5\times10^9/L$ 时称粒细胞减少症，中性粒细胞绝对值 $<0.5\times10^9/L$ 时称粒细胞缺乏症。常见于：①感染，病毒感染尤其是革兰阴性杆菌感染为最常见原因，如伤寒、副伤寒杆菌感染；②血液病，如再生障碍性贫血、粒细胞减少症等；③理化因素损伤，放射线、化学物质（苯、铅等）及化学药物（氯霉素、抗甲状腺药物、抗肿瘤药等）；④其他，如脾肿大及功能亢进、自身免疫病等。

（3）中性粒细胞核象变化　为中性粒细胞的核分叶状况，反映粒细胞的成熟程度。正常时，外周血中性粒细胞以分3叶核为主，有少量的杆状核。病理情况下，中性粒细胞的核象可发生变化，出现核左移或核右移现象（图6-1）。①核左移：是指外周血中的杆状核细胞增多或出现晚幼粒、中幼粒、早幼粒细胞，超过5%时，称为核左移。常见于感染，尤其是急性化脓性感染、急性中毒等。②核右移：是指外周血中性粒细胞的细胞核出现5叶以上超过3%时，称为核右移。提示造血功能衰退。在疾病进展期突然出现中性粒细胞核右移，则提示预后不良。

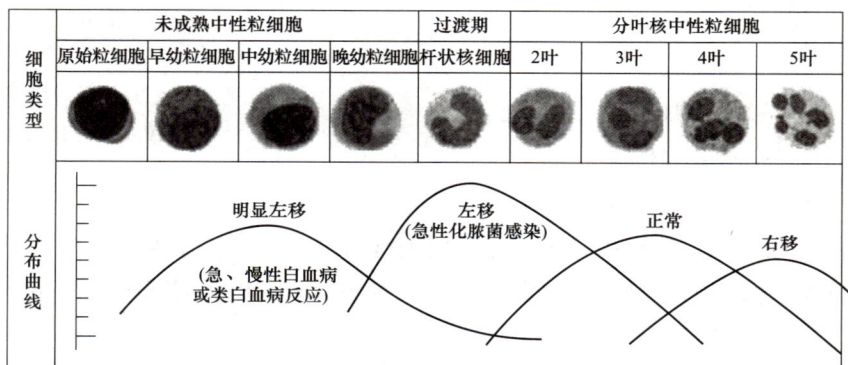

图6-1　中性粒细胞的核象变化

（4）中性粒细胞毒性变化　在各种化脓性感染、恶性肿瘤、中毒及大面积烧伤等病理情况下，中性粒细胞可出现以下中毒性改变：①细胞大小不均；②胞质中出现中毒颗粒；③空泡变性；④杜勒小体；⑤核变性。

**2. 嗜酸性粒细胞（eosinophil，E）**

（1）嗜酸性粒细胞增多　①过敏性疾病，如支气管哮喘、药物过敏、食物过敏等；②寄生虫病，如蛔虫病、钩虫病等；③皮肤病，如湿疹、银屑病、天疱疮等；④血液病，如慢性髓细胞白血病、淋巴瘤等；⑤恶性肿瘤，如肺癌、多发性骨髓瘤等；⑥传染病，如猩红热等。

（2）嗜酸性粒细胞减少　常见于伤寒、副伤寒、手术、烧伤等情况。

**3. 嗜碱性粒细胞（basophil，B）**

（1）嗜碱性粒细胞增多　①过敏性疾病，如过敏性结肠炎等；②血液病，如慢性髓细胞白血病、嗜碱性粒细胞白血病等；③恶性肿瘤，尤其是转移癌；④其他，如糖尿病、结核等。

（2）嗜碱性粒细胞减少　无临床意义。

**4. 淋巴细胞（lymphocyte，L）**

（1）淋巴细胞增多 儿童期的淋巴细胞会出现生理性增多。病理性增多常见于：①感染性疾病，以病毒感染多见，如麻疹、风疹、水痘、流行性腮腺炎、病毒性肝炎等；②淋巴瘤及急（慢）性淋巴细胞性白血病等；③急性传染病的恢复期；④移植排斥反应，如移植物抗宿主反应或移植物抗宿主病。

（2）淋巴细胞减少 常见于长期应用肾上腺皮质激素、放射线损伤及免疫缺陷综合征等。

**5. 单核细胞（monocyte，M）**

（1）单核细胞增多 ①生理性增多，见于婴幼儿及儿童期；②病理性增多，常见于某些感染，如感染性心内膜炎、疟疾、活动性肺结核等；某些血液病，如单核细胞性白血病、淋巴瘤等。

（2）单核细胞减少 一般无临床意义。

## 四、血小板检测

血小板计数是指单位容积外周血中血小板的数量。

**1. 参考范围** （100~300）×10$^9$/L。

**2. 临床意义**

（1）血小板增多 血小板 >400×10$^9$/L 为血小板增多。常见于骨髓增殖性肿瘤，如真性红细胞增多症、原发性血小板增多症、慢性髓细胞白血病等；亦可见于急性感染、急性溶血和某些恶性肿瘤等。

> **做一做**
>
> 做一图表分析细菌感染与病毒感染各细胞的变化。

（2）血小板减少 血小板 <100×10$^9$/L 为血小板减少。常见于血小板生成障碍，如再生障碍性贫血、放射性损伤、急性白血病等；血小板破坏或消耗增多，如免疫性血小板减少症、淋巴瘤、弥散性血管内凝血等。

## 五、血液其他检测

### （一）血细胞比容测定

血细胞比容（hematocrit，HCT）是指血细胞在血液中所占容积的百分比值，受血浆容量改变和红细胞体积大小的影响。主要用于诊断贫血及判断贫血的程度。

**1. 参考值** 男性 0.40~0.50L/L(40~50vol%)；女性 0.37~0.48L/L(37~48vol%)。

**2. 临床意义**

（1）血细胞比容增高 见于各种原因所致的血液浓缩和红细胞增多症，如大量出汗、严重呕吐、脱水、真性红细胞增多症等。

（2）血细胞比容减低 见于各种贫血。由于贫血类型不同，红细胞体积大小也有不同，血细胞比容的减少与红细胞数减少并不一定呈正比。因此必须将红细胞数、血红蛋白量和血细胞比容三者结合起来综合分析才更有参考意义。

### （二）红细胞平均值的计算

同一份血液标本同时测得的红细胞数、血红蛋白量和血细胞比容3项数据，按以下公式可以计算出红细胞的3种平均值。

**1. 平均红细胞容积（mean corpuscular volume，MCV）** 指每个红细胞的平均体积，以飞升（fl）为单位。计算公式如下：

$$MCV = \frac{每升血液中血细胞比容}{每升血液中红细胞数}$$

参考值（血细胞分析仪法）：80～100fl。

**2. 平均红细胞血红蛋白量（mean corpuscular hemoglobin，MCH）** 指每个红细胞内所含血红蛋白的平均值，以皮克（pg）为单位。计算公式如下：

$$MCH = \frac{每升血液中血红蛋白量}{每升血液中红细胞数}$$

参考值（血细胞分析仪法）：27～34pg。

**3. 平均红细胞血红蛋白浓度（mean corpuscular hemoglobin concentration，MCHC）** 指每升血液中平均所含血红蛋白浓度（克），以 g/L 表示。计算公式如下：

$$MCHC = \frac{每升血液中血红蛋白量}{每升血液中血细胞比容}$$

参考值：320～360g/L(32%～36%)。

**4. 临床意义** 通过平均红细胞比容、平均红细胞血红蛋白量、平均红细胞血红蛋白浓度可进行贫血的细胞形态学分类（表6-2）。

表6-2 贫血的细胞形态学分类

| 贫血类型 | MCV（fl） | MCH（pg） | MCHC（%） | 病因 |
| --- | --- | --- | --- | --- |
| 正常细胞性贫血 | 80～100 | 27～34 | 32～36 | 再生障碍性贫血、急性失血性贫血、溶血性贫血等 |
| 大细胞性贫血 | >100 | >34 | 32～36 | 巨幼红细胞贫血、恶性贫血 |
| 小细胞低色素性贫血 | <80 | <27 | <32 | 缺铁性贫血、铁粒幼细胞贫血 |

### （三）网织红细胞计数

网织红细胞（reticulocyte，Ret）是晚幼红细胞脱核后到成熟红细胞之间的过渡细胞，由于胞质中残存核糖体等部分嗜碱性物质，经新亚甲蓝染色后，呈现深蓝色网织状细胞，因此称为网织红细胞。

**1. 参考值** 0.5%～1.5%；绝对值（24～84）×$10^9$/L。

**2. 临床意义**

（1）网织红细胞增多 表示骨髓红细胞系造血功能旺盛，常见于溶血性贫血、急性失血性贫血、巨幼红细胞贫血、缺铁性贫血等，或某些贫血治疗后，如补充铁、维生素 $B_{12}$ 及叶酸后。

（2）网织红细胞减少 表示骨髓造血功能低下，常见于再生障碍性贫血。

> 考点提示
>
> 网织红细胞计数增多与减少的临床意义。

### （四）红细胞沉降率的测定

红细胞沉降率（erythrocyte sedimentation rate，ESR）是指红细胞在一定条件下沉降的速率，简称血沉。

**1. 参考值** 成年男性 0～15mm/h；成年女性 0～20mm/h。

**2. 临床意义**

（1）血沉加快 生理性加快常见于 12 岁以下的儿童、60 岁以上的老人、妇女月经期、妊娠 3 个月以上者。病理性加快常见于：①各种炎症性疾病，如风湿热、结核病等；②组织损伤及坏死，如急性心肌梗死；③恶性肿瘤；④各种原因引起的高球蛋白血症，如慢性肾炎、肝硬化、多发性骨髓瘤、系统性红斑狼疮等；⑤其他，如动脉粥样硬化、糖尿病、肾病综合征等。

（2）血沉减慢 一般临床意义较小。

### （五）出血时间测定

出血时间（bleeding time，BT）指将皮肤刺破后，让血液自然

> 考点提示
>
> 出血时间异常的临床意义。

流出至自然停止所需的时间。出血时间长短反映血小板的数量、功能及血管壁的通透性与脆性的变化。

**1. 参考值** 出血时间测定器法：6.9±2.1 分钟，超过 9 分钟为异常。

**2. 临床意义**

（1）出血时间延长 ①血小板明显减少，如特发性血小板减少性紫癜；②血小板功能异常，如血小板无力症等；③血管壁异常，如过敏性紫癜等；④凝血因子缺乏，如血友病、弥散性血管内凝血等；⑤药物影响，如服用阿司匹林、双嘧达莫等。

（2）出血时间缩短 临床意义不大，主要见于血栓前状态或血栓性疾病。

### （六）凝血时间测定

凝血时间（clotting time，CT）指静脉血离体后至血液完全凝固所需要的时间，是反映内源性凝血系统的一项筛选试验。

**1. 参考值** 玻璃管法，4～12 分钟；硅管法，15～32 分钟；塑料试管法，10～19 分钟。

**2. 临床意义**

（1）凝血时间延长 常见于：①凝血因子缺乏，因子Ⅷ、Ⅸ、Ⅺ明显减少，如血友病 A、B 和因子Ⅺ缺乏症；②凝血酶原，因子Ⅴ、Ⅹ等重度减少，如严重肝损伤等；③纤维蛋白原严重减少，如弥散性血管内凝血等。

（2）凝血时间缩短 见于血液高凝状态。

### 💡 知识链接

#### 抽血机器人

抽血机器人，采用红外装置，超声波和一种特殊的摄像头，加上精准的分析软件来检测血流量，经计算机处理后显示出静脉的可能位置，确定找到下针的血管。并拥有一个类似于血压计套袖的压脉器，使患者的静脉更加突出，方便下针，还会自动调整针头并插入到准确的位置和深度。整个抽血过程将会持续大约 1 分钟，但具体时间和抽血的血量也有关系。

# 第二节 尿液检查

PPT

尿液是血液经肾小球滤过，肾小管和集合管重吸收和排泌所形成的终末代谢产物。尿液的组成和性状可反映机体的代谢情况，并受机体各系统功能状态的影响。因此，尿液检查对泌尿系统及其他系统疾病的诊断、治疗、监测和预后判断有重要意义。尿液检查是通过实验室手段对尿中的某些成分进行的检查，是临床实验室最常用的检查项目之一。

## 一、尿液标本采集

为保证尿液检验结果的可靠性，标本在收集、留取、保存和尿量的记录上均需正确并准确。成年女性留尿时要防止阴道分泌物污染，应避开月经期，标本采集后半小时之内送检。

### （一）尿液标本采集方法

**1. 尿液标本容器** 要求选用清洁、干燥、密封性好、无化学物质如消毒剂、清洁剂等污染物，具有较大口径的带盖容器，容器上应标有患者的姓名、标本留取时间、检验联号（条形码）等。

**2. 尿液标本种类与留取方法**

（1）晨尿　指清晨起床后第一次排出的尿液，尿液在膀胱内存留 8 小时以上，尿液浓缩、酸化，含有形成分、化学成分浓度高，如蛋白、细胞和管型等。适合于早期妊娠、肾脏疾病以明确诊断及观察泌尿系统疾病疗效。

（2）随机尿　指任何时间采集的尿液，结果易受患者饮食、运动、药物等多种因素影响。适用于门诊和急诊临时检查。

（3）餐后尿　通常留取午餐后 2 小时尿液标本，此标本对病理性尿糖、尿蛋白和尿胆原的检测较敏感。

（4）定时尿　指留取 24 小时或 12 小时内排出的全部尿液。24 小时尿标本采用弃前留后，在开始标本采集的当天早晨 7 点，患者排尿并弃去尿液，从此时开始计时并留取尿液，至次日早晨 7 点，采集 24 小时的全部尿液，主要用于化学成分定量检查。12 小时尿液即为以同样方法留取的 12 小时尿液，检查结果变化较大，目前使用较少。

（5）清洁中段尿　晨起清洗外阴部，不间断排尿，弃去前段以及后段，留取中段尿 10～20ml 于无菌容器内，立即加盖送检，主要用于微生物培养。

### （二）尿液标本保存方法

尿液排出体外后会逐渐发生物理和化学变化，因此尿标本留取后应立即送检。如遇到特殊情况或进行特殊检查，不能及时送检或需收集较长时间的尿液，可采取以下措施保存与防腐。

**1. 冷藏**　可将尿液标本置于 2～8℃ 冰箱冷藏 6～8 小时。用于不能立即进行常规检测的标本。

**2. 化学防腐**

（1）甲苯　1000ml 尿液标本加入 5ml 甲苯。适用于尿糖、蛋白质、酮体等定量测定。

（2）甲醛　1000ml 尿液标本加入 400g/L 甲醛 5ml。用于细胞和管型的检查，不适用于尿糖等化学成分检测。

（3）盐酸　1000ml 尿液标本加入 10ml 浓盐酸。用于草酸盐、肾上腺素、儿茶酚胺等测定。

> **考点提示**
>
> 尿液标本化学防腐的使用，如甲苯、甲醛的适用范围是什么？

## 二、一般性状检查

### （一）尿量

**1. 参考值**　成人 1000～2000ml/24h；儿童按体重计算尿量，为成人的 3～4 倍。

**2. 临床意义**

（1）多尿　成人 24 小时尿量超过 2500ml，儿童 24 小时尿量超过 3000ml，称为多尿。①生理性多尿，见于水摄入过多、应用利尿剂、脱水剂等；②病理性多尿，见于尿崩症、糖尿病、慢性肾盂肾炎、急性肾衰竭早期等。

（2）少尿与无尿　成人 24 小时尿量低于 400ml 或每小时低于 17ml，学龄前儿童 24 小时尿量低于 300ml，0～3 岁婴幼儿 24 小时尿量低于 200ml，称为少尿，成人 24 小时尿量低于 100ml 或 12 小时无尿液排出称为无尿。生理性少尿见于出汗过多、水分摄入不足等。病理性少尿见于：①肾前性少尿，常见于烧伤、呕吐、腹泻等原因引起的脱水以及大出血、休克、心力衰竭、肝硬化腹水等；②肾性少尿，常见于急性肾小球肾炎、急性肾小管坏死等各种肾实质改变而导致的少尿；③肾后性少尿，常见于输尿管结石、前列腺肥大、肿瘤压迫等所致的尿路梗阻。

## （二）尿液外观

正常新鲜尿多为清澈透明的液体，呈淡黄色或橘黄色。尿液颜色受尿色素、食物和药物等影响。

**1. 血尿**　尿液中含有一定量的红细胞时，称为血尿。1000ml 尿液中含血量超过 1ml，即可呈红色，称肉眼血尿；如尿液外观变化不明显，离心沉淀后，镜检时红细胞平均 >3 个/HP，称镜下血尿。血尿常见于泌尿系统炎症、结石及肿瘤等，亦可见于血小板减少症、血友病等。

> **考点提示**
>
> 血尿的临床意义是什么？

**2. 血红蛋白尿**　尿液呈茶色或酱油色。常见于蚕豆病、免疫性溶血性贫血等。

**3. 肌红蛋白尿**　尿液呈粉红色或暗红色。常见于大面积烧伤、创伤等。

**4. 脓尿和菌尿**　尿液呈白色浑浊（脓尿）或云雾状（菌尿），因尿液内含大量的脓细胞、炎性渗出物或细菌而致，主要见于尿路感染，如急性肾盂肾炎、膀胱炎、尿道炎等。

**5. 乳糜尿和脂肪尿**　尿液呈乳白色、乳状浑浊或脂肪小滴，因尿液内混有淋巴液而致，主要见于丝虫病、肾周围淋巴管梗阻，或脂肪挤压损伤、骨折等。

**6. 胆红素尿**　尿内含大量结合胆红素，呈深黄色或黄褐色，振荡后有黄色泡沫且不易消退，多见于胆汁淤积性黄疸及肝细胞性黄疸等。

## （三）气味

正常尿液的气味来自尿中挥发性酸的气味，尿液久置后可因尿素分解而出现氨臭味。慢性膀胱炎和尿潴留时，新鲜尿液可有氨味；糖尿病酮症酸中毒患者的尿液呈烂苹果味；有机磷农药中毒患者的尿液呈蒜臭味。

## （四）比重

尿液比重是指在 4℃ 条件下尿液与同体积纯水的重量之比，尿比重受尿量和尿中可溶性物质的量和溶解度影响。

**1. 参考值**　成人 1.015～1.025，晨尿最高，一般大于 1.020。

**2. 临床意义**

（1）比重增高　主要见于高热、脱水、出汗过多等引起的血容量不足而致肾前性少尿；糖尿病或肾病综合征患者，由于尿中葡萄糖和蛋白质含量增多，导致尿液比重增高。

（2）比重减低　主要见于大量饮水、慢性肾小球肾炎、慢性肾功能衰竭、尿崩症等。

# 三、化学检查

## （一）尿糖

尿糖是指尿液中的葡萄糖。正常人尿液中可有微量葡萄糖，定性为阴性。当血糖超过 8.88mmol/L 时，超过肾小管重吸收能力的最大限度，尿液中开始出现葡萄糖，这时的血糖浓度称肾糖阈。肾小管重吸收功能障碍，尿中出现大量葡萄糖，尿糖定性试验阳性，称为糖尿。

**1. 参考值**　定性：阴性。定量：（0.56～5.0）mmol/24h。

**2. 临床意义**

（1）血糖增高性糖尿　常见于糖尿病、嗜铬细胞瘤等。

（2）血糖正常性糖尿　又称肾性糖尿，由于肾小管病变使重吸收葡萄糖能力降低，引起糖尿，常见于家族性肾性糖尿、妊娠或哺乳期等。

（3）暂时性糖尿　可见于饮食性糖尿、药物性糖尿、应激性糖尿、妊娠期糖尿等。

（4）其他 进食过多的乳糖、果糖、半乳糖等，可出现相应的糖尿。

### （二）尿蛋白

由于肾小球滤过膜有屏障作用，正常人肾小球滤液中仅含一些低分子蛋白子，当其通过肾小管时，绝大多数又被肾小管上皮细胞重吸收，因此正常人尿液中含有极少量的蛋白质。常规方法定性为阴性。

**1. 参考值** 定性：阴性。定量：（0～80）mg/24h。

**2. 临床意义** 当尿中蛋白质含量超过 150mg/24h 时，蛋白质定性试验呈阳性，称为蛋白尿；如果尿蛋白含量超过 3.5g/24h，称为大量蛋白尿。

（1）生理性蛋白尿 泌尿系统无器质性病变，尿内暂时出现蛋白质，持续时间短，诱因解除后消失。常见于交感神经兴奋、发热、剧烈运动、精神紧张等。

（2）病理性蛋白尿 见于各种肾脏及肾脏外疾病所致的蛋白尿，多为持续性蛋白尿。①肾小球性蛋白尿：肾小球滤过膜损伤时通透性增高，血浆蛋白质滤出量增加，肾小管不能将滤出的蛋白质完全重吸收，而致尿中出现蛋白质。尿中蛋白以清蛋白为主。见于急性肾小球肾炎、糖尿病肾病等。②肾小管性蛋白尿：肾小球滤过功能正常，肾小管重吸收障碍所致的蛋白尿。尿中蛋白有 $\alpha_1$ - 微球蛋白、$\beta_2$ - 微球蛋白。见于肾盂肾炎、急性肾小管坏死、药物损害等。③混合性蛋白尿：指肾小球和肾小管同时受损导致。尿中出现的蛋白尿有清蛋白、总蛋白，见于糖尿病、系统性红斑狼疮等。④溢出性蛋白尿：指由于血中异常的小分子蛋白增加，超过了肾脏的重吸收能力所产生的蛋白尿。常见于溶血性贫血、多发性骨髓瘤等，尿中蛋白有血红蛋白、肌红蛋白等。⑤组织性蛋白尿：由肾脏的肾小球、肾小管组织分泌的，属于小分子蛋白质。见于肾小管受炎症或药物刺激等。⑥假性蛋白尿：尿中混进血液、脓液及月经血、白带等，常规蛋白尿定性检查可呈阳性反应。见于肾脏以下的泌尿道疾病，如膀胱炎、尿道炎、尿道出血等。

### （三）尿酮体

酮体（ketone body）是乙酰乙酸、$\beta$ - 羟丁酸和丙酮的总称，是脂肪分解代谢的中间产物。当体内糖分解代谢不足时，脂肪分解活跃，氧化不完全可产生大量酮体，从尿液中排出形成酮尿。

**1. 参考值** 阴性。

**2. 临床意义** 酮尿见于糖尿病酮症酸中毒、感染性疾病、严重呕吐、剧烈运动、长期饥饿等。

## 四、显微镜检查

尿沉渣检查是指对离心尿液标本中的有形成分，如各种细胞、管型、结晶体等进行显微镜检查。

### （一）细胞

**1. 参考值**

红细胞：玻片法 0～3 个/HP。

白细胞：玻片法 0～5 个/HP。

肾小管上皮细胞：无。

> **考点提示**
>
> 镜下血尿和镜下脓尿的临床意义是什么？

**2. 临床意义**

（1）红细胞 离心后的新鲜尿液中红细胞每高倍视野 >3 个，称为镜下血尿。多见于尿路结石、肾小球肾炎、肾结核等。

（2）白细胞 正常尿中可见少量白细胞，若离心后尿中白细胞增多，每高倍视野 >5 个，称为镜下脓尿。多见于尿路感染，如肾盂肾炎、膀胱炎、尿道炎等。

（3）上皮细胞 正常尿中可见少量移行上皮细胞和鳞状上皮细胞，无肾小管上皮细胞。①移行上皮细胞增多，常见于肾盂肾炎、膀胱炎等；②鳞状上皮细胞增多，常见于尿道炎；③肾小管上皮细胞增多，常见于急性肾小管坏死、肾移植术后排斥反应等。

### （二）管型

管型（casts）是蛋白质、细胞或细胞碎片等在肾小管、集合管中凝固而成的圆柱形蛋白聚体，是尿中蛋白质在肾小管和集合管浓缩、酸化形成的，它在尿沉渣中有重要意义，管型尿常提示有肾实质性损害。

**1. 参考值** 正常人尿中无管型或偶见透明管型。

**2. 临床意义**

**考点提示**

尿中出现蜡样管型的临床意义是什么？

（1）透明管型 正常人晨尿中偶见透明管型。一过性增多可见于剧烈运动、重体力劳动、高热等；明显增多见于肾实质性病变。

（2）颗粒管型 分为细颗粒管型和粗颗粒管型两种，为肾实质病变崩解的细胞碎片、血浆蛋白及其他有形物凝聚而成。细颗粒管型见于慢性肾小球肾炎或急性肾小球肾炎后期；粗颗粒管型见于慢性肾小球肾炎、肾盂肾炎等。

（3）细胞管型 管壁内细胞含量超过管型体积的1/3。可分为三种。①红细胞管型：肾单位内有出血，常见于急性肾小球肾炎、急性肾小管坏死，临床意义与血尿相似。②白细胞管型：提示有化脓性炎症，是诊断肾盂肾炎的重要依据。③上皮细胞管型：提示肾小管有病变，常见于急性肾小管坏死、肾移植急性排斥反应等。

（4）脂肪管型 管型中含有大小不一的椭圆形脂肪小球，为肾小管损伤后上皮细胞脂肪变性所致，多见于肾病综合征、慢性肾小球肾炎急性发作等疾病。

（5）蜡样管型 常见于肾脏长期而严重的病变，如慢性肾小球肾炎的晚期、肾衰竭等。蜡样管型的出现提示肾小管发生严重变性坏死，预后不良。

### （三）结晶

尿液中盐类结晶的析出与该物质的饱和度、尿液的pH、温度等因素有关，常见的结晶有尿酸盐、草酸钙和磷酸盐类结晶，一般无临床意义。当结晶经常出现于新鲜尿中并伴有较多红细胞时应怀疑有尿路结石。胆红素结晶仅见于胆汁淤积性黄疸和肝细胞性黄疸；亮氨酸和酪氨酸结晶见于急性肝坏死等。

**素质提升**

#### 显微镜之父——安东尼·列文虎克

安东尼·列文虎克是荷兰显微镜专家和生物学家，在青年时代就醉心于研制透镜。1665年，他制成了第一架显微镜。之后通过不断改进，最终把显微镜的放大倍数提高到270倍以上。利用自制的显微镜观察雨水，从中发现了微生物，由此得出结论：我们的周围存在着一种用肉眼看不到的微生物。据此，他撰写了人类关于微生物的最早的专著——《列文虎克发现的自然界的秘密》，成为世界上第一个微生物世界的发现者。这就是安东尼·列文虎克，这位传奇巨匠把自己的一生都奉献给了显微镜制作和微生物的观察研究，给后辈留下了一笔巨大的科学财富。他的毅力和坚持、对科学的追求和探索，令所有后来者感到敬佩和感动。

# 第三节　粪便检查

粪便是食物在体内经消化后的最终产物，包括未被吸收的食物残渣、纤维素、肠道黏膜脱落物、消化道分泌物、大量细菌、水分和无机盐等。粪便检查主要是了解消化道及通向肠道的肝、胆、胰腺等器官的功能状况。

## 一、粪便标本采集

正确采集和及时送检粪便标本，可提高检查结果的准确率与可信度。在标本采集与处理过程中应注意以下问题。

### （一）常规检查标本

1. 粪便标本采集通常采用自然排出法。一般常规检查需采集 5～10g 新鲜粪便，对必须检查而无便者可用直肠指检或采便管采集粪便。

2. 使用无吸水性、无渗漏、有盖的一次性洁净粪便容器留取新鲜粪便标本，不得混有尿液、消毒剂、污水等其他物质。如做细菌学检查应采取灭菌的加盖容器留取标本并立即送检。

3. 留取粪便标本时，应选取含有黏液、脓液和血液等异常部分，外观无异常时要从粪便的表面、深处及粪便多部位留取粪便标本。

4. 留取粪便标本后应及时送检，并于 1 小时内完成检查。以防因消化酶、酸碱度变化或细菌的分解作用等原因，导致粪便有形成分被破坏，影响检查结果的准确性。

### （二）寄生虫标本检查

1. 寄生虫和虫卵检查不宜超过 24 小时，虫体检查、虫卵计数或服用驱虫剂后，应留取全部粪便或 24 小时粪便。

2. 肠道寄生虫有周期性排卵现象，虫体检查或虫卵计数时，应坚持"三送三检"原则，连续送检 3 天，以提高阳性检测率。

3. 检测阿米巴滋养体时，排便后从脓血和稀软部分取样，立即送检，送检过程中需保温，保持滋养体活力以利于检出。

4. 检查蛲虫卵时需用透明薄膜拭子于晚 12 小时或清晨排便前从肛门周围皱襞处取样，立即送检。

## 二、一般性状检查

### （一）量

正常人大多每日排便一次，为 100～300g，粪便量的多少受进食量、食物种类和消化器官功能状态的影响。

### （二）颜色与性状

正常成人的粪便为黄褐色、成形软便，婴幼儿的粪便呈黄色或金黄色糊状。病理情况下可有以下改变。

**1. 黏液便**　小肠病变时黏液与粪便混合均匀，大肠病变时黏液与粪便不易混合，直肠病变时黏液附着于粪便的表面。常见于各类肠炎、阿米巴痢疾、细菌性痢疾等。

**2. 脓便及脓血便**　常见于溃疡性结肠炎、细菌性痢疾、结肠癌或直肠癌等。阿米巴痢疾以血为主，

> **考点提示**
>
> 粪便的性状改变可见于哪些疾病？

血中带脓，呈暗红色稀果酱样；细菌性痢疾以脓和黏液为主，脓中带血。

**3. 柏油样便** 常见于消化性溃疡、食管胃底静脉曲张破裂出血、胃癌等，提示为上消化道出血，隐血试验呈阳性。需要与以下情况相鉴别：服用活性炭、铋剂或中药后可使粪便呈黑色，但无光泽，隐血试验阴性；食用较多肉类、动物血、动物内脏或口服铁剂等可排出黑色便，隐血试验呈阳性。

**4. 鲜血便** 常见于直肠息肉、直肠癌、痔疮、肛裂等，提示为下消化道出血。痔疮多见于便后滴血，其他疾患鲜血附着于粪便表面。

**5. 白陶土样便** 常见于各种原因引起的胆管阻塞，胆汁不能正常排出，形成阻塞性黄疸，以致肠内粪胆原减少，粪便呈白色陶土样。

**6. 米泔水样便** 常见于霍乱、副霍乱，粪便呈白色淘米水样，内含有黏液片块。

**7. 胶胨状便** 常见于过敏性结肠炎、慢性细菌性痢疾等，粪便呈黏胨状、膜状或纽带物。

**8. 稀糊状或水样便** 常见于各种感染和非感染性疾病引起的腹泻。假膜性肠炎排出大量稀汁样便，并含有膜状物；小儿肠炎排出绿色稀糊样便；副溶血性弧菌食物中毒排出洗肉水样便；出血性小肠炎排出红豆汤样便。

**9. 细条样便** 提示直肠或肛门狭窄，多见于直肠癌。

**10. 乳凝块便** 常见于乳儿消化不良、婴儿腹泻。粪便呈黄白色乳凝块。

### （三）气味

正常粪便由于食物经消化产生的蛋白质分解产物，如吲哚、硫醇、粪臭素、硫化氢等从而形成臭味，素食者味轻，肉食者味重。在病理情况下可产生异常臭味，如消化道大出血、慢性肠炎、胰腺疾病、结肠或直肠癌溃烂等疾病粪便呈恶臭味；患阿米巴痢疾时粪便呈腥臭味；出现脂肪和糖消化不良时，粪便呈酸臭味。

### （四）寄生虫体

正常人粪便不含寄生虫体。肉眼可分辨较大虫体如蛔虫、蛲虫、绦虫节片等，钩虫虫体需通过粪便冲洗过筛后才可看到。服用驱虫剂后应查看粪便中有无虫体，驱绦虫后应仔细寻找其头节。

### （五）结石

粪便中可发现胆结石、胰结石、粪结石等，最常见的是胆结石。粪便中出现结石的原因多是应用排石药物或碎石术后。

## 三、粪便隐血试验

粪便隐血试验（fecal occult blood test，FOBT）是指上消化道少量出血时，粪便外观和显微镜不能证实出血，通过化学或免疫学才能证实的出血称隐血。为避免饮食中过氧化物对粪便隐血检测的干扰出现假阳性反应，采集标本前 3 天需禁食肉类、动物血、铁剂或维生素 C 等。

> **考点提示**
>
> 隐血试验阳性的临床意义。

**1. 参考值** 阴性。

**2. 临床意义** 粪便隐血试验阳性是消化道出血的重要诊断依据。粪便隐血试验作为消化性恶性肿瘤普查的一个筛查指标，连续检查阳性对早期发现消化道肿瘤有重要意义。消化性溃疡，粪便隐血试验的诊断阳性率为 40% ~70%，呈间歇性阳性；消化道恶性肿瘤，诊断的阳性率可达 95%，呈连续性阳性，但必须结合临床其他资料分析进行鉴别诊断。

## 四、显微镜检查

粪便显微镜检查是粪便常规检查的重要项目之一，对确诊肠道病原微生物感染、消化道肿瘤起到重要作用。

### （一）细胞

**1. 红细胞** 正常粪便中不会出现红细胞。当下消化道出血、溃疡性结肠炎、结肠或直肠癌时，粪便中可出现红细胞。肠道有炎症时，可导致消化道出血，引起红细胞伴随着白细胞共同出现。阿米巴痢疾可见大量堆积、变性的红细胞，数量多于白细胞；细菌性痢疾可见形态正常的红细胞，数量少于白细胞。

**2. 白细胞** 正常粪便中偶见白细胞，多以中性粒细胞为主，肠炎时白细胞小于 15 个/HP，呈散在分布。肠易激综合征、过敏性肠炎和肠道寄生虫病时，可见大量嗜酸性粒细胞。细菌性痢疾时可见大量白细胞，成堆分布、结构不清，形成脓细胞。

**3. 上皮细胞** 正常粪便中无上皮细胞。结肠炎、假膜性肠炎时造成大量增多。

**4. 吞噬细胞** 正常粪便中无巨噬细胞，细菌性痢疾、溃疡性结肠炎或溃疡性结肠炎可出现较大的单核吞噬细胞，是诊断细菌性痢疾的重要依据之一。

**5. 肿瘤细胞** 正常粪便中无肿瘤细胞。常见于结肠癌和直肠癌。

### （二）微生物与寄生虫

正常粪便中常见有大肠埃希菌、厌氧杆菌、肠球菌等，因长期使用广谱抗生素、免疫抑制剂、各种消耗性疾病等原因，打破肠道稳定状态，造成肠道菌群失调症；亦可引起真菌失调，以白念珠菌多见。

在病理情况下粪便中肉眼能见到寄生虫体，用于诊断肠道寄生虫病和原虫感染。常见有阿米巴原虫、孢子虫和纤毛虫等几类单细胞寄生虫。

粪便显微镜可查虫卵和包囊是诊断肠道寄生虫感染最可靠、最直接的依据。常见包括蛔虫卵、鞭虫卵、钩虫卵、蛲虫卵、血吸虫卵、肝吸虫卵、绦虫卵、线虫卵等。

### （三）食物残渣

正常粪便中的食物残渣为充分消化后出现的无定形细小颗粒，偶见淀粉颗粒和脂肪小滴等。各种原因导致消化性功能不良、肠蠕动增快时，可造成食物残渣增多。如急（慢）性胰腺炎、胰头癌、吸收不良综合征等，可出现大量脂肪小滴；消化功能不良、腹泻、慢性胰腺炎和胰腺功能不全可导致淀粉颗粒增多；肠蠕动亢进、胰蛋白酶缺乏、腹泻等，可见植物纤维、肌肉纤维增多。

# 第四节　肾功能检查

PPT

肾脏是一个重要的生命器官，主要生理功能是产生尿液，排泄体内代谢产物，维持水、电解质和酸碱代谢平衡。肾脏还兼有内分泌功能，能分泌一些生物活性物质，如肾素、促红细胞生成素、活性维生素 D 等，参与血压调节、钙磷代谢和红细胞生成。肾脏功能主要通过肾小球滤过和肾小管重吸收完成，因此通过对肾小球滤过和肾小管重吸收的检查，可了解肾脏的功能是否受到损害。

## 一、肾小球滤过功能的检查

肾小球的主要功能是滤过，反映其滤过功能的客观指标是肾小球滤过率（glomerular filtration rate, GFR），即单位时间内经过肾小球滤出的血浆液体量。临床上内生肌酐清除率（endogenous creatinine clearance rate，Ccr）是测定肾小球滤过功能最常用的方法。血清尿素氮和血清肌酐测定也可判断肾脏滤过功能的检查。

### （一）内生肌酐清除率

肌酐是肌酸的代谢产物，人体血液内肌酐生成分外源性和内源性两种。外源性肌酐主要来自肉类食物在体内代谢，内源性肌酐主要来自机体肌肉组织的代谢。如在严格控制饮食条件和肌肉活动相对稳定的情况下，其含量变化主要受内源性肌酐的影响，且肌酐大部分从肾小球滤过，不被肾小管重吸收，排泄量很少，所以内生肌酐清除率基本相当于肾小球滤过率。

考点提示

内生肌酐清除率的临床意义。

**1. 参考值**　以 $1.73m^2$ 体表面积计，成人 80～120ml/min。

**2. 临床意义**

（1）Ccr 是反映肾小球滤过功能有无损伤的敏感指标。当肾小球滤过率降低至正常值50%，内生肌酐清除率降低至50ml/min，提示肾小球滤过功能已有损害，但血肌酐、尿素氮测定仍可在正常范围。见于急性肾小球肾炎、慢性肾小球肾炎、肾衰竭等。

（2）判断肾功能损害的程度

1）根据 Ccr 将肾功能损害程度分为三度　①慢性肾功能衰竭患者 Ccr 51～70ml/min，为轻度肾功能损害；②Ccr 31～50ml/min，为中度肾功能损害；③Ccr＜30ml/min，为重度肾功能损害。

2）根据 Ccr 可将肾功能分为四期　①Ccr 51～80ml/min，为肾衰竭代偿期；②Ccr 25～50ml/min，为肾衰竭失代偿期；③Ccr＜25ml/min，为肾衰竭期；④Ccr＜10ml/min，为尿毒症期或终末期肾衰竭。

（3）指导临床治疗用药　慢性肾衰竭 Ccr＜40ml/min，应限制蛋白质的摄入；Ccr＜30ml/min，噻嗪类利尿剂使用常无效；Ccr＜10ml/min 可作为行血液透析治疗的指征。

### （二）血尿素氮测定

血尿素氮（blood urea nitrogen，BUN）为蛋白质代谢的终末产物，大部分转化为尿素由肾脏排出，测定血液中尿素氮含量，有助于粗略了解肾小球的滤过功能。

**1. 参考值**　成人 3.2～7.1mmol/L，儿童 1.8～6.1mmol/L。

**2. 临床意义**　血中尿素氮增高见于以下情况。

（1）器质性肾功能损害　当肾小球滤过率降低至正常值50%，血尿素氮才能升高，血尿素氮测定可作为肾功能损害中晚期指标。常见于各种原发性肾小球肾炎、肾盂肾炎、间质性肾炎等所致的慢性肾衰竭。

（2）肾前性少尿　严重脱水、心功能不全、肝肾综合征、大量腹水等导致血容量不足引起少尿或无尿，可使血尿素氮升高。

（3）蛋白质分解或摄入过多　因大面积烧伤、上消化道出血、甲状腺功能亢进症等疾病使蛋白质分解过多，导致血尿素氮增加，血肌酐一般正常。

### （三）血清肌酐测定

肌酐是肌酸的代谢产物，肾功能受损时，血清肌酐（Scr）可上升。

**1. 参考值**　全血肌酐：88.4～176.8μmol/L。血清肌酐：男性 53～106μmol/L，女性 44～97μmol/L。

考点提示

反映肾小球滤过功能的检查的内容及结果阳性的临床意义。

**2. 临床意义**　当肾小球滤过率下降至正常人的1/3，血清肌酐明显上升，故可作为肾小球滤过功能的指标，但血肌酐的敏感性和可靠性较差，不作为早期诊断指标。血清肌酐增高见于各种原因所致的肾小球滤过功能减退，提示肾脏疾病严重。

## 二、肾小管功能试验

### （一）肾脏浓缩稀释试验

**1. 昼夜尿比重试验**　检查日正常饮食，少饮水，每餐含水量控制在 500～600ml，除三餐外不再进任何液体。晨 8 时排尿弃去，每 2 小时收集尿液 1 次，分置于 6 个容器中，至晚上 8 时止；晚上 8 时后至次晨 8 时的夜尿全部收集在 1 个容器内，共 7 个尿标本，分别测定尿量及尿比重。

（1）参考值　成人 24 小时尿量 1000～2000ml，夜尿量 <750ml，昼尿量和夜尿量比值一般为（3～4）:1，至少有 1 次尿比重 >1.018，昼尿中最高与最低尿比重差值 >0.009。

（2）临床意义　①评价肾小管浓缩和稀释功能：夜尿增多、尿比重下降、多尿、或尿比重相对固定在 1.010，提示肾小管稀释－浓缩功能受损，见于慢性肾炎、慢性肾盂肾炎、慢性肾衰竭等。②尿量减少，尿比重在 1.018 左右，多见于休克等。③24 小时尿量 >4000ml，尿比重低于 1.006，见于尿崩症。

**2. 3 小时尿比重试验**　受检日正常饮食与活动的情况下，晨 8 时排尿弃去后，每隔 3 小时收集一次尿液，至次日晨 8 时结束，共收集 8 次尿液，分装 8 个容器。分别计量每次尿量和比重。

（1）参考值　成人 24 小时尿量 1000～2000ml，昼尿量：夜尿量约（3～4）:1。至少 1 次尿比重 >1.020（多为夜尿），1 次尿比重 <1.003。

（2）临床意义　3 小时尿比重试验和昼夜尿比重都用于诊断各种疾病对肾小管稀释－浓缩功能的影响。

### （二）尿渗量（尿渗透压）测定

尿渗量（osmolality, Osm）指尿液内具有渗透活性的全部溶质微粒总数量，单位为 mOsm/（kg·$H_2O$）。反映溶质与水的排出速度，与颗粒大小及所带电荷无关，蛋白质和葡萄糖等大分子物质对其影响小，是评价肾小管浓缩－稀释功能较好的指标。

**1. 参考值**　尿渗量为 600～1000mOsm/（kg·$H_2O$），平均 800mOsm/（kg·$H_2O$）。血浆渗量：275～305mOsm/（kg·$H_2O$），平均 300mOsm/（kg·$H_2O$）。尿渗量/血浆渗量比值为（3～4.5）:1。

**2. 临床意义**

（1）判断肾浓缩功能　尿渗量在 300mOsm/（kg·$H_2O$）左右时，即与正常血浆渗量相等，称为等渗尿；若 <300mOsm/（kg·$H_2O$），称低渗尿，见于尿崩症。若正常人禁饮 8 小时后尿渗量 <600mOsm/（kg·$H_2O$），且尿渗量/血浆渗量比值等于或小于 1，表明肾浓缩功能障碍，见于慢性肾盂肾炎、多囊肾等，也可见于慢性肾炎后期以及急、慢性肾衰竭累及肾小管和肾间质。

> **考点提示**
>
> 肾小管功能检查的内容

（2）鉴别肾前性、肾性少尿　肾前性少尿时，肾小管浓缩功能完好，尿渗量较高，常大于 450mOsm/（kg·$H_2O$）；肾性少尿时，尿渗量降低，常小于 350mOsm/（kg·$H_2O$）。

# 第五节　肝功能检查

PPT

肝脏是人体最大的腺体，参与人体物质代谢、分泌胆汁、解毒及灭活激素等功能。肝功能检查有助于肝胆疾病的诊断与病情观察，为临床治疗和护理提供相关依据，如通过检测血清酶及其同工酶活性或量的变化可早期发现肝脏的急性损伤，检测肝脏的代谢功能变化可为诊断肝脏疾病及评价肝功能状态提供参考依据。

## 一、蛋白质代谢功能检查

肝脏是蛋白质合成与分解代谢的重要器官，大多数血浆蛋白都在肝脏合成。当肝细胞受损时，血浆蛋白质合成减少。

### （一）血清总蛋白和清蛋白、球蛋白测定

肝细胞合成90%的血清总蛋白（serum total protein，STP）总蛋白主要由清蛋白（albumin，A）和球蛋白（globulin，G）组成。清蛋白（又称白蛋白）是由肝细胞合成的，肝细胞是合成清蛋白的唯一器官，肝细胞破坏后合成减少。球蛋白的主要成分是免疫球蛋白，免疫球蛋白由肝脏和肝脏以外的单核吞噬细胞系统产生，肝脏或肝脏以外慢性炎症刺激单核吞噬细胞系统，血清球蛋白增加。

**1. 参考值（成人）**

血清总蛋白：60～80g/L

血清清蛋白：40～55g/L

血清球蛋白：20～30g/L

A/G：（1.5～2.5）：1

**2. 临床意义**　血清总蛋白含量降低与清蛋白降低一致，升高则伴有球蛋白的增高。肝脏具有较强的代偿能力，清蛋白的半衰期为19～21天，当肝脏病变或病程达到一定程度时才出现总蛋白、清蛋白与球蛋白数值的改变。

（1）血清清蛋白　①血清清蛋白降低：常见于慢性肝炎、肝硬化、肝癌等，导致肝细胞合成清蛋白减少；蛋白摄入不足、消化吸收不良、慢性消耗性疾病如结核、甲状腺功能亢进等，导致合成原料不足从而使清蛋白减少；肾病综合征、严重烧伤等，使清蛋白丢失过多。②血清清蛋白增高：常见于各种原因引起的血液浓缩，如严重脱水、休克等。

（2）血清球蛋白　①血清球蛋白增高：常见于肝脏疾病，如慢性肝炎、肝硬化、慢性酒精性肝病等，引起球蛋白增高，增高程度与肝脏疾病严重程度相关。肝外疾病引起球蛋白增高，可见于多发性骨髓瘤、原发性巨球蛋白血症、结核病、疟疾等，因抗原－抗体反应也会导致球蛋白增高。②血清球蛋白降低：主要是合成减少，常见于3岁以下的婴幼儿，因免疫系统不完善导致的生理性减少；长期应用肾上腺皮质激素或免疫抑制剂；先天性低γ球蛋白血症。

（3）A/G倒置　清蛋白降低和（或）球蛋白增高均可引起A/G倒置，临床上常见于肝脏疾病如慢性肝炎、肝硬化、原发性肝癌等，肝外疾病如多发性骨髓瘤、原发性巨球蛋白血症等。

### （二）血清蛋白电泳

血清蛋白质在碱性环境中均带负电，在电场中会向阳极泳动，因血清中各种蛋白质的等电点及电荷量不同，它们在电场中的泳动速度也不同。电泳后从阴极开始依次为γ球蛋白、β球蛋白、$\alpha_2$球蛋白、$\alpha_1$球蛋白和白蛋白五个区带。

**1. 参考值**　醋酸纤维素膜法：

清蛋白　　　0.62～0.71(62%～71%)

$\alpha_1$球蛋白　0.03～0.04(3%～4%)

$\alpha_2$球蛋白　0.06～0.10(6%～10%)

β球蛋白　　0.07～0.11(7%～11%)

γ 球蛋白　0.09~0.18（9%~18%）

**2. 临床意义**

（1）常见于肝脏疾病　如肝炎、肝硬化、肝癌。γ 球蛋白增高与肝炎的严重程度呈正相关，慢性活动性肝炎与肝硬化会引起 γ 球蛋白增高；α1 球蛋白、α2 球蛋白在肝癌时明显增高。

（2）肝外疾病　如肾病综合征、糖尿病等导致 β 球蛋白、α2 球蛋白增高，γ 球蛋白不变或稍降低；骨髓瘤、原发性巨球蛋白血症等，γ 球蛋白、β 球蛋白升高。

## 二、胆红素代谢功能检查

正常人血清中胆红素是衰老的红细胞在肝脏、脾及单核巨噬细胞系统中分解的代谢产物，大部分胆红素经肝脏代谢作用后通过胆管系统随胆汁排入肠道。血清中的胆红素主要由非结合胆红素（unconjugated bilirubin，UCB）和结合胆红素（conjugated bilirubin，CB）组成，血清总胆红素（serum total bilirubin，STB）是非结合胆红素和结合胆红素的总和。通过检查血清中各项胆红素的浓度，可了解肝功能、鉴别黄疸类型及判断病情。

### （一）血清总胆红素

**1. 参考值**

新生儿：0~1 天　　34~103μmol/L

　　　　1~2 天　　103~171μmol/L

　　　　3~5 天　　68~137μmol/L

成人：3.4~17.1μmol/L

**2. 临床意义**　血清胆红素主要用于黄疸的诊断及判断黄疸的程度。

血清胆红素 17.1~34.2μmol/L，为隐性黄疸；血清胆红素 34.2~171μmol/L，为轻度黄疸；血清胆红素 171~342μmol/L，为中度黄疸；血清胆红素 >342μmol/L，为重度黄疸。溶血性黄疸总胆红素轻度增高；肝细胞性黄疸总胆红素增高；胆汁淤积性黄疸总胆红素明显增高。

### （二）血清非结合胆红素和结合胆红素

**1. 参考值**

结合胆红素：0~6.8μmmol/L

非结合胆红素：1.7~10.2μmmol/L

**2. 临床意义**　临床通过血中结合胆红素、非结合胆红素测定及尿内尿胆红素、尿胆原的检查进行黄疸的诊断与鉴别黄疸类型（表 6-3）。

> 💡 **考点提示**
>
> 溶血性黄疸、肝细胞性黄疸、阻塞性黄疸的鉴别。

表 6-3　正常人及常见黄疸的胆红素代谢结果

| | 血清胆红素（μmol/L） | | | 尿内胆色素 | |
| --- | --- | --- | --- | --- | --- |
| | CB | UCB | CB/STB | 尿胆红素 | 尿胆原（μmol/L） |
| 正常人 | 0~6.8 | 1.7~10.2 | 20%~40% | 阴性 | 0.84~4.2 |
| 溶血性黄疸 | 轻度增加 | 明显增加 | <20% | 阴性 | 明显增加 |
| 阻塞性黄疸 | 明显增加 | 轻度增加 | >50% | 强阳性 | 减少或缺如 |
| 肝细胞黄疸 | 中度增加 | 中度增加 | >20%，<50% | 阳性 | 正常或轻度增加 |

### 三、血清酶检查

肝脏是人体含酶最丰富的器官。当肝脏受损害时，细胞内各种酶释放入血，部分酶的活性异常，使酶的活性发生改变，因此检测血清酶的变化可了解肝脏病变情况。

#### （一）血清氨基转移酶

血清氨基转移酶简称转氨酶。临床上常用于检查肝细胞损伤的血清氨基转移酶主要有丙氨酸氨基转移酶（alanine aminotransferase，ALT）和天门冬氨酸氨基转移酶（aspartate aminotransferase，AST）。ALT 与 AST 广泛存在于多个器官当中，ALT 主要存在于肝脏，其次在骨骼肌、肾脏、心肌等；AST 主要存在于心肌，其次在肝脏、骨

**考点提示**

丙氨酸氨基转移酶是判定肝细胞损害的重要指标。

骼肌和肾脏。当肝细胞受损时，胞质内的 ALT 与 AST 都释放于血浆中，引起血清 ALT 与 AST 的酶活性增高，但测定 ALT 反映肝细胞受损的灵敏度比 AST 高。在严重肝细胞损伤时，导致线粒体中的 AST 释放于血清，引起血清中 AST/ALT 的比值升高。

**1. 参考值**

|  | 终点法（赖氏法） | 速率法（37℃） |
|---|---|---|
| ALT | 5～25 卡门单位 | 5～40U/L |
| AST | 8～28 卡门单位 | 8～40U/L |

**2. 临床意义**

（1）急性病毒性肝炎　ALT 与 AST 均显著升高，达到正常高值的 20～50 倍，但以 ALT 升高更为明显。ALT 是急性肝炎时最早升高的酶，当 ALT ＞ 300U/L、AST ＞ 200U/L，AST/ALT ＜ 1 时，是诊断病毒性肝炎的重要检测指标。在肝炎病毒感染后 1～2 周，转氨酶达到高峰，在 3～5 周时逐渐下降至正常。若转氨酶不能恢复正常或再上升，AST/ALT 的比值有升高倾向，提示肝炎由急性转为慢性。在急性重症肝炎时，病程初期转氨酶升高，以 ALT 升高为主，当肝炎病情出现恶化时，黄疸进行性加重，转氨酶下降可至正常值，出现"胆酶分离"的现象，提示肝细胞大量坏死，预后差。

（2）慢性病毒性肝炎　转氨酶轻度上升或正常，AST/ALT ＜ 1，若 AST 升高较 ALT 显著，AST/ALT ＞ 1，提示慢性肝炎进入活动期的可能。

（3）急性心肌梗死　6～8 小时内 AST 逐渐升高，可达正常值的 4～10 倍，18～24 小时达到最高峰，4～5 天后慢慢恢复正常。AST 的升高与心肌梗死的范围与程度相关，若数值进一步升高或恢复正常后再次升高，提示梗死的范围扩大或出现新的梗死部位。

#### （二）血清碱性磷酸酶

碱性磷酸酶（alkaline phosphatase，ALP）主要来源于肝脏、骨骼、小肠等，以肝脏与骨骼为主。肝脏的 ALP 经胆汁排出，当胆道阻塞导致胆汁排出受阻时，引起血清 ALP 升高，ALP 可作为肝胆疾病的临床辅助诊断指标之一。

**1. 参考值**　磷酸对硝基苯酚速率法（37℃）：成人男性，45～125U/L；成年女性，20～49 岁为 30～100U/L，50～79 岁为 50～135U/L。

**2. 临床意义**　碱性磷酸酶升高见于：①儿童、孕妇生理性增高；②肝胆系统疾病，如阻塞性黄疸、原发性肝癌等；③骨骼疾病，如佝偻病、骨折愈合期等。

### （三）血清 γ - 谷氨酰转移酶

γ - 谷氨酰转移酶（γ - glutamyl transferase，GGT）主要在细胞膜与线粒体上，参与谷胱甘肽的代谢。人体中的 GGT 主要分布在肝脏、肾脏、胰腺中，但血清中的 GGT 来自肝胆系统。肝脏中 GGT 广泛分布于整个胆管系统，当肝内合成 GGT 亢进或胆汁排出受阻时，血清中 GGT 增高。

**1. 参考值** γ - 谷氨酰 - 3 - 对硝基苯胺法（37℃）：男性，11～50U/L；女性，7～32U/L。

**2. 临床意义** 血清中 GGT 升高主要见于以下情况。

（1）胆管阻塞性疾病 GGT 是反映肝内占位性病变、胆汁淤积和胆道梗阻的主要敏感指标之一。常见于胆汁淤积、胆道梗阻、肝癌等。

（2）急、慢性病毒性肝炎及肝硬化 急性病毒性肝炎时，GGT 呈中度升高；慢性病毒性肝炎、肝硬化非活动期时，GGT 可正常，在病情处于活动期或病情恶化时 GGT 可持续升高。

（3）其他 急、慢性酒精肝炎时，GGT 升高，显著性升高提示酒精性肝病，检测 GGT 是酒精性肝损伤和戒酒的重要观察指标。另外，脂肪肝、胰腺炎、胰腺肿瘤等疾病 GGT 也可轻度升高。

# 第六节　脑脊液及浆膜腔积液检查

PPT

## 一、脑脊液检查

脑脊液（cerebrospinal fluid，CSF）是循环流动于脑和脊髓表面的一种无色透明液体，正常成人脑脊液的总量为 90～150ml。脑脊液在调节颅内压力、供给大脑营养物质、维持中枢神经系统正常 pH 值等起重要作用。病理情况下，血脑屏障被破坏，CSF 成分发生改变。因此，CSF 检查对中枢神经系统疾病的诊断具有重要意义。

### （一）标本采集

脑脊液标本一般通过腰椎穿刺采集，通过无菌法采取脑脊液，分别收集于 3 个无菌容器中，每管 1～2ml，分送细菌学、化学或免疫学及病理学检查，如怀疑为恶性肿瘤，则再采集 1 管做脱落细胞学检查，采集后应在检查单上注明标本采集的日期和时间即时送检，以免放置过久致细胞破坏、葡萄糖分解或形成凝块而影响检查结果。

### （二）一般性状检查

**1. 颜色** 正常脑脊液为无色透明液体。中枢神经系统感染、出血或肿瘤可导致脑脊液发生颜色改变。

（1）红色 出血引起，常见于蛛网膜下腔出血、脑室出血等。

（2）黄色 多因脑脊液中含有变性的血红蛋白、胆红素所致，常见于陈旧性蛛网膜下腔出血等。

（3）乳白色 因脑脊液中白细胞增多所致，见于化脓性脑膜炎。

（4）褐色 见于脑膜黑色素肉瘤等。

**2. 透明度及凝固性** 正常脑脊液清晰透明，放置 24 小时后不会形成薄膜及凝块。结核性脑膜炎的脑脊液常呈毛玻璃样轻度浑浊，静置 12～24 小时形成薄膜；化脓性脑膜炎则呈明显浑浊，静置 1～2 小时形成凝块或沉淀物。

### （三）化学检查

**1. 蛋白质测定**

（1）参考值 定性：阴性或弱阳性。定量：腰椎穿刺，0.20~0.4g/L。

（2）临床意义 ①脑脊液蛋白质含量显著增高，见于化脓性脑膜炎；②中度增高，见于结核性脑膜炎；③轻度增高，见于病毒性脑膜炎时；脑出血或蛛网膜下腔出血脑脊液蛋白质含量也可增加。

**2. 葡萄糖测定**

（1）参考值 腰椎穿刺：2.5~4.4mmol/L（腰池）。

（2）临床意义 ①葡萄糖含量增高，见于新生儿、早产儿、脑出血、病毒性脑炎及糖尿病；②葡萄糖减少，见于中枢神经系统感染性疾病，如结核性脑膜炎、化脓性脑膜炎，显著减少见于化脓性脑膜炎。

**3. 氯化物测定**

（1）参考值 成人，120~130mmol/L；儿童，111~123mmol/L。

（2）临床意义 ①氯化物减少，见于化脓性脑膜炎，明显减少见于结核性脑膜炎；②氯化物增多，见于尿毒症、心力衰竭等。

### （四）显微镜检查

**1. 细胞计数** 正常脑脊液中无红细胞，仅有少量白细胞。

（1）参考值 成人 $(0~8)×10^6/L$，儿童 $(0~15)×10^6/L$。

（2）临床意义 ①化脓性脑膜炎细胞数可达 $1000×10^6/L$，以中性粒细胞为主；②结核性脑膜炎细胞数 $<500×10^6/L$，中性粒细胞和淋巴细胞同时存在；③病毒性脑膜炎细胞数 $(10~50)×10^6/L$，以淋巴细胞为主。

**2. 细菌学检查** 常用直接涂片法。正常脑脊液无细菌。

### （五）常见脑膜疾病的脑脊液检查特点

常见脑膜疾病的脑脊液检查特点见表6-4。

表6-4 常见脑膜疾病的脑脊液检查特点

| 常见脑膜疾病 | 压力（KPa） | 外观 | 蛋白质定量（g/L） | 葡萄糖（mmol/L） | 氯化物（mmol/L） | 细胞计数及分类（$10^6$/L） |
|---|---|---|---|---|---|---|
| 化脓性脑膜炎 | 明显增高 | 浑浊 | 明显增高 | 明显降低 | 降低 | 显著增高、中性粒细胞为主 |
| 病毒性脑膜炎 | 轻度增加 | 清晰或微浑 | 轻度增高 | 正常或稍高 | 正常 | 增高，以淋巴细胞为主 |
| 结核性脑膜炎 | 增加 | 微微浑，呈毛玻璃样静止后有薄膜形成 | 增高 | 降低 | 明显降低 | 增高，以淋巴细胞为主 |

## 二、浆膜腔积液检查

浆膜腔是指人体的腹腔、胸腔、心包腔。正常情况下，腔内含有少量液体，起润滑作用。病理情况下，浆膜腔内液体明显增多称为浆膜腔积液。浆膜腔积液根据产生的原因及性质的不同，分为漏出液和渗出液两大类，前者为非炎性积液，常由于血浆胶体渗透压降低、毛细血管内流体静脉压升高或淋巴管阻塞而产生；后者为炎性积液，多由感染、外伤、化学刺激及恶性肿瘤等原因引起。

### （一）外观

**1. 颜色** 漏出液多为淡黄色。渗出液的颜色随病因而变化，如恶性肿瘤、结核性腹膜炎等多呈红色血性；铜绿假单胞菌感染等呈绿色；化脓性细菌感染多呈淡黄色脓性。

**2. 透明度** 漏出液多为透明液体；渗出液呈不同程度的浑浊，化脓性细菌感染最浑浊。

**3. 凝固性** 漏出液中只有少量纤维蛋白原，一般不易凝固；渗出液中含有纤维蛋白原、细菌及组织裂解产物，常自行凝固。

**4. 比重** 漏出液含细胞、蛋白尿少，比重低于1.015；渗出液含细胞、蛋白尿多比重高于1.018。

### （二）细胞计数

漏出液细胞较少，常 $<100 \times 10^6/L$，主要为淋巴细胞；渗出液细胞常 $>500 \times 10^6/L$，若以中性粒细胞增高为主，常见于化脓性积液及结核性积液的早期；若以淋巴细胞增高为主，常见于结核性、肿瘤性等慢性炎症；若以嗜酸性粒细胞增高为主，常见于过敏性疾病或寄生虫病等。

### （三）蛋白质

**1. 蛋白定量试验** 漏出液蛋白总量多 $<25g/L$；渗出液蛋白总量 $>30g/L$。

> 考点提示
>
> 漏出液、渗出液的鉴别要点。

**2. 黏蛋白定性试验** 漏出液多为阴性反应；渗出液多为阳性反应。

### （四）漏出液与渗出液的鉴别诊断

漏出液与渗出液的鉴别诊断见表6-5。

表6-5 漏出液与渗出液的鉴别诊断

| 项目 | 漏出液 | 渗出液 |
| --- | --- | --- |
| 病因 | 非炎性 | 炎症性外伤、肿瘤、理化刺激 |
| 颜色 | 淡黄色 | 黄色、红色、乳白色 |
| 透明度 | 透明或微浑 | 浑浊或乳糜样 |
| 比重 | <1.015 | >1.018 |
| 凝固性 | 不易凝固 | 易凝固 |
| 黏蛋白定性 | 阴性 | 阳性 |
| 蛋白质定量 | <25g/L | >30g/L |
| 葡萄糖定量 | 与血糖接近 | <3.33 |
| 细胞计数 | $<100 \times 10^6/L$ | $>500 \times 10^6/L$ |
| 细胞分类 | 以淋巴细胞为主 | 急性炎症以中性粒细胞为主，慢性炎症、淋巴细胞为主 |
| 细菌学检查 | 阴性 | 可找到病原菌 |

# 第七节 常用血液生化检查

PPT

## 一、血清电解质测定

### （一）血清钠测定

钠是细胞外液的主要阳离子，主要功能是维持体液正常的渗透压、酸碱平衡及肌肉－神经的应激作用。

**1. 参考值** 135～145mmol/L。

**2. 临床意义**

（1）增高 血清钠＞145mmol/L为高钠血症。见于：①摄入过多，如进食过量钠盐或输注大量的高渗盐水；②水分丢失过多，如严重呕吐、长期腹泻、大量出汗等；③肾排钠减少，如肾上腺皮质功能亢进症等。

（2）降低 血清钠＜135mmol/L为低钠血症。见于：①摄入不足，见于长期低钠饮食、不恰当输液等；②丢失过多，见于反复腹泻、严重呕吐、胃肠造瘘后、大剂量应用排钠利尿剂等。

### （二）血清钾测定

钾是细胞内液的主要阳离子。钾的主要生理功能是维持细胞代谢、细胞内渗透压和酸碱平衡、神经－肌肉应激性和心肌的节律性。

**1. 参考值** 3.5～5.5mmol/L。

**2. 临床意义**

（1）增高 血清钾＞5.5mmol/L为高钾血症。见于：①排泄减少，如急、慢性肾衰竭等；②摄入过多，如输入大量库存血、补钾过多过快、过度使用含钾药物；③细胞内钾外移过多，如创伤、大面积烧伤、挤压综合征等。

（2）降低 血清钾＜3.5mmol/L为低钾血症。见于：①钾丢失过多，如严重呕吐、长期腹泻、大剂量应用排钾利尿剂等；②钾摄入不足，如长期低钾饮食、禁食等；③细胞外钾内移，如代谢性碱中毒、大量应用胰岛素等。

### （三）血清钙测定

人体内的钙99%以磷酸钙的形式存在于骨骼和牙齿中。钙离子的主要功能是减低神经、肌肉的兴奋性、维持心肌传导的兴奋性和节律性，参与肌肉收缩和神经传导，参与凝血过程。钙的吸收、调节、排泄发生障碍，均可引起血清钙的异常。

**1. 参考值** 血清总钙，2.25～2.58mmol/L；离子钙，1.10～1.34mmol/L。

**2. 临床意义**

（1）增高 血清总钙＞2.58mmol/L为高钙血症。见于大量应用维生素$D_3$、甲状旁腺功能亢进、多发性骨髓瘤等。

（2）降低 血清总钙＜2.25mmol/L为低钙血症。见于：①摄入不足，如长期低钙饮食；②吸收减少，如维生素$D_3$缺乏、婴儿手足搐搦症等；③成骨作用增强，如甲状旁腺功能减低症等。

### （四）血清磷测定

血清磷与血清钙有一定的浓度关系，即正常人的钙、磷浓度（mg/dl）乘积为36～40。体内的磷以有机磷和无机磷两种形式存在。磷的主要功能是调节酸碱平衡、参与多种酶促反应、糖、脂类及氨基酸代谢，参与骨骼组成。

**1. 参考值** 0.97～1.61mmol/L。

**2. 临床意义**

（1）增高 血清磷＞1.61mmol/L为升高。见于：①排出障碍，见于肾功能不全；②吸收增加，摄入过多维生素$D_3$，可促进肠道吸收钙、磷，导致血清钙、磷均增高。

（2）降低 血清磷＜0.97mmol/L为降低。见于：①摄入不足，见于饥饿、活性维生素$D_3$缺乏等；②丢失过多，见于大量呕吐、血液透析等。

### （五）血清氯测定

氯是细胞外液的阴离子，常伴随钠的摄入和排出。氯的主要功能是调节体内酸碱平衡，渗透压，水、电解质平衡以及参与胃液中胃酸的生成。

**1. 参考值** 95~105mmol/L。

**2. 临床意义**

（1）增高 血清氯>105mmol/L为高氯血症。见于：①摄入过多，如高盐饮食或静脉补充大量的氯化钠等；②排出减少，如急（慢）性肾功能不全少尿期等；③血液浓缩，如频繁呕吐、反复腹泻、大量出汗等。

（2）降低 血清氯<95mmol/L为低氯血症。见于：①丢失过多，如严重呕吐、腹泻、反复应用利尿剂等；②摄入不足、饥饿、营养不良、低盐治疗等。

## 二、血清脂质及脂蛋白测定 🅔微课

血液中所有的脂质总称为血脂，包括总胆固醇、三酰甘油、磷脂和游离脂肪酸。

### （一）血清总胆固醇测定

血清总胆固醇（total cholesterol，TC）来源于食物及体内的合成或转化，血液中的胆固醇70%是胆固醇酯，30%为游离胆固醇。胆固醇是细胞膜的重要组成成分，也是合成胆汁酸、肾上腺皮质激素及性激素的重要原料。血清总胆固醇是动脉粥样硬化的一种危险因素。

**1. 参考值** 合适水平：<5.20mmol/L。

　　　　　边缘水平：5.20~6.20mmol/L。

　　　　　升高水平：>6.20mmol/L。

**2. 临床意义**

（1）增高 见于：①动脉粥样硬化所致的心、脑血管疾病；②各种高脂蛋白血症、甲状腺功能减退症、肾病综合征等；③长期吸烟、饮酒、精神紧张；④应用某些药物后：如糖皮质激素、阿司匹林等。TC增高对动脉粥样硬化症、冠状动脉粥样硬化性心脏病的诊断有重要意义。

（2）降低 见于：①严重肝病，如肝硬化晚期和急性重型肝炎等；②营养不良、严重贫血等；③甲状腺功能亢进症；④应用某些药物，如雌激素、甲状腺激素等。

### （二）血清三酰甘油测定

三酰甘油（triglyceride，TG）直接参与胆固醇及胆固醇酯的合成，也是动脉粥样硬化的危险因素之一。

**1. 参考值** 合适水平：0.56~1.69mmol/L。

　　　　　边缘水平：1.70~2.30mmol/L。

　　　　　升高水平：>2.30mmol/L。

**2. 临床意义**

（1）增高 见于冠状动脉粥样硬化性心脏病、原发性高脂血症、肥胖症、肾病综合征、高脂饮食等。

（2）降低 见于严重肝脏疾病、甲状腺功能亢进症等。

### （三）血清高密度脂蛋白测定

血清高密度脂蛋白（high density lipoprotein，HDL）是抗动脉粥样硬化因子，增高有利于外周组织清除胆固醇，防止动脉粥样硬化的发生。

**1. 参考值** 正常值：1.03～2.07mmol/L。

合适水平：＞1.04mmol/L。

降低：≤1.0 mmol/L。

**2. 临床意义**

（1）增高 对防止动脉粥样硬化、预防冠状动脉粥样硬化性心脏病有重要作用。其他增高可见于慢性肝炎、原发性胆汁性肝硬化等。

（2）降低 常见于动脉粥样硬化症、糖尿病、慢性肾衰竭、急性感染等。

### （四）血清低密度脂蛋白测定

血清低密度脂蛋白（low density lipoprotein，LDL）是致动脉粥样硬化因子，增高易形成泡沫细胞留在血管壁内，导致动脉粥样硬化的发生。

> **考点提示**
>
> HDL、LDL 与心脑血管疾病的关系。

**1. 参考值** 合适水平：≤3.4mmol/L。

边缘水平：3.4～4.1mmol/L。

升高水平：＞4.1mmol/L。

**2. 临床意义**

（1）增高 是冠状动脉粥样硬化性心脏病的危险因子。其增高与冠心病发病呈正相关。其他，LDL增高可见于遗传性高脂蛋白血症、肾病综合征、甲状腺功能减退症、使用雄激素等药物。

（2）降低 常见于甲状腺功能亢进症、肝硬化、吸收不良、长期低脂饮食等。

### （五）血清脂蛋白测定

脂蛋白可以携带大量的胆固醇结合于血管壁上，有促进动脉粥样硬化、血栓形成的作用。

**1. 参考值** 0～300mg/L。

**2. 临床意义**

（1）增高 作为动脉粥样硬化的单项预报因子确定是否存在冠心病，还可见于阻塞性黄疸、肾脏疾病等。

（2）降低 主要见于甲状腺功能减退症、吸收不良等。

## 三、血糖及代谢物检测

血糖是指血液中的葡萄糖，是供给机体能量的主要物质。正常情况下，血糖浓度受肝脏、胰岛素、内分泌激素和神经等因素的调节，使葡萄糖的分解与合成处于动态平衡，所以血糖基本保持稳定。

### （一）空腹血糖

空腹血糖（fasting blood glucose，FBG）是目前诊断糖尿病的主要依据，也是判断糖尿病病情和控制程度的主要指标。为糖代谢紊乱中最常用的筛查指标。

**1. 标本采集** 以空腹血葡萄糖检测较为方便，结果也最准确。采血前禁食8小时、禁止吸烟。停用胰岛素和降糖药物，避免精神紧张和剧烈运动等。标本采集过程中防止溶血，采集后尽快送检。

**2. 参考值** 成人：3.9～6.1mmol/L。

**3. 临床意义**

（1）血糖增高

1）生理性血糖增高　见于饭后 1 ~ 2 小时、高糖饮食等。

2）病理性血糖增高　①各型糖尿病；②内分泌疾病，如巨人症、皮质醇增多症等；③应激性高血糖，见于颅脑外伤、心肌梗死、急性感染等；④药物影响，如噻嗪类利尿剂、口服避孕药等；⑤肝脏或胰腺疾病，如严重肝病、坏死性胰腺炎等。

（2）血糖降低

1）生理性低血糖　见于饥饿和剧烈运动后。

2）病理性血糖降低　①胰岛素分泌过多，如胰岛素用量过大、口服降糖药过量等；②缺乏抗胰岛素激素，如肾上腺皮质激素、生长激素等；③肝糖原贮存缺乏性疾病，如重症肝炎、肝硬化、肝癌等；④消耗性疾病，严重营养不良等。

### （二）口服葡萄糖耐量试验

口服葡萄糖耐量试验（oral glucose tolerance test，OGTT）是诊断糖尿病的重要指标。临床上疑似糖尿病患者常用 OGTT 试验来明确诊断。正常人口服或注射一定量的葡萄糖后血糖会暂时升高，促使胰岛素分泌增加，使血糖在较短时间内降至空腹水平，此为正常人的葡萄糖耐受性。病理情况下，口服或注射一定量的葡萄糖后，血糖骤然升高，短时间不能降至原有水平，称为糖耐量减低。应用葡萄糖 75g 溶于 300ml 温水中，5 分钟内饮完，摄入葡萄糖前及其后 0.5 小时、1 小时、2 小时和 3 小时各采静脉血标本 1 次，同时留取尿标本，分别测定血糖及尿糖。

**1. 参考值**　空腹血糖 3.9 ~ 6.1mmol/L；口服葡萄糖后 30 ~ 60 分钟血糖达高峰，峰值 <11.1mmol/L（一般为 7.8 ~ 9.0mmol/L）；2 小时血糖 < 7.8mmol/L；3 小时后恢复至空腹血糖水平，每次尿糖均为阴性。

**2. 临床意义**

（1）诊断糖尿病　①有糖尿病症状：空腹血糖 >7.0mmol/L；②OGTT 2 小时血糖 >11.1mmol/L；③具有临床症状：随机血糖 >11.1mmol/L，且伴尿糖阳性者。

（2）判断糖耐量减低　空腹血糖 <7.0mmol/L，2 小时血糖在 7.8 ~ 11.1mmol/L，且血糖达高峰时间延长至 1 小时后，血糖恢复正常时间延至 2 ~ 3 小时后，同时伴有尿糖阳性，称为糖耐量减低。见于 2 型糖尿病、甲状腺功能亢进症等。

> **考点提示**
>
> 糖尿病的诊断标准。

（3）葡萄糖耐量曲线低平　指口服葡萄糖后血糖上升不明显，2 小时后仍处于低水平。可见于胰岛 B 细胞瘤、甲状腺功能亢进症、肾上腺皮质功能减退症等。

### （三）糖化血红蛋白检测

糖化血红蛋白（glycosylated hemoglobin，GHb）是在红细胞生存期间血红蛋白（HbA）与己糖（主要是葡萄糖）缓慢、连续的非酶促反应的产物。其反映被检者近 2 ~ 3 个月的平均血糖水平，对糖尿病的长期监测有意义。

**1. 参考值**　$HbA_{1c}$ 4% ~ 6%，$HbA_1$ 5% ~ 8%。

**2. 临床意义**

（1）评价糖尿病控制程度　GHb 增高提示糖尿病控制不良，其值越高，血糖水平越高，病情越重。

（2）预测血管并发症　GHb 长期增高，可引起组织缺氧而发生血管并发症，$HbA_1$ >10%，提示并发症严重，预后较差。

## （四）血清胰岛素和胰岛素释放实验

糖尿病时，由于胰岛 B 细胞功能障碍和胰岛素抵抗，出现血糖增高和胰岛素降低的分离现象。胰岛素释放实验是在进行 OGTT 的同时，分别于空腹和口服葡萄糖后 10 分钟、1 小时、2 小时、3 小时检测血清胰岛素浓度的变化。

**1. 参考值**

（1）空腹胰岛素 10～20mU/L。

（2）释放实验 口服葡萄糖后胰岛素高峰在 0.5～1 小时，峰值为空腹胰岛素的 5～10 倍。2 小时胰岛素 <30mU/L，3 小时后达到空腹水平。

**2. 临床意义**

（1）胰岛素改变 1 型糖尿病空腹胰岛素明显降低，口服葡萄糖后高峰低平。2 型糖尿病空腹胰岛素可正常、稍高或减低，口服葡萄糖后高峰延迟。

（2）胰岛 B 细胞瘤 常出现高胰岛素血症，胰岛素呈高水平，但血糖降低。

# 四、心肌酶和心肌蛋白测定

## （一）肌酸激酶测定

肌酸激酶（creatine kinase，CK）又称肌酸磷酸激酶（creatine phosphatase kinase，CPK），主要存在于胞质和线粒体中，以骨骼肌和心肌含量最多，其次是脑组织和平滑肌。CK 有 3 种不同亚型（即 CK - MM、CK - MB、CK - BB），其中 CK - MB 主要存在于心肌中，当心肌损伤时，大量 CK - MB 释放入血，使血液中该酶活性增高。

**1. 参考值** 速率法：男性 50～310U/L；女性 40～200U/L。

**2. 临床意义** CK - MB 可用于急性心肌梗死（AMI）的早期诊断，具有高度特异性。CK - MB 增高见于急性心肌梗死、急性脑外伤等。

## （二）肌钙蛋白测定

心肌肌钙蛋白（cardiac troponin，cTn）是肌肉收缩的调节蛋白，分别由肌钙蛋白 C（TnC）、肌钙蛋白 T（cTnT）和肌钙蛋白 I（cTnI）3 种亚型组成。其中 cTnI 和 cTnT 对心肌特异性最高，对诊断心肌缺血损伤的严重程度有重要价值。

**1. 参考值** cTnT：$0.02～0.13\mu g/L$ 为正常，$>0.2\mu g/L$ 为临界值，$>0.5\mu g/L$ 可以诊断急性心肌梗死。cTnI：$<0.2\mu g/L$ 为正常，$>1.5\mu g/L$ 为临界值。

**2. 临床意义**

（1）急性心肌梗死 cTnT 和 cTnI 是目前 AMI 的确诊标志物，灵敏度、特异性较高。在 AMI 发生 3～6 小时血中 cTnT 和 cTnI 很快升高，可持续几天乃至 2 周。对非 Q 波性、亚急性 AMI 或 CK - MB 无法诊断的患者更有价值。

（2）判断微小心肌损伤 如不稳定型心绞痛患者出现 cTn 阳性，提示已发生微小心肌损伤，预后较差。

## （三）肌红蛋白检测

肌红蛋白（myoglobin，Mb）是一种存在于骨骼肌和心肌中的含氧结合蛋白，正常人血清肌红蛋白的含量极少。当心肌或骨骼肌损伤时，血液中的肌红蛋白水平升高，对诊断急性心肌梗死和骨骼肌损伤有一定的价值。

**1. 参考值**　定性：阴性。定量：男性 28～72μg/L，女性 25～58μg/L。

**2. 临床意义**

（1）诊断急性心肌梗死　AMI 发病后 0.5～2 小时肌红蛋白即可升高，5～12 小时达高峰，18～30 小时恢复正常，所以肌红蛋白可作为早期诊断 AMI 的指标，优于 CK－MB。肌红蛋白是溶栓治疗中判断有无再灌注较敏感而准确的指标。

（2）其他　骨骼肌损伤、急性或慢性肾衰竭。

# 第八节　临床常用免疫学检查

PPT

临床免疫学检查常用于自身免疫病、感染性疾病、变态反应性疾病及免疫缺陷等疾病的诊断及疗效观察。主要包括以下几种检查。

## 一、血清免疫球蛋白

免疫球蛋白（immunoglobulin，Ig）是一组具有抗体活性的球蛋白，由浆细胞合成和分泌，分布在血液、体液及部分细胞的表面。分为 IgA、IgG、IgM、IgE 和 IgD 五类。

**1. 参考值**　IgG：7.0～16.6g/L。

IgA：0.7～3.5g/L。

IgM：0.5～2.6g/L。

IgE：0.1～0.9mg/L。

IgD：0.6～2.0g/L。

**2. 临床意义**

（1）增高　①单克隆性免疫球蛋白增高：表现为某一种 Ig 增高，见于免疫增殖性疾病，如多发性骨髓瘤、巨球蛋白血症等。②多克隆性免疫球蛋白增高：即机体受抗原刺激后各种 Ig 同时增高，见于各种慢性感染、自身免疫病等。③IgE 增高：见于变态反应、寄生虫病及皮肤过敏等。

（2）降低　见于各种先天性或获得性体液免疫缺陷病，如先天性无丙球蛋白血症及长期使用免疫抑制剂者。

## 二、血清补体

补体（complement，C）是一组具有酶原活性的糖蛋白，其参与机体的免疫反应和免疫损伤。

### （一）总补体溶血活性测定

**1. 参考值**　$CH_{50}$：50～100kU/L。

**2. 临床意义**

（1）增高　见于急性炎症、组织损伤和某些恶性肿瘤。

（2）降低　见于各种免疫复合物性疾病，如肾小球肾炎、自身免疫病和慢性肝病等。

### （二）$C_3$ 含量测定

**1. 参考值**　$C_3$ 0.8～1.5g/L。

**2. 临床意义**

（1）增高　见于急性炎症、传染病早期、某些恶性肿瘤等。

（2）降低　主要见于系统性红斑狼疮、急性肾小球肾炎等。

## 三、肿瘤标志物

肿瘤标志物是由肿瘤细胞合成、释放或是机体对肿瘤细胞反应而产生或升高的一类物质。肿瘤标志物存在于血液、细胞、组织或体液中，反映肿瘤的存在和生长。通过对肿瘤标志物的检测，可对肿瘤的诊断、治疗和复发起到监测作用，对预后的判断也有一定的价值。

### （一）甲胎蛋白测定

甲胎蛋白（alpha fetoprotein，AFP）是胎儿早期由肝脏和卵黄囊合成的一种糖蛋白，出生后血清中的 AFP 受到抑制而很快消失。当肝细胞或生殖腺胚胎组织发生恶变时，血中 AFP 含量明显升高。

**1. 参考值**　放射免疫法、酶联免疫吸附法 <25μg/L。

**2. 临床意义**

（1）AFP 增高主要见于原发性肝癌，半数患者 AFP >300μg/L。

（2）生殖腺胚胎肿瘤（卵巢癌、畸胎瘤）、胃癌、胰腺癌时血中 AFP 含量也可升高。

（3）病毒性肝炎、肝硬化时 AFP 升高，通常 <300μg/L。

（4）孕妇血中 AFP 也可升高，但 <400μg/L，分娩后 3 周恢复正常。

> **考点提示**
>
> AFP 是特异性最强的标记物和诊断肝癌的主要指标。

### （二）癌胚抗原测定

癌胚抗原（carcinoembryonic antigen，CEA）是一种富含多糖的蛋白复合物。早期胎儿的消化管及某些组织均有合成癌胚抗原的能力，但怀孕 6 个月以后含量逐渐降低，出生后含量极低。

**1. 参考值**　ELISA 法、CLIA 法和 RIA 法：血清 <5μg/L。

**2. 临床意义**

（1）CEA 增高　主要见于胰腺癌、结肠癌、乳腺癌、直肠癌等。

（2）CEA 轻度升高　见于结肠炎、胰腺炎、肝脏疾病等。

（3）观察病情　病情好转时 CEA 浓度下降，病情加重时可升高。

## 四、自身抗体测定

### （一）类风湿因子测定

类风湿因子（rheumatoid factor，RF）是一种变性 IgG 刺激机体产生的抗体，主要存在于类风湿关节炎患者的血清中。

**1. 参考值**　阴性。

**2. 临床意义**

（1）70% 的类风湿关节炎患者 RF 呈阳性，且滴度与疾病活动性成正比。

（2）RF 阳性也见于一些自身免疫病如系统性红斑狼疮、系统性硬化症等。

### （二）抗核抗体测定

抗核抗体（antinuclear antibody，ANA）是指以自身细胞核成分为抗原产生的自身抗体。

**1. 参考值**　阴性；血清滴度 >1∶40 为阳性。

**2. 临床意义**　ANA 是自身免疫病的筛选试验。ANA 阳性见于：未治疗的系统性红斑狼疮、药物性狼疮、自身免疫性肝炎、桥本甲状腺炎、皮肌炎等。

### （三）抗 DNA 抗体测定

抗 DNA 抗体（抗 – DNA）主要有抗双链 DNA 抗体（抗 ds – DNA）和抗单链 DNA 抗体（抗 ss – DNA）两种。抗 ds – DNA 抗体的靶抗原是细胞核中 DNA 的双螺旋结构。

**1. 参考值**　阴性。

**2. 临床意义**　抗 ds – DNA 抗体阳性见于活动期系统性红斑狼疮（SLE），阳性率 70% ~90%，特异性较高，是诊断 SLE 的重要指标之一。抗 ss – DNA 抗体阳性见于 SLE（阳性率 70% ~95%），尤其是合并有狼疮性肾炎的情况。

### （四）抗甲状腺球蛋白抗体测定

甲状腺球蛋白（thyroglobulin，TG）是由甲状腺滤泡细胞合成的一种糖蛋白，抗甲状腺蛋白抗体（ATG – Ab）是一种针对甲状腺球蛋白产生的抗体。

**1. 参考值**　阴性。

**2. 临床意义**　阳性主要见于桥本甲状腺炎、甲状腺功能亢进症等。

## 五、病毒性肝炎标志物

### （一）甲型肝炎病毒标志物测定

甲型肝炎病毒（hepatitis A virus，HAV）属微小 RNA 病毒科，主要通过粪 – 口途径传播。HAV 感染后，机体在急性期和恢复早期出现抗 HAV – IgM，恢复后期出现抗 HAV – IgG，并可维持终身，可对甲型肝炎有免疫防御能力。

**1. 参考值**　ELISA 法：抗 HAV – IgM 为阴性，如感染过 HAV，抗 HAV – IgG 可终生阳性。

**2. 临床意义**

（1）抗 HAV – IgM 阳性是早期诊断甲肝的特异性指标。

（2）抗 HAV – IgG 阳性提示既往感染，是一种保护性抗体，可作为流行病学调查的指标。

### （二）乙型肝炎病毒标志物测定

乙型肝炎病毒（hepatitis B virus，HBV）属嗜肝 DNA 病毒科，主要通过血液途径传播，也可由性接触和垂直传播，机体感染后产生 3 种不同的抗原抗体系统，即乙型肝炎病毒表面抗原（HBsAg）和乙型肝炎病毒表面抗体（抗 – HBs）、乙型肝炎病毒 e 抗原（HBeAg）和乙型肝炎病毒 e 抗体（抗 – HBe）、乙型肝炎病毒核心抗原（HBcAg）和乙型肝炎病毒核心抗体（抗 – HBc）。HBcAg 主要存在于受感染的肝细胞内，一般临床不作为常规检测指标。

**1. 参考值**　均为阴性。

**2. 临床意义**

（1）HbsAg 阳性　表示乙肝病毒感染，如无任何临床表现，肝功能正常，而 HbsAg 持续 6 个月以上阳性者为慢性乙型病毒携带者。

（2）抗 – HBs　是保护性抗体，抗 – HBs 阳性表明既往感染过 HBV 现已恢复，或注射过乙肝疫苗，提示机体有一定的免疫力。

（3）HbeAg　阳性表明乙肝病毒处于复制期，具有较强的传染性。HBeAg 持续阳性，表明肝细胞损害较重，易发展为慢性乙型肝

> **考点提示**
>
> "大三阳"和"小三阳"分别是什么？

炎或肝硬化。

（4）抗 – Hbe　阳性表示大部分乙肝病毒被消除，病毒复制减少，传染性减低，部分慢性乙型肝炎、肝硬化、肝癌患者可检出抗 – Hbe。

（5）抗 – HBc　阳性为肝细胞受到 HBV 侵害的指标。主要包括 IgM 和 IgG 型，抗 – HBc – IgM 阳性见于急性乙型肝炎发病期，是判断病毒复制、传染性强的重要指标。抗 – HBc – IgG 高滴度说明患者正在感染，低滴度说明既往感染过 HBV，在体内持续时间长。

（6）HBV 血清学标志物检测结果与分析　见表 6 – 6。

表 6 – 6　HBV 血清学标志物检测结果与分析

| 血清学标志物 | | | | | 血液 | 检测结果分析 |
|---|---|---|---|---|---|---|
| HBsAg | 抗 – HBs | HBeAg | 抗 – HBe | 抗 – HBc | 传染性 | |
| + | – | + | – | – | 强 | 潜伏期或者急性乙肝早期（症状前期） |
| + | – | + | – | + | 强 | 急、慢性乙型肝炎（俗称"大三阳"） |
| + | – | – | + | + | 弱 | 乙肝后期或者慢性携带者（俗称"小三阳"） |
| – | + | – | + | + | 无 | 感染恢复期 |
| – | + | – | – | + | 无 | 感染恢复期或既往有感染史，目前有免疫力 |
| – | – | – | – | + | 不定 | 急性感染窗口期，或既往感染，有流行病学意义 |
| – | + | – | – | – | 无 | 疫苗接种或既往感染后获得免疫力 |

### （三）丙型肝炎病毒标志物测定

丙型肝炎病毒（hepatitis C virus，HCV）是一种 RNA 病毒，主要通过输血途径传播。检测抗 HCV 抗体是临床上诊断 HCV 感染的依据之一，丙型肝炎病毒抗体分为 IgM 和 IgG 型。

**1. 参考值**　阴性

**2. 临床意义**

（1）抗 HCV 为非保护性抗体，阳性是诊断 HCV 的重要依据。

（2）抗 HCV – IgM 阳性见于急性 HCV 感染，是诊断丙肝的早期灵敏指标，也是判断 HCV 活动性、传染性的指标。抗 HCV – IgG 是机体既往感染过 HCV 的标志，但不能作为感染的早期指标，阴性不能完全排除 HCV 感染。

## 六、感染免疫检测

### （一）梅毒血清学检查

梅毒螺旋体（microspironema pallidum）侵入人体后，血清中可出现特异性及非特异性抗体。

**1. 参考值**

（1）特异性抗体的确诊试验　阴性。

（2）非特异性抗体的定性试验　阴性。

**2. 临床意义**　定性试验为筛选试验，阳性情况下，再做确诊试验，确诊试验阳性即可确诊梅毒。

### （二）艾滋病血清学检查

艾滋病（acquired Immune deficiency syndrome，AIDS）血清学检查包括人获得性免疫缺陷病毒抗体（抗 – HIV）测定和人获得性免疫缺陷病毒 RNA（HIV – RNA）测定。

**1. 参考值**

（1）筛选试验　抗－HIV 阴性。

（2）确诊试验　阴性。

**2. 临床意义**　先做筛选试验，阳性情况下，再做确诊试验，确诊试验阳性，特别是 RT－PCR 法 HIV－RNA 阳性，即可早期确诊 AIDS。

### （三）肥达反应

伤寒、副伤寒杆菌含有菌体"O"抗原和鞭毛"H"抗原（副伤寒杆菌甲、乙、丙的"H"抗原分别为 A、B、C），两者可刺激人体产生相应的抗体。肥达反应（Widal reaction，WR）就是将伤寒、副伤寒杆菌的菌液分别和患者的血清在生理盐水介质中进行凝集反应，根据是否发生凝集及凝集价的高低来协助伤寒、副伤寒的诊断。

**1. 参考值**　O 凝集价 <1∶80。

伤寒 H 凝集价 <1∶160，副伤寒 A、B、C 凝集价 <1∶80。

**2. 临床意义**

（1）本试验可作为伤寒、副伤寒的辅助诊断。① O 升高，H 升高：提示伤寒可能。② O 升高，H 正常：提示伤寒发病早期或其他沙门菌感染的交叉反应。③ O 升高，H 升高：A、B、C 任何一项升高，可能分别为副伤寒甲、乙、丙。④ O 正常，H 升高：提示不久前曾患过伤寒或伤寒疫苗接种后，或非特异性回忆反应。

（2）肥达反应单次效价增高，判断可靠性差，必要时进行动态观察，一般 5～7 天复查一次，若双份血清效价增高 >4 倍，则诊断价值较大。

（3）部分伤寒患者疾病早期使用过抗生素、肾上腺皮质激素或者是免疫功能低下的老弱患者，肥达反应效价始终不高或出现阴性。

## 目标检测

答案解析

### 一、选择题

1. 成年男性，血红蛋白的参考范围是（　　）

　　A. 90～160g/L　　　　　B. 120～160g/L　　　　　C. 120～180g/L

　　D. 120～200g/L　　　　　E. 110～150g/L

2. 健康成人白细胞计数是（　　）

　　A. （4～10）×10$^9$/L　　　B. （1～10）×10$^9$/L　　　C. （2～10）×10$^9$/L

　　D. （3～10）×10$^9$/L　　　E. （4～15）×10$^9$/L

3. 健康成人尿量参考范围是（　　）

　　A. 1000～2000ml/24h　　　B. 1000～2000ml/12h　　　C. 2000～3000ml/24h

　　D. 2000～3000ml/12h　　　E. 2500～3000ml/24h

4. 成人尿比重为（　　）

　　A. 1.010～1.025　　　　B. 1.015～1.025　　　　C. 1.020～1.025

　　D. 1.010～1.015　　　　E. 1.015～1.020

5. 患者，男，41 岁。有消化性溃疡病史 4 年。1 天来胃痛明显，无恶心呕吐。今晨觉头昏、乏力、

黑矇，排尿排便一次。对于该患者，除腹痛外，护士还应重点询问（　　）

    A. 排便习惯                 B. 粪便颜色            C. 尿液颜色

    D. 尿量                      E. 有无眩晕

6. 肾病患者内生肌酐清除率为40mL/min，应选择的治疗方案是（　　）

    A. 噻嗪类利尿剂          B. 限制蛋白质摄入      C. 人工透析

    D. 应用袢利尿剂          E. 实施肾移植手术

7. 血清丙氨酸氨基转移酶（ALT）活力明显升高见于（　　）

    A. 肝癌                   B. 肝硬化              C. 慢性肝炎

    D. 肝炎急性期            E. 心肌梗死

8. 下列关于浆膜腔积液检查，错误的是（　　）

    A. 血性渗出液多为恶性肿瘤所致

    B. 漏出液蛋白总量多 $>30g/L$

    C. 渗出液中葡萄糖定量常低于血糖

    D. 漏出液的细胞数常 $<100 \times 10^6/L$

    E. 渗出液常可凝固

9. 可防止动脉粥样硬化的脂蛋白为（　　）

    A. CM                 B. LDL            C. 三酰甘油

    D. HDL             E. VLDL

10. 可反映近2~3个月糖尿病患者糖控制情况最理想的指标为（　　）

    A. 空腹血糖              B. 尿糖               C. 果糖胺

    D. 餐后血糖           E. 糖化血红蛋白

## 二、思考题

患者，男，68岁，退休教师，体型肥胖，有高血压史，血压170/90mmHg。体检报告显示：血常规检查正常；尿常规检查蛋白（±），其余均正常，肝肾功能及酶学检查均正常，TC 6.7mmol/L，TG 2.1mmol/L，LDL－C 4.0mmol/L，HDL－C 0.7mmol/L。

请问：

（1）结合本例诊断应该从哪几方面考虑？

（2）给合实验室检查结果应如何分析？

（王思程 黄伟坚 张 娟）

书网融合……

本章小结            微课            题库

# 第七章　心电图检查

## 学习目标

1. 通过本章学习，重点把握正常心电图各波段的命名、波形特点及正常值，阐述常见异常心电图的图形特征及临床意义。

2. 学会正确连接心电图导联并能正确描记心电图，具有识别心电图波形及初步分析心电图的能力。

心脏在每一次机械收缩之前都会产生电激动。心脏电激动产生的微小电流可以通过人体组织传到体表。心电图（electrocardiogram，ECG）是利用心电图机在体表将心脏每一心动周期所产生的电活动变化记录下来的曲线图形，是临床上广泛应用的无创性辅助检查之一。通过心电图分析可以诊断各种心律失常；明确心肌缺血和坏死并进行定位；反映心房、心室肥大；观察药物对心肌的影响及治疗心律失常的效果；观察电解质紊乱对心脏电生理活动的影响等。

## 情境导入

**情景描述**　王阿姨是一位广场舞爱好者，今天早晨和李阿姨一起连续跳了 3 支舞后，突然感到胸部疼痛，面色苍白，出冷汗，护士小赵刚好上班路过，她迅速扶王阿姨坐下，拿出李阿姨给的硝酸甘油让王阿姨舌下含服，3 分钟后疼痛缓解。

**讨论**　1. 王阿姨需做哪些检查明确诊断？
2. 该检查正常情况由哪些波形组成？

## 素质提升

### 心电图之父——威廉·艾因特霍芬

荷兰生理学家威廉·艾因特霍芬为了探求心电电子描记器的原理，苦苦钻研，于 1891 年成功研制出弦线电流计。这是世界上首台心电图机，其问世使得人类在心电图领域取得重要突破。1906 年，艾因特霍芬又首次记录了心房颤动的心电图、室性期前收缩的心电图等，并因此获得诺贝尔生理学或医学奖。在获奖演讲结束时，他说道："心脏病的科学进入了新的篇章，它不是靠一个人的工作，而是许多科学家潜心钻研而成。他们在世界各地，为了科学的进步，为了达到造福于人类的目标，贡献了全部的精力。"这就是威廉·艾因特霍芬，有着天才的智慧、非凡的才能、顽强执着的精神和崇高的人品。晚年时，他仍在往我地工作，不顾身体消瘦，体力衰弱，继续努力为人类医学事业发光发热。作为一个伟大的科学家，威廉·艾因特霍芬无愧于"心电图之父"的称谓，无愧于诺贝尔奖的荣誉，无愧于全世界对他的崇敬。

# 第一节　心电图基础知识

PPT

## 一、心电图的产生原理

### （一）心肌细胞的电位变化

心肌细胞在静息状态下，细胞膜外侧排列的阳离子带正电荷，细胞膜内侧排列的阴离子带负电荷，膜内外两侧保持平衡，不产生电位变化，无电流产生，称为极化状态，此状态下细胞膜内外的电位差称为静息电位。此时，若在心肌细胞两端连接导联到心电图机，可描记出一条水平的等位线。当心肌细胞某部位的细胞膜受到一定程度的刺激（阈刺激）时，极化状态发生逆转，引起细胞膜内外正、负离子流动。受刺激的细胞膜发生除极，使细胞膜外侧带负电荷，细胞膜内侧带正电荷，从而产生的动作电位与处于静止状态的邻近细胞膜两者之间形成一对电偶，在除极时，正电荷在前，负电荷在后。此种电偶相继向另一端推进，产生动作电流，直到整个细胞完成除极化。此时将探查电极面对除极方向，可测得正电位而描出向上的波形；如背离细胞除极方向，可测得负电位描出向下的波形。此后，心肌细胞出现极化状态的恢复过程称为复极。复极过程是先除极的部位先复极，后除极的部位后复极；已经复极部位细胞膜外带正电荷，尚未复极部位的细胞膜外仍带负电荷，两者之间也形成一对电偶，负电荷在前，正电荷在后。复极完毕后，整个心肌细胞恢复到静息时内负外正的极化状态，无电位变化。因此，心肌细胞只有在除极和复极过程中才有明显的电位变化，产生电流。就单个细胞而言，复极过程与除极过程方向一致，但电流方向相反；若检测电极固定，描记出的除极波和复极波方向相反（图7-1）。

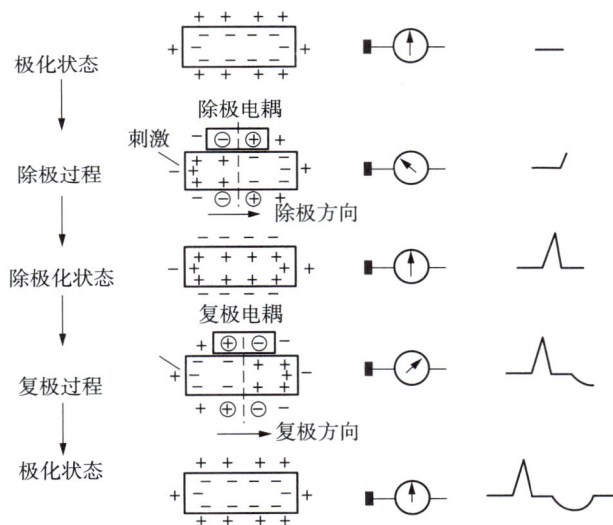

图7-1　单个心肌细胞电位变化过程以及检测描记波形

### （二）心电向量

**1. 向量与心电向量**　物理学上将既有数量大小又有方向的量，称为向量。向量通常用箭头"→"表示，箭头所指方向表示向量的方向，箭杆长短代表向量大小。心肌细胞在除极与复极过程中可形成电偶，电偶两极之间存在着电位差，这种电位差既有数量大小，又有方向性，称为心电向量。心电向量的大小与以下因素有关：①与心肌细胞数量成正比关系；②与探查电极位置和心肌细胞之间的距离成反比关系；③与探查电极方向和心肌除极的方向构成的角度有关，夹角越小，心电位在导联上的投影越大，电位越强，反之则相反（图7－2）。

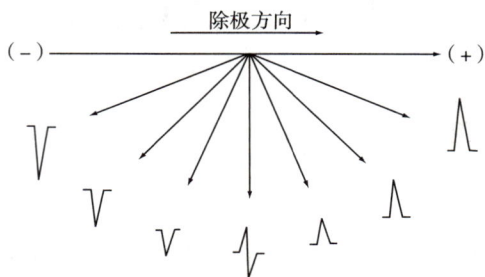

图7－2　探查电极电位和波形与心肌除极方向的关系

**2. 综合心电向量与瞬间综合心电向量**　单个心肌细胞激动时会产生一个心电向量，多个心肌细胞产生的心电向量的总和称为综合心电向量。心脏在除极或复极的过程中，每个瞬间都有许多心肌细胞同时在发生除极或复极，产生许多大小、方向各不相同的心电向量。若按向量综合法则对心脏激动每一瞬间的众多心电向量进行合成，即可得到该瞬间综合心电向量，瞬间综合心电向量代表某一瞬间无数心肌细胞电活动的总和。具体规则为：若两个向量方向相同，则方向不变，幅度相加；若两个向量方向相反，则方向与较大向量一致，幅度相减；互成角度的两个向量，按平行四边形法则求得其对角线为综合向量（图7－3）。由体表测得的心电变化，则是全部参与电活动的心肌细胞所产生的电位变化按上述法则综合的结果。

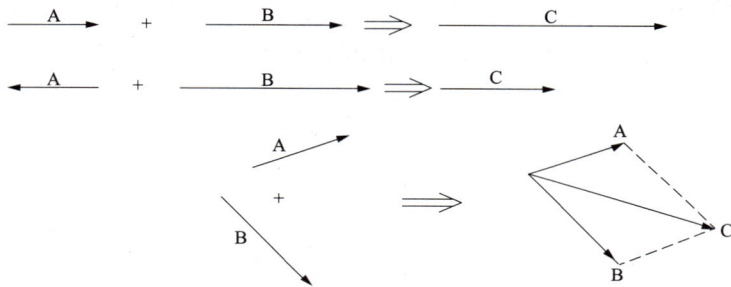

图7－3　心电向量综合示意图

## 二、心电图导联与导联轴

### （一）心电图导联

心电图导联是将电极放置于人体表面不同部位，通过导联线与心电图机电流计的正负极连接，从而将心脏的电活动记录下来的电路连接方法。由于电极位置和连接方式不同，可组成许多不同的导联，不同的导联反映心脏不同部位的电位变化，描记出不同的心电

> **考点提示**
>
> 心电图各导联的安置位置。

图波形。目前，临床上普遍应用的是由威廉·艾因特霍芬创设的国际通用的导联体系，称为常规12导联体系，包括标准肢体导联Ⅰ、Ⅱ、Ⅲ，加压单级肢体导联aVR、aVL、aVF，胸导联 $V_1$、$V_2$、$V_3$、$V_4$、$V_5$、$V_6$。

**1. 肢体导联**　包括双极肢体导联Ⅰ、Ⅱ、Ⅲ和加压单级肢体导联aVR、aVL、aVF。

（1）双极肢体导联（又称标准肢体导联）有3个，分别用Ⅰ、Ⅱ、Ⅲ表示，反映两个肢体之间的电位差。连接位置见表7－1；连接示意图见图7－4。

表 7 - 1　肢体标准双极导联正负极连接位置

| 标准导联名称 | 正极（探查电极） | 负极 |
| --- | --- | --- |
| I | 左上肢 | 右上肢 |
| II | 左下肢 | 右上肢 |
| III | 左下肢 | 左上肢 |

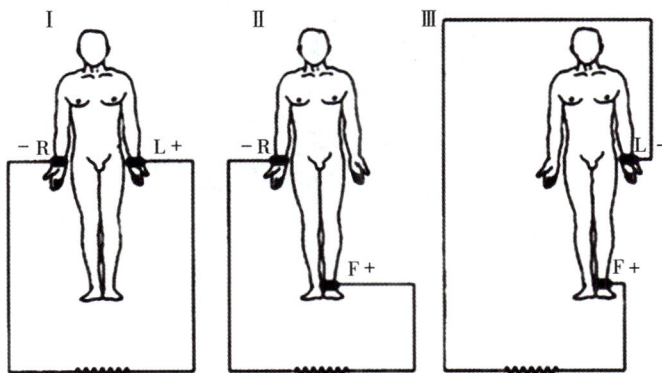

图 7 - 4　标准肢体导联连接位置

（2）加压单级肢体导联 aVR、aVL、aVF，属于单极肢体导联，代表检测部位的电位变化。其中"a"代表加压50%，"V"代表电压，"R"代表右上肢，"L"左上肢，"F"代表左下肢。连接位置见表 7 - 2；连接示意图见图 7 - 5。

表 7 - 2　加压单级肢体正负极连接位置

| 加压单极肢体导联名称 | 正极（探查电极） | 负极 |
| --- | --- | --- |
| aVR | 右上肢 | 左上肢 + 左下肢 |
| aVL | 左上肢 | 右上肢 + 左下肢 |
| aVF | 左下肢 | 右上肢 + 左上肢 |

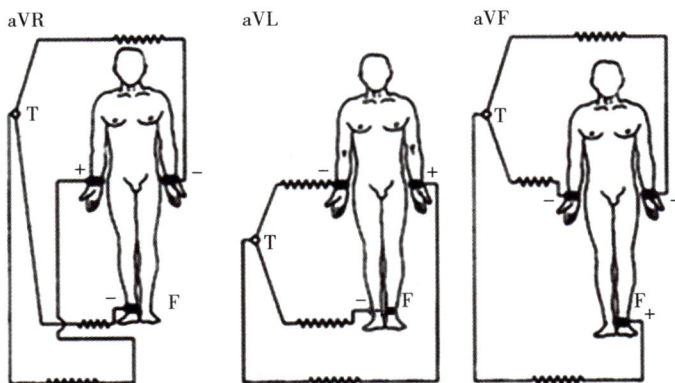

图 7 - 5　加压单级肢体正负极连接位置

**2. 胸导联**　属单极导联，将心电图机正极放置于胸前的不同位置，负极通过中心电端与右上肢、左上肢和左下肢链接，反映相应心脏位置的电位变化，常用胸导联为 $V_1 \sim V_6$（图7 - 6）。胸导联连接位置与临床意义见表 7 - 3。

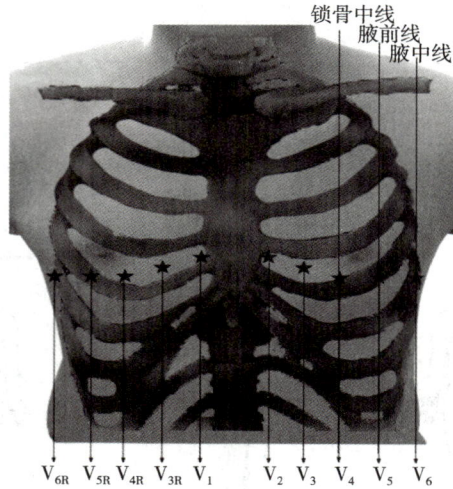

图 7-6　胸导联探查电极安放位置

表 7-3　胸导联连接位置与临床意义

| 胸导联 | 正极（探查电极） | 临床意义 |
|---|---|---|
| $V_1$ | 胸骨右缘第 4 肋间 | 反映右心室壁电位变化 |
| $V_2$ | 胸骨左缘第 4 肋间 | 反映右心室壁电位变化 |
| $V_3$ | $V_2$ 与 $V_4$ 连线中点 | 反映左、右心室壁移行电位变化 |
| $V_4$ | 左锁骨中线第 5 肋间 | 反映左、右心室壁移行电位变化 |
| $V_5$ | 左腋前线与 $V_4$ 同一水平 | 反映左心室壁电位变化 |
| $V_6$ | 左腋中线与 $V_4$ 同一水平 | 反映左心室壁电位变化 |

## （二）导联轴

在每一个标准肢体导联正负极间均可画出一条假想连线，称为该导联的导联轴。

将左上肢、右上肢和左下肢设想为一个等边三角型，等边三角形的三个顶点 L、R、F 分别代表左上肢、右上肢和左下肢，L 与 R 的连线代表 I 导联的导联轴；同样 RF 是 II 导联的导联轴；LF 是 III 导联的导联轴。用此三角形表示出 I 、II 、III 、aVR、aVL、aVF 导联的正负极指向导联，即形成 Einthoven 三角（图 7-7）。

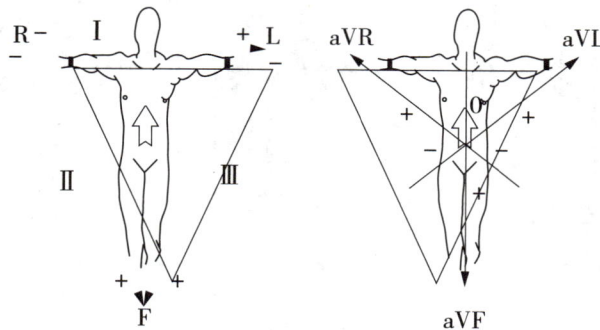

图 7-7　正负极指向导联轴 Einthoven 三角

为了更清楚地表明这 6 个导联轴之间的方向关系，可将I、II、III三个标准导联的导联轴平行移动，使之与 aVR、aVL、aVF 的导联轴一起通过坐标图的轴中心点，这样就构成额面上的六轴系统（图 7-8）。

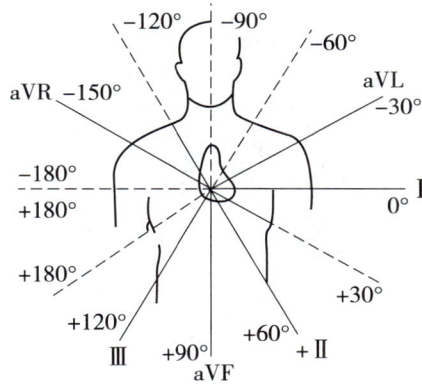

图 7-8　额面六轴系统

此坐标系统采用 ±180° 的角度标志。每个导联轴从中心 0 点分为正负两半，每个相邻导联间的夹角为 30°，从 Ⅰ 导联正侧顺时针的角度为正，逆时针的为负，例如导联 Ⅰ 的正侧为 0 度，负侧为 ±180°；导联 aVF 的正侧为 +90°，负侧为 -90°；导联 Ⅱ 的正侧为 +60°，负侧为 -120°，依次类推。

### （三）心电图的形成

由于人的心脏是个近似圆锥形器官，心电图是立体心电向量环经过两次投影形成的。第一次投影是心电向量环在人体的额面、横面和侧面上的投影，形成了心电向量图。三个面的投影是指光线从前后、左右和上下方向各垂直于某一平面产生的投影，分别为额面投影、左（右）侧面投影和横面投影。平面心电向量环在额面六轴系统的第二次投影形成了肢体导联的心电图（图 7-9），平面心电向量环在胸导联轴上的第二次投影形成了胸导联的心电图（图 7-10）。心电向量环投影在导联轴的正侧，形成向上的波形，投影在导联轴的负侧，形成向下的波形。

波幅的大小与环体在导联轴上投影量的大小有关。通常情况下，Ⅰ、Ⅱ、aVL，aVF、V$_5$、V$_6$ 导联以正向波为主；aVR、V$_1$、V$_2$ 导联以负向波为主。

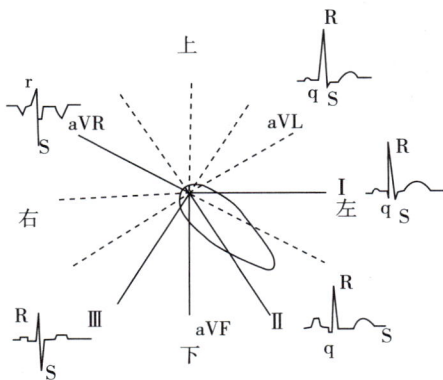

图 7-9　额面向量环在肢体导联轴上的投影

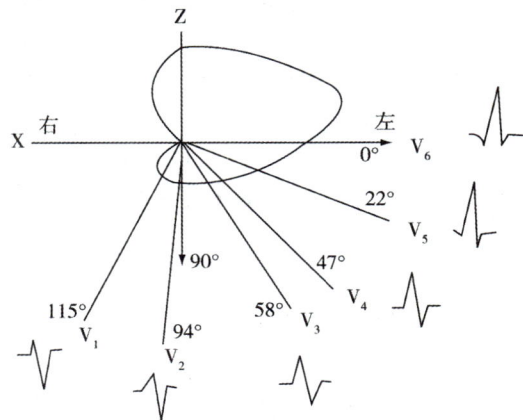

图 7-10　心电向量环在胸导联轴上的投影

## 三、心电图各波段的组成和命名

### （一）正常心脏的激动传导系统

正常心脏激动起源于窦房结，兴奋心房的同时，激动沿结间束、房室结、房室束、左右束支、浦肯野纤维顺序传导，最后兴奋心室（图 7-11）。

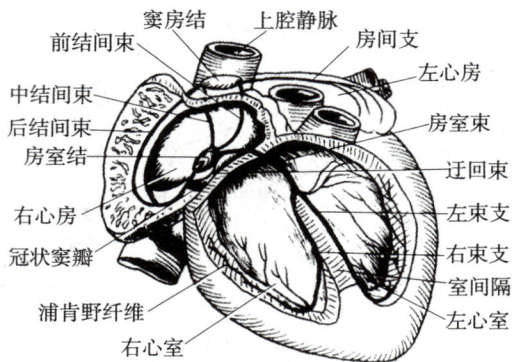

图 7 - 11  心脏正常传导系统

### （二）心电图各波段的组成与命名

窦房结是心脏的最高起搏点，其产生的冲动先兴奋心房最后兴奋心室，这种心脏电激动先后有序的传播，引起一系列电位的改变，形成了心电图上的相应的波段（图 7 - 12）。临床心电图学对这些波、段进行了统一的命名。在心电图上，一个正常的心动周期主要包括四波（P 波、QRS 波、T 波、U 波）两段（P - R 段、ST 段）及两间期（P - R 间期、Q - T 间期）。

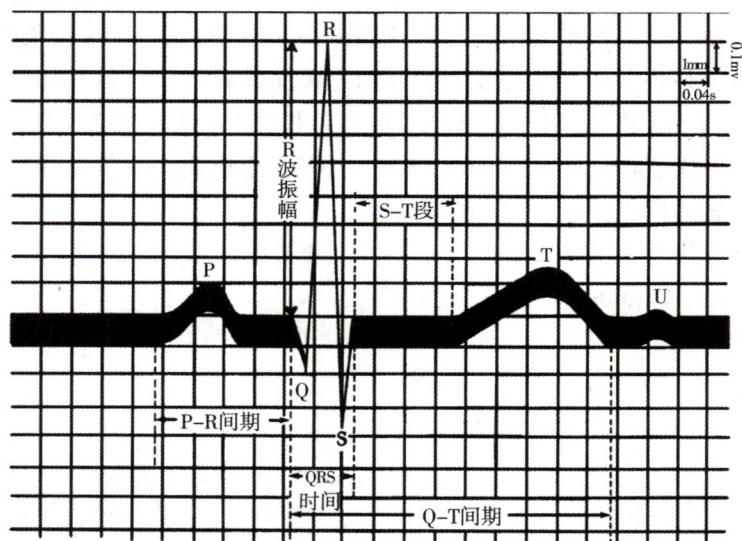

图 7 - 12  心电图各波段命名

**1. P 波**  是最早出现的振幅较小的波，为心房除极波，由心房激动产生，反映左右心房的除极过程。

**2. P - R 段**  为自 P 波终点至 QRS 波群起点间的线段，反映心房复极及房室结、希氏束、束支的电活动。

**3. P - R 间期**  为自 P 波的起点至 QRS 波群起点间的线段，反映心房开始除极至心室开始除极的时间。

**4. QRS 波群**  为振幅最大的波，是心室除极波，由心室激动产生，反映心室除极的电位变化。典型的心室除极波由 3 个紧密相连的波群组成。QRS 波群因为探测电极的位置不同而呈现多种形态，其命名统一如下：第一个出现在等电位线以上的正向波称为 R 波；R 波之前的负向波称为 Q 波；R 波之后的第一个负向波称为 S 波；S 波之后的正向波为 R′波；R′后再出现的负向波称为 S′波；依此类推。如果

QRS 波群只有负向波称为 QS 波。QRS 波群中振幅≥0.5mV 的用大写英文字母 Q、R、S 代表；振幅 < 0.5mV 的用小写英文字母 q、r、s 代表。QRS 波群命名示意图见图 7 - 13。

**5. ST 段**　为自 QRS 波群终点到 T 波起点间的等电位线线段，反映心室除极完毕后缓慢复极过程的电位变化。

**6. T 波**　为 ST 段后一个圆钝而较大的波，为心室复极波，反映心室快速复极时的电位变化。

**7. Q - T 间期**　为自 QRS 波群起点到 T 波终点间的水平距离，反映心室开始除极至复极完毕全过程所需要的时间。

**8. U 波**　为 T 波之后出现的振幅很小的波，是心动周期中最后一个小波，反映心室的后继电位。U 波明显增高见于血钾过低。

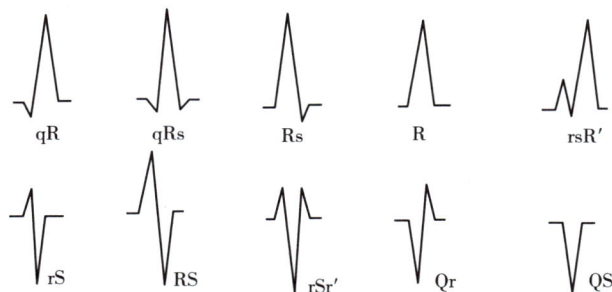

图 7 - 13　QRS 波群命名

## 四、心电图的描记 ⓔ微课

> **做一做**
>
> 请画出一个心动周期的心电图，并标出每个波、段及间期的名称。

### （一）描记前的准备

**1. 环境准备**　①保持室内温度不低于 18℃，以免因寒冷刺激而引起肌电干扰；②检查床不宜过窄，宽度不小于 80cm，以免肢体紧张产生肌电干扰；③检查床旁不要摆放其他电器；④ 心电图机的电源线应尽可能远离检查床和导联电线。

**2. 用物准备**　心电图机、心电图纸、导联线、生理盐水或导电膏、棉签、污物盘、盖被。

**3. 患者准备**　①核对床号、住院号及姓名，对初次接受心电图检查者，做好解释工作，以消除患者的紧张心理；②检查前平静休息 5 分钟，取下手表和饰物，嘱受检者解开上衣，取平卧位，暴露胸部，四肢放松，平静呼吸；③如果放置电极导联部位的皮肤有污垢，应先清洁皮肤；④嘱受检者的四肢避免接触铁床、墙壁，记录过程中不可移动四肢及躯体。

**4. 护士准备**　洗手。

### （二）操作方法

**1. 接通电源及地线**　当使用蓄电池或充电电源时，可不用地线。

**2. 放置电极**　按常规心电图连接方式放置电极，连接导联。

（1）肢体导联　在受检者两碗关节内侧上方 3cm 处，下肢内踝上方 7cm 处，涂抹导电膏，使电极和人体充分接触，目前国产心电图机安置肢体导联：红色（R）端接右上肢，黄色（L）端接左上肢，绿色（F）端接左下肢，黑色（N）端接右下肢。

（2）胸导联　为白色导联线，导联线末端接电极处的颜色标记有红（$V_1$）、黄（$V_2$）、绿（$V_3$）、褐（$V_4$）、黑（$V_5$）、紫色（$V_6$）六种，分别代表 $C_1 \sim C_6$ 导联，$C_1 \sim C_6$ 常代表 $V_1 \sim V_6$，将导联线的吸杯分别与相应的位置相连。

**3. 选择标准** 走纸速度 25mm/s，定准电压 1mv = 10mm，记录笔调到记录纸的中心线上。

**4. 导联切换** 依次记录Ⅰ、Ⅱ、Ⅲ、aVR、aVL、aVF 及 $V_1 \sim V_6$ 导联，除心律不齐时加长Ⅱ或 $V_1$ 导联外，一般各导联记录 3～5 个心室波即可。

**5. 记录过程中基线不稳** 应检查导联线与心电图机的连接或者电极是否脱落。

**6. 整理并记录** 取下心电图纸，在心电图纸前部注明受检者的姓名、性别、年龄、记录时间（年、月、日、小时、分钟）、病区及床号，同时标记各导联。

**7. 描记结束后** 将心电图机面板上的各种控制按钮转回原处，最后切断电源。

### 知识链接

#### 动态心电图

动态心电图技术是 1957 年由 Holter 首先用于监测心脏电活动的研究，所以又称 Holter 监测心电图，是一种可以长时间连续记录并采集分析人体心脏在安静和活动状态下心电图变化的方法。与普通心电图相比，动态心电图 24 小时内可连续记录多达 10 万次左右的心电信号，这样可以提高对一过性心律失常及短暂的心肌缺血发作的诊断。

# 第二节 正常心电图

PPT

## 一、心电图的测量

### （一）心电图纸的特点

心电图通常描记在特殊记录纸上（图 7-14）。心电图记录纸是一种由 1mm 的横线和纵线相交的大小方格组成，小方格边长为 1mm，大方格边长为 5mm。记录心电图时，横向坐标代表时间，用于计算各波和各间期所占的时间，纵向坐标代表电压，用于计算各波振幅的高度或深度。若按 25mm/s 的走纸速度描记心电图，横坐标每小格的距离代表 0.04 秒，每大格的距离代表 0.2 秒；若定标电压为 1mV（输入 1mV 的电压，使描笔上下移位 10mm），纵坐标每小格代表 0.1mV 的电压，每大格（5mm）代表 0.5mV。另外，在临床上可根据需要调整走纸速度和标定电压，这时每小格代表的时间或电压会有相应改变。如将走纸速度提高到 50mm/s 或 100mm/s，则横坐标每小格代表 0.02 秒或 0.01 秒。将电压增高到 2mV 或降低到 0.5mV 时，则纵坐标每小格代表 0.2mV 或 0.05mV。这时，如果心电图机不能自动标志则应该立即人工做上记号，以便正确分析心电图。

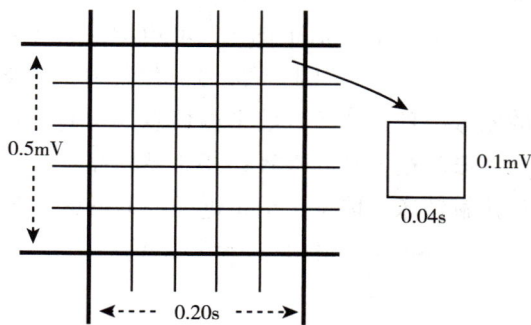

**图 7-14 心电图记录纸**

### （二）心电图的测量

心电图的测量工具主要是圆规，主要测量心电图各波、段、间期的时间和振幅。

**1. 时间的测量** 测量各波段的时间应选择波形比较清晰的导联，从该波起始部的内缘水平测量至该波终点的内缘。正向波的时间在等电线下缘测量，负向波的时间在等电线上缘测量。室壁激动时间应从 QRS 波群起点到 R 波顶峰垂直线的水平距离。

**2. 振幅的测量** 测量 P 波的振幅应以 P 波起始前的水平线为参考水平；测量 QRS 波群、ST 段、T 波和 U 波的振幅统一采用 QRS 起始部水平线为参考水平。如果 QRS 起始部为一斜段，应以 QRS 波群的起点作为测量的参考点。测量正向波的高度时，应从等电位线的上缘垂直测到该波的顶端；测量负向波形的深度时，应从等电位线的下缘垂直测量到该波的底端；如果是双向波，上下振幅的绝对值之和为电压数值。心电图各波段时间与振幅的测量见图 7 – 15。

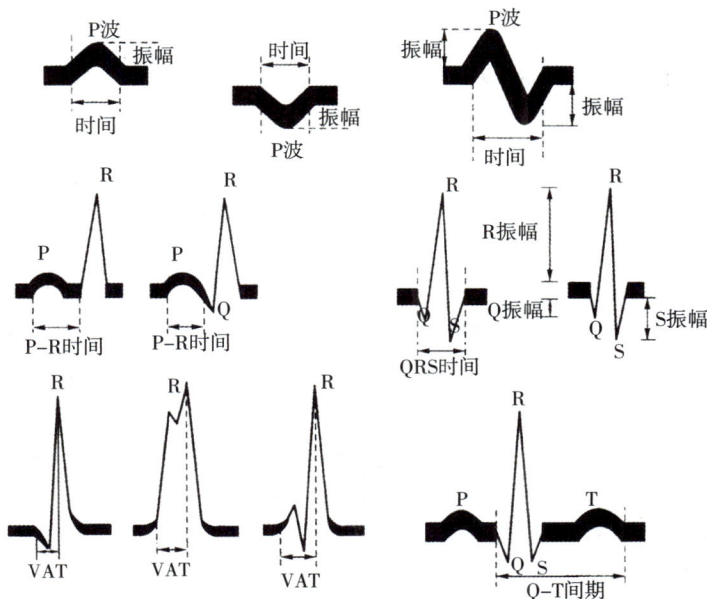

**图 7 – 15 心电图各波段时间与电压的测量**

**3. 心率的计算** 在进行心率测量时，首先判断受检者心律是否规整，可采用不同的测量方法。①心脏节律规整：只需测量一个 RR 间期（或者 PP 间期），以秒表示，代入公式：心率 = 60/RR 间期（或者 PP 间期），即为相应心率。例如：RR 间期为 0.7 秒，则心率为 60/0.7 = 85 次/分。②心率的测量也可用简便的目测法粗略推算心率：根据心电图机走纸速度 25mm/s（即 5 个大格），每个大格为 0.20 秒，两个大格为 0.40 秒，依此类推。目测 RR（或 PP）间期约占几大格，若其间期为 2 大格，心率为 60/0.4 = 150 次/分。若为 3 个大格，其心率为 60/0.6 = 100 次/分，若为 5 个大格，其心率为 60/1.0 = 60 次/分。在临床工作中，只要能熟记上述规律，可立即推算出心率。③心脏节律不规整时：可连续测量 5 个以上 RR 间期（或者 PP 间期），计算其平均秒数，再以 60 除以平均秒数，计算出心率。也可以数出 30 中格（6 秒）内的 P 波数或 QRS 波群数，乘以 10，即为每分钟的心房率或心室率。

**4. 心电轴的测量** 心电轴一般指的是平均 QRS 波群的电轴，为心室除极过程中各瞬间综合向量的总和，代表整个心室除极过程中第一次投影在额面上的方向与大小。通常采用平均心电轴与Ⅰ导联轴的正极侧形成的夹角的度数来表示平均心电轴的偏移方向。规定Ⅰ导联左（正）侧端为 0°，右（负）侧端为 ±180°，0°的顺时针的角度为正，逆时针的角度为负。常见心电轴的测量方法有目测法、作图法和查表法。

（1）目测法 根据Ⅰ导联与Ⅲ导联的 QRS 波群的主波方向，可以快速初步判断电轴是否偏移。正常时Ⅰ、Ⅲ导联 QRS 波群主波方向均为正向波（尖朝天，轴不偏），提示电轴不偏；Ⅰ导联出现较深的负向波、Ⅲ导联主波为正向波（尖对尖，轴右偏），提示电轴右偏；Ⅰ导联主波为正向波、Ⅲ导联出现较深的负向波（口对口，轴左走），提示电轴左偏（图 7 – 16）。

（2）作图法（振幅法）　先分别测出Ⅰ导联 QRS 波群的振幅（R 为正，Q 与 S 为负），算出 QRS 振幅的代数和，再以同样的方法算出Ⅲ导联 QRS 振幅的代数和。然后将Ⅰ导联 QRS 振幅数值画在Ⅰ导联轴上，作一垂线；将Ⅲ导联 QRS 振幅数值画在Ⅲ导联轴上，也作一垂线；两垂线相交于 C 点，将电偶中心 0 点与 C 点相连，OC 即为所求的心电轴。用量角器测量 OC 与Ⅰ导联轴正侧段夹角的度数，即为心电轴的度数，并根据该心电轴度数判断是否偏移（图 7-17）。

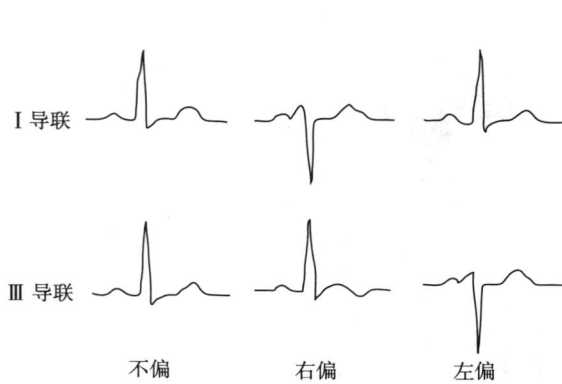

图 7-16　简单目测法测心电轴

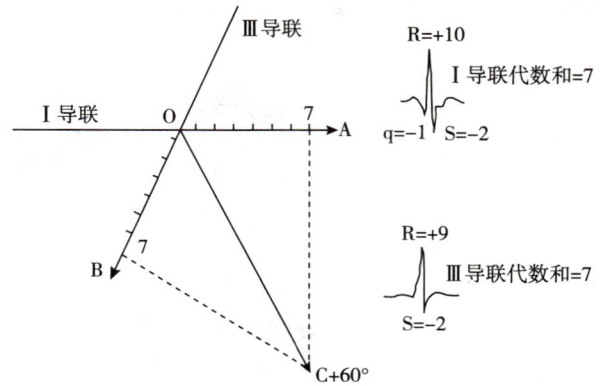

图 7-17　心电轴度数计算方法

（3）查表法　分别测算Ⅰ和Ⅲ导联的 QRS 波群的代数和，然后直接查表得到心电轴。

（4）心电轴偏移及其临床意义　正常心电轴波动范围在 -30° ~ +90° 之间；根据心电轴偏移的方向与程度分为电轴左偏、电轴右偏和电轴极度右偏。电轴位于 -30° ~ -90° 范围为心电轴左偏，多见于左心室肥厚、肥胖等；电轴位于 +90° ~ +180° 范围为心电轴右偏，多见于正常的右位心和右心室肥大；-90° ~ -180° 范围，传统上称为电轴极度右偏，近年主张定义为"不确定电轴"；亦可见于某些病理情况，如冠状动脉粥样硬化性心脏病、慢性肺源性心脏病等。心电轴正常范围及偏移见图 7-18。

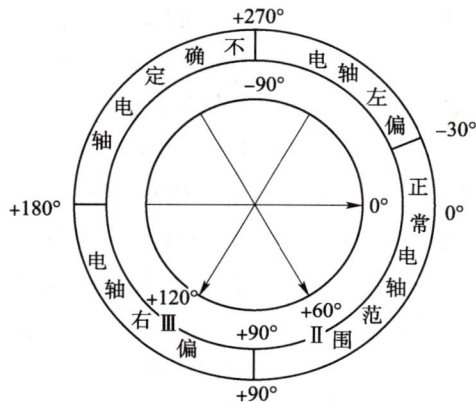

图 7-18　心电轴的正常范围及偏移

**5. 心脏循长轴转位**　是指从心尖部向心底部观察时，心脏沿其长轴发生的顺时针或逆时针方向的转位，一般根据胸导联的 QRS 波群的波形来判断。正常时 $V_3$ 或 $V_4$ 导联 R/S 大致相等，QRS 波群呈 RS 型，为左、右心室过渡区波形。若 $V_1$、$V_2$ 导联出现 RS 波形，提示心脏有逆时针方向转位，常见于左心室肥大；若 $V_5$、$V_6$ 导联出现 RS 波形，提示心脏有顺时针方向转位，常见于右心室肥大。需要注意的是，钟向转位图形并不都是心脏在解剖上转位的结果，正常人有时心电位变化时亦可出现此种转位图形。心脏钟向转位见图 7-19。

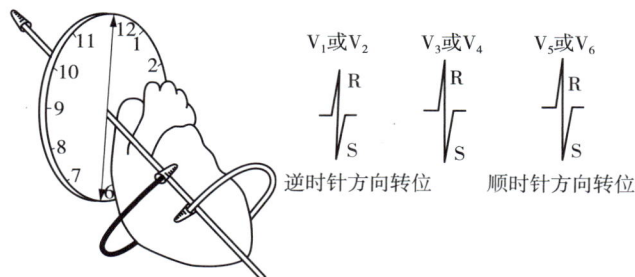

图 7 - 19　心脏钟向转位

## 二、正常心电图的波形特点及正常值

正常 12 导联心电图的波形见图 7 - 20。

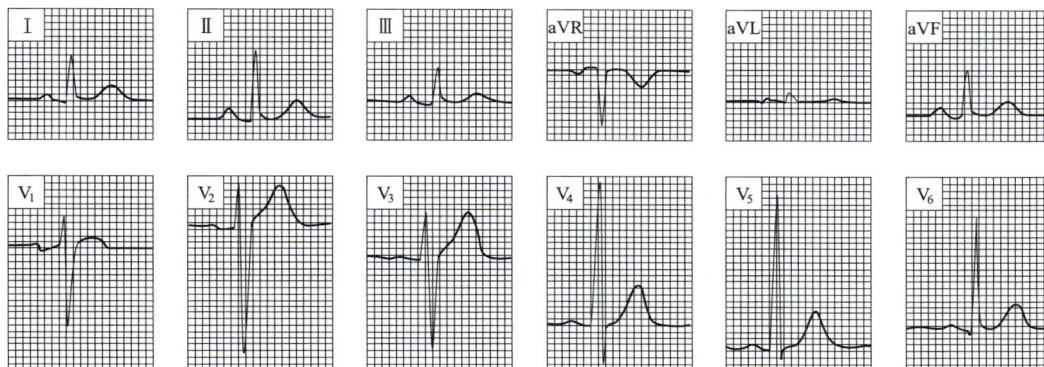

图 7 - 20　正常心电图

### （一）P 波

**1. 位置**　任何导联的 P 波一定出现在 QRS 波群之前。

**2. 形态与方向**　正常 P 波形态圆钝，可有轻度切迹。P 波方向在 Ⅰ、Ⅱ、aVF、$V_4 \sim V_6$ 导联均向上直立，aVR 导联向下倒置，其余导联可呈现直立、倒置或双向。

**3. 时间**　正常人 P 波时间一般应小于 0.12 秒。

**4. 振幅（电压）**　肢体导联 P 波一般小于 0.25mV，胸导联 P 波一般小于 0.20mV。

### （二）P - R 间期

P - R 间期是指从 P 波起点到 QRS 波起点的距离，代表心房除极到心室复极的时间。P - R 间期正常值为 0.12 ~ 0.20 秒。老年人及心率过缓者 P - R 间期稍有延长，但一般不超过 0.22 秒。

### （三）QRS 波群

**1. 时间**　正常成人 QRS 波群时间多数为 0.06 ~ 0.10 秒，一般不超过 0.11 秒。

**2. 形态**

（1）肢体导联　在没有电轴偏移的情况下，Ⅰ、Ⅱ、Ⅲ 导联的 QRS 波群主波均向上。aVR 导联的 QRS 波群主波向下，呈 QS、rS 或 Qr 型；aVF、aVL 导联的 QRS 波群主波多向上，呈 qR、Rs 或 R 型；aVL 导联中也可呈 rS 型等。

（2）胸导联　正常人 R 波从 $V_1 \sim V_6$ 逐渐增高，S 波逐渐变小。$V_1$、$V_2$ 导联多呈 rS 型，$V_3$、$V_4$ 导联多呈 RS 型，$V_5$、$V_6$ 导联多呈 qR、qRs 型或 Rs 型；其中，$V_1$ 的 R/S 小于 1，$V_3$ 的 R/S 约等于 1，$V_5$ 的 R/

S 大于 1。

**3. 振幅（电压）**

（1）肢体导联　标准导联的 QRS 波群在没有电轴偏移的情况下，其主波向上，Ⅰ 导联 R 波不超过 1.5mV，aVL 导联 R 波不超过 1.2mV，aVF 导联 R 波不超过 2.0mV，aVR 导联 R 波不超过 0.5mV，$R_Ⅰ + R_Ⅲ \leq 2.5mV$。

（2）胸导联　$V_1$ 导联 R 波不超过 1.0mV，$V_5$ 导联 R 波不超过 2.5mV，$RV_1 + SV_5 \leq 1.2mV$，$RV_5 + SV_1 \leq 4.0mV$（男性）或 $\leq 3.5mV$（女性）。

（3）其他导联　6 个肢体导联正向波与负向波振幅代数和的绝对值，一般不应都小于 0.5mV；6 个胸导联正向波与负向波振幅代数和的绝对值，一般都不应小于 0.8mV，否则为称低电压。

（4）Q 波　除 aVR 导联外，其他导联 Q 波的振幅小于同导联 R 波的 1/4，时间小于 0.03 秒。正常人 $V_1$、$V_2$ 导联中不应有 Q 波，但偶可呈 QS 型。超过正常范围的 Q 波称为异常 Q 波（或者称病理性 Q 波）。

### （四）J 点

J 点是 QRS 波群的终点与 ST 段起始的交接点。J 点大多在等电位线上，也会随 ST 段偏移而发生偏移。但上、下偏移不超过 0.1mV。

### （五）ST 段

ST 段是 QRS 波群的终点到 T 波起点间的线段。正常 ST 段多为一等位线，有时有轻微的向上或向下移位。

**1. ST 段下移**　任何导联（除 aVR 外）ST 段下移都应小于 0.05mV。

**2. ST 段抬高**　在 $V_1$、$V_2$ 导联不超过 0.3mV，$V_3$ 导联不超过 0.5mV，$V_4 \sim V_6$ 和肢体导联不超过 0.1mV。

### （六）T 波

**1. 形态与方向**　正常 T 波形态两肢不对称，升肢较长，降肢较短的圆钝波形。正常情况下 T 波方向大多与同导联 QRS 主波的方向一致。T 波在 Ⅰ、Ⅱ、$V_4 \sim V_6$ 导联向上直立，aVR 导联向下倒置，在 Ⅲ、aVL、aVF、$V_1 \sim V_3$ 导联上可以直立、倒置或双向。若 $V_1$ 的 T 波方向直立，则 $V_2 \sim V_6$ 导联就不应再倒置。

**2. 振幅（电压）**　T 波的振幅不应低于同导联 R 波的 1/10，但在胸导联上 T 波振幅可达 1.2 ~ 1.5mV，属正常。

### （七）Q - T 间期

Q - T 间期指 QRS 波群起点到 T 波终点间的水平距离，代表心室除极和复极全过程所需要的时间。当心率在 60 ~ 100 次/分时，Q - T 间期正常范围为 0.32 ~ 0.44 秒。一般情况下，心率越快，Q - T 间期越短，反之则越长；由于 Q - T 间期受心率的影响较大，为消除心率对 Q - T 间期的影响，常用校正的 Q - T 间期，即 QTc。$QTc = Q - T 间期/\sqrt{R - R}$，正常 $QTc \leq 0.44$ 秒。

### （八）U 波

U 波是在 T 波之后 0.02 ~ 0.04 秒出现的一个正向的小圆波，U 波方向与 T 波相同，以 $V_2 \sim V_3$ 导联较为明显，U 波明显增高常见于低钾血症。

## 三、心电图的分析方法及各波段异常时的临床意义

**1. 全面的一般阅读**　按顺序把心电图摆好，首先做全面检查，确认定准电压和走纸速度，检查有

无导联记录或标记错误，判别和排除伪差或干扰（如肌肉震颤、基线漂移、交流电干扰等），这些对正确判定结果很重要。

**2. 判断心律**　寻找并分析 P 波的形态和出现规律，确定主导心律是否是窦性心律。若不是窦性心律，应分析是哪一种异位心律。

**3. 计算心率**　若心律规整一致，测量 PP 或 RR 间距后，按公式计算出心率或查表得出心率。如果心律不规整时则需连续测量 5 个 PP 或 RR 间距，算出平均值为计算心率的指标。

**4. 判断心电轴**　一般用目测法确定。观察 Ⅰ、Ⅲ 导联 QRS 波群主波方向，大致判断心电轴是否正常；必要时计算心电轴具体角度判断有无偏移。

**5. 分析 P 波与 QRS 波群及相互关系**　测量各导联 P 波和 QRS 波群的形态、时间、电压变化，判断是否正常；并通过 P 波与 QRS 波群的出现顺序，P－R 间期的时间及是否固定等，判断有无心律失常。

**6. 判断 ST－T 改变**　观察 ST 段有无上抬、下移及形态变化，T 波的方向及形态特点，以及出现改变的导联及导联数量，判断 ST－T 改变及改变类型。

**7. 测定 Q－T 间期**　判断 Q－T 间期有无延长或缩短。

**8. 做出心电图诊断**　根据测算结果，结合临床资料和既往心电图资料等，综合分析后提出心电图诊断。

# 第三节　异常心电图

PPT

## 一、心房肥大

心房肥大的心电图主要表现为 P 波的形态、时间及振幅改变。心房肥大多表现为心腔扩大，较少出现心房肌肥厚。心房肥大是由心房内压力增高及负荷过重引起的，是器质性心脏病的常见表现，因此心房肥大心电图的改变对器质性心脏病的诊断可提供帮助。

### （一）左心房肥大

左心房肥大主要表现为左心房除极时间延长，心电图主要表现为 P 波时间增宽。

**1. 心电图特征**　①P 波增宽，P 波时间≥0.12 秒，P 波常呈双峰型，第二峰大于第一峰，峰间距离≥0.04 秒，以 Ⅰ、Ⅱ、aVL 导联改变明显；②$V_1$ 的 P 波常呈先正后负的双向波，且负向波宽而深，$Ptf_{V1}$ 绝对值≥0.04mm·s（将 $V_1$ 导联中 P 波负向部分的时间乘以振幅，称为终末电势 Ptf）；③PR 段缩短，P 波时间与 PR 段时间之比＞1.6。左心房肥大心电图见图 7－21。

**2. 临床意义**　常见于风湿性心脏病二尖瓣狭窄，又称为"二尖瓣型 P 波"，也可见于扩张型心肌病等引起的左心房肥大。

### （二）右心房肥大

**1. 心电图特点**　①P 波高尖，肢体导联电压≥0.25mV，在 Ⅱ、Ⅲ、aVF 导联表现明显，又称为"肺型 P 波"；②$V_1$ 导联 P 波直立电压≥0.15mV，如 P 波呈双向时，其振幅的算术和≥0.20mV；③P 波时间正常＜0.12 秒（图 7－22）。

**2. 临床意义**　常见于慢性肺源性心脏病及某些右心房负荷过重的先天性心脏病。

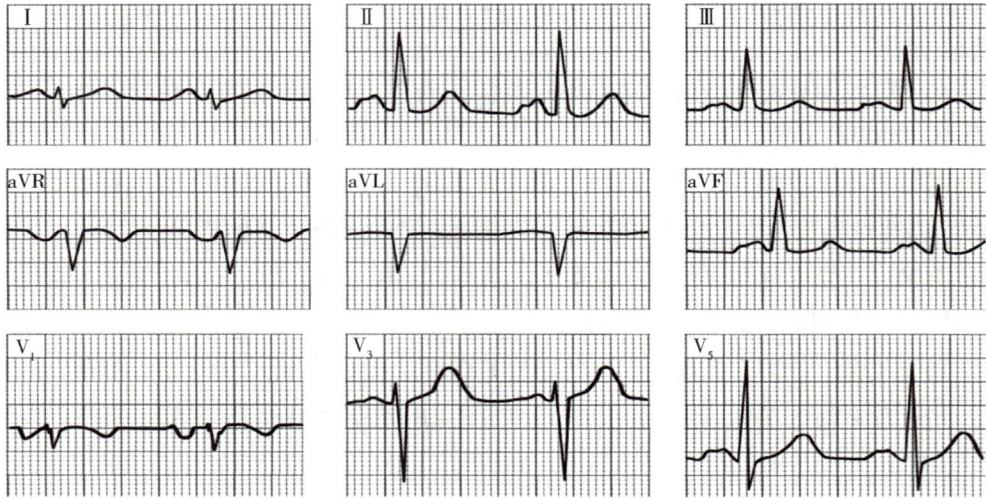

图 7 – 21 左心房肥大

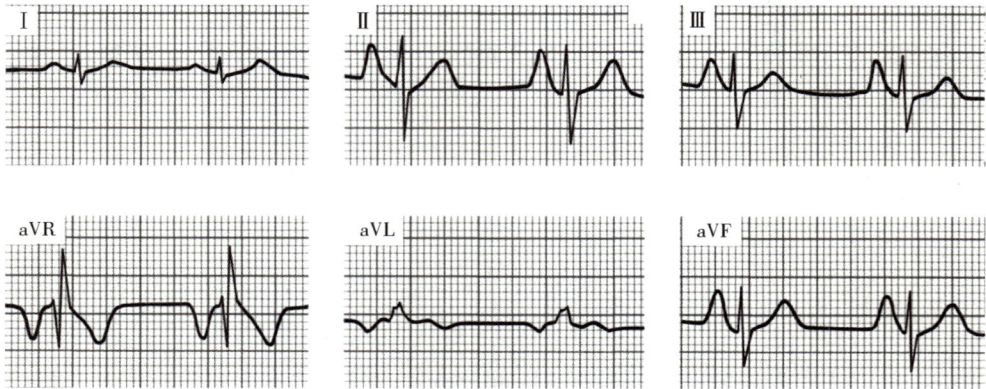

图 7 – 22 右心房肥大

### （三）双心房肥大

**1. 心电图特点** ①P 波增宽时间≥0.12 秒，其电压≥0.25mV；②$V_1$ 导联 P 波高大双向，上下振幅均超过正常范围。

**2. 临床意义** 多见于严重的器质性心脏病，如风湿性心脏病联合瓣膜病变等。

> **考点提示**
>
> 什么是二尖瓣型 P 波和肺型 P 波？

## 二、心室肥厚

心室肥厚是由心室内压力增高及负荷过重引起的，是器质性心脏病的常见表现。心室肥厚包括心室肌肥厚和心室腔扩大，其心电图主要表现为 QRS 波群振幅增高、心电轴偏移、QRS 时间轻度延长以及 ST – T 改变。因此心室肥厚心电图的改变对器质性心脏病的诊断可提供帮助。

### （一）左心室肥厚

在心电图诊断中，QRS 波群电压增高是左心室肥大的一个重要特征。

**1. 心电图特征**

（1）QRS 波群电压增高　①肢体导联：$R_{aVL} > 1.2mV$；$R_{aVF} > 2.0mV$；$R_I > 1.5mV$；$R_I + S_{III} > 2.5mV$。②胸导联：$Rv_5$ 或 $Rv_6 > 2.5mV$；$Rv_5 + Sv_1 > 3.5mV$（女性）或 $> 4.0mV$（男性）。

（2）心电轴偏移　出现额面的 QRS 波心电轴左偏，一般不超过 -30°。

（3）QRS 波群时间延长　QRS 波群时限达 0.10~0.11 秒，但一般 <0.12 秒；$VATv_5 > 0.05$ 秒。

（4）ST-T 改变　以 R 波为主的导联，出现 ST 段下移达 0.05mV 以上，T 波低平、双向或倒置。当 QRS 波群电压增高同时伴有 ST-T 改变时，为左心室肥大伴劳损。

**2. 临床意义**　左心室肥大多见于高血压、主动脉瓣关闭不全或狭窄及某些先天性心脏病等。左心室肥大心电图见图 7-23。

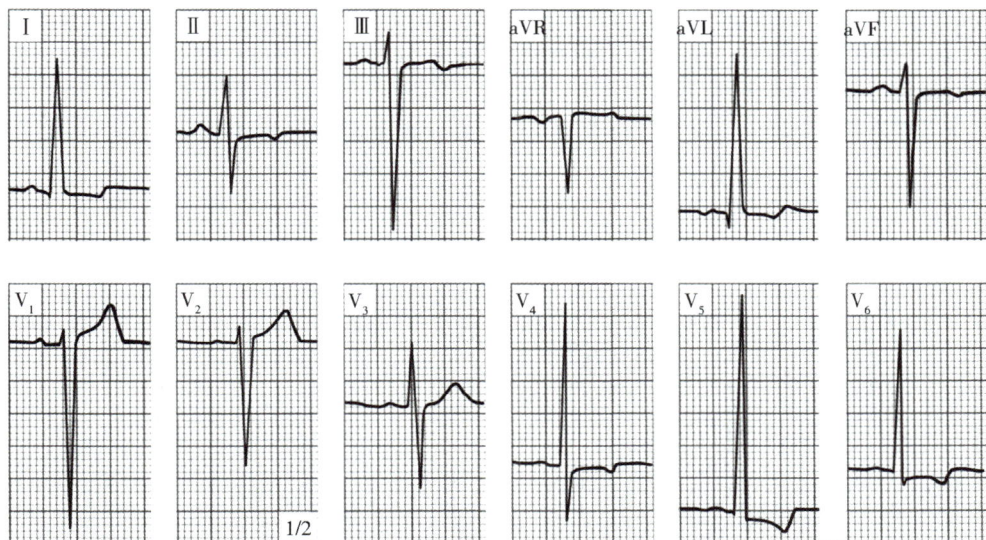

图 7-23　左心室肥大

### （二）右心室肥厚

**1. 心电图特征**

（1）QRS 波群振幅改变　①$R_{aVR} > 0.5mV$ 或 R/S≥1；②$Rv_1 > 1.0mV$ 或 $Rv_1 + Sv_5 > 1.05mV$（重症 >1.2mV）；③$V_1$ 导联 R/S≥1，呈 R 型或 Rs 型，$V_5$ 导联 R/S≤1 或 S 波比正常加深；重度右心室肥大 $V_1$ 呈 qR 型。

（2）心电轴偏移　心电轴右偏 ≥+90°（重症 >+110°）。

（3）$V_1$ 导联 VAT >0.03 秒。

（4）ST-T 改变　右胸导联（$V_1$、$V_2$）ST 段压低，T 波双向或倒置。

当右心室高电压同时伴有 ST-T 改变者，称为右心室肥厚伴劳损。

心电图诊断右心室肥厚的准确性较高，敏感性较低；但是一旦出现典型的右心室肥厚心电图表现，则表示右心室肥厚相当明显了。右心室肥厚心电图见图 7-24。

**2. 临床意义**　多见于慢性肺源性心脏病、风湿性心脏病二尖瓣狭窄、法洛四联症、肺动脉瓣狭窄等。

### （三）双心室肥厚

**1. 大致正常心电图**　双侧心室肥厚程度较轻，双侧心室电压同时增高而互相抵消，心电图表现为正常。

**2. 单侧心室肥厚心电图**　只反映一侧心室肥厚，另一心室肥大的图形被掩盖。因左心室比右心室壁厚，所以双侧心室肥厚时显示左心室比右心室多见。

**3. 双侧心室肥厚心电图**　常表现为右侧心室肥厚心电图改变，如 $V_1$ 导联 R 波为主、电轴右偏等

（图 7 - 25）。

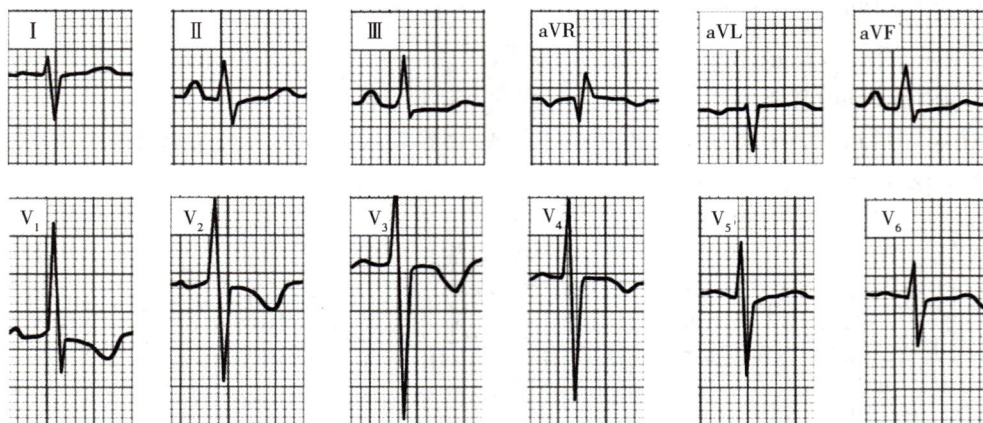

图 7 - 24　右心室肥大

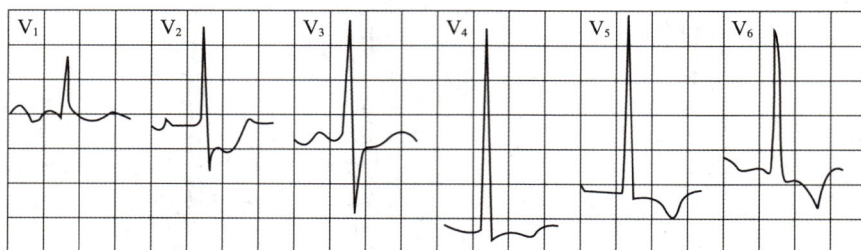

图 7 - 25　双侧心室肥大

## 三、心肌缺血

心肌缺血（myocardial ischemia）主要发生在冠状动脉粥样硬化的基础上，心肌缺血心电图改变类型取决于缺血的程度、持续时间和缺血发生的部位。心肌缺血将影响心室复极的正常进行，并在与缺血区相关的导联发生 ST - T 异常改变。根据心室壁受累的层次可大致出现以下两种类型的心电图改变。

### （一）心电图改变

**1. T 波改变**　正常情况下，心室的复极过程是从心外膜开始向心内膜方向推进的。当发生心肌缺血时，复极过程发生改变，心电图上出现 T 波改变。

（1）T 波高大直立　当心内膜下心肌缺血时，该处心肌复极速度比正常时延迟，使原来存在的与心外膜复极向量相抗衡的心内膜复极向量减小或消失，T 波向量增加。面向缺血区的导联出现高大直立的 T 波（图 7 - 26）。如下壁心内膜心肌缺血时，在心电图上 Ⅱ、Ⅲ、aVF 导联可出现高大直立 T 波。

（2）T 波倒置　心外膜下心肌缺血时，可致心肌复极顺序逆转，即心肌复极先从心内膜下心肌开始，再向心外膜下心肌扩展，从而使复极方向与正常时相反。面向缺血区的导联上常出现 T 波倒置。这种倒置深尖、双肢对称的 T 波多出现在冠状动脉供血不足时，又称为冠状 T 波（图 7 - 27）。

（3）T 波低平或双向　当心脏双侧对应部位心内膜下心肌均缺血时，或者心内膜和心外膜下心肌同时缺血时，两种心电向量的改变可部分相互抵消，心电图上出现 T 波低平或双向。

**2. ST 段改变**　当持续心肌缺血时，心肌细胞的除极速度会减慢，表现为除极尚未结束时复极即已开始，心电图表现为损伤型 ST 段移位。当心内膜下心肌缺血时，ST 段下移≥0.05mV。当心外膜下心肌缺血时，ST 段抬高 >0.1～0.3mV。

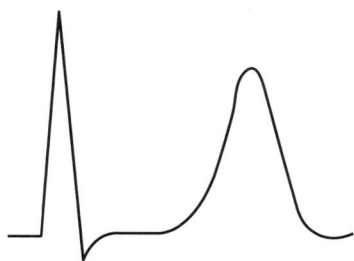

图 7 - 26 高大直立 T 波

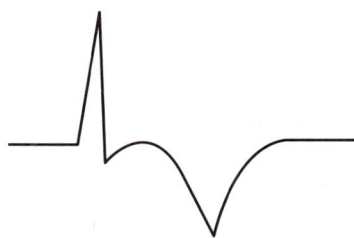

图 7 - 27 T 波倒置

## （二）临床意义

心肌缺血的心电图可仅表现为 ST 段改变或者 T 波改变，也可同时出现 ST - T 改变。它常见于冠状动脉粥样硬化性心脏病所致的冠状动脉供血不足。典型的心绞痛发作时面向缺血部位的导联常显示 ST 段压低和 T 波倒置。变异型心绞痛发作时在心电图上可出现心内膜下缺血样改变；慢性冠状动脉供血不足时，心电图可出现 T 波低平、双向或倒置且常伴有 ST 段下移。尤其是 ST 段下移呈水平型或下斜型时诊断意义更大。ST 段下移类型见图 7 - 28。

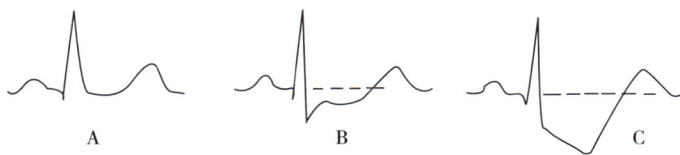

图 7 - 28 ST 段下移类型示意图

A. 正常 ST 段；B. 水平型 ST 段降低；C. 下斜型 ST 段降低

## 四、心肌梗死

心肌梗死（myocardial infarction，MI）绝大多数是在冠状动脉粥样硬化的基础上，因持久而严重的心肌缺血所致的部分心肌坏死。心电图的特征性改变及其演变规律对确定心肌梗死的诊断、治疗及判断病情和估计预后有重要的作用。

### （一）心电图特点

冠状动脉发生闭塞后，随着时间的推移，心肌相继出现缺血、损伤，甚至坏死，在心电图上可先后出现缺血、损伤和坏死三种类型的图形改变。

**1. "缺血型" T 波改变** 主要表现为 T 波改变。若缺血发生于心内膜下肌层，面向缺血区的导联出现高大而直立 T 波，基底宽，双肢对称，电压增高，又称"高尖 T 波"；若缺血发生于心外膜下肌层，面向缺血区的导联出现倒置、尖深、双肢对称的 T 波，又叫"冠状 T 波"。

**2. "损伤型" ST 段改变** 随着缺血时间延长，缺血程度进一步加重，就会出现"损伤型"改变，主要表现为面向损伤心肌的导联出现 ST 段抬高，并与 T 波融合，形成弓背向上高于等电线的单向曲线。

**3. "坏死型" Q 波改变** 长时间严重的缺血可导致进一步的心肌细胞损伤发生细胞变性、坏死。心电图表现为面向坏死区的导联出现异常病理性 Q 波（时间≥0.04 秒，振幅≥同导联 R 波 1/4）或呈现 QS 波。

临床上坏死区相对应的导联可同时记录到心肌缺血、损伤和坏死的图形改变。若上述三种改变同时存在，则心肌梗死的诊断基本确立。心电图描记到的常见三种改变的混合图形见图 7 - 29，即异常 Q 波、ST 段抬高及 T 波倒置

## （二）心肌梗死心电图的演变与分期

心肌梗死发生后，心电图波形会随着心肌缺血、损伤、坏死或者恢复的状态，呈现一定规律性的演变。根据演变过程与时间先后的关系，分为超急性期、急性期、亚急性期、陈旧期等四期（图 7-30）。

**1. 超急性期（早期）** 急性心肌梗死发生数分钟后至数小时内，此时只有心内膜下心肌缺血和损伤的心电图改变。心电图出现：① T 波高尖，是心肌梗死最早的表现；②ST 段上斜形抬高，与高耸直立 T 波相连成单向曲线；③不出现异常 Q 波。此期是溶栓治疗的最佳时期，但其电生理状态极不稳定，不易被记录到。

**2. 急性期** 于心肌梗死后数小时或数天，可持续到数周。心电图表现为：①出现异常 Q 波或 QS 波；② ST 段呈弓背向上抬高，继而逐渐下降；③高尖的 T 波由直立变为倒置并逐渐加深。此期可出现心肌缺血、损伤及坏死的心电图改变。

**3. 亚急性期（近期）** 心肌梗死后数周或者数月。心电图表现为：①抬高的 ST 段逐渐下移至等电位线；②缺血型冠状 T 波由倒置较深逐渐变浅，直至恢复正常；③坏死型 Q 波持续存在。

**4. 陈旧期（愈合期）** 心肌梗死 3～6 个月或者数年，心电图表现为：ST 段和 T 波恢复正常或 T 波持续倒置、低平，趋于恒定不变，残留下异常的 Q 波。一般梗死后患者的异常 Q 波将持续存在。

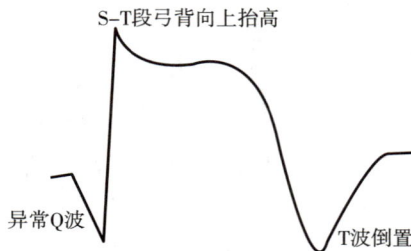

图 7-29 心肌梗死的特征性图形

**考点提示**

心肌梗死的心电图特征性改变是什么？

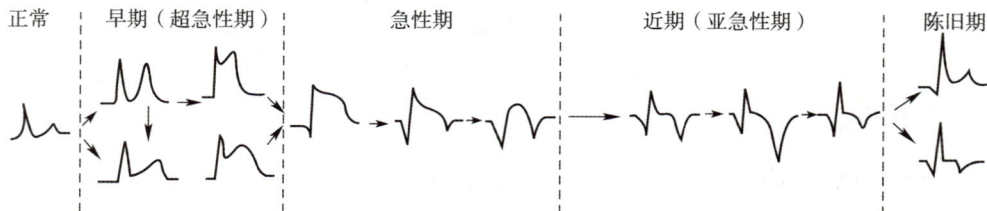

图 7-30 急性心肌梗死的心电图演变过程

## （三）心肌梗死的定位诊断

心肌梗死的部位一般根据异常 Q 波或 ST 段出现的导联位置来进行确定。心电图导联与心肌梗死的定位诊断见表 7-4，急性下壁心肌梗死和急性前间壁心肌梗死见图 7-31，图 7-32。

表 7-4　心电图导联与梗死部位的定位诊断

| 梗死波出现的导联 | 梗死部位 | 供血的冠状动脉 |
| --- | --- | --- |
| Ⅱ、Ⅲ、aVF | 下壁 | 右冠状动脉或左回旋支 |
| $V_1 \sim V_3$ | 前间壁 | 左前降支 |
| $V_1 \sim V_5$ | 广泛前壁 | 左前降支 |
| $V_3 \sim V_5$ | 前壁 | 左前降支 |
| Ⅰ、aVL、$V_5$、$V_6$ | 前侧壁 | 左前降支的对角支 |
| $V_7 \sim V9$ | 正后壁 | 左回旋支或右冠状动脉 |

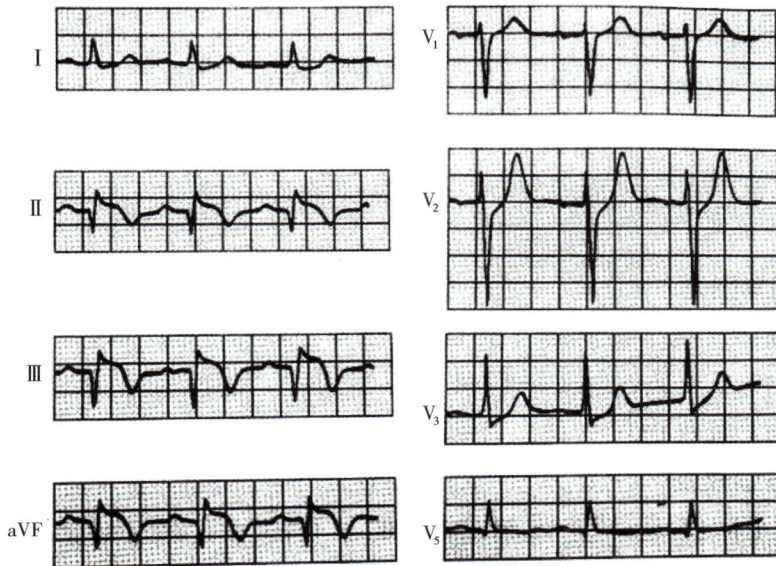

图7-31　急性下壁心肌梗死

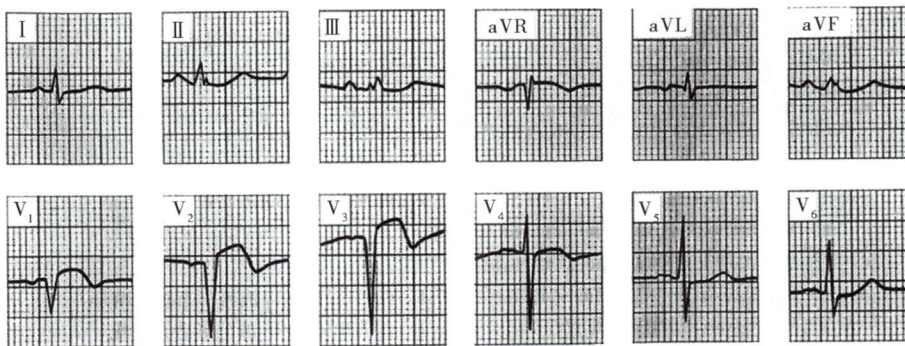

图7-32　急性前间壁心肌梗死

# 五、心律失常

正常人心脏的起搏点位于窦房结，按一定的传导速度和顺序沿传导系统下传。当各种原因使心脏冲动的起源部位、频率、节律、传导速度或激动顺序的异常称为心律失常（cardiac arrhythmia）。心电图是诊断心律失常最主要的方法。

## （一）心律失常的分类

心律失常根据形成的原因不同，分为冲动起源异常和冲动传导异常两大类。

### 1. 冲动起源异常

（1）窦性心律失常　①窦性心动过速；②窦性心动过缓；③窦性心律不齐；④窦性停搏等。

（2）异位心律

1）主动性异位心律　①期前收缩（房性、交界性、室性）；②阵发性心动过速（房性、交界性、室性）；③心房扑动、心房颤动；④心室扑动、心室颤动。

2）被动性异位心律　①逸搏（房性、交界性、室性）；②逸搏心律（房性、交界性、室性）。

**2. 冲动传导异常**

（1）生理性　干扰和房室分离。

（2）病理性　①窦房传导阻滞；②房内传导阻滞；③房室传导阻滞；④室内传导阻滞（左、右束支及分支传导阻滞）。

（3）房室间传导途径异常　预激综合征。

此外，临床上依据心律失常发作时心率的快慢分为快速性心律失常（包括期前收缩、心动过速、扑动、颤动）和缓慢性心律失常（包括窦性心动过缓、房室传导阻滞等）。

### （二）窦性心律与窦性心律失常

**1. 窦性心律（sinus rhythm）**　冲动起源于窦房结的心律称为窦性心律。正常窦性心律的心电图特点为：① P 波规律出现，P 波在 Ⅰ 、 Ⅱ 、aVF、$V_4 \sim V_6$ 导联直立，aVR 倒置；②频率为 60 ~ 100 次/分；③P – R 间期 0.12 ~ 0.20 秒。

**2. 窦性心律失常（sinus arrhythmias）**　窦房结发放冲动所形成的过快、过慢、节律不规则或传导障碍的心律失常称为窦性心律失常。

（1）窦性心动过速（sinus tachycardia）　①心电图特点：成人窦性心律的频率 >100 次/分，大多在 100 ~ 150 次/分；PP 间期 <0.60 秒（图 7 – 33）。②病因：常见于运动、精神紧张、发热、甲状腺功能亢进症、贫血、心肌炎、应用拟肾上腺素类药物等情况。

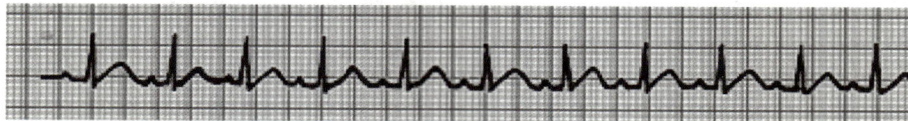

**图 7 – 33　窦性心动过速**

（2）窦性心动过缓（sinus bradycardia）　①心电图特点：成人窦性心律的频率 <60 次/分，多在 40 ~ 60 次/分；PP 间期 >1.0 秒（图 7 – 34）。②病因：常见于窦房结功能障碍、甲状腺功能低下、颅内压增高、服用某些药物（如 β 受体阻滞剂）等情况，也可见于老年人和运动员。

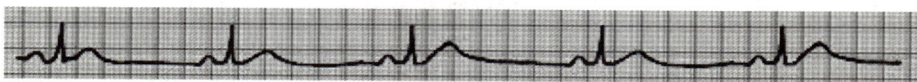

**图 7 – 34　窦性心动过缓**

（3）窦性心律不齐（sinus arrhythmia）　①心电图特点：窦性心律的节律不整齐，在同一导联上两个 PP 间距之差大于 0.12 秒（图 7 – 35）。②病因：常见于儿童和青少年，多数窦性心律不齐与呼吸有关，表现为吸气时心率较快，呼气时变慢；深呼吸时更明显，屏气时消失，称为呼吸性窦性心律不齐。与呼吸无关的心律不齐称非呼吸性窦性心律不齐，它是指窦房结发放冲动不规则，多见于心脏病患者。

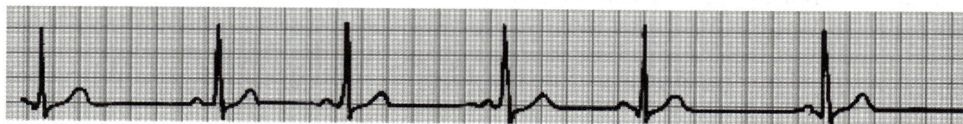

**图 7 – 35　窦性心律不齐**

（4）窦性停搏（sinus arrest）　①心电图特点：规则的 PP 间距中突然出现 P 波脱落，形成长 PP 间距，且 PP 间距与正常 PP 间距不成倍数关系，亦可出现交界性逸搏或室性逸搏。②病因：可见于迷走神经张力增高、窦房结功能障碍（图 7 – 36）。

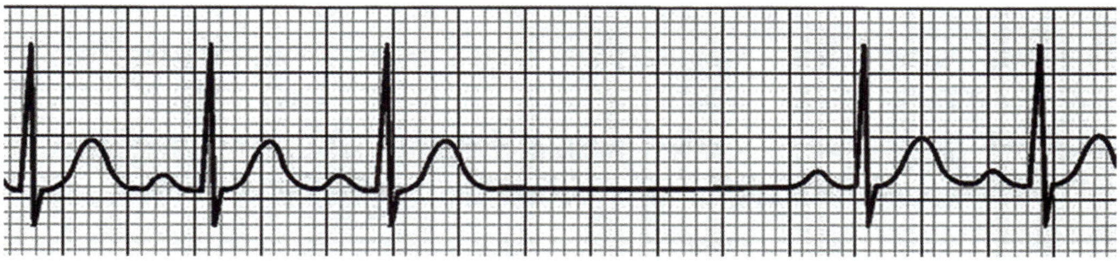

图 7 - 36　窦性停搏

（5）病态窦房结综合征（sick sinus syndrome，SSS）　①心电图特点：持续严重的窦性心动过缓，心率 <50 次/分；窦性停搏与窦房传导阻滞；心动过缓 - 心动过速综合征（慢 - 快综合征）（图 7 - 37）。②病因：常见于冠心病、心肌炎、心肌病等。

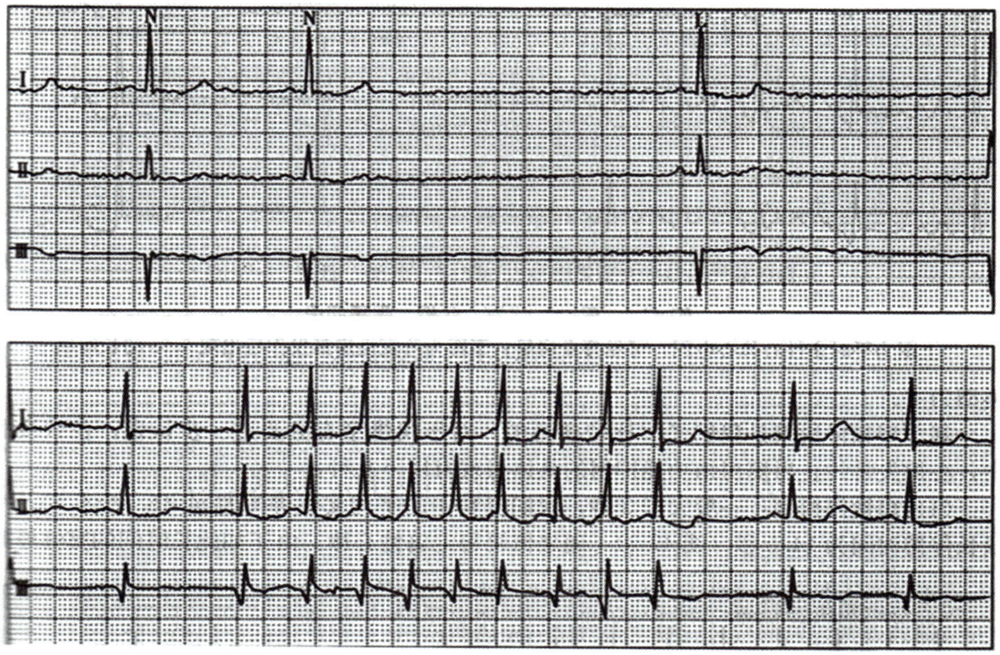

图 7 - 37　病态窦房结综合征（窦缓伴窦性停搏 - 短阵房颤发作）

### （三）期前收缩

期前收缩（premature contraction）是指起源于窦房结以外的异位起搏点提前发出的激动引起的心脏搏动，又称过早搏动，简称早搏。是临床上最常见的心律失常。期前收缩的发生机制包括：①触发激动；②折返激动；③异位起搏点的兴奋性增高。根据异位起搏点的部位不同又分为房性期前收缩、交界性期前收缩、室性期前收缩三种类型，其中以室性期前收缩最为常见。期前收缩出现的频度小于 5 次/分称偶发，大于 5 次/分称频发。早搏可见于正常人，常见于器质性心脏病患者或者药物（奎尼丁、普鲁卡因酰胺、洋地黄）中毒、血钾过低、心脏手术或导管检查时对心脏的机械刺激等。

**1. 室性期前收缩（premature ventricular contraction）**　是窦房结冲动尚未抵达心室之前，由心室中的任何一个部位或室间隔的异位节律点提前发出电冲动引起心室的除极，称为室性期前收缩，简称室性早搏。心电图特点：①QRS 波提前出现，其前无相关 P 波；

💡 **考点提示**

室性期前收缩的心电图表现是什么？

②QRS 波群宽大畸形，时间 >0.12 秒，T 波方向多与 QRS 主波方向相反；③代偿间歇完全（期前收缩前后两个窦性 P 波之间的间距等于正常 PP 间距的两倍）（图 7 - 38）。室性期前收缩可按一定规律出现，若在每次正常窦性搏动之后均出现一个期前收缩，称为二联律（图 7 - 39）。每两次正常窦性搏动之后出现一个期前收缩，称为三联律，依次类推。单源期前收缩是指来自同一异位起搏点或有固定的折返路径，其形态、联律间期相同。多源期前收缩是指来自不同异位起搏点，在同一导联中出现 2 种或 2 种以上形态及联律间期互不相同的异位起搏动的图形。

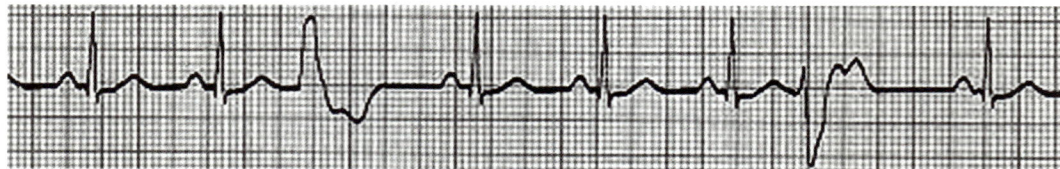

图 7 - 38　室性期前收缩

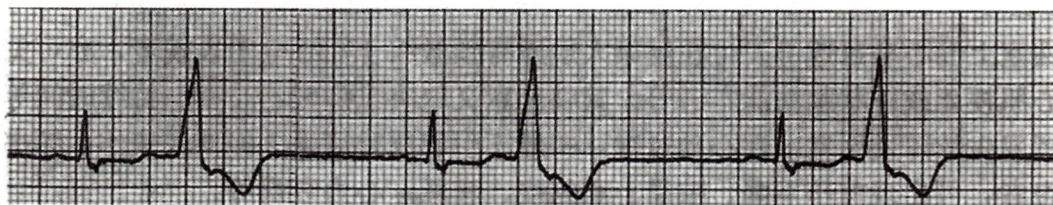

图 7 - 39　室性期前收缩呈二联律

**2. 房性期前收缩**（premature atrial contraction）　是指激动起源于窦房结以外的心房部位。心电图特征为：①提前出现的异位 P′波与窦性 P 波的形态不同；②P′R 间期 >0.12 秒；③QRS 波群形态基本正常；④代偿间歇多为不完全性（期前收缩前后两个窦性 P 波之间的间距小于正常 PP 间距的两倍）。（图 7 - 40）。

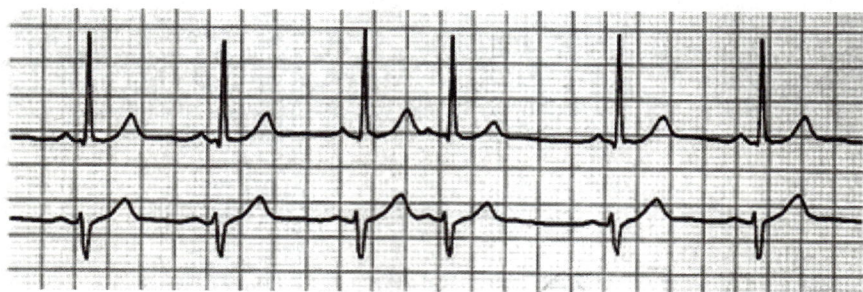

图 7 - 40　房性期前收缩

**3. 交界性期前收缩**（premature junction contraction）　冲动起源于房室交界区。心电图特征为：①提前出现的 QRS 波群，形态基本正常；②出现逆行 P′波（P 波在 Ⅱ、Ⅲ、aVF 导联倒置，aVR 直立），P′波可出现于 QRS 波群之前（P′R 间期 <0.12 秒）、或 QRS 波群之后（RP′间期 <0.20 秒）或者与 QRS 波群相重叠；③代偿间歇完全性（图 7 - 41）。

> **考点提示**
>
> 三种期前收缩的心电图特点是什么？

aVF

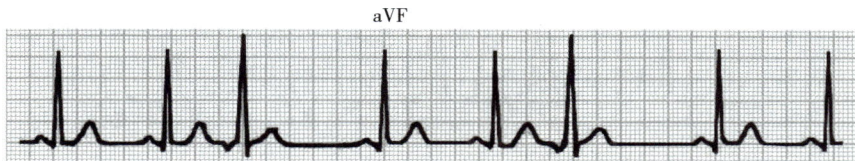

图 7 – 41　交界性期前收缩

### （四）异位性心动过速

异位性心动过速（paroxysmal tachcardia）是指异位起搏点兴奋性增高或折返激动引起的快速异位心律（连续出现 3 次或 3 次以上的期前收缩）。其临床特征为突然发作和突然停止。根据异位节律激动起源部位的不同，可分为房性心动过速、房室交界性心动过速和室性心动过速，其中房性和房室交界性阵发性心动过速的 P′波在心电图上难以区别，且其异位起搏点均位于房室束以上，故统称为阵发性室上性心动过速。

**1. 阵发性室上性心动过速**（paroxysmal supraventricular tachycardia，PSVT）　是指发生于希氏束分支以上的心动过速和房室折返性心动过速的总称。心电图特征为：①连续出现 3 个或 3 个以上快速均齐、形态正常的 QRS 波群，若伴有室内差异传导，QRS 波群可增宽；②频率一般在 160～250 次/分，节律快而规则；③P′波常埋藏于 QRS 波群之中，不易辨认，P 波与 QRS 波群保持固定关系；④可出现继发性 ST – T 改变（图 7 – 42）。常见于无器质性心脏病者，也可见于器质性心脏病患者。

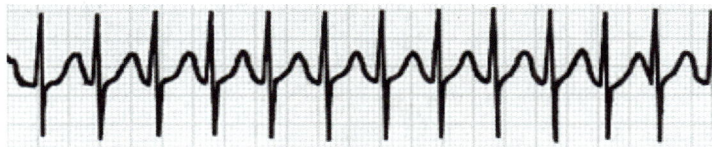

图 7 – 42　阵发性室上性心动过速

💡 **知识链接**

#### 预激综合征

预激综合征是一种常见的心律失常，发生预激的基础是指在心房心室之间除了存在正常的房室间传导途径之外，还存在普通心肌组成一些肌束，连接心房与心室之间称为房室旁路。当窦房结发出的冲动通过此途径迅速到达心室，使这部分心肌提前激动（预激），多见于健康人，可引起心动过速发作。

**2. 室性心动过速**（ventricular tachycardia，VT）　简称室速，是指发生于希氏束分支以下部位的心动过速，是一种严重的心律失常。心电图特征为：①连续出现 3 个或 3 个以上快速、宽大畸形的 QRS 波群，时限常 >0.12 秒；②心室率一般在 140～200 次/分，节律可稍不齐；③其 QRS 波群前常无 P 波；④常伴有继发性 ST – T 改变（图 7 – 43）；⑤偶尔心房激动夺获心室或发生室性融合波（QRS 波群形态介于窦性心律与室性异位心律之间）。心室夺获、室性融合波是诊断室性心动过速的重要依据。常发生于各种严重器质性心脏病患者，最常见于冠心病，尤其是心肌梗死的患者，其次见于心肌病、心力衰竭、电解质紊乱等。

☀ **考点提示**

室上性与室性心动过速的心电图特点是什么？

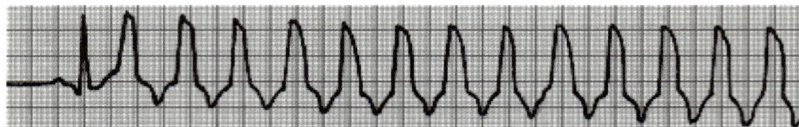

图 7 – 43　阵发性室性心动过速

### （五）扑动与颤动

扑动与颤动（flutter and fibrillation）是一种频率比心动过速更快的异位快速心律失常。异位激动可起源于心房或心室，其主要的电生理基础是心肌的兴奋性增高，不应期缩短，同时伴有一定的传导障碍，形成环形激动及多发微折返。所形成的节律分别称为心房扑动与颤动或心室扑动与颤动。

**1. 心房扑动（atrial flutter，AFL）**　简称房扑。其发生机制为房内大折返环路激动。心电图特征为：①正常窦性 P 波消失，代之以连续的锯齿状扑动波（F 波），其波形大小相等、形态一致、间隔规则，在 Ⅱ、Ⅲ、aVF 导联中最明显。F 波的频率为 250 ~ 350 次/分；②QRS 波群时间和形态一般正常，伴有室内差传时 QRS 波群增宽；③心室率常规则，房室传导按固定比例下传，多为 2∶1、3∶1 或 4∶1（图 7 – 44）。健康人很少见，多见于器质性心脏病如风湿性心脏病、冠心病、心肌病等。

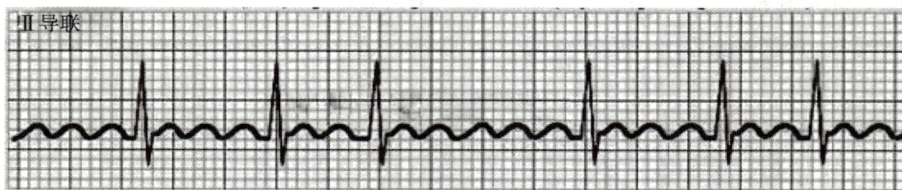

图 7 – 44　心房扑动

**2. 心房颤动（atrial fibrillation，AF）**　简称房颤，是心房内部分肌纤维极不协调地快速颤动产生。是临床最常见心律失常之一。心电图特征为：①正常 P 波消失，代之以大小不等、间隔不等、形态各异的颤动波（f 波），通常在 $V_1$ 导联中最明显，频率 350 ~ 600 次/分；②心室律绝对不规则（RR 间期绝对不等）；③QRS 波群时间和形态一般正常（图 7 – 45）。心房颤动多见于器质性心脏病，如风湿性心脏病二尖瓣狭窄、冠心病和甲状腺功能亢进症等。少数阵发性心房颤动也可见于正常人，在情绪激动、运动或急性乙醇中毒时发生。

> 💡 **考点提示**
>
> 心房颤动与心室颤动的心电图特点是什么？

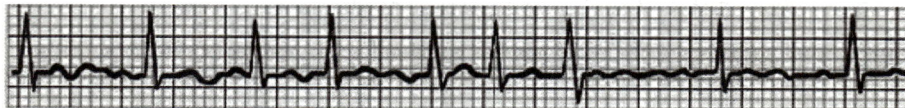

图 7 – 45　心房颤动

**3. 心室扑动（ventricular flutter）**　是心室肌产生环形激动的结果。其心电图特征：①QRS – T 波群消失，代之以连续快速而相对规则的大振幅的室扑波；②频率为 200 ~ 250 次/分，心脏失去排血功能（图 7 – 46）。

图 7 – 46　心室扑动

**4. 心室颤动（ventricular fibrillation）** 往往是心脏停跳前的短暂征象。心电图特征为：①QRS - T波完全消失，出现大小不等、极不均匀的低小波；②频率为200～500次/分（图7-47）。

心室扑动和心室颤动多见于严重的心肺功能障碍、电解质紊乱、药物中毒、各种疾病的终末阶段。

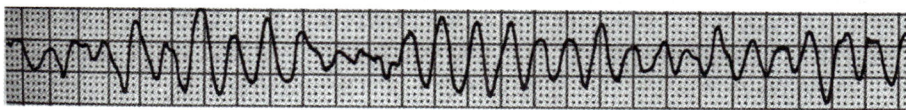

图7-47 心室颤动

心室扑动与心室颤动都是致命性的心律失常。一旦发生，心脏就失去了排血功能，患者迅速出现意识丧失、抽搐、呼吸停止、心音及大动脉搏动消失、血压测不到。此时，应争分夺秒地全力抢救，否则患者会立即死亡。

### （六）房室传导阻滞

房室传导阻滞（atrioventricular block，AVB）是指房室交界区脱落了生理不应期后，心房冲动传到延迟或不能传到心室。房室传导阻滞是临床上最常见的一种心脏传导阻滞现象。根据传导障碍的程度不同可分为一度、二度、三度。一度房室传导阻滞是每个心房激动均能下传到心室，但传导时间延长；二度房室传导阻滞是部分心房激动不能下传到心室（部分激动传导发生中断），造成心室漏搏；三度房室传导阻滞是全部心房激动均不能下传到心室（传导完全中断）。一度、二度房室传导阻滞属于不完全性房室传导阻滞，三度房室传导阻滞又称完全性房室传导阻滞。

**1. 一度房室传导阻滞** 主要表现为P-R间期时间延长，但无QRS波群脱落。心电图特征为：①P-R间期 >0.20 秒；②每个P波后均有QRS波群（图7-48）。

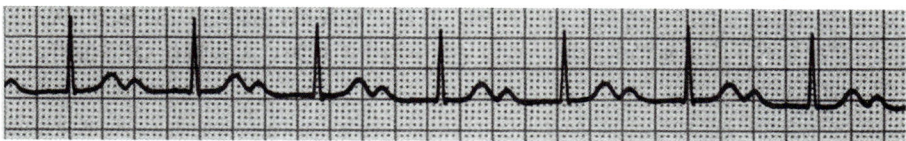

图7-48 一度房室传导阻滞

**2. 二度房室传导阻滞** 主要表现为部分P波后无相应的QRS波，即QRS波脱漏。按QRS波脱漏的特点分为两型，二度Ⅰ型房室传导阻滞和二度Ⅱ型房室传导阻滞。通常以P波数与P波下传数的比例来表示房室阻滞程度，例如3∶2传导表示3个P波中有2个P波下传心室，1个P波未能下传；3∶1传导表示3个P波中有1个P波下传心室，2个P波未能下传。

（1）二度Ⅰ型房室传导阻滞（又称文氏现象） 是最常见的二度房室传导阻滞类型。心电图表现：①P波规律出现；②P-R间期逐渐延长，相邻的RR间期进行性缩短，直至P波后脱落一个QRS波群，P-R间期又恢复至最短时限，之后又逐渐延长，如此周而复始，常见的房室传导比例为3∶2或5∶4（图7-49）。二度Ⅰ型房室传导阻滞很少发展为三度房室传导阻滞。

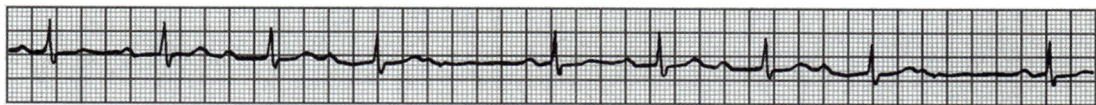

图7-49 二度Ⅰ型房室传导阻滞

（2）二度Ⅱ型房室传导阻滞（又称莫氏现象） 心电图表现为：PR间期恒定不变，部分P波后无QRS波群，QRS波群脱漏。QRS波群呈比例脱漏，常呈2∶1、3∶1或3∶2脱漏（图7-50）。

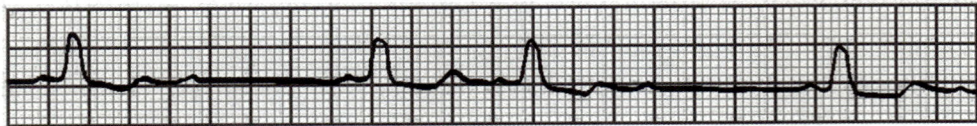

图 7 – 50　二度Ⅱ型房室传导阻滞

**3. 三度房室传导阻滞**　又称完全性房室传导阻滞。当来自房室交界区以上的激动完全不能通过阻滞部位时，阻滞部位以下的潜在起搏点就会发放激动，出现交界性逸搏心律或室性逸搏心律。心电图表现：PP 间距与 RR 间距各自保持一定的节律，P 波与 QRS 波毫无关系，P 波数大于 QRS 波数。交界性逸搏心律表现 QRS 波群的形态正常，心室率 40～60 次/分。室性逸搏心律表现为 QRS 波群宽大畸形，时限 >0.12 秒，心室率 20～40 次/分（图 7 – 51）。

**考点提示**

心电图检查及分析。

Ⅱ

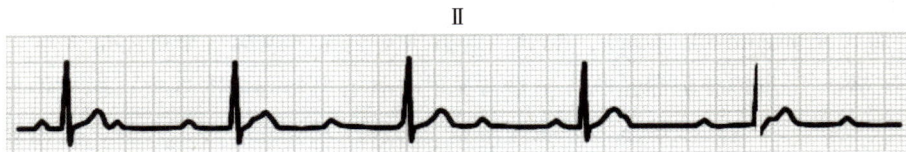

图 7 – 51　三度房室传导阻滞

## 目标检测

答案解析

### 一、选择题

1. 在 QRS 波群中第一个向上的波称为（　　）

　　A. Q 波　　　　　　　　　B. R 波　　　　　　　　C. S 波

　　D. R1 波　　　　　　　　 E. S1 波

2. 在心电图上 P 波代表的是（　　）

　　A. 窦房结除极　　　　　　B. 心房除极　　　　　　C. 窦房结复极

　　D. 心房复极　　　　　　　E. 房室结除极

3. 下列关于胸导联电极的安放，不正确的是（　　）

　　A. $V_5$ 在左腋前线第 5 肋间处　　　　　　 B. $V_2$ 在胸骨左缘第 4 肋间

　　C. $V_3$ 在 $V_2$ 与 $V_4$ 连线的中点　　　　　　 D. $V_4$ 左锁骨中线第 4 肋间处

　　E. $V_1$ 在胸骨右缘第 4 肋间

4. 下列关于心电图的价值，不正确的是（　　）

　　A. 能确诊心律失常　　　　　　　　　　　 B. 能确诊心肌梗死

　　C. 能持续反应心脏状态　　　　　　　　　 D. 辅助诊断电解质紊乱

　　E. 辅助诊断房室肥大

5. 以下心电图波段中，由心室除极产生的是（　　）

　　A. QRS 波　　　　　　　　B. P 波　　　　　　　　C. ST 段

　　D. T 波　　　　　　　　　E. U 波

6. 心电图中，反映房室传导时间的是（　　）

　　A. P 波　　　　　　　　B. P-R 间期　　　　　　C. QRS 波群

　　D. ST 段　　　　　　　E. T 波

7. 心电图检查国内一般采用的走纸速度是（　）

　　A. 15mm/s　　　　　　B. 25mm/s　　　　　　　C. 75mm/s

　　D. 80mm/s　　　　　　E. 100mm/s

## 二、思考题

　　患者，男，66 岁。因在家打扫卫生拖地，突然感到心前区疼痛难忍，舌下含服硝酸甘油不缓解，来院就诊。患者既往有高血压病史 12 年。经医生诊断为急性下壁心肌梗死，收入院治疗。

请问：

（1）急性心肌梗死最具有诊断价值的心电图特征是什么？

（2）急性下壁心肌梗死的特征心电图出现在哪些导联？

（刘俊香）

书网融合……

　　　　本章小结　　　　　　　微课　　　　　　　题库

# 第八章　影像学检查

◎ 学习目标

　　1. 通过本章学习，重点把握各种影像检查前的准备及检查中的配合，阐述各种影像检查技术的基本原理及临床应用，各系统正常的 X 线表现及基本病变的 X 线表现。

　　2. 能根据患者的具体情况，做好影像学检查前的健康教育。能读懂典型的影像学检查资料，并给患者做好相应的解释。

　　影像学检查是应用 X 线、超声、CT、MRI、核医学等各种成像技术使人体内部结构和器官成像，借以了解人体解剖、生理功能状态和病理变化，以达到诊断疾病、辅助治疗、判断预后的目的。本章主要讲解目前临床应用于健康评估的影像检查，包括 X 线、超声成像、CT、MRI、放射性核素等。了解每种检查方法的特点、应用原理、诊断效果及临床应用价值，有助于护士更好地评估受检者的情况、充分做好检查前的准备工作和检查后的必要护理。

## 情境导入

**情景描述**　患者，男，52 岁，咳嗽、咳痰、气急半月余。半月前患者感冒后出现咳嗽、咳痰，痰为白色黏液痰，量中，伴有胸闷气急、低热、盗汗、乏力。

**讨论**　1. 护士应建议患者做哪种影像学检查帮助诊断？
　　　　2. 护士应告诉患者检查前做好哪些准备？

## 第一节　X 线检查

　　自 1895 年德国物理学家伦琴发现 X 线以后，X 线很快就被用于医学并逐渐形成了临床 X 线学科。目前，X 线诊断是医学影像诊断中的基础内容，也是主要内容，临床应用最为广泛。了解 X 线的特点，熟悉其检查方法，掌握临床常见病、多发病的 X 线表现，是护理专业人员必备的基本条件。

## 素质提升

### 首位诺贝尔物理学奖获得者——威廉·康拉德·伦琴

　　1895 年，德国物理学家威廉·康拉德·伦琴发现了 X 射线，为人类利用 X 射线诊断与治疗疾病开拓了新途径，开创了医疗影像技术的先河。1895 年 11 月 8 日夜晚，伦琴正在进行阴极射线实验，为了避免环境光的影响，他用黑纸把放电管严密封好，在完全遮光的暗室内进行。在接上高压电流进行实验时，他发现在黑暗中距离放电管约 1m 以外的荧光屏发出微弱的浅绿色闪光，一旦切断电源闪光就立即消失。为了证实这一发现，他全神贯注地重复实验，为此夜以继日，废寝忘食，最终发现了 X 射线。成名后，伦琴在接受一位新闻记者的采访时说："我不是预言家，也不喜欢预言，我继续我的实验研究，我从不发表没有把握的结果。"他锲而不舍、精益求精的科研态度值得我们学习。

## 一、概述

### （一）X 线的基本特性

X 线成像是目前临床应用最广泛的检查技术。X 线是电磁波的一种，具有电磁波的所有特性。临床上采用 X 线进行影像学检查是因为 X 线具有以下特性。

**1. 穿透性**　是指 X 线具有穿透物体的能力。穿透能力的大小与两方面有关：①射线的能量；②被穿透物体的密度和厚度。X 线穿透物体后数量减少，称为衰减。X 线穿过物体后的衰减的程度与所穿过物质的密度、厚度有关。X 线的穿透性和物体对 X 线的衰减作用两者共同构成了 X 线成像的基础。

**2. 荧光效应**　是指 X 线能激发荧光物质，如硫化锌镉、钨酸钙等，产生可见光，可见光的亮度直接取决于 X 线的多少。荧光效应是透视检查的基础。

**3. 感光效应**　是指 X 线可以使光学胶片上溴化银中的银离子被还原成黑色的金属银颗粒，沉积于胶片上。X 线量的多少与胶片上的银颗粒（灰度）直接相关。X 线量大，胶片上银颗粒就多，呈黑色；X 线量小，胶片银颗粒就少，颜色就浅，甚至呈白色。感光效应是 X 线摄影的基础。

**4. 电离与生物效应**　是指 X 线能使组织电离，引起 DNA 损伤。它对于人体的作用有两方面：一是治疗作用（放疗）；二是 X 线剂量超过一定程度，使人体产生生物学方面的改变而对人体造成损伤。正因为如此，在进行 X 线检查过程中，一定要注意防护。

### （二）X 线成像的基本原理

X 线成像就是将人体不同组织以不同的层次显示出来，要求组织器官的边缘要清晰。在穿透力一定的情况下，由于人体组织结构的密度和厚度的差异，穿过人体的 X 线衰减的程度不同，如果用胶片检测，就可以显示出胶片上呈现出灰黑不一的差异来。总的来说，X 线成像就是检测 X 线穿过人体后所剩余的 X 线量。依据人体组织对于 X 线吸收能力的不同，将人体组织分为三类。

**1. 高密度**　骨骼和钙化灶等。特点是比重高，密度大，吸收 X 线量多，故而剩余的 X 线量少，X 线片感光最少。在 X 线胶片上显示为白色，即为高密度影。

**2. 中等密度**　软骨、肌肉、神经、实质器官、液体等。这些组织吸收 X 线的量介于高密度组织与低密度组织之间，在 X 线胶片上感光量居中。在 X 线胶片上显示为灰白色，即中等密度影。

**3. 低密度**　脂肪组织以及有气体存在的呼吸道、胃肠道、鼻窦等。这些组织的 X 线吸收量较少，特别是气体，很少吸收 X 线，因此在 X 线胶片上感光量最多。在 X 线胶片上，脂肪组织多为灰黑色，气体为黑色。X 线胶片上灰黑色或黑色的影像即为低密度影。

人体部分组织之间密度本身就存在一定的差别，可以在 X 线影像中分辨出来，这种差别称为自然对比。而对于缺乏自然对比的组织器官，在 X 线影像中不能分辨或分辨不清，可以在组织器官及病灶中人为地引入一些密度高于或低于该组织的物质来衬托出该组织器官的轮廓，或直接提高该组织器官的密度，从而使该组织从周围组织中分辨出来。这种方法称为人工对比，就是对比造影检查，用作造影的物质称为对比剂或造影剂。

### （三）X 线检查中的防护

X 线照射具有生物效应，超过允许剂量的照射可导致放射性损伤，故应重视 X 线检查中受检者和工作人员的防护。首先，要严格掌握 X 线检查的适应证，避免不必要的照射，尤其是孕妇和小儿，早孕者当属禁忌。其次，X 线检查时应遵循辐射防护的三项基本原则。①时间防护：每次检查的照射次数不宜过多，并尽量避免重复检查。②距离防护：利用 X 线量与距离的平方成反比的原理减少散射线的辐射。③屏蔽防护：用高密度物质，如含铅的防护服等遮挡敏感部位和器官。

## 二、X 线检查方法及检查前准备

### （一）X 线检查方法

X 线检查时，基于人体组织结构固有的密度和厚度差异所形成的灰度对比称为自然对比。依靠自然对比所获得的 X 线摄影图像常称为平片。对于缺乏自然对比的组织或器官，可以人为地引入密度高于或低于该组织或器官的物质，使之产生灰度对比，称为人工对比。这种引入的物质称为对比剂，原称造影剂。通过人工对比方法进行的 X 线检查即为 X 线造影检查。

**1. 普通检查**

（1）荧光透视 简称透视，利用荧光屏显影进行直接观察的 X 线检查方法。优点是简单易行、费用低廉、可多方位多角度对器官进行动态观察，并立即得出诊断结果。主要缺点是影像对比度及清晰度较差，不易发现细微病变，且不能留下永久的影像资料，不便对病例进行随访、复查对照等。常用于胃肠道钡剂造影检查、介入治疗、骨折复位等。

（2）X 线摄影 常俗称为拍片，广泛应用于检查人体各个部位，是临床应用最广泛的检查方法。其优点是弥补透视的不足，受检者受照 X 线量较少，成像清晰，并可作永久性资料保存，便于进行教学科研或复查对照。缺点是被检范围受胶片大小限制、不能动态观察器官活动、不能从多角度观察病变的形态结构等。

**2. 特殊检查** 是指利用特殊装置进行 X 线摄影，包括荧光摄影、软线摄影、高千伏摄影、体层摄影（又叫断层摄影）和放大摄影等。目前临床上述摄影逐渐被 CT 等现代成像技术取代，但软线摄影（又叫钼靶 X 线摄影）临床应用较广泛，如脂肪、肌肉、腺体等软组织，特别是乳房的疾病筛查。

**3. X 线造影检查** 是将造影剂引入缺乏自然对比影像的器官内或其周围间隙，使之产生人工密度差，形成黑白对比影像，以显示其形态和功能的方法。

（1）造影剂（对比剂） 按影像密度高低分为两类。①高密度造影剂：有钡剂和碘剂。钡剂，如硫酸钡，主要用于消化道造影；碘剂，如碘必乐、泛影葡胺等，常用于支气管造影、心血管造影、胆道造影、肾盂造影等。高密度造影剂中，钡剂较安全，注意肠梗阻患者禁忌行钡餐检查，可以用碘剂替代。不得将钡剂导入人体间隙内和血管内。②低密度造影剂：为气体，如空气、氧气、二氧化碳。目前应用于临床的有二氧化碳、氧气、空气等，在 X 射线胶片上显示为黑色，主要用于蛛网膜下腔、关节囊、腹腔、胸腔及软组织间隙的造影。可用气钡双重造影，提高疾病诊断正确率。

（2）造影方法 依造影剂导入的途径不同分两种。①直接导入法：口服法，如上消化道钡餐检查；灌注法，如钡剂灌肠、子宫输卵管造影等；穿刺法，如血管造影。②间接导入法：又称生理排泄法，经静脉注入或口服的造影剂，选择性地经某一器官排泄，使该器官显影。

### （二）X 线检查前准备

**1. X 线常规检查的准备与处理**

（1）体质准备 患者的体质与反应的发生及其程度有关。除过敏体质外，患者的年龄、有无慢性病如高血压、冠心病等，乃至精神状态都有重要关系。

（2）心理准备 X 线检查前应简要向患者介绍检查的目的、方法及注意事项，使患者身心处于良好状态，争取患者的合作，使检查顺利进行。

（3）其他准备 指导患者采取正确的检查姿势，充分暴露检查部位，脱去检查部位的厚层衣物，去除影响 X 线穿透的物品如金属首饰、敷料、药膏和发卡等。

**2. X 线造影检查的准备与处理** X 线造影检查因检查部位、造影剂种类及造影方法不同，所需要的准备及注意事项也有差别，护理人员应协助患者做好相应准备，并及时处理检查中出现的问题。X 线造影检查常用的造影剂为医用硫酸钡和碘剂。

（1）碘过敏试验 凡需用碘造影剂进行造影时，应提前做碘过敏试验。常用的方法如下。①口服试验：检查前2天服用一定量造影剂，并观察患者反应，如出现结膜红肿、恶心、呕吐、手脚麻木和皮疹等，视为阳性。②皮内试验：用3%碘剂0.1ml进行皮内试验，观察20分钟，若皮肤局部出现红肿、硬结，直径达到1cm以上者，视为阳性。③静脉注射法：检查前1天用同剂型碘造影剂1ml进行静脉注射，观察15分钟，若出现胸闷、心悸、气短、咳嗽、恶心、呕吐、头晕、头痛、荨麻疹等，视为阳性。碘剂过敏试验中需要先做口服试验或皮内试验，阴性方可做静脉试验，两者都阴性才能做造影检查。

（2）碘过敏反应的处理 碘剂过敏试验阴性者也可发生反应，所以造影检查前要做好抢救准备。①轻度反应：如患者出现全身灼热感、头晕、面部潮红、胸闷、气短、恶心、呕吐、皮疹等，经吸氧或短时间休息可好转，也可给予肾上腺素1mg皮下注射。②重度反应：如喉头水肿、支气管痉挛、呼吸困难、心律失常，甚至心搏骤停等，应立即停止造影检查，进行抗休克、抗过敏和对症治疗，对心搏骤停者立即进行心肺复苏。

（3）支气管造影前的准备 ①检查前6小时及检查后2小时禁食；②检查前1天做碘过敏试验；③痰多者检查前3天行体位引流排痰并服祛痰药，为减少支气管分泌物，可于造影前15分钟给患者肌内注射654-2，5~10mg。⑤精神紧张者检查前1小时给少量镇静剂。

（4）心血管造影前的准备 ①检查前1天做碘过敏试验及在穿刺部位备皮，禁食6小时以上；②全身极度衰竭、肝肾功能严重不全、造影过敏试验阳性、心力衰竭和严重动脉病变患者不进行该项检查；③对泛影葡胺等离子型造影剂过敏反应者，可考虑使用非离子型造影剂如优维显（Ultravist），欧乃派克（Omnipaque）等；④检查前为患者连接好心电监护仪及准备好其他抢救设备及药品；⑤指导患者做一些配合动作如深吸气、憋气、用力咳嗽等。

（5）上消化道双重对比造影前的准备 ①检查前3天禁服X线不能穿透（如钙、铁、铋剂等）及影响胃肠蠕动的药物。②检查前1天，无渣半流质饮食；检查前12小时禁食、禁水。③上消化道出血者一般在出血停止和病情稳定后数天方可检查。④如需要显示黏膜上细微结构及微小病变时，可肌内注射抗胆碱药如654-2，以便降低胃肠张力，易于观察。青光眼、前列腺增生患者禁用。⑤如需在较短时间内观察小肠，可肌内注射新斯的明或口服甲氧氯普胺以增加胃肠道张力，促进胃肠蠕动。⑥疑有胃肠穿孔、肠梗阻等患者，禁止检查。⑦食管钡餐检查一般吞服2~3口钡剂，无需做特殊准备。

（6）钡剂灌肠检查前的准备 ①检查前1天摄少渣半流质饮食，下午至夜间饮水1000ml左右；②如做气钡双重造影者，检查前1晚服番泻叶等泻药导泻，检查前2小时清洁灌肠，禁忌清洁剂洗肠；③检查当天禁早餐。

（7）脑血管造影检查前的准备 ①检查前抽血检查凝血时间；②检查前1天分别做碘、普鲁卡因过敏试验；③检查前禁食4~6小时；④检查前在穿刺部位常规备皮；⑤检查前半小时肌内注射苯巴比妥0.1g，皮下注射阿托品0.5mg。

（8）静脉肾盂造影前的准备 ①检查前2~3天禁服X线不能穿透（如钙、铁、铋剂等）的药物；②检查前2天不食产气和多渣饮食；③检查前1晚服用泻药如番泻叶或清洁灌肠；④检查当天早晨禁食、禁饮；⑤检查前排空小便，并做碘过敏试验。

☀️ 考点提示

各种X线检查前的准备。

（9）子宫输卵管造影检查前的准备 ①造影时间以月经干净后3~7天为宜，检查前3日禁性生活；②检查前1天做碘过敏试验；③检查前1晚服泻药导泻，必要时进行清洁灌肠；④检查前排空膀胱、备皮及冲洗阴道。

### 三、X 线检查的临床应用

#### （一）呼吸系统 X 线检查

胸部具有良好的自然对比，X 线摄影是最常用、最基本的检查方法。X 线检查对常见呼吸系统疾病的诊断、早期发现病变、随访复查及群体普查等具有重要价值，但是对某些疾病有一定的局限性，必要时可进一步做 CT、MRI 等其他检查，以明确诊断。

**1. 正常胸部 X 线表现**　正常胸部 X 线影像是胸腔内、外各种组织和器官的综合投影（图 8-1）。只有熟悉胸部各器官结构的正常及变异的 X 线表现，才能对胸部疾病的各种异常影像加以识别，对疾病做出正确的判断。

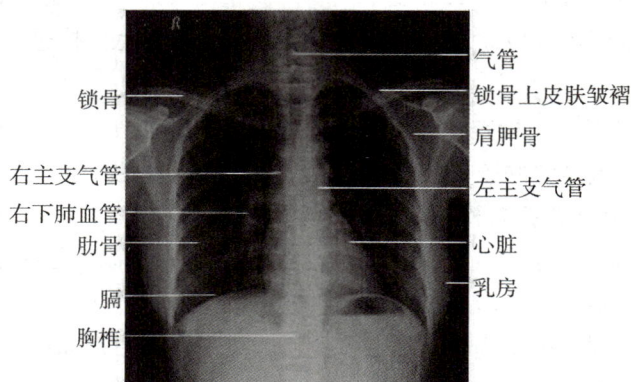

**图 8-1　正位胸片**

（1）胸廓　包括软组织和骨骼，正常时两侧胸廓对称。①软组织：胸片上显示较清楚的有胸锁乳突肌及锁骨上皮肤皱褶、胸大肌、女性乳房等。②骨骼：骨性胸廓由胸骨、胸椎、肋骨、锁骨及肩胛骨组成。正位胸片上胸骨、胸椎均与纵隔影重叠；肋骨位于两侧，第 1～10 肋骨前端为肋软骨与胸骨相连，软骨未钙化时不显影，钙化后则形成斑点或斑片骨性致密影。肋骨及其间隙在临床常被用作胸部病变的定位标志；胸部正位投影时，双臂应尽可能内旋，使肩胛骨投影于肺野之外。

（2）纵隔　位于两肺之间，上自胸廓入口下至膈，胸骨之后，胸椎之前。其内包括心脏、大血管、气管、支气管、食管、淋巴组织、胸腺、神经及脂肪等。气管、支气管可以分辨，其余结构因缺乏良好的自然对比，只能观察其与肺部相邻的外形轮廓。正常纵隔居中，受呼吸和体位的影响，卧位和呼气时短而宽，立位和吸气时窄而长。病理情况下，一侧胸腔压力增高，纵隔向健侧移位；一侧胸腔压力降低，纵隔向患侧移位。

（3）横膈　位于两侧肺野下缘呈圆顶状，左右两叶。最高点在膈的中点偏内侧，称膈顶。膈在外侧及前后方分别与胸壁相交构成肋膈角，在内侧与心脏形成心膈角。两膈随呼吸上下对称运动。正常时两侧膈面光滑，肋膈角锐利。病理情况下，胸、腹腔压力的改变可致膈位置发生相应改变。

（4）胸膜　分脏层和壁层，正常情况下在 X 线上不显影。

（5）气管、支气管　气管位于纵隔内，在正位胸片上呈柱状透亮影。约在第 5～6 胸椎平面分为左、右主支气管。

（6）肺　正常充气的两肺在 X 线胸片上表现为均匀一致较为透明的区域，称肺野。在正位胸片上，两侧肺野透明度基本相同，其透明度与肺内所含气体量成正比。肺门影是肺动静脉、支气管和淋巴组织的综合投影，主要是肺动静脉的投影。肺纹理是由肺门向肺野发出呈放射状分布的逐渐变细的树枝状影，主要由肺动静脉分支等组成。肺叶由叶间胸膜分隔而成，右肺包括上、中、下三个肺叶，左肺包括上、下两个肺叶。肺叶由2~5个肺段组成，每个肺段有单独的段支气管。肺组织由肺实质和肺间质组成，正常胸片肺间质不显影。

**2. 基本病变 X 线表现**　胸部疾病可表现为不同形态、大小、密度及数目的异常影像学表现，这些异常影像学表现是胸部病变的大体病理改变在影像学上的反映。一种疾病在发展的不同时期可出现不同的异常影像学表现，不同病变又可发生相同或类似的异常影像学表现。认识基本病变的影像学表现是进行诊断和鉴别诊断的基础。呼吸系统基本病变包括支气管阻塞性改变、肺部病变、胸膜病变、纵隔改变及膈改变。

（1）支气管阻塞性改变　引起支气管阻塞的原因包括腔内阻塞和外在性压迫：腔内阻塞的病因可以是异物、肿瘤、炎性狭窄、分泌物淤积、水肿或血块等；外压性阻塞主要由邻近肿瘤或肿大淋巴结压迫所致。支气管阻塞可以引起阻塞性肺气肿、阻塞性肺炎及肺不张等。

1）阻塞性肺气肿　是因支气管活瓣性狭窄，吸气时空气可以进入肺内，呼气时肺内气体不易通过狭窄部位，使得肺内含气量增多，同时可伴有不可逆性肺泡壁的破坏。肺气肿可分为局限性和弥漫性。①局限性阻塞性肺气肿：表现为一侧肺或一个肺叶的肺气肿。胸部 X 线显示一侧肺或一叶肺透明度增加，肺纹理稀疏。病侧横膈下降，纵隔向对侧移位。②弥漫性阻塞性肺气肿：慢性支气管炎及支气管哮喘产生两肺广泛性阻塞性肺气肿，胸部 X 线片显示两肺野透明度增加、呼气与吸气时肺野透明度改变不大。肺纹理稀疏、变细，可形成肺大疱，横膈低平。胸廓呈桶状，前后径增宽，肋骨走行变平，肋间隙变宽。心影狭长呈垂位。侧位胸片示胸骨后间隙增宽。

2）阻塞性肺不张　是因支气管完全阻塞所致。支气管阻塞18~24小时后肺泡腔内气体被吸收，相应的肺组织萎陷。一侧肺肺不张表现为患侧肺呈均匀性密度增高影，胸廓塌陷，肋间隙变窄，横膈升高，纵隔向患侧移位，健侧肺代偿性肺气肿。

（2）肺部病变

1）肺实变　是指大量的渗出物填充到肺泡腔内，导致肺泡气体减少或者消失，在 X 线上出现密度增高的阴影，呈小片状至大片状，边缘较模糊，渗出扩散至整个肺叶时即形成实变。常见于各种急性炎症、渗出性肺结核、肺出血及肺水肿。

2）钙化　多发生于退行性变或坏死组织内。X 线表现为密度高、边缘清楚的阴影。肺结核钙化呈单发或多发斑点状，周围型肺癌的钙化呈单发、多发颗粒状或斑片状。

3）肿块及结节　当肺部病灶以结节或肿块为基本病理形态时，其中直径≤3cm者称为结节，而 >3cm者称为肿块。其可单发，也可多发。单发者常见于肺癌、结核球及炎性假瘤等；多发者最常见于肺转移瘤，还可见于坏死性肉芽肿、多发性含液肺囊肿等。结节与肿块除了其大小不同外，其他表现大致相似。肺良性肿瘤多有包膜，病变的边缘清楚、光滑。肺恶性肿瘤多呈浸润性生长，肿块或结节有分叶，边缘模糊、毛糙表现。

4）空洞　为肺内病变组织发生坏死并经引流支气管排出后所形成。空洞性病变是肺结核、肺脓肿和肺癌比较常见的 X 线表现。空洞的 X 线表现有三种。①虫蚀样空洞：病理上为大片坏死组织中的小空洞。在 X 线上为大片阴影内的多发性透明区，边缘不规则如虫蚀状。常见于结核性干酪肺炎。②薄壁空洞：是指空洞壁厚在3mm以下，多见于肺结核。结核性薄壁空洞病理上是由纤维组织和肉芽组织组成洞壁的纤维空洞。其 X 线表现为圆形、椭圆形或不规则形状的环形透明区，空洞壁的内外缘清楚。③厚壁空洞：洞壁超过3mm，多在5mm以上。此种空洞在肺结核、肺脓肿及肺癌均可出现。

5）空腔　为肺内生理腔隙的异常扩张。与空洞不同的是并非由肺内病变坏死排出后形成的。肺大疱、肺气囊及支气管囊肿均属于空腔。在胸部影像上表现为壁厚1mm左右，厚度均匀的环形阴影。

6）网状、细线状及条索状影　是肺间质性病变的表现，其病理改变可以是渗出或漏出、炎性细胞或肿瘤细胞浸润、纤维结缔组织或肉芽组织增生等。不同部位、不同病因所致的肺间质性病变X线表现不同，如较大支气管、血管周围的间质病变，表现为肺纹理增粗、模糊和紊乱；小支气管、血管周围间质及小叶间隔的病变，表现为网状与细线状影或蜂窝状影。

（3）胸膜病变

1）胸腔积液　胸腔内积存液体称为胸腔积液。液体可为渗出液、漏出液、血液及乳糜。胸腔积液常见的原因有结核、炎症、肿瘤转移及外伤，也见于系统性疾病，如结缔组织疾病。胸腔积液的表现与积液量、体位和是否包裹或粘连有关，可分为以下类型。①游离性胸腔积液：最先积存在后肋膈角，因为后肋膈角的位置最低。大约300ml以下的少量积液时在立位后前位胸片难以显示液体，或仅见肋膈角变钝；中等量胸腔积液的液体上缘呈外高内低的弧形；大量胸腔积液时肺野呈均匀致密阴影，或仅有肺尖部保持透明影像。中等量及大量的胸腔积液引起纵隔向健侧移位，同侧肋间隙增宽，横膈下降。②局限性胸腔积液：可分为包裹性积液、叶间积液、肺底积液三种。包裹性积液为脏、壁层胸膜发生粘连导致积液局限于胸膜腔的某一部位而成，多见于胸膜炎，好发于下胸部侧后胸壁；叶间积液为局限于水平裂或斜裂内的积液，可单独存在或与游离性积液并存；肺底积液为位于肺底与横膈之间的胸腔积液，右侧较多见。

2）气胸与液气胸　①气胸：是指空气进入胸膜腔内。气胸的原因有胸壁贯通伤、胸部手术及胸腔穿刺等。当胸膜破裂口具有活瓣作用时，进入胸膜腔的气体不能排出或较少排出则形成张力性气胸。气胸的影像学表现为肺体积缩小，壁层与脏层胸膜之间形成无肺纹理的气胸带。②液气胸：是胸膜腔内同时有液体与气体。液气胸时，立位胸片可见气-液平面，严重时，气-液平面可横贯患侧整个胸腔。

3）胸膜增厚、粘连及钙化　胸膜炎性纤维素性渗出、肉芽组织增生、外伤出血机化均可引起胸膜肥厚、粘连及钙化。胸膜肥厚与粘连常同时存在。轻度胸膜增厚表现为肋膈角变钝，膈运动轻度受限。广泛胸膜增厚粘连时，在胸部外侧及后缘沿胸膜下有带状密度增高影或更加广泛的密度增高影，胸廓塌陷，肋间隙变窄，肋膈角闭锁，膈顶变平，膈升高，膈运动减弱或消失。纵隔可向患侧移位。胸膜钙化时，在肺野边缘呈片状、不规则点状或条状高密度影。包裹性胸膜炎时，胸膜钙化可呈弧线形或不规则环形。

4）胸膜肿瘤　包括间皮瘤、肉瘤及转移瘤。在胸部影像上可表现为单发或多发的肿块，呈半球形、扁丘状及不规则形状，边缘清楚。恶性肿瘤常伴有胸腔积液、胸壁肿块及肋骨破坏。

**3. 常见疾病X线表现**

（1）支气管扩张症　是指支气管内径呈不同程度异常增宽。少数为先天性，多数为后天性，男女发病无明显差异，好发于儿童及青壮年。支气管扩张一般发生在3~6级分支，根据形态可分为：①柱状型支气管扩张；②曲张型支气管扩张；③囊状型支气管扩张。三种类型可同时混合存在或以其中一种形态为主出现。X线表现：肺纹理增粗。沿肺纹理可见两条平行的线状阴影，称为"轨道征"。囊状支气管扩张形成多发的囊状阴影，呈蜂窝状。合并感染时有液平面。支气管造影可显示支气管的柱状、静脉曲张状及囊状扩张的形态。

（2）肺炎　为肺部常见病、多发病，按病变的解剖分布可分为大叶性、小叶性及间质性肺炎。

1）大叶性肺炎　是细菌性肺炎中最常见的一种，多为肺炎链球菌致病。炎症累及整个肺叶或多个整肺叶，也可呈肺段分布。典型的病理变化分为四期。①充血期：病变部位毛细血管充血扩张，肺泡内仍有空气但可有少量浆液性渗出。②红色肝变期：肺泡内充满黏稠的渗出液，其中有纤维素和许多红细胞，使肺组织切面呈红色。③灰色肝变期：随病变发展，肺泡内红细胞减少，代之以大量白细胞，肺组织切面呈灰色。④消散期：经及时治疗，1周后开始转入消散期，肺泡内纤维蛋白渗出物溶解、吸收，肺泡重新充气。X线表现：充血期可无阳性发现，或仅肺纹理增多，透明度略低。至实变期（包括红色

肝样变及灰色肝样变期）表现为密度均匀的致密影，炎症累及肺段表现为片状或三角形致密影（图 8 -
2）；累及整个肺叶，呈以叶间裂为界的大片致密阴影，有时致密阴影内可见透亮支气管影，即支气管充
气征。消散期时实变区密度逐渐减低，由于病变的消散不均，表现为大小不等、分布不规则的斑片状阴
影。炎症最终可完全吸收或只留少量索条状阴影，偶可机化演变为机化性肺炎。

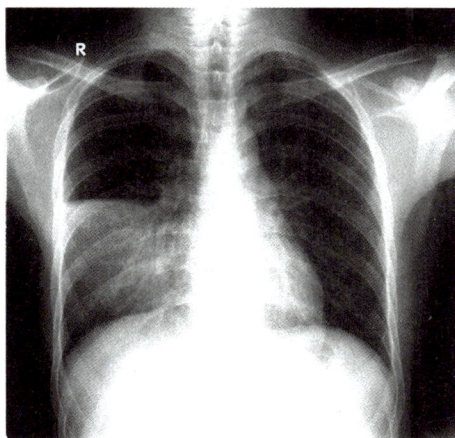

图 8 - 2 大叶性肺炎

2）小叶性肺炎 亦称支气管肺炎，多见于婴幼儿、青少年和老年及极度衰弱的患者，或为手术后
并发症。临床发病急骤，有高热、寒战、咳嗽、咳泡沫黏液脓性痰，常有胸痛、呼吸困难等。X 线表
现：病变多在两肺中下野的内、中带。肺纹理增多、增粗、模糊。沿肺纹理分布有斑片状模糊致密影，
密度不均。密集的病变可融合成较大的片状影。

3）间质性肺炎 是以肺间质炎症为主的肺炎，包括支气管壁、支气管周围的间质组织和肺泡壁。
多见于小儿，常继发于麻疹、百日咳或流行性感冒等急性传染病。X 线表现：两肺门及中下肺野纹理增
粗、模糊，并可见网状及小斑片状影。由于细支气管的部分阻塞，有时伴有弥漫性肺气肿。肺门周围间
质内炎性浸润，可使肺门密度增高、轮廓模糊、结构不清。

（3）肺结核 是由人型或牛型结核分枝杆菌引起的肺部慢性传染病。基本病理变化是渗出、增殖
和变质。机体免疫力和细菌致病力直接影响病变的性质和转归。临床上肺结核常分为五类：①原发性肺
结核（Ⅰ型）；②血行播散型肺结核（Ⅱ型）；③继发性肺结核（Ⅲ型）；④结核性胸膜炎（Ⅳ型）；⑤
其他肺外结核（Ⅴ型），按部位及脏器命名，如骨关节结核、结核型脑膜炎、肾结核、肠结核等。

1）原发性肺结核（Ⅰ型） 为初次感染所发生的结核，多见于儿童及青少年。X 线表现为：①原
发浸润灶，肺近胸膜处原发病灶，多位于中上肺野，为局限性斑片状阴影；②淋巴管炎，从原发病灶向
肺门走行的条索状致密阴影；③肺门和纵隔淋巴结肿大，结核菌沿淋巴管引流至肺门和纵隔淋巴结，引
起肺和纵隔淋巴结肿大。表现为肺门增大或纵隔边缘肿大淋巴结突向肺野。当原发病灶吸收消散后，淋
巴结炎可伴不同程度的干酪样坏死，愈合缓慢。当原发综合征的肺内原发灶吸收后，或肺内原发灶非常
轻微，影像检查仅显示纵隔和（或）肺门淋巴结增大，称为胸内淋巴结结核。

2）血行播散型肺结核（Ⅱ型） 此型为结核菌经血行播散的结核。由于结核菌的毒力不同，细菌
的数量以及机体免疫功能状况等因素，可分为急性、亚急性及慢性血行播散型肺结核。①急性血行播散
型肺结核 X 线表现：两肺弥漫分布的粟粒样大小结节阴影，结节的大小、密度和分布均匀。粟粒大小为
1.5 ~ 2mm，边缘清晰。②亚急性及慢性血行播散型肺结核：由于患者抵抗力较好，病灶多以增殖为主。
X 线表现为两肺多发结节阴影，大小不等，为粟粒状或较大的病灶，密度不均匀，密度较高与较低病灶
同时存在，有的病变为钙化灶。病灶的分布不均匀，上叶比下叶的病变多。

3）继发性肺结核（Ⅲ型）　为成年结核中最常见的类型。多为已静止的原发病灶的重新活动，或为外源性再感染。由于机体对结核菌已产生特异性免疫力，病变常局限于肺的一部，多在肺上叶尖段、后段及下叶背段。病理改变包括浸润病变、干酪病变、增殖病变、空洞病变、结核球以及纤维、钙化等多种不同性质的病变。X 线表现多种多样，可以一种为主或多种征象混合并存，主要可见以下征象。①局限性斑片阴影：见于两肺上叶尖段、后段和下叶背段，右侧多于左侧。②大叶性干酪性肺炎：为一个肺段或肺叶呈大片致密性实变，其内见多发边缘不规则的透光区（虫蚀样空洞）。③增殖性病变：呈斑点状阴影，边缘较清晰。④结核球：圆形、椭圆形阴影，大小常见 2～3cm，边缘清晰，轮廓光滑，偶有分叶，密度较高，内部常见钙化。结核球周围常见散在的纤维增殖性病灶，称"卫星灶"。⑤结核性空洞：圆形或椭圆形病灶内，见透亮区。空洞壁薄，内壁一般较规则，有时可呈厚壁不规则空洞。⑥支气管播散病变：结核空洞干酪样物质经引流支气管排出，引起同侧或对侧的支气管播散。表现为沿支气管分布的斑片状阴影，呈腺泡排列，或相互融合成小叶阴影。⑦钙化、纤维化。

4）结核性胸膜炎（Ⅳ型）　或单独发生，或与肺部结核病变同时出现。病因为：结核分枝杆菌感染胸膜，机体变态反应增强，结核菌与其代谢产物的刺激使胸膜产生炎症。胸膜结核可分为结核性干性胸膜炎和结核性渗出性胸膜炎，后者临床多见，常为单侧胸腔渗液。X 线检查：可见不同程度的胸腔积液表现，慢性者可见胸膜广泛或局限性增厚表现，但有时为叶间、肺底积液或包裹性积液。

（4）肺肿瘤

1）原发性支气管肺癌　是指起源于支气管、细支气管肺泡上皮及腺上皮的恶性肿瘤，简称为肺癌。肺癌的发病率与死亡率有逐年增长的趋势，吸烟是公认的主要致病因素，其他因素包括大气污染、遗传等。肺癌的临床表现多种多样，最常见的是咳嗽、咳痰、咯血、胸痛及发热等。根据肺癌发生部位可将其分为三型。①中央型肺癌：肿瘤发生在肺段和段以上支气管。多见于鳞癌，其次为小细胞癌和腺癌。X 线检查显示肺门影增深、增大和肺门区肿块阴影为其直接征象，同时常伴有局限性肺气肿、阻塞性肺炎和肺不张等间接征象。②周围型肺癌：肿瘤发生于肺段以下支气管。多见于腺癌，其次为鳞癌和腺鳞癌。X 线主要表现为肺内球形肿块。肿块常见不规则的分叶、短细的毛刺和不规则的厚壁空洞等。③弥漫型肺癌：肿瘤发生在细支气管或肺泡，弥漫分布两肺。胸片上弥漫型肺癌常表现为两肺广泛分布的细小结节，也可表现为大片肺炎样改变；病变呈进行性发展，有融合倾向，融合病灶呈肿块状，甚至发展为整个肺叶的实变，有时可见"空气支气管征"。

2）继发性肺肿瘤　肺以外部位的恶性肿瘤细胞可以经血行、淋巴或直接蔓延等途径到达肺部形成肺转移瘤。经血行肺内转移瘤 X 线常表现为两肺多发结节或棉球样阴影；经淋巴道肺内转移瘤 X 线常表现为两肺门和（或）纵隔淋巴结增大，同时可见自肺门向外呈放射状分布的条索状影伴"串珠样"结节。

### （二）循环系统 X 线检查

循环系统的 X 线检查主要指用于心脏及大血管疾病诊断的透视、摄片和造影检查。普通的 X 线检查不能显示心脏各房室及其内部结构，只显示心脏、大血管的边缘和轮廓，可以判断心脏各房室是否增大并确定其位置。心血管造影可以观察与研究心脏、大血管的内部结构及血流动力学情况。

**1. 正常心脏、大血管的 X 线表现**　心脏各房室和大血管必须通过不同角度，多种投照位置进行观察，才能了解各个房室及大血管较完整的形态。这就是临床常用的心脏三位片的投影。

（1）心脏、大血管在各投影位置上的正常影像（图 8-3）

1）后前位（又称正位）　心脏和大血管投影位于胸部中线偏左侧。心右缘分上、下两段，上段略平直，下段弧度较深，之间有一较浅的切迹。上段为上腔静脉与升主动脉复合阴影；下段由右心房组成。心左缘分三段：上段为主动脉结，呈半球形突出，由主动脉弓与降主动脉起始部构成；中段为肺动脉段，弧度最小，主要由肺动脉主干构成；下段最长，呈明显的弧形突出影，由左心室构成。左心室和肺动脉段之间有长约1.0cm的小段由左心耳构成，正常时与左心室不能区分。

2）右前斜位 前缘自上而下为主动脉弓、肺动脉主干和肺动脉圆锥部、右心室，仅最下段心尖的一小部分为左心室。前缘与胸壁间有一近似三角形的透亮区，称心前间隙。后缘上段为左心房，下段由右心房构成，二者间无明显的分界。后缘与脊柱之间称心后间隙，食管和降主动脉在此间隙通过。食管与左心房的后缘相邻。

3）左前斜位 心前缘上段为右心房，下段为右心室。心后缘上段为左心房，占小部分，下段为左心室，与脊椎前缘相邻近。左前斜位可见到升主动脉和弓降部，并与心影上缘围成称主动脉窗的透明区，其中可见肺动脉、气管分叉、左主支气管及其伴行的左肺动脉。

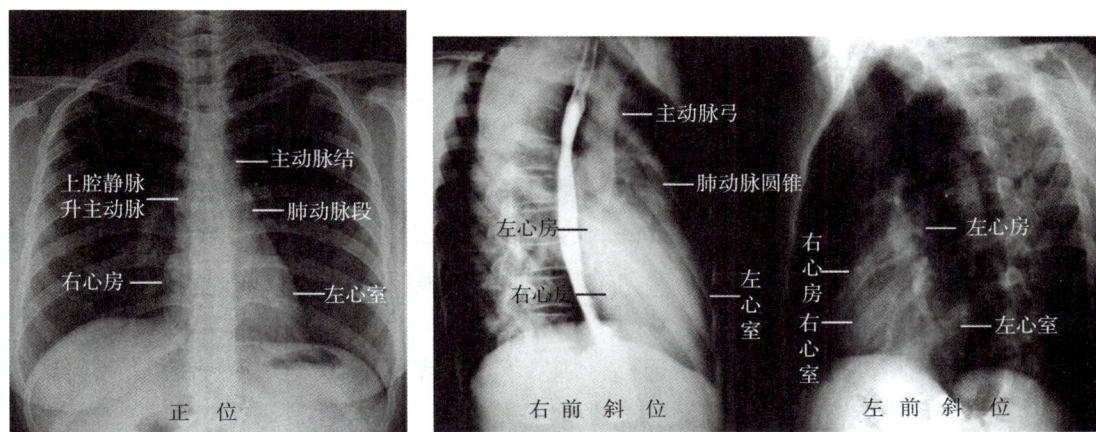

图8-3 心脏大血管正常投影（正位、右前斜位、左前斜位）

（2）心脏、大血管的大小与形态 心脏后前位片上测量心胸比率是判断心脏有无增大最简单的方法。心胸比率即心影最大横径与胸廓最大横径之比。自左、右心缘至体中线的最大距离分别为$T_1$和$T_2$，$T_1 + T_2$＝心影最大横径。胸廓最大横径是在右膈顶平面两侧胸廓肋骨内缘间的距离为T。正常情况下，成人心胸比率≤0.5（图8-4）。心脏后前位片上，正常心脏大血管的形态可分为横位心、垂位心和斜位心。①横位心：见于矮胖体形，胸廓宽短，膈位置高，心膈接触面大，心胸比率略大于0.5，主动脉结明显，心腰部凹陷。②垂位心：见于瘦长体形，胸廓狭长，膈位置低，心膈接触面小，心胸比率小于0.5，此型较少见。③斜位心：见于适中体形，胸廓介于另两型之间，心膈接触面适中，心胸比率约为0.5，心腰平直，此型最多见，以青壮年常见。

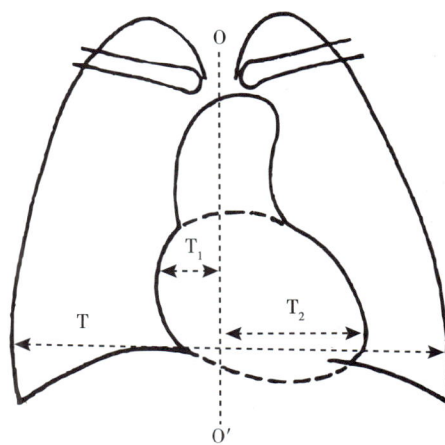

图8-4 心胸比率测量示意图

（3）影响心脏、大血管大小和形态的生理因素 正常心脏大血管大小和形态的变化常受年龄、呼吸和体位等多因素影响。新生儿、婴幼儿心脏似球形，横径较大。心胸比率大可达0.55，7～12岁可为0.5，与成年人接近；老年人胸廓较宽，膈位置较高，心影趋于横位。深吸气时心影趋向垂位心，深呼气时趋向横位心。卧位时心影趋于横位心，立位时心影相应狭长。

**2. 基本病变X线表现**

（1）心脏位置和形态、大小异常

1）位置异常　①整体位置异常：包括心脏移位和异位。心脏移位指胸肺疾患或畸形使心脏偏离正常位置；心脏异位指心脏位置的先天性异常，是由于心脏本身在胚胎发育早期旋转异常所致。②房室相对位置异常：正常时右心房居右，左心房居左，如左右颠倒，为心房反位；同理，为心室反位。③房室连接关系异常：右心房与右心室相连，左心房与左心室相连，即为对应的房室连接。相反时，称为不对应的房室连接。④心室大动脉连接异常：正常时主动脉起自左心室，肺动脉起自右心室。主动脉和（或）肺动脉发育异常，可表现为其与心室连接异常。对于房、室和大动脉相对位置、连接关系异常，普通胸部 X 线不能诊断，必须依靠超声、CT、MRI 或心血管造影才能确诊。

2）形态和大小异常　①整体形态异常：X 线胸片分为二尖瓣型、主动脉瓣型和普大型三型；心脏增大包括心壁增厚和（或）心腔扩大。胸部 X 线上测量心胸比率 0.50～0.55 为轻度增大；0.55～0.60 为中度增大；0.60 以上为重度增大。②心腔结构异常：指房室、瓣膜和心肌等结构和大小的异常，临床上最常用和首选的诊断方法是超声检查。

（2）肺循环异常　肺循环受到右心搏出量、肺血管阻力、肺弹力、肺泡内压、肺动静脉间的关系、肺静脉压和左心房压等多种因素的影响，因此，了解肺部 X 线表现对心肺功能与疾病诊断有重大价值。

1）肺（动脉）充血　为肺动脉血流量增多。常见于左向右分流的先天性心脏病、心排血量增加如甲状腺功能亢进症和贫血等。X 线表现：肺（动脉）血管纹理增粗、增多；肺动脉段凸出，两肺门动脉扩张（右下肺动脉干成人横径 >1.5cm），搏动增强透视下呈肺门舞蹈征；扩张的血管边缘清楚；肺野透明度正常。

2）肺血减少　为肺动脉血流量减少的简称。常见于右心排血受阻或兼有右向左分流畸形，肺动脉阻力－压力升高，肺动脉分支本身的重度狭窄、阻塞性病变等。X 线表现：肺（动脉）血管纹理变细；肺门动脉正常或缩小；肺野透明度增加；严重的肺血减少，可有粗细不均、扭曲或明显增多呈网状的侧支血管影。

3）肺动脉高压　常见于肺动脉血流量增加、肺小动脉阻力增加、肺胸疾患等。肺动脉收缩压 >30mmHg，平均压 >20mmHg 即为肺动脉高压。X 线表现：肺动脉段明显凸出；肺门动脉扩张、搏动增强，肺动脉外围分支纤细，有时与肺门动脉之间有一突然分界，称肺门截断现象；右心室增大。

4）肺静脉高压　常见于左心房阻力增加，左心室阻力增加，肺静脉阻力增加等。肺毛细血管－肺静脉压超过 10mmHg 即为肺静脉高压，一般超过 25mmHg 血浆即可外渗而引起肺间质性肺泡性肺水肿。X 线表现如下。①肺淤血：上肺静脉扩张，下肺静脉正常或缩窄；肺血管纹理普遍增多、轻度增粗，边缘模糊；肺门影增大，边缘模糊；肺野透明度降低。②间质性肺水肿：出现各种间隔线，均为不同部位肺泡间隔水肿增厚的投影。最常见的 K 氏 B 线为长 2～3cm、宽 1～3mm 的水平横线，多位于肋膈角区。③肺泡性肺水肿：一侧或两侧肺广泛分布的斑片状阴影，边缘模糊，常融合成片，以两肺门为中心的蝴蝶状阴影；阴影在短期内变化较大，经恰当的治疗可在数小时或数日内吸收。常见于心脏病伴急性左心衰竭和尿毒症患者。

### 3. 常见疾病 X 线表现

（1）冠状动脉粥样硬化性心脏病　简称冠心病，是一种严重危害人民健康的常见病、多发病。由动脉粥样硬化斑块引起的冠状动脉狭窄是冠心病的基本病变，且主要分布在心外膜下的大动脉，近端多于远端。最常见于前降支，其次为左回旋支、右冠状动脉及左冠状动脉主干。当狭窄 >50% 时，部分患者于运动时可导致心肌缺血；冠状动脉完全闭塞时发生心肌梗死。X 线表现：不合并高血压的患者 X 线平片心肺常无异常改变。冠心病心肌梗死（或继发心室壁瘤）时，X 线显示心脏（左心室）增大及不同程度的肺静脉高压－肺淤血、间质和（或）肺泡性肺水肿征象。心室壁瘤的 X 线表现为：左室缘局限性膨凸；左心室"不自然"增大；左室缘搏动异常－反向搏动、搏动减弱甚至消失；左室壁钙化。

（2）风湿性心脏病　为最常见的器质性心脏病之一。各瓣膜病变中以二尖瓣最多见。

1）二尖瓣狭窄　单纯二尖瓣狭窄的主要病理改变为二尖瓣叶不同程度的增厚、瓣交界粘连，开放受限造成瓣口狭窄；可累及腱索及乳头肌使其增粗、融合和短缩。当瓣口轻度狭窄时，左心房内的血液淤滞，左心房与左心室间的舒张期跨瓣压力阶差增高。当瓣口中、重度狭窄时，左心房室跨瓣压差可明显升高，引起左心房扩张，肺循环阻力增加，产生肺循环高压；右心室负荷加重，导致右心室扩大、肥厚，终至右心衰竭。X线表现为：心脏呈"二尖瓣"型，左心房及右心室增大，右心房一般不大，右心衰竭时可见到，左房耳部凸出。左心室及主动脉结缩小；部分病例可见二尖瓣区钙化。

2）二尖瓣关闭不全　风心病二尖瓣关闭不全常合并二尖瓣狭窄。其主要病变为受累瓣叶与融合、缩短的乳头肌、腱索之间的粘连，致使瓣膜不能正常关闭。当左心室收缩时，因二尖瓣不能完全关闭，部分血液反流入左心房，使左心房扩大，压力升高，久之产生肺淤血。由于左心房同时接受来自肺循环的回流血和来自左心室的反流血，使左心房的压力显著升高，使左心房明显增大。X线表现为：心脏为二尖瓣型，若关闭不全严重时可能为普大型二尖瓣；左心房和左心室明显增大，左心房增大越显著，诊断越确切，有时可出现巨大的左心房；右心室可增大，但不如左心室；有肺淤血；左心室和左心房区搏动增强。

（3）慢性肺源性心脏病　简称为肺心病，是危害人民健康的常见病。由于肺部长期慢性病变引起广泛纤维化及肺气肿，肺血管床逐渐闭塞，使肺血管阻力增加，同时缺氧所致的肺小动脉收缩，伴有缺氧引起红细胞、血容量增加，心排血量升高也促使肺动脉压增高。久之引起右心室肥厚、扩张及右心功能不全。X线表现：见慢性肺胸疾患影像，广泛肺组织纤维化、肺气肿、胸膜肥厚及胸廓畸形等表现；同时可见肺动脉高压的表现，肺动脉段凸，肺动脉主分支明显增大，外围肺血管骤然变细，形成残根征，右心房、室不同程度增大。因肺气肿，心胸比不增大。

（4）高血压性心脏病　高血压是危害人类健康的常见多发病，因外围血管阻力增加，久之则引起左心室肥厚以致左室腔扩张，进一步可影响左心房导致肺淤血，严重者可波及右侧心腔引起右心乃至全心衰竭。X线表现：轻者胸部平片心脏不大或左心室圆隆，心影轻度增大；重者可有左心室增大，主动脉迂曲、延长及扩张。

（5）心包病变　心包炎可由多种病因引起，主要表现为心包积液、心包缩窄，或两者并存。根据病程，心包炎可分为急性和慢性，前者常表现为心包积液；后者大多都是急性心包炎迁延所致，可继发心包缩窄。

1）心包积液　是心包病变的一部分，随着心包积液的增多，心包腔内压力升高，达到一定程度时，便可压迫心脏导致心室舒张功能受限，使心房和体、肺静脉回流受阻，进而心房和静脉压力升高，心脏收缩期排血量减少，有的可出现心包填塞。X线表现：干性心包炎和心包积液在300ml以下者，X线可无异常发现。大量心包积液的典型X线征象为多数病例肺血管纹理正常，部分病例可伴有不同程度的上腔静脉扩张；心影向两侧扩大，呈普大型或球形，心腰及心缘各弓的正常分界消失，心膈角变钝；心缘搏动普遍减弱以至消失。

2）缩窄性心包炎　主要为心包脏、壁层粘连，不同程度的增厚，重者可达20mm以上。缩窄性心包炎的心包异常增厚，首先限制心脏的舒张功能，使体、肺静脉压力升高，静脉回心血量下降，心排血量降低，继而亦可限制心脏收缩功能，导致心力衰竭。X线表现：心脏大小多为正常或轻度增大，少数亦可中度增大；两侧或一侧心缘僵直，各弓分界不清，心外形常呈三角形或近似三角形；心脏搏动减弱甚至消失；心包钙化，可呈蛋壳状、带状、斑片状等高密度影；上腔静脉、奇静脉扩张；累及左侧房室沟时可出现肺淤血征象。

（6）大血管疾病

1）主动脉夹层　主动脉壁内膜出现破口，血液进入动脉壁中层，形成夹层血肿。X线表现：主动脉增宽，主动脉内膜钙化内移，心影增大。

2）肺动脉栓塞　是指肺动脉及分支被栓子阻塞后引起相应肺组织供血障碍，多由周围静脉内血栓脱落随血液循环进入肺动脉所致。X线表现：可见区域性肺纹理稀疏、纤细、肺透明度增加。并发肺梗死者，可见肺内类楔形或锥形阴影。

（7）先天性心脏病

1）房间隔缺损　单发的房间隔缺损是最常见的先天性心脏病之一。一般情况下，左心房的压力高于右心房压力。因此，当有房间隔缺损时，左心房的血液分流入右心房，使右心房、室及肺血流量增加，加重了肺循环负担。可引起右心房、室肥厚和扩张，久之可导致肺动脉高压，严重时出现心房水平双向分流或右向左分流。X线表现：典型房间隔缺损的表现为肺血增多，心脏呈"二尖瓣"型，肺动脉段凸出，心脏右心房、室增大，主动脉结和左心室缩小或正常。

2）法洛四联症　包括4种畸形：肺动脉狭窄、室间隔缺损、主动脉骑跨和右心室肥厚。其中以肺动脉狭窄和室间隔缺损为主要畸形。一般法洛四联症的室间隔缺损较大，使左、右心室和主动脉的压力接近，故肺动脉狭窄所形成的阻力起主要作用。狭窄越重，右心室射血阻力越大，通过室间隔缺损的右向左的分流量也就越多。X线表现：典型法洛四联症的平片表现为肺血减少，两肺门动脉细小；右上纵隔处有突出之主动脉结；心脏近似靴形，肺动脉段－心腰部凹陷，心尖圆隆、上翘。

### （三）消化系统X线检查

X线摄影（即腹部平片）包括仰卧前后位和站立位，前者是基本摄影位置，后者有利于观察膈下游离气体和肠腔内有无异常气液平面。此外，造影检查广泛应用于胃肠道检查，当造影剂充填食管、胃肠道内腔时，可与周围组织形成明显对比，若同时用气体扩张内腔，则形成气钡双重对比，能清楚地勾画出食管、胃肠道内腔和内壁结构细节，从而达到疾病检出和诊断的目的。临床上可根据怀疑病变部位的不同，选择不同的造影方法。

#### 1. 正常胃肠道X线表现

（1）食管　吞钡后食管呈外壁光整的管状影。在黏膜相上可见数条互相平行纤细的黏膜皱襞影。在影像解剖学上，食道共有4个生理性狭窄，在影像学上呈压迹表现，它们分别为：①食道入口处狭窄；②主动脉弓压迹；③左主支气管压迹；④横膈裂孔部狭窄。透视下食管可见随吞咽动作出现食道蠕动波，表现为前面舒张，后面收缩的倒"V"字形波，自上而下，直至钡团被推入胃，此为第一蠕动波，由吞咽动作激发。第二蠕动波由食物对食道壁的压力引起，起始于主动脉弓水平，向下推行。第三收缩波为食道环状肌不规则收缩引起，出现和消失迅速，多发生于食管下段，常见于老年人、食管炎和贲门失弛缓症。

（2）胃　分为胃底、胃体、胃窦三部分及胃小弯和胃大弯。幽门连接胃和十二指肠。①胃的形状：与体型、张力和神经功能状态有关，分为牛角型胃、钩型胃、瀑布型胃、长型胃四种类型。牛角型胃张力高，呈横位，胃角不明显，多见于胖型人；钩型胃张力中等，胃角明显，胃下极大致位于髂嵴水平；瀑布型胃，胃底呈囊袋状向后倾，胃泡大，张力高，钡剂先进入后倾的胃底，再溢入胃体，犹如瀑布；长型胃又称无力型胃，位置与张力均较低，胃腔上窄下宽如水袋状，胃下极常在髂嵴平面以下，多见于瘦长型人。②胃的轮廓：在胃小弯和胃窦大弯侧光滑整齐；胃底及胃体大弯侧轮廓常呈锯齿状，系横、斜走行的黏膜皱襞所致。③胃的黏膜：黏膜像上，皱襞本身为条状透明影，皱襞间沟内含钡剂呈条纹状致密影。胃小弯侧的皱襞平行整齐，大弯侧逐渐变粗并呈横行或斜行。胃底皱襞较粗而弯曲，略呈网状。④胃的蠕动和排空：蠕动由胃体上部开始，有节律地向幽门方向推进。胃的排空受胃张力、蠕动、幽门功能和精神状态等影响，一般于服钡后2～4小时排空。

（3）十二指肠　全程呈 C 型，分球部、降部、水平部和升部，将胰头包绕其中。球部一般呈锥形，两缘对称，底部平整，幽门开口于底部中央；球部轮廓光滑整齐；黏膜皱襞为纵行平行的条纹；球部的运动为整体性收缩，可一次将钡排入降部。降部及以下黏膜皱襞多呈羽毛状，与空肠相似；蠕动多呈波浪状向前推进。

（4）小肠　空肠位于左上中腹，富于环状黏膜皱襞，常显示为羽毛状影像。空肠与回肠之间没有明确的分界。回肠位于右下腹和盆腔，肠腔较窄，黏膜皱襞少而浅，轮廓光滑。末段回肠自盆腔向右上行与盲肠相连。回盲瓣的上下瓣呈唇状突起，可在充钡的盲肠中形成透明影。空肠蠕动迅速有力，回肠蠕动慢而弱。服钡后 2～6 小时钡剂前端可达盲肠，7～9 小时小肠排空。

（5）大肠　位于腹腔的四周。升、横结肠交界处称结肠肝曲；降、横结肠交界处称结肠脾曲。盲肠、横结肠、乙状结肠位置变化较大。结肠肠管以盲肠较为粗大，以后依次逐渐变细。结肠充满钡时可见多数大致对称的结肠袋，以升结肠、横结肠为明显，至降结肠区结肠袋变少、变浅，乙状结肠处接近消失。排钡后，结肠皱襞呈纵、横、斜交错的不规则纹理，以升、横结肠为明显，粗于小肠皱襞。皱襞的形态可随蠕动而发生改变。在低张双重对比相上，结肠轮廓清晰、腔壁光整、连续，可见结肠表面的微皱襞影像，即结肠的无名沟和无名区，认识正常微皱襞形态将有助于发现结肠早期病变。

**2. 基本病变 X 线表现**　胃肠道基本病变的 X 线表现可归纳为形态和功能两个方面，两者间关系密切，相互联系。

（1）形态改变　X 线上充钡后的消化管的轮廓平滑而连续，当消化道壁发生病变时，可使其轮廓形态发生改变。

1）黏膜皱襞的改变　①黏膜皱襞破坏：表现为黏膜皱襞消失，代之以杂乱不规则的钡斑影，大多由恶性肿瘤侵蚀所致。②黏膜皱襞平坦：表现为黏膜皱襞的条纹状影变得不明显，严重时可完全消失。造成这种表现有两种原因：一是黏膜与黏膜下层被恶性肿瘤浸润，其特点是形态较为固定而僵硬，与正常黏膜有明显的分界，常出现在肿瘤破坏区的周围；另一种是由于黏膜和黏膜下层的炎性水肿引起，与正常黏膜皱襞逐渐移行，常见于溃疡龛影的周围。③黏膜皱襞增宽和迂曲：表现为黏膜的透明条纹影增宽，大多由于黏膜和黏膜下层的炎性浸润、肿胀和结缔组织增生引起，多见于慢性胃炎；黏膜下静脉曲张也常表现为黏膜皱襞的增宽和迂曲。④黏膜皱襞纠集：表现为皱襞从四周向病变区集中，呈放射状，常由慢性溃疡产生的纤维组织增生、瘢痕收缩所致。

2）内腔的改变　①内腔狭窄：持续的内腔缩小为狭窄。炎症引起的内腔狭窄范围多较广泛，可呈节段性；肿瘤引起的狭窄范围多局限，边缘不规则且局部腔壁僵硬。外压造成的狭窄位于内腔一侧，可见整齐的压迹或移位；痉挛造成的狭窄，形状可以改变，痉挛消除后即可恢复正常。②内腔扩张：持续内腔扩大为扩张。内腔扩大可由远端内腔狭窄或梗阻及肠麻痹所致。肠梗阻引起的肠腔扩张常有液体和气体积聚，形成阶梯状液气面，伴蠕动增强；而肠麻痹表现为肠腔普遍扩张且蠕动减弱。

3）轮廓的改变　①充盈缺损：是指钡剂涂布的轮廓有局限性向内凹陷的影像，为腔壁局限性肿块向腔内突出，造成局部钡剂不能充盈所致。恶性肿瘤造成的充盈缺损常不规则；而息肉造成的充盈缺损境界光滑规整。②龛影：是指钡剂涂布的轮廓有局限性外突的影像，为消化性溃疡及肿瘤坏死性溃疡形成的腔壁凹陷，使钡剂充填滞留其内所致。③憩室：表现为向壁外的囊袋状膨出，有正常黏膜通入，与龛影不同。

（2）功能改变　胃肠道功能包括张力、蠕动、排空功能和分泌功能，器质性和功能性改变均可导致胃肠功能的异常。

1）张力改变　指胃肠平滑肌收缩与舒张的程度。张力低则使管腔变大、松弛、蠕动减弱，张力增高则使管腔缩窄、蠕动增强。痉挛为局部性张力增高。

2）蠕动改变　是胃肠道肌肉节律性收缩，使内容物前进的动力。蠕动增强表现为蠕动波增多、加深和运行加快，见于局部炎症或远端梗阻；蠕动减弱则反之，见于肿瘤浸润或梗阻晚期肌张力低下。逆蠕动与正常运行方向相反，见于胃肠道梗阻。肿瘤浸润使病变处蠕动消失，肠麻痹则全部小肠无蠕动可见。

3）排空功能改变　排空功能与张力、蠕动、括约肌功能和病变本身有关。胃的排空时间约为 4 小时，小肠的排空时间约为 9 小时，超过上述时间而仍有钡潴留则称为排空延迟。胃肠运动力增强则表现为排空时间缩短，如服钡后 2 小时即抵达盲肠则意味着运动力增强，肌注新斯的明常可缩短排空时间。

4）分泌功能改变　正常空腹胃肠道内无液体积存，在分泌功能亢进或远端有梗阻时，则出现液体增多。表现为造影剂散在分布，呈团块或雪片状。由于黏膜表面附着性能差，黏膜皱襞不能清楚显示。如有梗阻则有液平面出现。

### 3. 常见疾病 X 线表现

（1）食管静脉曲张　是指食管黏膜下层的静脉丛异常迂曲呈瘤样扩张，多为门静脉高压引起。X 线早期表现为食管纵行黏膜皱襞局限性增粗或稍显迂曲。随着曲张的静脉在程度上和数量上的增加，食管黏膜皱襞明显增粗、迂曲，呈串珠状或蚯蚓状充盈缺损，管壁呈锯齿状改变，可波及食管中段。严重的静脉曲张，透视下食管蠕动减弱，钡剂排空延迟，管径扩大，但其管壁仍柔软，收缩自如，无局部的狭窄或阻塞。

（2）食管癌　为常见的消化系统恶性肿瘤之一。患者年龄多在 40 岁以上。食管癌起源于食管黏膜。病理上食管癌可分为 4 型。①髓质型：癌侵及食管全层，使管壁增厚、僵硬并向腔外扩展。②蕈伞型：肿块在腔内呈蘑菇状突起，多侵及肌层伴表面溃疡形成。③溃疡型：肿块形成局限性大而深的溃疡，可深达肌层。④硬化型：癌累及食管全周，造成环形狭窄。以上各型中以髓质型多见。

典型食管癌的 X 线表现为局部黏膜皱襞中断、破坏、消失，腔内龛影及充盈缺损，管壁僵硬及蠕动消失。各型食管癌特殊表现如下。①髓质型：腔内充盈缺损伴中至高度管腔狭窄，其上部食管明显扩张。②蕈伞型：管腔内较低平的充盈缺损，常有表浅溃疡。③溃疡型：以大小和形状不同的龛影为主，切线位见龛影深入食管壁，可出现"半月征"。④硬化型：呈节段性对称性环形狭窄或漏斗状梗阻，管壁僵硬。

（3）胃和十二指肠溃疡　是消化道较常见的疾病。

1）胃溃疡　直接征象是龛影，多见于胃小弯，其切线位突出于胃轮廓外，呈火山口状，边缘光滑整齐，底部较平整。龛影口部常有一圈黏膜水肿所造成的透明带，是良性溃疡的特征，依其范围而有不同的表现。①黏膜线：为龛影口部一光滑整齐的透明线，宽 1～2mm。②项圈征：为龛影口部的透明带，宽 0.5～1cm，如一个项圈。③狭颈征：龛影口部明显狭小，透明带也短缩，使龛影犹如有一个狭长的颈。慢性溃疡周围瘢痕收缩，造成黏膜皱襞均匀性纠集，犹如轮辐状向龛影口部集中，且逐渐变窄直达口部边缘，是良性溃疡的特征。

2）十二指肠溃疡　大多十二指肠溃疡发生于球部，球部溃疡一般呈圆形或椭圆形，直径 <1.0cm，边缘光整，形成瘢痕后可致球部变形，溃疡易造成出血及穿孔。龛影是十二指肠溃疡的直接征象，表现为圆形或类圆形钡斑，边缘光滑，周围常见一环形透明带，黏膜皱襞向中心纠集，球部呈"山"字形或"三叶征"。间接征象有：①激惹征，钡剂进入球部后不易停留，很快排至降部；②幽门痉挛，钡剂滞留于胃窦区，排空延迟，严重者可有幽门梗阻征象。

（4）胃癌　是胃部最常见的恶性肿瘤，好发于胃窦幽门区，其次为贲门和胃体小弯侧。中晚期胃癌 X 线表现如下。①胃腔内充盈缺损：缺损边缘轮廓不光整，形态不规则或呈分叶状。②腔内龛影：龛影大而浅，多位于胃轮廓之内，形态不规则，多呈半月形，外缘平直，内缘不整，呈大小不一尖角样指向外周，龛影周围绕以较宽的透亮带，称为"环堤"征，环堤内常见结节状、指压迹状充盈缺损，上述征象称为"半月综合征"。③黏膜改变：胃黏膜皱襞局限性破坏、中断，周围黏膜粗大、僵直。④胃轮廓改变：胃腔变形，边缘不整齐，胃壁僵硬，病变部位蠕动减弱或消失。

（5）结直肠癌　好发于乙状结肠和直肠。大体分为三型，即增生型、溃疡型、浸润型。增生型：肿瘤向腔内生长，呈菜花状，瘤基底宽。溃疡型：主要表现为深而不规则的溃疡。浸润型：主要沿肠壁环形生长，使肠壁增厚、肠腔变窄，可见狭窄段黏膜纹呈锯齿状。X线表现：①肠腔内不规则肿块，如肿瘤较大，钡剂通过困难；②管腔狭窄，狭窄较局限，可偏于一侧或呈向心性狭窄；③较大的龛影，形状多不规则，龛影周围常有不同程度的充盈缺损和管腔狭窄；④病变段肠壁僵硬，结肠袋消失。

# 第二节　超声检查

## 一、概述

超声（ultrasound）是指物体（声源）振动频率在 20000 赫兹（Hz）以上，所产生的超过人耳听觉范围的声波。超声检查是利用超声波的物理特性和人体器官组织声学特性相互作用后产生的信息，并将信息接收、放大和处理后形成图形、曲线或其他数据，而进行疾病诊断的检查方法。目前超声诊断已成为一门成熟的学科，不仅能观察形态，还能检测人体脏器功能和血流状态，在临床诊断与治疗上发挥着重要作用。

### （一）超声的物理特性

**1. 指向性**　超声波与一般声波不同。由于频率高，波长短，在介质内呈直线传播，故有良好的指向性。这是超声检查对人体器官结构进行定向探测的基础。

**2. 反射、折射和散射**　超声束传播途中遇到大于波长且具有不同声阻抗的界面时，部分声束发生折射进入另一种介质，部分声束发生反射。反射声束的多少与两介质间声阻抗差的大小有关，即声阻抗差越大，反射越多。发射声束的方向与入射波束和界面间夹角（即入射角）有关。

**3. 吸收与衰减**　超声波在介质中传播时，随传播距离的增加入射超声能逐渐被吸收而减少的现象，称为超声衰减。不同生物组织对入射超声的吸收衰减程度不一，主要与组织中蛋白质和水的含量有关。

**4. 多普勒效应**　当一定频率的超声波由声源发射并在介质中传播时，如遇到与声源做相对运动的界面，则其反射的超声波频率随界面运动的情况而发生改变，称为多普勒效应（Doppler effect）。这一物理特性已广泛应用于心脏、血管等的检测。

### （二）超声检查的基本原理

**1. 超声波的发生和接收**　超声波由物体机械振动产生。目前医学诊断用超声波发生装置，多采用压电晶体作为换能器。机械能转变为电能，称为正压电效应；电能转变为机械能，称为逆压电效应。超声波的产生即是利用压电晶体的逆压电效应。超声波的接收是利用压电晶体的正电压效应。

**2. 超声成像基本原理**　一般医用超声波诊断仪主要由三部分组成，即信号处理系统（主机）、显示器和探头。探头即换能器，由压电晶体组成，用来产生和接收超声波。探头发射一定频率的超声波，超声波在人体组织中传播时穿透多层界面，在每一层界面上均可发生不同程度的反射、散射，这些反射或散射声波含有超声波传播途中所经过的不同组织的声学信息，被探头接收并经过主机处理。根据正压电效应晶体两边产生携带人体组织声学信息的微弱电压信号，这种电信号经过放大、处理之后，即能在显示器上显示出用于诊断的声像图。

## 二、超声检查方法及检查前准备

### （一）超声检查方法

按显示回声的方式不同可以分为以下几类。

**1. A型超声** 又称震幅调制型，属于一维波形图。此法是以波幅的高低代表界面反射信号的强弱，可探测界面的距离，测量脏器径线及鉴别病变的物理特性，可用于对组织结构的定位及定性。但是，由于此法过于粗略目前已基本淘汰。

**2. B型超声** 又称二维超声。此法是以不同亮度的光点表示界面反射信号的强弱，反射强则亮，反射弱则暗，称灰阶成像。可以显示脏器的二维图像，是目前临床使用最为广泛、最重要、最基本的一种超声诊断法。

**3. M型超声** 将单声束超声波所经过的人体各层解剖结构的回声以运动曲线的形式显示的一种超声诊断法。其图像纵轴代表回声界面至探头的距离即人体组织深度，横轴代表扫描时间，属于灰度调制型。此法主要用于探测心脏，称M型超声心动图。

**4. D型超声** 亦称多普勒超声。根据其仪器性能及显示方式，分为频谱多普勒超声和彩色多普勒血流显像。

（1）频谱多普勒超声 是根据多普勒效应，提取超声声束在传播途径中各个活动界面所产生的频移即差频回声。图像以频谱方式显示，其中纵坐标表示差频的数值（以速度表示），横坐标代表时间。朝向探头侧的差频信号位于基线上方，而背向探头者则在基线下方。频谱多普勒包括脉冲多普勒、连续多普勒和高脉冲重复频率

**考点提示**

临床最常用超声诊断法是B超。

多普勒，以前两者常用。脉冲多普勒采用单个换能器，利用发射与反射的间隙接收频移信号，具有距离选通功能，可定位分析，但不能准确测量高速血流。连续多普勒采用两组换能器，分别发射超声波和接收其反射波，可用于高速血流的定量分析，但无距离选通功能。

（2）彩色多普勒血流成像 是利用多普勒效应，提取二维切面内所有差频回声，以彩色方式显示，并叠加在相匹配的二维声像图上。在彩色多普勒血流成像上，以红、蓝、绿三色表示血流多普勒差频回声，其中朝向探头的血流以红色表示，背向探头者以蓝色表示，湍流方向复杂、多变，呈五彩镶嵌或绿色。血流速度快者，色彩鲜亮，慢者则暗淡。

**5. 三维和四维超声** 是立体动态显示的彩色多普勒超声诊断仪。三维超声实现了人体局部组织器官的立体成像，可用于腹部及小器官的容积扫描，准确测量局部组织器官。由于计算机技术的进步，三维超声成像逐渐由三维超声重建向实时三维超声成像发展。四维超声技术就是采用三维超声图像加上时间维度参数，该革命性的技术能够实时获取三维图像，超越了传统超声的限制。它提供了包括腹部、血管、小器官、产科、妇科、泌尿科、新生儿和儿科等多领域、多方面的应用，是目前世界上最先进的彩色超声设备。

### （二）超声检查前准备 💻微课

超声检查前应就检查的必要性、安全性和检查步骤对受检者进行必要的解释和说明，以缓解其紧张心理，配合检查。

**1. 常规肝、胆囊、胆道、胰腺及腹部其他检查** 通常需空腹，禁食、禁水8小时以上。胃的检查需饮水并服胃造影剂，以显示胃黏膜及胃腔。因钡剂可能干扰超声检查，腹部检查2日内应避免行胃肠钡剂造影和胆系造影。

**2. 早孕、妇科、膀胱及前列腺检查** 患者于检查前2小时饮水1000~1500ml，喝水后不要排尿，

使膀胱充盈以利于检查。如需经阴道超声检查，受检者需为已婚者，一般于非月经期检查。

**3. 心脏、大血管、外周血管、浅表器官及组织、颅脑检查** 一般不需特殊准备。心脏检查前忌服影响心肌收缩力的药物，如地高辛、西地兰等强心药及硝酸甘油、硝酸异山梨酯等抗心绞痛药。

**4. 婴幼儿及检查不合作者** 可予水合氯醛灌肠，待安静入睡后再行检查。

**5. 超声引导下穿刺** 向受检者说明与检查相关的并发症，征得受检者或家属的知情签字后方可进行。禁食 8～12 小时。疑有出血者，术前检测血小板计数、凝血酶原时间及活动度。

## 三、超声检查的临床应用

### （一）肝脏超声诊断

超声检查是肝脏疾病的首选和主要影像检查技术。二维超声检查可敏感地发现肝脏大小、形态、边缘、实质回声及肝内胆管和血管的异常改变，从而检出病变并多能明确诊断；多普勒超声检查能够反映病变的血流状况；声学造影检查能定量分析病变组织内血流灌注情况，常用于肝肿块的鉴别诊断。

**1. 正常肝声像图** 肝被膜整齐、表面光滑，呈弥漫点状中等强度回声。肝具有弧形膈面和内凹或较平坦的脏面，边界线清晰，左叶下缘角小于 45°，右叶下缘角小于 75°。肝上界多位于第 6 肋间，平静呼吸时剑突下长度不超过 5cm，右叶多不超过肋缘。肝实质呈均匀弥漫分布的点状中低回声（图 8-5）。肝内显示的管道结构主要为门静脉和肝静脉及其分支，前者管壁较厚，回声较强，其主干内径小于 1.4cm；后者管壁薄，回声弱，汇流至下腔静脉。

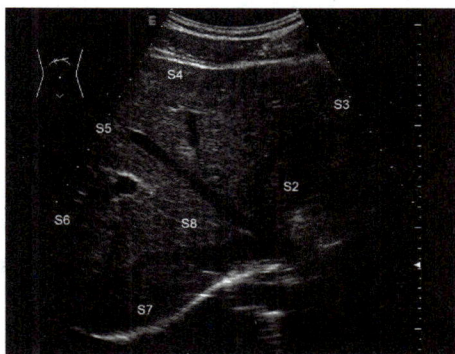

**图 8-5　肝脏正常声像图**

**2. 常见肝疾病声像图**

（1）脂肪肝　根据脂肪浸润范围，可分为弥漫性和局灶性脂肪肝，其声像图表现如下。①弥漫性脂肪肝：肝实质回声弥漫性密集增强，呈"明亮肝"；远场回声明显衰减；肝内血管结构清晰度明显降低，纹理不清。②局灶性脂肪肝：可见肝一叶或数叶内呈不规则分布相对稍高回声；肝岛，表现高回声中见片状相对低回声。

（2）肝硬化　其声像图表现如下。①肝脏失去正常形态，体积较小，肝脏表面高低不平，有的呈锯齿状或凹凸状。②肝实质回声增强、增密，分布不均；也可呈线状回声增强，可见短小粗线状增强回声或呈网状强回声；肝再生结节较大时，形成边缘清晰的低回声区。③门静脉系统：门静脉分支出现扭曲、变细和管壁回声增高。主干扩张超过 1.4cm。肝静脉变细，迂曲、僵直甚至闭塞。④胆囊壁增厚：胆囊壁水肿严重者呈夹层，胆囊增大。⑤脾大：脾增大，包膜回声增粗、增高，脾实质回声增强。⑥脐静脉重新开放，可见自门静脉左干囊部向腹壁延伸的管状无回声区。⑦腹水：少量时，可在肝肾间隙探测到无回声区，大量腹水时显示为腹腔、盆腔大片无回声区，肠管漂浮在其中。

（3）肝癌　其声像图表现如下。①直接征象：显示肝实质内单发或多发肿块，肿块回声复杂，可表现为低、等、高回声或混合回声，以低回声和混合回声多见；肿瘤周围常有完整或不完整的环形低回声带，具有一定特征。②间接征象：表现为癌栓、驼峰征、肝内管道受压、腹水等。

（4）肝脓肿　超声可作为首选的影像学检查方法，其声像图表现如下。①直接征象：可见单发或多发无回声区；脓肿壁表现为高回声；壁厚薄不等，内缘不平整，外缘清或不清；如腔内出现气体，则表现为狭长带状强回声。②间接征象：胸腔积液、肝内管道受压移位、扩张等。

（5）肝囊肿　其声像图表现为：肝内单发或多发类圆形均匀无回声区；周边囊壁菲薄、光滑呈高回声，可有侧壁回声失落；囊肿后方回声增强。

（6）肝血管瘤　其声像图表现为：在肝内出现圆形或椭圆形高回声，少部分为低回声或混合性回声；边界清晰，边缘不整齐，呈花边状。

### （二）胆道系统超声诊断

超声是胆系疾病的首选和主要影像检查方法之一，能清楚地显示胆囊和胆管解剖及胆系结石、肿瘤等病变，还能进行胆囊收缩功能检查。此外，彩色多普勒血流成像还可用于了解胆系肿瘤血供及其与邻近门静脉和肝动脉的关系。

**1. 正常胆道系统声像图**　胆囊切面呈梨形或椭圆形，向颈部移行逐渐变细，胆囊壁薄，光滑清晰，厚度不超过 0.3cm，胆囊内为无回声区。后壁回声增强。正常胆囊超声测值：长径不超过 8cm，短径不超过 4cm，短径对胆囊大小的判断意义较大。胆总管内径小于 0.6 ~ 0.8cm。正常肝内胆管一般不显示，其内径为 2 ~ 3mm。

**2. 常见胆道系统疾病声像图**

（1）胆系结石声像图　其声像图表现如下。胆囊或胆管腔内一个或多个形态固定的强回声团、光斑或弧形强光带，后方伴有声影。发生在胆囊内者，强回声可随体位改变移动；泥沙型结石表现为胆囊后壁处细小的强回声光点带，后方伴较宽声影；结石填满胆囊时，胆囊无回声区消失，胆囊前半部呈弧形强光带，后方伴较宽声影，若伴有胆囊壁增厚，则出现"胆囊壁弱回声－结石强回声－声影"三联征。

（2）胆囊炎声像图　其声像图表现如下。①急性胆囊炎：胆囊增大；胆囊壁明显增厚，呈强回声，其间有弱回声带，重者呈多层弱回声带表现。②慢性胆囊炎：胆囊可缩小；胆囊壁增厚、钙化，边缘毛糙，回声增强。

### （三）胰腺超声诊断

超声检查常作为胰腺疾病的首选影像检查技术。对急（慢）性胰腺炎、各种胰腺肿瘤及胰腺囊肿等病变的检出和诊断均有价值，但由于易受胃肠道气体的干扰，在一定程度上限制了其应用。

**1. 正常胰腺声像图**　正常胰腺边缘整齐，胰腺内部呈均匀细小光点回声，多数回声相近或稍高于肝，并随年龄增长而增高。在胰腺长轴切面上，胰头厚度 <3.0cm，胰体、尾部厚度 <2.5cm，正常胰管内径 ≤2mm。

**2. 常见胰腺疾病声像图**

（1）急性胰腺炎　可分为急性间质水肿性胰腺炎和坏死性胰腺炎。其声像图表现如下。①急性间质水肿性胰腺炎：胰腺肿大，多为弥漫性，也可为局限性；边界常不清；内部回声稀少，回声强度减低；随病情好转上述改变可迅速消失。②坏死性胰腺炎：胰腺明显肿大；边缘模糊不清；回声强弱不均并伴有无回声或低回声区。

（2）慢性胰腺炎　其声像图表现为：胰腺轮廓不清，边界常不规整，与周围组织界限不清，胰腺内部回声增粗、增强、分布不均。

（3）胰腺癌　其声像图表现如下。①直接征象：胰腺局限性增大，内有边界不清呈"蟹足样"的低回声肿块，较大者为混合回声；彩色多普勒血流现象：肿块内无明显血流信号。②间接征象：肿块上游胰管常扩张，胰头癌可致肝内外胆管扩张和胆囊增大；胰腺周围脏器或血管受压；淋巴结转移时，于胰周、腹膜后大血管周围可见多发圆形、椭圆形低回声结节；若同时肝内见异常低回声肿块，常提示肝转移。

### （四）脾脏超声诊断

超声常作为脾疾病的首选影像检查技术。二维超声能够准确地测量脾的大小、判断有无增大，还可敏感地检出脾内局灶性病变。

**1. 正常脾脏声像图**　正常脾形态与切面方向有关，可呈半月形或类似三角形，外侧缘为弧形，内侧缘凹陷；脾门有脾动、静脉出入，为无回声平行管状结构；包膜呈光滑的细带状回声；脾实质呈均匀中等回声，略低于肝实质回声。

**2. 常见脾脏疾病声像图**

（1）脾大　具备下列条件之一者，可考虑脾大：①成人男女脾厚度分别超过4.0cm和3.8cm，或最大长径超过12cm；②在肋缘下显示脾脏，超过3个肋间可探及脾脏。

（2）脾破裂　可分为真性破裂、中央型破裂和包膜下破裂3种。①真性脾破裂：脾被膜连续性中断，脾周围积液可见低回声区或无回声区，腹腔游离积液。②中央型破裂：脾实质内出现低回声或无回声，可表现为限局性无回声或低回声区（局限性血肿）。③包膜下破裂：脾包膜下方见梭形或不规则形无回声区或低回声区。

### （五）泌尿系统超声诊断

超声常作为泌尿系统疾病的首选影像检查技术，可以检出和诊断结石、肿瘤等大多数肾、输尿管及膀胱病变。

**1. 正常肾、膀胱、前列腺声像图**

（1）肾　肾的被膜轮廓清晰光滑，呈较强回声。肾窦区呈不规则密集的强回声区，肾被膜与肾窦之间为肾实质，呈均匀低回声区，切面通过肾窦时为"C"形，切面未通过肾窦时为"O"形。

（2）膀胱　膀胱充盈时，横切面呈圆形、椭圆形，纵切面呈边缘圆钝的三角形。膀胱壁呈强回声带，充盈时较薄且光滑整齐，膀胱内呈液性无回声区。

（3）前列腺　可经腹壁、直肠或会阴部探查。经腹壁横向探查时，前列腺呈三角形或粟子形，边缘圆钝，前列腺包膜整齐而明亮，实质呈略低回声，内有均匀分布的细小光点回声。

**2. 常见泌尿系统疾病声像图**

（1）肾结石　①肾窦内点状或团块状强回声，强回声后方伴有声影。②肾结石引起肾盂肾盏梗阻时，表现为肾窦分离（肾积水）。

（2）肾积水　超声极易诊断。①轻度肾积水：肾外形及肾实质一般无变化，仅表现为肾集合系统分离，呈窄带状或扁卵圆形液性暗区，前后径为2～3cm。②中度肾积水：肾体积轻度增大，肾窦扩大呈"手套状"或"烟斗状"无回声暗区，前后径为3～4cm。③重度肾积水：肾脏体积明显增大，形态失常，肾实质明显变薄，整个肾脏呈调色蝶状或相互连通的多房囊性液性暗区结构，无回声暗区。

（3）膀胱结石　膀胱无回声区内出现单个或多个点状或团块状强回声，其后伴有声影。强回声团可随体位改变而移动。

（4）前列腺增生症　增生部位以尿道周围的移行区，内腺区域为主，形成单个或多个腺瘤样结节，由于内腺增生，从而挤压外腺和后叶。其声像图表现为：①前列腺各径线增大，尤以前后径明显，外形呈球状或椭圆形，包膜线回声连续性好，且光滑整齐、完整；②前列腺内腺外腺比例失调，内腺明显增大，外腺受压萎缩；内腺可出现大小不等、等回声的增生结节；③前列腺尿道局部狭窄，但内壁光滑；④彩色多普勒声像图显示其内彩色血流分布略丰富，多集中在内腺区域，有时在增生的结节旁测及动脉血流信号。

（5）膀胱癌　膀胱壁不规整，并有宽基底或带蒂的结节状、菜花状中等回声团块突入腔内。

### （六）妇产科的超声诊断

超声检查较为安全，是女性生殖系统首选的检查方法。超声检查可了解子宫和卵巢的大小、位置、形态以及是否有发育异常；诊断子宫及卵巢的占位性病变；确定节育环的存在与位置；判断盆腔肿块的物理性质及其来源；并可引导穿刺进行诊断与治疗；还可用于评价胎儿发育情况，检测胎儿是否有畸形等。经阴道超声不需要充盈膀胱，且不受肥胖的限制，可清晰地显示盆腔脏器的声像图，尤其是对于子宫内膜和卵巢疾病的诊断有重要的临床价值。

**1. 正常子宫与卵巢声像图**　子宫位于充盈的膀胱之后，纵切面呈倒置的梨形，横切面呈椭圆形，轮廓清晰，被膜光滑，子宫肌层呈均匀的弱回声，宫腔呈一线状强回声。正常子宫长 5.5 ~ 7.5cm，宽 4.5 ~ 5.5cm，厚 3 ~ 4cm。子宫的大小个体差异很大，经产妇可略有增加，绝经期子宫萎缩变小。卵巢在子宫横切面上位于子宫两侧，大小约 4cm×3cm×1cm，呈圆形或卵圆形，内部呈均匀的低回声。

**2. 正常妊娠子宫声像图**

（1）早孕　随着早期妊娠进展，超声声像图上依次可见增大的子宫以及宫腔内的妊娠囊、卵黄囊、胚芽、原始心管搏动、胎盘和羊水等的出现，一侧卵巢可见黄体或黄体囊肿。

（2）中晚期妊娠　超声容易诊断，超声检查多系要求明确胎儿数目，判定胎儿是否存活，确定胎方位，监测胎儿生长发育情况（如胎头双顶径、股骨长径等），了解胎儿各器官构造及胎盘、脐带、羊水等情况。

**3. 常见妇产科疾病声像图**

（1）子宫肌瘤　是妇科常见的良性肿瘤，根据肿瘤所在的位置可分为黏膜下、肌壁间和浆膜下肌瘤。其声像图特征为：子宫增大，形态不规则；肌瘤结节呈圆形低回声，少数为等回声，周边有假性包膜形成的低回声晕；肌层内肌瘤可使子宫内膜变形、移向对侧，黏膜下肌瘤显示内膜增宽、回声增强或显示出瘤体。

（2）子宫癌　是女性生殖系统最常见的恶性肿瘤，分为宫颈癌和宫体癌，以前者多见。宫颈癌时，超声检查可发现宫颈增大，直径 > 3.5cm，甚至形成不规整肿块。

## （七）介入性超声

介入性超声是现代超声医学的一门新技术。其主要特点是在实时超声引导或监视下，完成各种穿刺活检、抽吸引流、X 线造影及注药治疗等操作，以满足临床诊断治疗等。由于超声显像具有实时、准确、无创、简单经济等优点，因此在临床上得到了广泛应用。

# 第三节　计算机体层成像检查

PPT

## 一、概述

计算机体层成像（computed tomography，CT）于 1969 年由 Hounsfield G. N. 设计成功，1972 年问世，因这一贡献，Hounsfield 获得 1979 年诺贝尔奖金。与传统 X 线成像相比，CT 图像显示的是人体某个断层的组织密度分布图，其图像清晰、密度分辨率高、无断层以外组织结构干扰，提高了病变的检出率和诊断准确率，促进了医学影像学的发展，是影像诊断领域的重大突破。

### （一）CT 成像的基本原理

CT 是用 X 线束对人体某部位进行多方向扫描，由探测器接收透过该层面的 X 射线并转变为可见光后，由光电转换器转换为相应的电信号，再经模拟/数字转换器转为数字，输入计算机进行处理。处理后的数字矩阵经数字/模拟转换器转变为由黑到白不等灰度的小方块，即像素，最后按矩阵顺序排列，形成 CT 图像。因为 CT 图像也是由 X 线产生的，故 CT 图像与 X 线片一样，决定图像的由白到黑的不同灰度改变都是与人体内 X 线吸收系数，也就是人体组织的密度密切相关。密度高的组织为白影，密度低的组织为黑影。CT 的密度分辨力高，人体软组织之间的密度差别虽小，也能形成对比，在良好的解剖图像上显示出病变的图像。

### （二）CT 设备

CT 设备包括三部分：①扫描部分，由 X 线管、探测器和扫描架组成，用于对检查部位进行扫描；②计算机部分，将扫描收集的数据信息进行处理、存储及图像重建；③图像显示及存储系统，将经计算机处理、重建的图像显示在显示器上，或用照相机拍摄于照片上，也可存储于光盘或磁盘中。

## 二、CT 检查方法及检查前准备

### （一）CT 检查方法

**1. 平扫**　又称普通扫描或非增强扫描，是指不用对比剂增强或造影的扫描。主要是横断面扫描，部分部位可以行冠状位扫描。临床应用最多。

**2. 增强扫描**　指血管内注射对比剂后进行扫描。利用病变组织的血供与周围组织的差异来提高病变组织与周围组织的密度差。密度增高称为强化，可对病变进行定性诊断。

**3. 造影扫描**　是指先对某一器官或结构进行造影，然后再进行 CT 扫描的检查方法，它能更好地显示腔隙或空腔脏器内腔的结构。分为 CT 血管造影和 CT 非血管造影。

### （二）CT 检查前准备

1. 检查前需将详细病情摘要等相关资料提供给 CT 医生以备参考。

2. 上腹部检查者检查前 1 周内不可做钡剂造影。检查前 4 小时禁饮禁食。

3. 增强检查患者需经本人和家属签字同意后行碘过敏试验，呈阴性者方可进行。

4. 去除检查部位衣物上的金属物品及饰品。

5. 检查时保持体位不动，配合检查进行平静呼吸、屏气等。

6. 生命垂危的急诊患者，需在急诊医护人员监护下进行检查。

7. 妊娠妇女、情绪不稳定或急性持续痉挛者不宜做本项检查。

8. 不能配合的儿童患者，采取镇静措施如水合氯醛灌肠等后方可进行检查。

## 三、CT 检查的临床应用

尽管设备昂贵，检查费用偏高，因其无创的优势和相当高的诊断价值，已广泛应用于临床。CT 检查现已涉及人体的所有部位。但是在某些部位的检查还有其局限性，不能盲目地依赖 CT，不能将其视为常规诊断手段，应合理地选择应用。

**1. 中枢神经系统疾病**　对脑外伤、脑血管疾病、颅内肿瘤、椎管内肿瘤与椎间盘脱出等，可以快速准确地获得诊断。通过 CT 血管造影（CTA）可以进行颅内动脉瘤、血管发育异常和脑血管闭塞的诊断，较颅脑 X 线血管造影具有快捷、无创的优点，CT 已是首选的检查方法，尤其是对脑血管疾病诊断较为可靠，对脑出血的诊断率可达 100%。

**2. 颈面部疾病**　因为颈面部复杂的解剖结构，且包含骨骼、肌肉、软组织及气体等多种不同密度差异很大的组织。CT 检查凸显其优越性。对眶内占位病变、鼻窦病变、中耳胆脂瘤、听骨破坏与脱位、内耳骨迷路的轻微破坏、耳先天发育异常以及鼻咽癌的早期发现等均有其特殊的诊断价值。

**3. 胸部疾病**　胸部 CT 多用于鉴别诊断，如肿块的性质、病灶的数目、气管及支气管有无梗阻、纵隔内外病变以及胸部 X 线诊断困难的疾病。CT 检查是平片发现异常后常规的进一步检查手段。

**4. 心脏、大血管疾病**　主动脉夹层、大血管畸形等均可以通过 CTA 获得清晰的三维立体图像。

**5. 腹部及盆腔疾病**  主要用于肝、胆、胰、脾，腹膜腔及腹膜后间隙以及泌尿和生殖系统的疾病诊断，尤其是占位性、炎症性和外伤性疾病等。胃、结肠等疾病的诊断也取得了很大进展。

**6. 骨关节疾病**  多数情况可通过简便、经济的常规 X 线检查确诊，因此使用 CT 检查相对较少。对于复杂的骨关节损伤如颈面部多发骨折、骨盆多发骨折等，通过 CT 重建有利于临床制定治疗方案。

**7. CT 引导下穿刺活检**  通过 CT 超高的密度分辨率，引导穿刺针进入病灶内从而获取病变组织，进行组织学、细胞学、细菌学等一系列检查来明确诊断。具有准确率高、穿刺范围广泛、损伤小、恢复快等特点。

**8. 螺旋 CT**  是在旋转式扫描基础上，通过滑环技术与扫描床连续平直移动而实现的。在扫描期间，床沿人体纵轴连续匀速平直移动。连续动床和连续管球旋转同时进行，使 X 线扫描在人体上描出螺旋状轨迹，故得名螺旋扫描。是重度创伤患者的首选检查方法，可以挽救更多危重患者的生命。

# 第四节　磁共振成像检查

PPT

## 一、概述

磁共振成像（magnetic resonance imaging，MRI）是利用强外磁场内人体中的氢原子核即氢质子，在特定射频脉冲作用下产生磁共振现象所进行的一种医学成像技术。早在 1946 年美国斯坦福大学的 Block 和哈佛大学的 Purcell 就发现了物质的核磁共振现象，两人于 1952 年同获诺贝尔物理学奖。1973 年 Lauterbur 获得了第一幅磁共振图像，使其应用于临床医学领域。1976—1978 年间 Mansfield 等先后通过 MR 扫描，获得手、胸、头和腹部的图像。由于对 MRI 成像的贡献，Lauterbur 和 Mansfield 同获 2003 年诺贝尔奖。MRI 随着硬件及软件设备的改进，其独特的诊断价值在临床诊断中日益体现出来，特别是对于中枢神经系统疾病更是具有其他检查技术不可比拟的优越性。由 MRI 发展而来的磁共振血管造影（magnetic resonance angiography，MRA）、磁共振波谱（magnetic resonance spectroscopy，MRS）等也越来越多地应用于临床。

### （一）MRI 成像基本原理

**1. 原子核在磁场中的特性**  磁共振是利用原子核在磁场内共振所产生的信号经重建成像的一种成像技术。原子核在其自旋过程中产生的自旋磁动力（核磁矩）是由其所组成的中子和质子的情况决定的。含有偶数质子或中子的原子核其自旋核磁矩成对地相互抵消，整体上不呈现磁场。而含有奇数质子或中子的原子核具有核磁矩的物理特性。核磁矩的大小是原子核的固有特性，它决定 MRI 信号的敏感性。从理论上讲，很多元素都可以用磁共振来成像。然而，MRI 主要应用于氢的成像，其原因一是氢的原子核最简单，仅由一个质子构成，具有最强的磁矩；二是人体主要由氢原子构成，其产生的磁共振信号是其他原子的 1000 倍。因此 MRI 主要是显示人体内氢原子的磁共振信号。

**2. 磁共振的发生**  正常情况下，当氢原子围绕自身旋转时，因为氢原子自旋的方向、大小及角度均不相同，因而每一个氢原子所产生的磁场方向和大小亦杂乱无章，因而磁矩相互抵消。如果将氢原子置于均匀强度的磁场中，磁矩取向不再是任意和无规律的，而是按磁场的磁力线方向取向。最终，全部氢质子形成了顺着外加磁场磁力线方向的磁矩。其中大部分质子的磁矩顺磁场排列，位能低，呈稳态；少部分逆磁场排列，位能高。于是机体开始带有磁性，数秒钟之后达到平衡。这个过程即磁化，磁化的强度是一个可以测量的矢量。达到平衡的磁化方向与机体纵轴方向一致。此时，向氢核（人体）按照 Larmor 频率（原子核的共振频率）发射射频脉冲（无线电波）对其进行激发，氢核获得能量出现共振，即磁共振现象。

**3. MRI 信号的产生及图像形成**　射频脉冲停止激发后，被激发的氢核将吸收的能量逐步释放出来，其相位和能级随之恢复到激发前的状态，这一恢复过程称为弛豫，恢复到原先平衡状态所需要的时间称为弛豫时间。有两种弛豫：纵向磁化恢复，其过程称为纵向弛豫；横向磁化消失，其过程称为横向弛豫。纵向弛豫反映自旋核把吸收的能量传给周围晶格所需的时间，称 $T_1$；横向弛豫时间反映横向磁化衰减、丧失的过程，即横向磁化所维持的时间，称 $T_2$。

人体不同器官的正常组织和病理组织的 $T_1$ 是相对恒定的，而且它们之间有一定差别，$T_2$ 也是如此。这种组织间弛豫时间上的差别是 MRI 成像的基础。

弛豫过程是一个释放能量和产生 MR 信号的过程。其中产生的 MR 信号通过射频系统所接收并传给计算机图像处理系统，以不同灰度或颜色的图像加以显示。一般而言，组织信号越强，MRI 图像所相应的部分就越亮，组织信号越弱，MRI 图像所相应的部分就越暗，如脂肪的信号强，图像亮；脑和肌肉信号居中，图像灰；脑脊液、骨与空气信号弱，图像黑。

### （二）MRI 设备

MRI 设备包括主磁体、梯度系统、射频系统、计算机及数据处理系统、辅助设备等。

## 二、MRI 检查方法及检查前准备

### （一）MRI 检查方法

**1. 平扫检查**　包括普通平扫检查和特殊平扫检查。全身各部位 MRI 检查时，若无特殊要求，通常先行普通平扫检查。主要以横断面检查为主，配以矢状位和冠状位检查。

**2. MRI 增强检查**　在静脉内注入对比机进行扫描，有助于发现病变，同时在病变的定性、定位及鉴别诊断等方面有重要价值。

**3. MRA 检查**　即磁共振血管成像。MRA 检查主要用于诊断血管疾病，分为普通 MRA 和增强 MRA（CE－MRA）。普通 MRA 检查无需注入对比剂，但对于小血管显示欠佳；增强 MRA 需经静脉注入对比剂，对于血管细节尤其小血管的显示效果要优于普通 MRA。

**4. 其他检查**　在 MRI 检查中，还包括 MR 水成像检查、脑功能成像检查（fMRI）等。

### （二）MRI 检查前准备

1. 检查时携带相关检查资料，尤其是相关检查部位的影像检查资料，供 MRI 检查时参考。

2. 磁共振检查时间较长，且患者所处的环境幽暗、噪声较大，嘱其要有思想准备，不要急躁，注意听从检查者的语言提示，耐心配合。

3. MRI 设备具有强磁场，如装有心脏起搏器，或体内有金属或磁性物植入患者和早期妊娠患者，不能进行检查，以免发生意外。

4. 患者不能带有义齿、手表、钥匙等各种金属物品，女性患者不能穿戴有金属的内衣。检查头、颈部的患者在检查前日洗头，勿擦头油、摩丝等。

5. 腹部增强检查前 4 小时禁食、禁水。

6. 胰胆管成像（MRCP）的患者需在检查前一天晚 10 点后禁食、禁水。

7. 有意识障碍、昏迷、精神症状等不能有效配合检查的患者，除非经相关专业临床医师同意，否则不能进行 MRI 检查。

8. 不能配合的儿童患者需采取镇静措施，如水合氯醛灌肠等。

9. 宫内节育器有可能对 MRI 检查产生影响，必要时需将其取出后再行检查。

### 三、MRI 检查的临床应用

由于 MRI 磁场对电子器件及铁磁性物质的作用，以下患者不宜行此项检查：置有心脏起搏器的患者；颅脑手术后动脉夹存留的患者；铁磁性植入物者；心脏手术后，换有人工金属瓣膜者；金属假肢、关节患者；体内有胰岛素泵、神经刺激器者，以及妊娠 3 个月以内的早孕患者等。

**1. 神经系统** 应用最为广泛。MRI 的多方位、多参数、多轴倾斜切层对中枢神经系统病变的定位定性诊断价值极高。对脑干、幕下区、枕大孔区、脊髓与椎间盘的显示明显优于 CT。对脑脱髓鞘疾病、多发性硬化、脑梗死、脑与脊髓肿瘤、血肿的诊断有较高价值。

**2. 纵隔** 在 MRI 上，脂肪与血管形成良好对比，易于观察纵隔肿瘤及其与血管间的解剖关系。对纵隔及肺门淋巴结肿大和占位性病变的诊断有较高的价值，但对肺内钙化及小病灶的检出不敏感。

**3. 心脏大血管** 可显示心脏大血管内腔，在 MRI 上可以进行心脏大血管的形态学与动力学的研究。

**4. 腹部与盆部器官** MRI 对肝、肾、膀胱、前列腺、颈部和乳腺等检查也有相当价值。是盆腔肿瘤、炎症、子宫内膜异位症、转移癌等病变的最佳影像学检查手段。

**5. 骨** 对四肢骨骨髓炎、四肢软组织内肿瘤及血管畸形有较好的显示效果，可清晰地显示软骨、关节囊、关节液及关节韧带。对关节软骨损伤、韧带损伤、关节积液等病变，具有其他影像学检查所无法比拟的诊断价值。

**6. 血流量、生物化学及代谢功能** MRI 有望于对血流量、生物化学及代谢功能方面进行研究，给恶性肿瘤的早期诊断带来希望。

## 第五节　核医学检查

PPT

### 一、概述

核医学（nuclear medicine）是通过成像设备对放射性核素释放的射线进行灵敏与实时的检测，对人体正常与异常变化进行动态与静态、全身与断层成像的影像技术。

#### （一）核医学检查原理

**1. 体内检查法的原理** 放射性核素或其标记物被引入人体后，可通过如下途径被脏器、组织摄取：①被某一脏器或某一脏器的某种细胞选择性地摄取，如甲状腺滤泡上皮细胞摄取$^{131}$I；②被某一脏器的细胞摄取并迅速清除；③形成微血管栓塞；④离子交换与吸附；⑤特异性结合；⑥参与脏器、组织的代谢。放射性药物通过以上途径被脏器、组织摄取后，能够停留足够的时间进行平面或断层显像，根据放射性核素分布的多少，了解组织、脏器的功能、代谢或血流灌注等情况，或观察体内某一通道的通畅程度。

**2. 体外检查法的原理** 体外检查法是利用放射性标记的配体为示踪剂，以竞争结合反应为基础，在试管内完成的微量生物活性物质检测技术，最具有代表性的是放射免疫分析，其原理是利用放射性核素标记的抗原和血液，或其他体液内的抗原共同与限量的相应的抗体竞争结合，用放射性探测器测得标记抗原与抗体结合的量，根据结合量与已知被测物抗原量的函数关系，即可计算出样品内被测抗原的量。本法有很高的灵敏度和特异性，可测水平达$10^{-9} \sim 10^{-15}$g。

#### （二）放射性药物

放射性药物是能够安全用于诊断或治疗疾病的放射性核素和放射性标记化合物。具有如下特点：

①能够发射出核射线（α射线、β射线、γ射线），以γ射线穿透力最强，引入人体后能在体表探测到，而且对人体的电力辐射损伤较小，因此只有释放γ射线的放射性核素适用于体内显像检查；②遵循放射性核素的衰变规律；③放射性核素的生产方式，包括核反应堆生产、加速器生产和核素发生器生产。

### （三）核医学显像仪器

核医学显像仪器是指用于探测引入体内的放射性核素所发射出的γ射线，通过能量转换、信号放大、计算机处理等一系列过程，从而得到脏器图像的仪器。按显像的方式分为静态和动态显像两种。静态显像是在放射性药物引入人体一定时间之后进行脏器或病变的显像，主要是观察脏器的形态、大小、位置和病变的有无、数量和大小。动态显像则是在放射性药物引入人体后连续地或多次间断显像，通过一系列的影像来观察放射性药物在脏器或病变部位聚集和排出的速度和量，据已了解脏器和病变的血流灌注、血容量、脏器功能等情况，并可通过计算机处理获得很多参数。这种动态显像把生物化学、功能、血流和形态的信息结合在一起加以显示，具有明显的特点，有助于很多疾病的早期诊断和疗效观察。

目前常用的显像仪器为γ照相机和发射型计算机断层照相机（ECT），后者又分为正电子类型的PET-CT和单光子类型的SPECT。它们不仅可以提供脏器或病变的二维平面静态和动态影像，还可以给出三维图像或任选的断层图像，能显示深部组织和病变，进行真正的定量分析。

## 二、核医学检查方法及检查前准备

### （一）PET-CT全身显像

PET-CT在早期发现肿瘤病灶，良、恶性肿瘤的鉴别诊断，寻找原发灶及转移癌，肿瘤疗效评估，鉴别肿瘤复发和坏死以及放疗生物靶区定位方面具有其他影像设备不可替代的优势。检查注意事项如下。

1. 受查者于检查前至少禁食4~6小时。

2. 检查当日携带以前的病历资料，如X线、CT、MRI或超声等图片及检查报告，到PET-CT室后，由医生接诊、收集病史和临床资料。

3. 在注射药物前需要测定血糖浓度，糖尿病患者要在检查前将血糖调整到合适水平。

4. 注射药物后需要安静休息，不要与人交谈，避免剧烈活动和精神紧张，尽可能多饮水。

5. 平静休息30~90分钟后做PET-CT显像。检查需要平卧12~20分钟，剧烈疼痛患者可能要给予镇静剂。

6. PET-CT检查前排空小便，排尿时请避免尿液污染体表和衣裤。

7. 孕妇或不能保持安静平卧的患者不宜做此项检查。

### （二）SPECT显像

**1. 心肌灌注显像**　可评价心肌冠状动脉供血及心肌微循环功能情况，是缺血性疾病的诊断和疗效评估，胸痛胸闷原因的鉴别有效手段。检查注意事项如下。

（1）检查前一天晚和当天早上禁服β受体阻滞剂、硝酸甘油等扩血管药物，忌服浓茶和咖啡。

（2）检查当日空腹，自备油煎蛋、油条、肉包或全脂牛奶一盒，负荷显像需床位医生陪同。

（3）注射心脏显像剂后，在候诊区安静休息0.5小时后，吃自备食物1~3种，再休息0.5~2小时后，常规用SPECT进行心肌断层采集。

（4）图像经处理重建成短轴、水平长轴、垂直长轴断层影像。上机检查时间为10~30分钟。

**2. 骨显像**　全身骨显像是目前常用的核医学检查项目之一，其具有以下几个特点：①一次成像能显示全身骨骼，可判断单骨病变或多骨病变，以及病灶的解剖分布；②探测成骨病变灵敏度高；③无绝对禁忌证；④价格相对低廉。检查注意事项如下：患者无需特殊准备，按时到达核医学科，穿宽松衣服可方便静脉注射。待医生询问病史后静脉注射显像剂，注射后要轻轻按压 5 分钟。注射后多饮水，以促进骨显像剂经尿排出，排尿时注意不要让尿液污染到身上，尤其是衣裤与手。临上机器检查前，再排空小便，取下身上含金属或高比重的物品，如金属义齿、硬币、腰带金属环、首饰等。不能取下者（如假肢、起搏器等）请告知医生，供分析影像时参考。检查时要放松身体，自然平躺，检查时不要动。上机检查时间为 15～30 分钟。

### （三）甲状腺核素静态显像

甲状腺能摄取和浓聚$^{99m}TcO_4^-$或$^{131}I$，通过显像显示甲状腺的位置、大小、形态及放射性分布的情况。检查注意事项如下：甲状腺核素静态显像检查前需限碘饮食（海带、紫菜、带鱼和海鲜）1 周，禁服甲状腺素、他巴唑和硫氧嘧啶类药物；有甲状腺 B 超报告者请务必携带。注射完甲状腺显像剂，在候诊区安静休息 15～30 分钟后，上机检查，检查时间为 5～30 分钟。

### （四）GFR 显像

GFR 显像由静脉注入肾小球滤过或肾小管上皮细胞分泌而不被回吸收的显像剂，用 SPECT 动态连续采集双肾区域放射性，依次观察显像剂进入肾脏及逐渐经肾脏排泄的过程，并可观察核素经过输尿管进入膀胱这一排泄过程。检查注意事项如下：GFR 显像检查当日早餐进干食，自备一瓶水（白开水或纯净水 250ml）。喝完水后在候诊区等待 10～30 分钟，再上机注射 GFR 显像剂，上机检查时间为 10～30 分钟。

## 三、核医学临床应用

将放射性药物引入体内后，以脏器内、外或正常组织与病变之间对放射性药物摄取的差别为基础，利用显像仪器获得脏器或病变的影像。由于病变部位摄取放射性药物的量和速度与它们的血流量、功能状态、代谢率或受体密度等密切相关，因此所得影像不仅可以显示它们的位置和形态，还可以反映它们的上述种种状况（可以统称为功能状况），故实为一种功能性显像。众所周知，绝大多数疾病的早期，在形态结构发生变化之前，上述功能状态已有改变，因此放射性核素显像常能比以显示形态结构为主的 X 线、CT、MRI、超声检查等更早地发现和诊断很多疾病。但它的空间分辨率不如上述其他医学影像方法，清晰度较差，应根据需要适当选择或联合应用各种显像方法。放射性核素检查的主要内容如下。

**1. 心血管系统**　主要有心肌显像和心功能测定。

**2. 神经系统**　主要有局部脑血流断层显像、局部脑葡萄糖代谢显像和神经受体显像。

**3. 肿瘤显像**　主要有放射免疫显像、其他特异性亲肿瘤显像、$^{67}Ga$ 显像、骨转移灶显像和淋巴显像。

**4. 消化系统**　主要有肝血管瘤显像、肝胆显像、异位胃黏膜显像和活动性消化道出血显像。

**5. 呼吸系统**　主要用于早期诊断发病 2～3 日内的肺栓塞。

**6. 泌尿系统**　主要有泌尿系动态显像。利用$^{99m}Tc – DMSA$ 可以显示肾实质影像，能灵敏地发现肾脏瘢痕。此外，放射性核素显像还可用于内分泌系统、骨骼系统和血液系统疾病的诊断。

答案解析

## 目标检测

### 选择题

1. 碘制造影剂可发生过敏反应，下列不属于轻度反应的是（　　）

　　A. 恶心、呕吐　　　　　　B. 气喘、呼吸困难　　　　C. 荨麻疹

　　D. 头昏、头痛　　　　　　E. 面色潮红

2. 颅内肿瘤应尽早选用的检查是（　　）

　　A. 透视　　　　　　　　　B. 摄片　　　　　　　　　C. CT

　　D. B 超　　　　　　　　　E. 脑血管造影

3. 早期妊娠只能用的检查诊断是（　　）

　　A. 透视　　　　　　　　　B. 摄片　　　　　　　　　C. CT

　　D. B 超　　　　　　　　　E. 脑血管造影

4. 目前临床最常用的超声诊断法是（　　）

　　A. A 型诊断法　　　　　　B. B 型诊断法　　　　　　C. M 型诊断法

　　D. D 型诊断法　　　　　　E. 超声多普勒诊断法

5. 下列不符合气胸 X 线表现的是（　　）

　　A. 高度透亮区处肺纹理增多　　　　　　　　B. 可见被压缩的肺边缘

　　C. 纵隔向健侧移位　　　　　　　　　　　　D. 肋间隙增宽

　　E. 膈下降

（张真容）

---

### 书网融合……

本章小结　　　　　　　微课　　　　　　　题库

# 第九章　资料分析与护理诊断

## ◉ 学习目标

1. 通过本章学习，重点把握护理诊断的概念、构成、陈述方式及提出护理诊断的注意事项，把握资料分析的方法。

2. 具有应用护理诊断的思维方法，正确提出护理诊断的能力。

## 》情境导入

**情景描述**　患者，男，65 岁。因反复咳嗽、咳痰 10 余年，加重伴气促、双脚水肿 8 天入院。身体评估：T 38.6℃，P 110 次/分，R 28 次/分，BP 110/70mmHg，神志清楚，口唇、甲床轻度发绀，桶状胸，双肺叩诊过清音，双下肢轻度水肿，活动后有呼吸困难。

**讨论**　1. 请根据案例资料分别说出患者的主观资料和客观资料有哪些？

2. 请根据案例资料可提出哪些护理诊断？

## 第一节　资料分析

PPT

健康评估是收集健康资料并对健康资料进行整理、分析与归纳，然后提出护理诊断的过程。因此，护理人员收集的资料是否正确、全面，将直接影响到护理诊断的准确性。资料的收集已在本书第二章中阐述，本章重点阐述健康资料的整理、分析及提出护理诊断。

## ⚙ 素质提升

### 提灯女神——弗洛伦斯·南丁格尔

19 世纪 50 年代，克里米亚战争爆发，英国的参战士兵死亡率高达 42%。南丁格尔主动申请担任战地护士，率领护士抵达前线服务于战地医院。南丁格尔白天协助医生进行手术，护理伤员，替士兵寄信，给伤员以慰藉；到了夜晚她总是提着风灯沿着崎岖的小路，在营区里探视伤病员，观察病情，所以伤员们亲切地称她为"提灯女神"。通过精心地护理，仅仅半年左右的时间伤员的死亡率就下降到 2%。南丁格尔毕生都致力于护理的改革与发展，为开创护理事业做出了超人的贡献。"燃烧自己，照亮别人"是她毕生的信条。

## 一、健康资料的来源与分类

健康资料包括被评估者生理、心理、社会等各个方面的信息资料。收集资料是健康评估的首要环节。

### （一）健康资料的来源

**1. 主要来源**　健康资料的主要来源是患者本人，如患病的经过、患病后的感受、治疗护理过程等，患者本人最清楚，所以主要来源于患者的健康资料才是最准确、最可靠的。

**2. 次要来源**

（1）被评估者的家庭成员　包括夫妻、子女、父母、兄弟姐妹等。

（2）与被评估者关系密切的知情者　包括同事、邻居、师生、朋友等。

（3）事件目击者。

（4）相关的卫生保健人员　既往与被评估者有关的医护人员、心理医生等。

（5）健康记录或病历　包括社区的卫生记录和儿童的预防接种记录等。

### （二）健康资料的分类

**1. 按健康资料的来源分类**

（1）主观资料　是通过与被评估者交谈获得的资料，是被评估者身心两方面的主观感受或自身体验，包括被评估者的主诉、亲属的代诉及经提问而获得的有关被评估者健康状况的描述。如"我现在头痛很厉害""我昨晚感到心慌""我肚子不痛了"等都是主观资料，临床上也称为症状（symptom）。主观资料不能被直接观察或评估。

（2）客观资料　是通过身体评估、实验室检查或其他检查等所获得的有关被评估者健康状况的资料。如"腹部移动性浊音""脉搏 100 次/分""双侧瞳孔缩小""心脏杂音"等为客观资料，临床上也称这些改变为体征（sign）。

在健康评估过程中，主观资料和客观资料相互支持。主观资料可为客观资料的收集提供线索，客观资料可进一步证实主观资料的真实性。主观资料和客观资料都是构成护理诊断依据的重要来源。

**2. 按健康资料的提供时间分类**

（1）目前资料　反映被评估者目前健康问题的资料，即被评估者现在发生疾病有关的状况。包括患病经过、就诊时的感受、经过治疗和护理后的现状如现在的体温、脉搏、呼吸、血压、饮食、睡眠状况等。

（2）既往资料　反映被评估者本次就诊之前健康状况的资料，包括既往病史、治疗史、过敏史等。

资料的分析是对所收集的资料进行确认、分析判断，以确保资料的真实性与准确性。资料分析的目的是找出护理问题，明确护理诊断，为护理计划的制定提供依据。

## 二、健康资料的整理

### （一）核实资料的真实性和准确性

**1. 核实主观资料**　主观资料是被评估者的主诉，是患者自己对健康问题的体验和认识。包括患者的知觉、情感、价值、态度、信念、对个人健康状态和生活状况的感知。资料分析时对主观资料存在疑问应加以核实，必要时使用客观资料对主观资料进行验证。

**2. 澄清含糊不清的资料**　如患者诉"腹泻"，护理人员应进一步了解明确腹泻的次数、量、颜色、性状及可能引起的原因等。

### （二）分析判断资料

运用评判性思维方法对收集的资料进行系统分析研究，将整理的资料与正常值进行比较，找出异常问题。要求护理人员必须熟练掌握各种指标正常范围，根据所学医学知识、护理学知识、人文科学知识，结合患者的个体差异、年龄、社会背景等因素的不同进行全面分析、比较，找出具有临床意义的异常情况。

### （三）分析相关因素和危险因素

通过资料分析找出患者存在或潜在的问题，分析尚未结束，还需对引起问题的原因进行进一步的研究，找出其相关因素和危险因素。如患者主诉"我昨晚一夜没睡着"，护理人员应进一步询问为什么没睡好，找出没睡好的原因。危险因素主要是指护理对象目前虽处于正常范围内，但存在着促使其向异常转化的因素。如咯血患者有可能因大咯血发生窒息和休克，那么大咯血就是引起窒息的危险因素。找出危险因素可以帮助护理人员预测护理对象今后可能发生的问题，并提前加以预防。

### 三、健康资料的归类

将核实和分析后的健康资料进行归类，发现内容有无遗漏及有无其他问题，以便及时纠正。常采用下列几种归类方法。

#### （一）按马斯洛的需要层次论归类

根据人的需要层次将资料分为五个方面

**1. 生理需要**　是个人生存的基本需要。如患者的生命体征、饮食、睡眠、排泄等。

**2. 安全需要**　包括心理上与物质上的安全保障。如手术的恐惧、药物不良反应的担忧等。

**3. 爱与归属的需要**　需要友谊和群体的归属感，人际交往需要彼此同情互助和赞许。如害怕孤独、想念亲人等。

**4. 尊重与被尊重的需要**　要求受到别人的尊重和自己具有内在的自尊心。如患病后希望护士能对自己给予重视，能听取自己的意见。

**5. 自我实现的需要**　指通过自己的努力，实现自己对生活的期望。如担心住院影响工作、学习等。

#### （二）按戈登的功能性健康型态归类

1. 健康感知与健康管理型态。

2. 营养与代谢型态。

3. 排泄型态。

4. 运动与活动型态。

5. 睡眠与休息型态。

6. 认知与感知型态。

7. 自我感觉与自我概念型态。

8. 角色与关系型态。

9. 性与生殖型态。

10. 应对与应激耐受型态。

11. 价值与信念型态。

每个型态都有相应的护理诊断，所以资料归类后，即可直接针对异常选择相应的护理诊断。

#### （三）按北美护理诊断协会分类法归类

1. 健康促进。

2. 营养。

3. 排泄。

4. 活动与休息。

5. 感知与认知。

6. 自我感知。

7. 角色关系。

8. 性。

9. 应对与应激耐受性。

10. 生活准则。

11. 安全与防御。

12. 舒适。

13. 成长与发展。

根据此方法归类可在相应的领域中选择相应的护理诊断。

# 第二节 护理诊断

护理诊断（nursing diagnoses）是护士对评估结果进行分析和判断的过程，是护士为被评估者制订护理计划、选择护理措施和进行护理评价的依据。护理诊断是护士在护理职能范围内，经交谈、身体评估、实验室检查及其他检查取得的资料，结合护理理论与实践经验，经过分析、综合、推理所做出的判断。

## 一、护理诊断的概念

### （一）护理诊断的定义

1990 年北美护理诊断协会将护理诊断定义为：是关于个人、家庭、社区对现存和（或）潜在的健康问题及生命过程反应的一种临床判断，是护士为达到预期的结果选择护理措施的基础，这些预期结果能通过护理职能达到。

1953 年弗吉尼亚·弗莱（Virginia Fry）认为护理计划中应包括护理诊断这一步骤，并提出护理诊断应由具有一定资格的人去完成，当时未引起重视。直到 1973 年，美国护士协会出版的《护理实践标准》一书才将护理诊断纳入了护理程序，并授权在护理实践中使用。

### （二）护理诊断与医疗诊断的区别

护理诊断是诊断和处理人类对现存和潜在的健康问题的反应，包括人的生理、心理和社会等各方面的反应。护理服务的对象包括患者和健康人。护理的范围从个体到家庭和社区。

医疗诊断是医疗工作的范畴，用一个名称说明一个疾病或病理状态，需用医疗手段对疾病生理病理变化进行治疗，侧重于对患者疾病本质的判断。二者主要区别见表 9 - 1。

表 9 - 1 护理诊断与医疗诊断的区别

| 项目 | 护理诊断 | 医疗诊断 |
| --- | --- | --- |
| 研究对象 | 对个体、家庭、社区的健康问题或生命过程反应的一种临床判断 | 对个体的病理、生理变化的一种临床判断 |
| 描述内容 | 个体对健康问题的反应 | 疾病的本质 |
| 决策者 | 护理人员 | 医疗人员 |
| 解决方法 | 用护理的方法解决 | 用医疗手段解决 |
| 适用范围 | 针对个体、家庭、社区的健康问题 | 针个体的疾病 |
| 数量 | 多个诊断 | 只有一个诊断 |
| 变化情况 | 随病情的变化而改变 | 确诊后一般不会改变 |
| 两者关系 | 对医疗诊断的补充 | 是护理诊断的原因 |

## 二、护理诊断的分类

### （一）按人类反应型态分类

1986 年北美护理诊断协会（NANDA）第 6 次会议上通过的分类方法又称为 NANDA 护理诊断分类 Ⅰ，共包括人类的 9 个反应型态，具体内容如下。

**1. 交换** 包括物质的交换、机体的代谢、正常的生理功能，如营养失调：低于机体需要量。

**2. 沟通** 包括情感、思想和信息的传递，如语言沟通障碍。

**3. 关系** 指人际关系、家庭关系等，如社交孤立等。

**4. 价值** 与人的价值有关的问题，如精神困扰。

**5. 选择** 面对应激和多个方案做出选择和决定，如个人应对无效、执行治疗方案无效。

**6. 移动** 包括躯体移动、自理情况等，如躯体移动障碍、活动无耐力。

**7. 感知** 包括个人感觉、对自我的看法，如感知改变、自我形象紊乱等。

**8. 认知** 对信息、知识的理解，如用药知识缺乏。

**9. 感觉** 包括意识、情感、知觉等，如焦虑、恐惧等。

这 9 个型态为第一层次的护理诊断，每个型态下又有若干个护理诊断。为了便于护理诊断的计算机化，前面都有一个编码，如"1.2.2.2 体温过高""2.1.1.1 语言沟通障碍"等。

### （二）按 Gordon 的功能性健康型态分类

1987 年，戈登（Gordon）提出按人类功能性健康型态排列的护理诊断分类法，此法目前临床上使用比较广泛，主要涉及人类健康生命过程的 11 个方面。

**1. 健康感知与健康管理型态** 如健康行为、健康知识等。

**2. 营养与代谢型态** 如饮食、营养状况等。

**3. 排泄型态** 如排尿、排便等。

**4. 活动与运动型态** 如活动能力、活动耐力等。

**5. 睡眠与休息型态** 如睡眠状况、休息状况等。

**6. 认知与感知** 对不舒适的感觉、对疾病的认识等。

**7. 自我感知与自我感念型态** 对自己的感觉、对情况的控制能力等。

**8. 角色与关系型态** 与家属、同事的关系、社交活动等。

**9. 应对与应激耐受型态** 如对突发事件的反应能力等。

**10. 性与生殖型态** 如婚姻、生育状况等。

**11. 价值与信念型态** 如人生观、健康信念等。

### （三）按 NANDA 护理诊断分类 Ⅱ 分类

2000 年 4 月北美护理协会第 14 次会议通过的护理诊断分类系统，又称"NANDA 护理诊断分类 Ⅱ"。这一分类是基于 Gordon 的功能性健康型态分类的改进和发展。NANDA 将所有的护理诊断分为健康促进、营养、排泄、活动/休息、感知/认知、自我感知、角色/关系、性、应对/应激耐受性、生活准则、安全/防御、舒适、成长/发展等 13 类，按照此种方法分类，可迅速找到问题所在，但此种分类没有功能性健康型态分类法成熟。

## 三、护理诊断的构成 🅴 微课

NANDA 在其出版的护理手册中提出，每个护理诊断由名称、定义、诊断依据、相关因素 4 部分组成。

## （一）名称

护理诊断的名称是对被评估者目前正出现的健康状况或生命过程反应的概括性描述。护理诊断分为现存的护理诊断、潜在的护理诊断、健康的护理诊断、可能的护理诊断和综合的护理诊断 5 种类型。

**1. 现存的护理诊断**　指护理对象目前存在的护理问题。如腋温大于 38.8℃ ，护理诊断为 "体温过高"；双下肢水肿，护理诊断为 "体液过多"；消瘦，护理诊断为 "营养失调：低于机体需要量" 等。

**2. 潜在的护理诊断**　护理对象目前还没有发生问题。但有危险因素存在，如不加以预防，可能会发生问题，常用 "有……的危险" 进行描述，如大咯血的患者存在 "有窒息的危险"；白血病患者成熟粒细胞减少，极易发生感染，存在 "有感染的危险" 等；"长期卧床" 存在 "有皮肤完整性受损的危险"。

**3. 健康的护理诊断**　是护士对个体、家庭或社区具有达到更高健康水平潜能所做的描述，是护士在为健康人群提供护理时可采用的护理诊断。健康的护理诊断只包含名称一个部分而无相关因素。如 "有增强社区应对的趋势" "执行治疗方案有效" "母乳喂养有效" 等。

**4. 可能的护理诊断**　问题是否存在还不能确定，需进一步收集资料以证实、排除或确认某一现存的或有危险的护理诊断。可能的护理诊断由名称及怀疑这一诊断的相关资料两部分组成。如 "有自我形象紊乱的可能：与长期使用糖皮质激素有关"。

**5. 综合的护理诊断**　是指由特定的事物或情景引起的一组现存的或有危险的护理诊断，如 "废用综合征"。

## （二）定义

是对护理诊断名称的一种清晰、精确的描述，并以此与其他护理诊断相鉴别。如有关 "体温过高" 这一护理诊断名称定义为："体温升高至正常范围以上"。

## （三）诊断依据

诊断依据是做出该护理诊断的依据，包括被评估者的主观资料、客观资料及有关病史资料。诊断依据可分为主要依据和次要依据两种类型。

**1. 主要依据**　是做出某一特定诊断必须存在的一个或一组症状和体征，是诊断成立的必要条件。如 "营养失调：高于机体需要量" 这个护理诊断的诊断依据中，"体重高于理想体重的 20% 以上" 是必须具备的诊断依据，也是主要依据。

**2. 次要依据**　是做出某一护理诊断时，多数情况下会出现的症状、体征，对护理诊断的形成具有支持作用。如毛发干枯、软弱无力对 "营养失调：低于机体需要量" 这一护理诊断起支持作用，但不是必备的诊断依据。

## （四）相关因素

相关因素是护理诊断成立和维持的原因。是指影响被评估者健康状况导致健康问题的直接因素、促发因素和危险因素。现存的和健康的护理诊断为相关因素，潜在的和可能的护理诊断则为危险因素。一个护理诊断的相关因素和危险因素可涉及多个方面。如 "活动无耐力" 这一护理诊断，可由贫血致组织缺氧引起，可以由营养不良引起，也可以由肌无力引起。一个护理诊断可以有多种相关因素，确定相关因素可以为护理措施的制订提供依据。相关因素可以来自疾病、心理、治疗、情景、发展等方面。

**1. 病理生理方面**　指疾病引起的各种改变。"体液过多" 的相关因素可能是肾病综合征。

**2. 心理方面**　疾病引起的心理改变。如 "焦虑" 的相关因素可能是担心疾病预后；"气体交换受损" 可能是左心衰竭致肺循环瘀血所致。

**3. 治疗方面** 与治疗措施有关。如"自我形象紊乱"的相关因素可能是恶性肿瘤患者因接受化疗出现了脱发。

**4. 年龄方面** 有年龄有关的因素，如老年人常发生"便秘"与老年人活动量减少、肠蠕动减弱有关。

**5. 环境方面** 指环境的改变。如"睡眠型态紊乱"与住院后环境陌生有关。

## 四、护理诊断的陈述

护理诊断的陈述是对个体或群体健康状态的反映及其相关因素/危险因素的描述。

### （一）护理诊断的陈述方式

护理诊断的陈述有三部分陈述（PES）、两部分陈述（PE）和一部分陈述（P）三种形式。

P（problem）——健康问题，即护理诊断的名称。

E（etiology）——原因，即相关因素，常用"与……有关"来陈述。

S（symptoms and signs）——症状和体征。

**1. 三部分（PES）陈述** 常用于现存的护理诊断。由P、E、S三部分组成，通常记录格式为"护理诊断名称（P）；诊断依据（S）；相关因素（E）"。

> 例如：清理呼吸道无效——P
> 痰液不易咳出——S
> 与咳嗽无力有关——E

**2. 两部分（PE）陈述** 常用于潜在的和可能的护理诊断，危险目前尚未发生，因此不存在症状和体征（S）。即PE公式，只包含诊断名称和相关因素。

> 例如：有体液不足的危险——P
> 与腹泻有关——E

**3. 一部分（P）陈述** 常用于健康的护理诊断和综合的护理诊断，仅由护理诊断的名称（P）构成。例如：有寻求健康行为的趋势——P

### （二）书写护理诊断的注意事项

**1. 护理诊断名称应规范** 使用NANDA认可的护理诊断名称，不可随意创造护理诊断。一个护理诊断只针对一个健康问题。

**2. 正确陈述和明确相关因素**

（1）在陈述相关因素时 常使用"与……有关"的方式。

（2）避免相关因素使用不恰当的术语所致的法律纠纷和护患纠纷 例如：瘫痪患者的"皮肤完整性受损：与不经常翻身有关"，其相关因素可理解为护士未定时给患者翻身所致，可能会引起法律纠纷，应写为"皮肤完整性受损：与躯体活动障碍有关"。

（3）避免混淆的内容 避免与护理措施、医疗诊断、药物副作用、患者需要混淆。

（4）找出明确的相关因素 相关因素越具体和直接，护理措施就越有针对性。如"清理呼吸道无效：与体弱、咳嗽无力有关"就较"清理呼吸道无效：与肺气肿伴感染有关"更为直接。相关因素不同应有不同的护理措施，如"清理呼吸道无效：与术后切口疼痛有关"和"清理呼吸道无效：与痰液黏稠有关"这两个护理诊断虽护理诊断名称相同，但所需的护理措施不同，前者要求护士采取相应的措施帮助患者在保护手术切口、不

> 💡 **考点提示**
>
> PES各代表的意义。

> 💡 **考点提示**
>
> 书写相关因素应注意的问题。

增加疼痛的情况下将痰咳出，后者是要求护士采取相应的措施将痰液稀释有利于患者咳出。

（5）贯彻整体护理观念　护理诊断包括生理、心理、社会等各方面的健康问题。

**3. 知识缺乏的陈述**　陈述方式是"知识缺乏：缺乏……方面的知识。"如"知识缺乏：缺乏血糖自我监测方面的知识"。

## 五、医护合作性问题

### （一）合作性问题的概念

合作性问题是需要护士监测，及时发现因脏器的病理生理改变导致的并发症，这些并发症需要护士和医生共同合作解决。只有护士不能通过护理措施预防和独立处理的并发症才是合作性问题，如肺气肿患者发生自发性气胸、上消化道大出血患者发生休克等，这些潜在并发症就是合作性问题。

### （二）合作性问题的陈述

合作性问题的陈述方式以"潜在并发症：……"，其后为潜在并发症名称。如"潜在并发症：心律失常""潜在并发症：失血性休克"。一旦确定为潜在并发症，说明被评估者正在发生或很可能发生并发症，评估者的重点是监测问题的发生及发展，护士应将病情监测和预防作为护理的重点，及时发现并与医生合作共同处理。

> **考点提示**
>
> 合作性问题的概念。

### （三）合作性问题与护理诊断的区别

并非所有并发症都是合作性问题，合作性问题与护理诊断的根本区别在于，护理诊断是护士独立采取护理措施能够解决的问题，如长期卧床导致皮肤受压，提出"有皮肤完整性受损的危险"的护理诊断。合作性问题需要医生、护士共同干预处理，护士不能通过护理措施预防和独立处理的并发症才是合作性问题，如消化性溃疡患者可以提出"潜在并发症：上消化道大出血"，上消化道出血是护理措施无法预防的，而只能通过病情监测及时发现的并发症。

## 六、护理诊断的思维方法和步骤

### （一）护理诊断的思维方法

护理诊断是护士对个体、家庭、社会的健康问题或生命过程反应的一种临床判断，是护士在其职责范围内用护理的方法能解决的问题。护理诊断在疾病的病程中不是固定不变的，而是随着病情的变化及被评估者对疾病的认识等而改变。护理诊断的数目较多，一个患者患一种疾病，可根据其反应提出多个护理诊断。同一种疾病，因人而异可有不同的护理诊断；而不同的疾病可有相同的护理诊断。护士不仅要关注服务对象现存的问题，还要预测其潜在的问题，及时消除或防范不利因素。因此，护士应具有临床思维方法，寻找被评估者与健康人的症状和体征之间的不同点，将收集到的资料按 Gordon 的 11 个功能性健康型态进行归类分析；经过对有意义的临床资料进行分类和整理，形成一个或多个初步诊断后，再对初步诊断进行验证；探求被评估者的护理问题及其产生的原因。在护理诊断过程中，不能仅注重临床表现的一般规律而忽视被评估者健康问题的特殊性，尤其是环境、心理因素等对个体的影响；应详细地收集和分析资料，以客观证据作为做出判断的依据，以科学知识和方法作为思维内容的基础，提高评判性思维能力，提出准确的护理诊断。

### （二）拟定护理诊断的步骤

拟定护理诊断的过程是一个对所获得的健康资料进行分析、综合、推理、判断，最后得出符合逻辑的结论的过程，此过程一般需要经过收集资料、整理资料、分析资料、提出护理诊断、验证和修订诊断五个步骤。

**1. 收集资料** 是做出护理诊断的基础。收集资料的重点在于确认被评估者目前和既往的健康状况、功能状况，对治疗和护理的反应，潜在健康问题的危险因素及对更高健康水平的希望等。

**2. 整理资料** ①资料的核实：为防止出现被评估者所说健康状况与实际不相同、隐瞒病情，主观资料需要用客观资料来核实。②资料的分类：将各种资料进行整理、归纳，然后按一定的方法进行分类，以便发现资料收集有无遗漏，在分类过程中可发现护理问题。

**3. 分析资料** ①找出异常：将收集到的资料与正常相比较，从而发现异常所在，结合个体的年龄、家庭、社会、文化背景等全面进行分析。②找出相关因素和危险因素：发现异常后，应进一步寻找引起异常的相关因素和危险因素，可指导护士准确制定相应的护理措施。

**4. 提出护理诊断** 将分析资料时所发现的异常情况与护理诊断的诊断依据进行比较，如果相符合，即可做出护理诊断。但在做出明确的护理诊断前，应考虑其他护理诊断的可能性，并通过进一步收集资料，予以排除或确定，最终选出正确的护理诊断。

**5. 验证和修订诊断** 应在临床实践中进一步验证护理诊断是否准确。护士需要进一步收集资料或核实数据，以确认或否定诊断性假设。随着被评估者健康状况的改变，其对健康问题的反应也在改变，因此还要不断重复评估以维持护理诊断的有效性。

### （三）护理诊断的优先排列及注意事项

一个患者患一种疾病，可以存在多个护理诊断。护理诊断的排列顺序就是按急、重、缓、轻，把威胁最大的护理诊断放在首位，其他依次排列。按马斯洛需要层次论：生理需要放在首位，按生理→心理→社会排列，评估者针对威胁生命的问题要立即采取措施。

按照对生命活动的影响程度，常将护理诊断分为首优、中优和次优 3 类。

**1. 首优问题** 是指会直接威胁患者生命，需要立即解决的问题。如休克患者"组织灌注不足"、大咯血患者"有窒息的危险"等，如不及时采取措施，患者就会有生命危险。

**2. 中优问题** 是指虽然不直接威胁患者生命，但能导致患者身体不健康或心理上变化的问题。如"皮肤完整性受损""便秘""焦虑"等。

**3. 次优问题** 与此次发病的关系不大，这些问题并非不重要，而是指在护理安排中可以放在后面考虑，只需较少帮助就能解决的问题，如"知识缺乏""营养失调：高于机体需要量"等。

**4. 护理诊断排列时的注意事项**

（1）优先解决危及患者生命的问题，其他的依次排列。

（2）一般现存的问题优先解决，但是如果潜在的问题严重，会危及患者生命，应列为首优问题。如大咯血的患者"有窒息的危险"。

（3）护士可参照马斯洛需要层次论进行排序。先解决低层次问题，后解决高层次问题。

（4）护理诊断的先后排序不是固定不变的，随患者的病情和需要而变化。

## 目标检测

答案解析

### 一、选择题

1. 护理诊断的构成不包括（　　）

　　A. 名称　　　　　　　　B. 定义　　　　　　　　C. 健康问题

　　D. 诊断依据　　　　　　E. 相关因素

2. 对现存的护理诊断的记录方式是（　　）

    A. P　　　　　　　　　　　B. PES　　　　　　　　　　C. PE

    D. S　　　　　　　　　　　E. ES

3. 对危险的护理诊断的记录方式是（　　）

    A. P　　　　　　　　　　　B. PES　　　　　　　　　　C. PE

    D. S　　　　　　　　　　　E. ES

4. 因水肿导致"有皮肤完整性受损的危险"属于（　　）

    A. 现存的护理诊断　　　　B. 有危险的护理诊断　　　C. 健康的护理诊断

    D. 合作性问题　　　　　　E. 医疗诊断

5. 因意识障碍所致排尿失控导致"排尿失禁"属于（　　）

    A. 现存的护理诊断　　　　B. 有危险的护理诊断　　　C. 健康的护理诊断

    D. 合作性问题　　　　　　E. 医疗诊断

6. 护理诊断的排序中，常见的首优问题是（　　）

    A. 营养失调　　　　　　　B. 感染的危险　　　　　　C. 受伤的危险

    D. 肥胖　　　　　　　　　E. 生命体征异常

## 二、思考题

患者，女，38 岁。因午后低热、盗汗、消瘦，咳嗽、胸痛 2 个月余，今晨突然大量咯血来院就诊。经医生诊断为"肺结核"收入院治疗。

请问：

（1）有哪些护理诊断？

（2）首优问题是什么？

（吕　劼　刘俊香）

书网融合……

         本章小结　　　　　　　微课　　　　　　　题库

# 第十章　护理病历书写

◎ 学习目标

　　1. 通过本章学习，重点把握护理病历书写的基本原则、要求、目的和意义；复述护理病历的概念和组成。

　　2. 学会正确、规范地书写不同类型护理记录；具有保护患者隐私、保障信息安全的道德意识。

　　护理病历（nursing records）是护理文件的重要组成部分，是有关患者的健康资料、护理诊断、计划、实施、评价和健康教育等护理活动的总结和记录。护理病历是护士将通过交谈、体格检查、实验室及其他辅助检查等方法获得的资料进行分析、整理、归纳形成的书面记录或电子记录。

　　护理病历是护士为患者提供护理服务的客观依据，也是科研、教学和管理的素材和参考资料。随着社会的进步，人类健康需求的提高，公众的法律意识不断增强，医院管理的信息化，护理病历正面临着更高的挑战和机会。应运而生的电子护理病历有利于提高护理人员的工作效率、保证护理质量、规范医院护理管理和维护患者安全，所以电子护理病历是医院信息化发展的必然趋势。但从总体上来说，我国的电子护理病历还是一项待规范、完善和标准化的工程。

>> 情境导入

　　**情景描述**　李师傅是 1 名跑长途的货车司机，午饭饮酒后出现剧烈上腹痛伴呕吐，由李师傅的朋友搀扶来医院。据悉李师傅既往有胆结石病史。护士小李和张医生接待了他们。

　　**讨论**　1. 应该重点收集李师傅的哪些病史资料？

　　　　　2. 记录护理病历有何目的和意义？

## 第一节　护理病历书写的目的和意义

PPT

　　护理病历的书写是培养护士临床思维能力的基本方法，也是提高临床护士能力的重要途径，所以护理病历的书写是临床实践中的一项重要工作。

### 一、为护理教学和科研提供资料

　　**1. 提供护理教学资料**　完整的护理病历准确、及时地记录了患者疾病的发生、发展和转归过程中的临床护理活动，体现了理论应用于实践，是最为真实的教学资料，可用于多种形式的临床护理教学，如个案讨论教学。

　　**2. 提供科研资料**　护理病历是护理科研的重要材料，对回顾性研究有很大价值。通过对护理病历的归纳和分析，可总结某一疾病的客观规律和经验，从而促进循证护理的发展。

### 二、指导临床护理实践

　　**1. 评价治疗和护理效果**　护理病历是对患者健康状况及其在住院期间病情演变过程的全面记录，

是做出护理诊断、制订护理计划的重要依据，同时也是评价治疗和护理效果的依据。

**2. 了解患者信息**　通过查看护理病历，医护人员可以了解患者的重要信息。

### 三、评价临床护理质量

**1. 反映医疗护理管理水平**　护理病历的质量不仅体现了护士的业务水平、工作能力和责任心，也在很大程度上反映了临床护理活动的数量、质量和医疗护理管理水平。

**2. 提高护理质量**　通过对护理病历的检查，可评价医院护理管理控制标准和政策的实用、可行性等，并促进护理水平、护理质量的提高。

### 四、提供法律依据

**1. 利于法律举证**　在医疗纠纷、医疗事故、伤害案件、保险理赔等问题上，护理病历是维护护患双方合理权益，进行举证的客观依据。

**2. 具有法律效力**　《医疗事故处理条例》《病历书写基本规范》明确了护理病历的法律效力。因此，护理病历书写应准确无误，记录者须签全名，并对记录的内容负法律责任。

> **考点提示**
>
> 书写护理病历的意义。

# 第二节　护理病历书写的基本要求 🅴 微课

PPT

### 一、全面完整、客观真实

1. 护理病历书写必须真实、客观地反映患者的健康状况、病情变化及实施护理后的效果。
2. 护理病历的各项记录必需完整，不可漏记或遗失。
3. 护士应仔细、全面、客观地收集患者的健康资料，绝不能以主观臆断替代客观评估。

> 💡 **素质提升**
>
> #### 护理记录是否客观，关乎患者生命安全
>
> 　　某天呼吸内科收治了1例支气管感染的患者。护士小李在评估患者时，问到药物过敏史，该患者称有青霉素过敏和葡萄糖过敏。小王想：对青霉素过敏可以理解，但对葡萄糖过敏认为不可能，可能是患者描述错误。怎么可能对葡萄糖过敏呢？因此，小李在护理记录首页上没有填写"葡萄糖过敏"，医生就只知道患者青霉素过敏。当护士遵医嘱为患者输上葡萄糖为溶媒的药物时，患者立即出现呼吸困难，面色发绀。幸好，经抢救患者转危为安。
>
> 　　虽然该患者痊愈出院，但患者如果发生意外，医疗事故带来的法律责任护士难辞其咎。护理记录是护理人员对患者的病情评估和实施护理措施的原始文字记载，它记载了患者治疗护理的全过程，是患者病情演变的真实反映。所以我们应该实事求是地书写，切不可"想当然"。

### 二、格式标准、签名齐全

1. 护理病历需严格按照标准格式和规定的内容及要求及时书写，并注明日期和时间，然后签名和盖章，以明确责任。

2. 实习护士、试用期护士、未取得护士执业资格证书或未注册的护士书写的护理病历内容，须经本医疗机构具有合法执业资格的护士审阅、修改并签名，书写人再签名。

3. 进修护士由接受进修的医疗机构认定其工作能力后才能书写护理病历。

### 三、描述精炼、用语准确

1. 护理病历书写要求所记录的资料准确无误，字句精炼。
2. 应使用中文或通用的外文书写，无正式中文译名的症状、体征、疾病名称可使用外文。
3. 应规范使用医学术语，文字工整、表述准确。
4. 度量衡单位一律使用国家统一规定的名称和标准。

### 四、字迹清晰、修改规范

1. 护理病历书写要求字迹清晰、语句通顺，如果有书写错误，需用原色笔在错字上画双线，保持原记录清晰可辨，在画线的错字上更正并注明修改时间和签名。

2. 不得采用刮、粘、涂等方法掩盖或去除原来的字迹。
3. 上级护士有审查修改下级护士书写的记录的责任，修改和补充时需用红色签字笔，并签名，注明修改日期。

### 五、书写及时、据实补记

1. 新入院患者，首次入院的护理病历需在 24 小时内完成。
2. 因抢救急危患者，未能及时书写的，须在抢救结束后 6 小时内据实补记，并加以注明。

3. 护理病历书写一律使用阿拉伯字书写日期和时间，时间采用 24 小时制记录。

## 第三节　护理病历书写的格式与内容

为减轻护士书写护理病历的负担，使护士有更多的时间和精力为患者提供直接的护理服务，护理病历书写的内容逐步简化，基本采取表格式。目前我国各医院护理病历的书写格式尚未统一，但护理病历的内容基本一致，主要包括：入院患者护理评估表（护理病历首页）、护理计划单、护理记录单、健康教育实施评价表、出院患者评估表等。

### 一、入院患者护理评估表

入院患者护理评估表是护理病历的首页，是对新入院患者初步进行的系统的健康评估的记录。要求在患者入院后 24 小时内完成。入院护理评估表主要包括健康史、身体评估、心理社会状态、有关的辅助检查结果、医疗诊断等。入院护理评估并无统一的规定，常用的有：戈登（Gordon）的功能性健康型态、马斯洛（Maslow）的人类基本需要层次论、人的生理－心理－社会模式、奥瑞姆（Orem）的自理模式、人类健康反应类型等。

入院患者护理评估表分填写式、表格式及混合式 3 种，其中以混合式最常用。目前普遍应用的是以表格为主，填写为辅的混合式入院护理评估表。这种事先印制好的表格有利于护理人员全面系统地收集和记录患者的入院资料，避免遗漏。入院患者护理评估表见表 10－1 和表 10－2。

表 10－1　入院护理评估表（一）

姓名_____　性别_____　年龄_____　民族_____
职业_____　婚姻状况_____　文化程度_____
住址_____　联系电话_____　邮政编码_____
陪同人：□家人　□亲友　□朋友　□其他
姓名_____关系_____电话_____邮政编码_____
联系人_____住址_____
入院日期和时间_____入院诊断_____
入院类型：□平诊　□急诊　　□转入（转出科室_____）
入院方式：□步行　□扶行　□平车　　□其他
入院状态：□清醒　□模糊　　□嗜睡　　□昏迷
辅助工具：□无　□有　□眼镜　□隐形眼镜　□助听器　□义齿　□拐杖
既往病史：□无　　□有
住院史：□无　　□有（原因_____）
过敏史：□无　　□有（请分别简短的描述）
药物：_____
食物：_____
其他：_____
过去输血史：□无　□有　血型_____RH 因子：□隐形　　□阳性
输血反应：□无　　□有
目前用药：□无　　□有（药名_____）
自带药：□无　　□有（药名_____）
入院介绍：□未作　　□不用作　　□已作
叙述人：□患者本人　□亲友　　□其他
资料可靠程度：□可靠　□基本可靠　　□可靠程度较低
护士签名_____　日期/时间_____

表 10－2　入院患者护理评估表（二）

| 评估内容 | 护理诊断 |
| --- | --- |
| 1. 呼吸与循环<br>吸烟：□无　有（_____）<br>存在：□干咳　□咳痰　□喘息　□发绀　□呼吸困难　□呼吸停止<br>　　　□心悸　□胸闷　□胸痛　□水肿　　□眩晕　□晕厥<br>末梢循环：□温暖　□湿冷　□苍白　□发绀　□肢端脉搏减弱或消失<br>检查：频率：_____次/分　□规则　　□不规则<br>　　　脉搏：_____次/分　□规则　　□不规则 | □低效型呼吸型态<br>□清理呼吸道无效<br>□气体交换受损<br>□心输出量下降<br>□组织灌注量改变<br>□体液过多：水肿 |
| 2. 饮食与营养<br>饮食习惯：_____<br>体型：□肥胖　　□适中　　□偏瘦　　□恶病质<br>治疗饮食：□无　　□有（_____）<br>存在：□恶心　　□呕吐　□咀嚼困难<br>牙齿：□完好　　□缺失（_____）<br>　　　□义齿（_____）<br>舌：□湿润　□干燥　　□溃疡<br>口腔黏膜：□湿润　　□干燥　□溃疡 | □营养失调：高于机体需要<br>□营养失调：低于机体需要<br>□口腔黏膜改变<br>□牙齿异常 |

续表

| 评估内容 | 护理诊断 |
|---|---|
| 3. 排泄<br>（1）排尿<br>存在：□尿频 □尿急 □尿痛 □尿不尽 □血尿 □尿失禁<br>　　　□尿潴留 　　□膀胱造瘘 　　□夜尿增多（　　次/夜）<br>留置尿管：□无 □有（原因_____时间_____）<br>（2）排便<br>排便习惯：_____<br>最后一次排便时间：_____<br>存在：□便秘 □腹泻 　□便失禁 　　□血便 □假肛 | □排尿模式改变：（尿潴留、尿失禁、留置尿管）<br>□排便模式改变（腹泻、便秘、失禁） |
| 4. 感知<br>视力：□正常 □下降 　□失明 　（□左 　　□右）<br>听力：□正常 □下降 　□失聪 　（□左 　　□右）<br>味觉：□正常 □下降 　□缺失 　□味觉改变<br>嗅觉：□正常 □下降 　□缺失<br>感觉：□正常 □下降 　□麻木 　□ 缺失 | □感觉异常<br>□听力下降<br>□视力下降<br>□外伤的危险 |
| 5. 认知与沟通<br>意识：□清醒 □嗜睡 □模糊 □浅昏迷 　□昏迷 　□深昏迷<br>瞳孔：□等大 □不等大 □对光反应灵敏<br>语言：□正常 □含糊不清 □手语 □笔谈 □眼神交流 □不能表达 | □认知改变<br>□沟通能力下降<br>□语言沟通障碍 |
| 6. 活动<br>存在：□步行困难 □疲乏 　□共济失调 　　□肌无力<br>生活自理：□能 □部分 　□不能 | □活动无耐力<br>□运动障碍<br>□自理缺失；全部/部分（请注明）<br>□跌倒的危险 |
| 7. 卫生与皮肤<br>外表：□整洁 □其他（请描述）_____<br>头发：□清洁 □脏 □凌乱<br>指甲：□清洁 □脏 □长<br>皮肤颜色：□正常 □苍白 □潮红 □黄染<br>皮肤完整性：□完整 □破损<br>　　　　　　□干燥 □汗湿<br>　　　　　　□皮疹 □瘙痒<br>温度：_____℃ | □皮肤的完整性受损<br>□体温过高<br>□体温过低<br>□体温调节无效 |
| 8. 舒适<br>疼痛：□无 □有<br>不适：□无 □有_____<br>体位：□自动体位 □被动体位 □强迫体位<br>其他：_____ | □舒适的改变：疼痛 |
| 9. 休息与睡眠<br>睡眠习惯：_____<br>存在：□入睡困难 □易醒 □多梦 □早醒 □失眠 □午休 | □睡眠型态紊乱<br>□睡眠剥夺 |
| 10. 精神与信仰<br>宗教信仰：□佛教 □ 基督教 　□天主教<br>　　　　　□其他（请注明_____）<br>宗教信仰对患者生活的影响（请描述）：_____ | □精神困扰<br>□自我形象紊乱<br>□自尊紊乱<br>□有自伤的危险 |

## 二、护理计划单

护理计划单是根据患者存在的护理问题而设计的使患者尽快恢复健康的计划，是进行护理活动的依据。护理计划单是护理人员根据患者情况实施整体护理的基本方案，是护士为患者在住院期间制订的护理计划、实施护理措施、观察护理效果的记录，它包括护理诊断、护理目标、护理措施、护理评价的书面记录。

护理计划单常用表格形式，通过护理计划单可以了解患者入院时、住院期间和出院时提出的护理诊断、护理措施是否恰当有效，以指导重新寻找护理诊断，提出新的护理诊断，采取进一步的护理措施。

在护理计划单使用的初期，护士常需重复书写大量常规的文字。为了减轻护士的书写负担，将各种疾病最常见的护理诊断、相应的护理措施、预期目标等综合，形成不同病种的"标准护理计划"，随后发展成"护理诊断项目表"。其记录的方式变成在预留的备选项中打"√"。护理计划单见表10-3和表10-4。

**表 10 - 3　内科护理计划单**

科室＿＿＿＿　床号＿＿＿＿　姓名＿＿＿＿　诊断＿＿＿＿　住院号＿＿＿＿

| 护理问题 | 预期目标 | 日期/时间 | 护理措施 | 评价 | 日期/签名 |
|---|---|---|---|---|---|
| □气体交换受损<br>□清理呼吸道无效 | □维持有效气体交换<br>□保持患者呼吸道通畅 | | □备齐吸痰器、氧气装置<br>□湿化吸氧<br>□指导患者有效咳嗽、排痰，协助翻身拍背，根据需要吸痰，观察痰液性质、量 | □A<br>□B<br>□C | |
| □意识障碍 | □意识障碍无进一步加重<br>□患者意识清楚 | | □严密观察意识、瞳孔变化及生命体征，记录病情变化<br>□必要时安装床挡，躁动患者防止坠床<br>□保持呼吸道通畅，头偏向一侧，防止误吸 | □A<br>□B<br>□C | |
| □体温过高 | □患者体温保持正常 | | □保持病室内空气新鲜、定时通风，保持适宜的温度、湿度<br>□严密观察体温变化，必要时给予物理降温，鼓励患者多饮水，清淡饮食<br>□遵医嘱给药，观察效果，做好护理记录，及时更换衣被，注意保暖 | □A<br>□B<br>□C | |
| □焦虑<br>□恐惧 | □焦虑的减轻<br>□患者能主诉恐惧减少或消失 | | □向患者介绍环境、主管医生、管床护士<br>□做好心理护理，帮助患者解决疑难问题，耐心解释病情，消除心理紧张和顾虑<br>□指导患者使用放松术，缓解深呼吸，全身肌肉放松，听音乐 | □A<br>□B<br>□C | |
| □躯体移动障碍<br>□活动无耐力 | □患者在帮助下能够进行活动<br>□患者能独立进行躯体活动<br>□患者能描述活动时节省体力的方法 | | □协助并鼓励患者主动或被动活动，呼叫器放在患者手边；经常使用物品放在患者易拿取的地方<br>□加强保护性措施，下床活动时需有人陪伴<br>□根据需要协助日常活动 | □A<br>□B<br>□C | |
| □营养失调：低于机体需要量 | □患者能说出营养丰富的饮食结构<br>□患者体重增加 | | □指导患者合理饮食，加强营养、清淡易消化，少量多餐，必要时帮助患者进餐<br>□不能进食者根据医嘱给予鼻饲饮食 | □A<br>□B<br>□C | |

续表

| 护理问题 | 预期目标 | 日期/时间 | 护理措施 | 评价 | 日期/签名 |
|---|---|---|---|---|---|
| □疼痛 | □疼痛减轻或消失 | | □患者主诉疼痛给予处理或心理安慰<br>□遵医嘱使用镇疼、镇静药物，观察效果并做好护理记录<br>□指导患者使用放松技术如：缓慢深呼吸，全身肌肉放松，听音乐、打太极拳等 | □A<br>□B<br>□C | |
| □体液过多 | □水肿消退和电解质平衡 | | □抬高床头使患者半卧位<br>□指导患者限制水、限盐<br>□抬高水肿的下肢，增加静脉回流以减轻水肿<br>□使用静脉输液泵，准确控制液体入量和速度，记录24小时出入量 | □A<br>□B<br>□C | |
| □有感染的危险 | □无感染发生 | | □严格执行无菌操作原则减少各种感染机会<br>□保持管道通畅，按要求及时更换尿袋尿管及各种引流管<br>□定时翻身拍背预防肺部感染<br>□给予口腔护理或漱口，检查口腔黏膜情况<br>□给予尿道口护理或膀胱冲洗，每天清洗会阴部 | □A<br>□B<br>□C | |
| □有皮肤完整性受损的危险 | □患者皮肤保持完整不发生压疮 | | □协助翻身、拍背，按摩受压部位<br>□保持床单元整洁、干燥，保持会阴部清洁卫生 | □A<br>□B<br>□C | |
| □潜在并发症：休克 | □无休克发生 | | □保持输液、输血通畅，按要求调滴速<br>□保暖，纠正酸中毒，吸氧、做好抢救准备<br>□密切监测生命体征，观察皮肤温度、颜色，尿量，意识等 | □A<br>□B<br>□C | |
| □潜在并发症：心律失常 | □心律恢复减轻 | | □患者绝对卧床休息，情绪稳定<br>□保持环境安静，避免不良刺激<br>□遵医嘱用药物治疗心律失常 | □A<br>□B<br>□C | |
| □潜在并发症：心搏骤停 | □无心搏骤停发生<br>□心肺复苏成功 | | □监护仪监测生命体征、心电图<br>□立即进行心肺复苏，同时迅速报告医生<br>□出现室速或室颤，立即给予直流电击除颤<br>□保持呼吸道通畅、给氧，必要时用呼吸机辅助呼吸<br>□建立静脉通道，遵医嘱给药，做好抢救记录 | □A<br>□B<br>□C | |

表 10 – 4　外科护理计划单

科室＿＿＿＿＿　床号＿＿＿＿＿　姓名＿＿＿＿＿　诊断＿＿＿＿＿　住院号＿＿＿＿＿

| 护理问题 | 预期目标 | 日期/时间 | 护理措施 | 评价 | 日期/时间 |
|---|---|---|---|---|---|
| □气体交换受损<br>□清理呼吸道无效<br>□有窒息的危险 | □患者主诉呼吸困难有所缓解<br>□患者掌握有效咳嗽技巧 | | □备齐吸痰器、氧气装置<br>□湿化吸氧<br>□指导患者有效咳嗽、排痰，协助翻身拍背，根据需要吸痰，观察痰液性质、量 | □A<br>□B<br>□C | |
| □疼痛 | □患者主诉疼痛减轻或消失<br>□患者能说出减轻疼痛的方法和技巧 | | □评估疼痛的部位、性质、伴随症状及采用过的减轻疼痛的措施<br>□鼓励患者表达疼痛感受，并与之共同探讨控制疼痛的方法，指导患者运用正确非药物性方法减轻疼痛<br>□遵医嘱给予止痛剂，并观察其反应 | □A<br>□B<br>□C | |
| □焦虑<br>□恐惧 | □患者能说出应对焦虑的方法<br>□能主诉恐惧感减少或消失 | | □向患者介绍环境、主管医生、管床护士<br>□做好心理护理，帮助患者解决疑难问题，耐心解释病情，消除心理紧张和顾虑<br>□指导患者使用放松术，缓解深呼吸，全身肌肉放松，听音乐 | □A<br>□B<br>□C | |
| □活动无耐力<br>□躯体移动障碍<br>□自理能力缺陷 | □患者耐力逐渐增强<br>□患者在帮助下能够进行活动 | | □协助并鼓励患者主动或被动活动，呼叫器放在患者手边；经常使用物品放在患者易拿取的地方<br>□加强保护性措施，下床活动时需有人陪伴<br>□根据需要协助日常活动 | □A<br>□B<br>□C | |
| □体液不足 | □体液平衡<br>□生命体征平稳 | | □记录 24 小时出入水量<br>□遵医嘱补液、用药，根据病情调节输液速度<br>□观察生命体征、皮肤弹性 | □A<br>□B<br>□C | |
| □知识缺乏 | □患者及家属对疾病预后有一定程度了解 | | □了解其文化程度，用通俗易懂的语言<br>□向患者讲解所有诊断性检查的目的、重要性，取得合作<br>□向患者讲解术前术后注意事项 | □A<br>□B<br>□C | |
| □营养失调：低于机体需要量 | □患者能讲述合理的饮食结构<br>□体重增加 | | □指导患者合理饮食，观察患者进食、吞咽和咀嚼能力<br>□准确记录营养摄入量和出入水量<br>□遵医嘱支持疗法，静脉补充液体、白蛋白、血浆、全血等 | □A<br>□B<br>□C | |
| □尿潴留<br>□排便异常 | □患者主诉下腹胀痛消失<br>□排便正常 | | □评估排便形态、评估尿潴留的原因，观察尿潴留的表现<br>□指导诱导排尿，如排尿姿势、听流水声、温水冲洗会阴等<br>□诱导排尿法无效时，遵医嘱留置导尿<br>□饮食指导、活动指导、腹部按摩、遵医嘱用药，必要时遵医嘱灌肠 | □A<br>□B<br>□C | |

续表

| 护理问题 | 预期目标 | 日期/时间 | 护理措施 | 评价 | 日期/时间 |
|---|---|---|---|---|---|
| □体温过高 | □患者生命体征平稳，体温逐渐恢复正常 | | □评估患者发热的热型、体温升高的程度<br>□调节室内温度、湿度并通风良好，出汗过多时，及时更换被服<br>□病情允许时多饮水，补充清淡、易消化的食物<br>□物理降温为主，必要时遵医嘱用药物降温<br>□测量体温每4小时1次， | □A<br>□B<br>□C | |
| □潜在并发症：有出血的危险 | □住院期间无出血 | | □严密观察患者有无出血倾向<br>□保持呼吸道通畅，头偏向一侧，做好患者心理护理，消除紧张恐惧心理<br>□准备好抢救用品和药物、床头备止血带，遵医嘱用药，严密观察病情变化<br>□及时清除患者呕吐物，记录出血时间、性质、量 | □A<br>□B<br>□C | |
| □潜在并发症：心搏骤停 | □无心搏骤停发生<br>□心肺复苏成功 | | □立即进行心肺复苏，同时迅速报告医生<br>□如出现室速或室颤，应立即给予直流电击除颤<br>□建立静脉通道，遵医嘱给药和输液<br>□保持呼吸道通畅、给氧、必要时呼吸机辅助呼吸，必要时头部降温<br>□做好抢救记录 | □A<br>□B<br>□C | |
| □有受伤的危险 | □患者皮肤完整无损<br>□未发生坠床及其他以外损伤 | | □给患者加铺气垫，或局部垫气圈，保持床铺清洁、干燥<br>□帮助患者翻身、按摩受压处，预防压疮的发生<br>□患者躁动时，专人守护，适当约束肢体，加床挡，以防坠床或意外受伤<br>□与家属一起制订看护计划，并严格执行 | □A<br>□B<br>□C | |
| □有感染的危险 | □患者无感染 | | □严格执行无菌操作原则，减少各种感染机会<br>□按要求及时更换尿袋尿管及各种引流管<br>□给予口腔护理或漱口、定时翻身拍背<br>□早期感染征象，及时处理，必要时留取标本做细菌培养<br>□遵医嘱使用抗生素，并观察疗效<br>□定时测量体温、监测体温变化 | □A<br>□B<br>□C | |
| □有窒息的危险 | □患者无窒息、误吸的发生 | | □评估可能引起窒息的因素<br>□患者平卧，头偏向一侧，放置口咽或鼻咽通气道至清醒<br>□保持呼吸道通畅，及时抽吸口腔、气道分泌物 | □A<br>□B<br>□C | |

## 三、护理记录单

护理记录单是指护士对患者在住院期间健康状况的变化、所实施的护理措施和效果等护理过程的客观记录。护理记录具有法律效力，要真实、重点突出，能体现患者健康状况的动态变化和护理过程的连续性。记录方式可采用表格式或描述式，记录时间应当具体到分钟，记录次数视病情需要而定。护理病程记录包括首次护理记录、一般护理记录、危重患者护理记录、转科记录、出院记录和特殊护理记录。

### （一）首次护理记录

首次护理记录也就是患者入院后的第一次护理记录，是对患者入院时的情况及拟采取的护理措施的简要记录，相当于入院评估表及护理计划的简要形式。包括：姓名、性别、年龄、主要住院原因、入院时间、入院方式、医疗诊断、目前的主要症状体征及有关的辅助检查结果、诊治方案、主要护理问题、护理措施。书写时要求简明扼要、重点突出。

### （二）一般患者护理记录

一般患者护理记录是患者在住院期间病情变化及护理过程的记录，包括：患者的症状和体征、辅助检查结果、主要护理问题、护理计划、治疗措施、护理措施及其效果评价等。内容要全面、真实、突出重点，前后连贯。病情稳定的一级护理患者，每周至少记录 2～3 次，有病情变化应随时记录；二级护理、三级护理患者按规定时间巡视患者后填写一般患者护理巡视记录单，见表 10－5。

表 10－5　一般患者护理巡视记录单

科室：内科　　　姓名：林某某　　　床号：3　　　诊断：肺心病

| 日期 | 时间 | 巡视 | 输液滴速（滴/分） | 吸氧（L/分） | 留置针 | 深静脉管 | 管道畅通 | 翻身左侧 | 翻身右侧 | 翻身平卧 | 行踪皮肤情况 | 备注 | 护士签名 |
|---|---|---|---|---|---|---|---|---|---|---|---|---|---|
| 5－6 | 11：00 | √ | 50 | 1 | √ | | √ | | | √ | 完好 | 半坐位 | 张倩 |
| | 13：00 | √ | | 1 | √ | | | | | | | 病房午休 | 王宇 |

### （三）危重患者护理记录

危重患者护理记录是指护士根据医嘱和病情对危重、大手术后、抢救、需严密观察病情的患者在住院期间护理过程的客观记录。是为了及时了解患者的病情变化，治疗、护理、抢救后的效果。

**1. 记录对象**　生命体征不稳定、病情随时可能变化危及生命的患者，医嘱告"病危"或"病重"的患者。

**2. 记录内容**　根据相应专科护理特点书写，包括：患者姓名、性别、年龄、科别、病区、床号、住院病历号、页码，记录日期和时间，体温、脉搏、呼吸、血压、出入液量、病情观察、护理措施及效果、护士签名等。其内容与一般患者护理记录相比更详细。危重患者记录单见表 10－6。

**3. 书写要求**

（1）记录时间　应具体写到分钟。

（2）病情观察、措施及效果　包括患者的病情变化、药物反应、皮肤、饮食、睡眠、排泄、呕吐、咯血、异常化验结果等情况，针对异常情况采取的措施及处理后的效果。

（3）意识情况　记录应根据患者实际状态，选填清醒、嗜睡、意识模糊、昏睡、浅昏迷、深昏迷或谵妄。生命体征和血氧饱和度应直接填写实测值。吸氧（单位为 L/分），并记录吸氧方式。

（4）出入量记录　①入量包括输液、输血、鼻饲、口服饮食含水量和饮水量等；②出量包括出血量、尿量、呕吐量、大便、各种引流液量、痰量等；③小结可为12小时和24小时出入量，不足可按实际时间记录。

（5）皮肤情况　可用完好、破损、压疮等。

（6）记录时间　①抢救危重患者随时记录，未能及时书写抢救记录的，当班护士应在抢救结束后6小时内如实补记，在补记内容书写完毕后，另起一行在"病情、护理措施及效果"栏内注明补记时间后签全名；补记时间具体到分钟。②危重患者及需严密观察病情的患者日间至少2小时记录1次，夜间至少4小时记录1次，病情变化时随时记录。病情稳定后至少每班记录1次。③大手术后的患者根据术后情况随时记录，至少连续记录2～3天。

考点提示

危重患者护理计划单的内容。

### 表 10-6　危重患者护理记录单

姓名_____　性别_____　年龄_____　科别_____　床号_____　医疗诊断_____　住院号_____

| 日期<br>时间 | 生命体征 | | | | SaO₂<br>（%） | 入量（ml） | | 出量（ml） | | 病情、护理<br>措施及效果 | 签名 |
|---|---|---|---|---|---|---|---|---|---|---|---|
| | T（℃） | P（次/分） | R（次/分） | BP（mmHg） | | 项目 | 量 | 项目 | 量 | | |
| | | | | | | | | | | | |
| | | | | | | | | | | | |

## 四、健康教育计划

健康教育是为消除或减轻影响健康的危险因素，预防疾病，促进健康，提高生活质量而进行的有计划、有组织、有系统的教育活动，促使人们自愿地改变不良的健康行为。

患者健康教育是以患者为中心，针对到医院接受医疗保健服务的患者及家属所进行的健康教育活动。依实施场所不同，分为门诊教育、住院教育和家庭随访。

我国很多医院根据各科患者诊治、护理特点的不同，针对各科常见病、多发病分别设计出本专科患者健康教育计划。此计划分入院、住院（手术科室的患者包括手术前、后）、出院教育几个阶段，以简单通俗的语言成文，内容齐全，重点突出，形式统一，格式规范，便于护士掌握应用，并减少护士的书写时间，也是评价工作质量和教育效果的客观依据。健康教育实施、评价记录表见表10-7。

### 表 10-7　健康教育实施、评价记录表

姓名_____　性别_____　年龄_____　科别_____　床号_____　医疗诊断_____　住院号_____

| 宣教内容 | | 时间 | 项目 | 对象 | | 评价 | | | | 护士<br>签名 |
|---|---|---|---|---|---|---|---|---|---|---|
| | | | | 患者 | 家属 | 能复述 | 能解释 | 能模仿 | 能操作 | |
| 入院阶段 | 科室介绍：A. 人员介绍（科主任、护士长、主管护士）；B. 环境介绍（办公环境、病区环境）；C. 护士（服务内容）；D. 其他 | | | | | | | | | |
| | 住院安全：A. 水电安全；B. 如厕安全；C. 消防通道；D. 贵重物品保存；E. 防跌倒、坠床；F. 其他 | | | | | | | | | |
| | 制度说明：A. 探视制度；B. 作息制度；C. 外出请假制度；D. 其他 | | | | | | | | | |
| | 陪伴管理：A. 禁止在病区吸烟、打牌、喧哗；B. 不进入治疗室；C. 不私自翻阅病历资料；D. 其他 | | | | | | | | | |

续表

| 宣教内容 | | 时间 | 项目 | 对象 | 评价 | | |
|---|---|---|---|---|---|---|---|
| 住院阶段 | 饮食：A. 饮食卫生；B. 饮食结构；C. 特殊饮食；D. 禁食；E. 其他 | | | | | | |
| | 活动：A. 绝对卧床（2～4 小时更换体位）；B. 卧床；C. 病区内活动；D. 床旁活动；E. 功能锻炼；F. 其他 | | | | | | |
| | 疾病相关知识：A. 诱发因素；B. 主要表现；C. 主要治疗方法；D. 疾病康复知识；E. 其他 | | | | | | |
| | 辅助检查相关知识：A. B 超；B. CT；C. MRI；D. 大小便常规；E. X 线；F. 抽血化验；G. 心电图；H. 其他 | | | | | | |
| | 治疗相关知识：A. 氧气吸入；B. 雾化吸入；C. 口腔护理；D. 翻身；E. 管道护理；F. 其他 | | | | | | |
| | 用药介绍：A. 药名及注意事项；B. 用药途径；C. 输液速度；D. 穿刺部位保护；E. 其他 | | | | | | |
| 出院指导 | A. 合理饮食；B. 休息；C. 药物指导；D. 定期随访；E. 其他；F. 需帮助请致电：_____ | | | | | | |

# 第四节　护理信息管理

PPT

## 一、护理信息概述

护理信息的概念起源于法语"informatique"，最早出现在 20 世纪 70 年代，意思是计算机处理的护理数据和资料。早在 1857 年，南丁格尔就建议在军队内设立统计部门。她亲自编制和处理信息来完成相关报告，为某些改革提供具有说服力的证据。而护理信息学的专业活动却始于 20 世纪 70 年代。护理信息具有如下特点。

**1. 随机性大**　护理工作中的突发事件很难预料，且选择性小，如患者的病情变化快，入院、出院、转院随时可能发生，故护理信息的产生、采集、处理随机性很大。

**2. 信息复杂**　由于护理工作与医技、医疗、药剂、后勤等部门都联系紧密，所以其数量非常大，且概念性信息多，量化性信息少，其中病历、医嘱、处方等常因医生的习惯不同，采用的语言不同，书写时往往是英文、拉丁文、中文等不同文字或几种文字混合。

**3. 相关性强**　护理信息大多是由若干相关信息变量构成的信息群，如临床护理天数、一级护理患者质量合格率、抢救器材完好率、压疮发生率等，都是由一组相互作用的信息提供的。护理信息的输出模式在以上信息变量相互作用下才能确定，护理病历就是一种较大的护理信息群。

**4. 来源广泛**　护理信息可以来自患者、护理人员，可以来自治疗、护理、科研、教学和管理，还可以来自各种药品、设备、装置的不同类别信息。

**5. 质量要求高**　护理信息直接关系着患者的健康与生命，所以在其准确性、完整性、可靠性方面有非常高的要求，使护理信息管理和研究具有一定的深度和难度，也是开展护理信息管理的重要价值和必要性所在。

## 二、护理信息管理的基本概念

护理信息管理是指在护理活动中收集、整理、加工、处理相关数据、消息或情报，从而实现护理管理目标的过程。护理信息管理的内容包括整体护理、护理工作量、护理质量控制、护士技术档案、护理教学科研、护理物品供应、医嘱处理、差错分析、护士人力安排等护理信息，通过护理信息系统能有效地掌握护理工作状况，充分发挥各级指挥的功能，使护理工作得以惯性运行。

## 三、护理信息化概念

护理信息化是指利用计算机技术、通信技术、自动化技术等信息技术，突破传统医疗模式的限制，实现高质量、高效率、个性化的医疗护理服务，进而提高护理创新能力和护理管理水平。护理信息化不是简单的计算机化，而是以信息共享为核心，包括医院行政管理机构内部、护理部、医院临床各部门、各科室等部门相互之间的信息共享，最大限度地方便患者就医，提高医疗工作效率，以及方便各类管理人员的分析决策管理工作，充分发挥信息技术在护理行业中的应用价值，提高医疗资源的利用率。

## 四、我国护理信息化管理系统

护理信息系统是利用信息技术、计算机技术和网络通信技术对护理管理和业务技术信息进行采集、存储、处理、传输、查询，以提高护理管理质量为目的的信息系统，是医院信息系统的一个重要子系统。护理信息系统一般包括临床护理子系统和护理管理子系统。

### （一）护理信息系统产生的必要性

**1. 系统化护理的需要** 作为现代护理的标志，整体护理是一项系统工程，仅护理程序就包括了评估、诊断、计划、实施、评价 5 个步骤，其中所包含的信息是极其丰富和繁杂的，它们互相重叠、交叉，又互为结果，而且必须完成的表格和记录也十分繁多，手工书写难以完成。同时系统化整体护理的根本目的不是完成这些记录，而是让护士走向床边，用更多的时间去贴近患者，去诊断和处理患者现存的或潜在的健康问题。

**2. 克服纸质护理记录的缺点** 传统的纸质护理记录是由护士手工书写的，会存在重复记录、不全面、不详细、分散、不规范等缺点，护理信息系统可以在一定程度上克服这些问题。

**3. 医院整体发展与多学科合作的需要** 医疗工作的开展需要各个科室、部门的协调合作。护士与患者接触最多，能够掌握最详细且具有动态性的患者的健康信息，因此在临床各学科合作的过程中，护理信息的价值非常重要。护理信息系统能够使护理信息为临床各科医务工作者服务，为开展后续护理工作服务。

**4. 教学科研的需要** 很多大型医院都承担着护理专业的教学工作，计算机辅助教学是一种良好的交互式教学方式。在科研活动中，信息系统能够提供专业的医学统计程序，例如方差分析、卡方检验等，护理记录中的各种数据能够迅速得到利用。

### （二）护理信息系统的发展

20 世纪 60 年代就产生了护理信息系统（Nursing lnformation System，NIS）的雏形，它主要是用文本形式的非格式化自然语言来传递护理信息和建立护理文档，完成日常的护理工作。随着整体护理的推广应用，NIS 进一步发展为主要用格式化的护理信息和护理知识库，进行护理评估，形成护理诊断，制定护理措施。

**1. 第一阶段——护士工作站系统** 是协助护士对患者完成日常护理工作的计算机应用程序，主要任务是协助护士核对并处理医生下达的长期或临时医嘱，对医嘱执行情况进行管理，同时协助护士完成护理及病区床位管理等日常工作。这样的系统是以患者的疾病护理和治疗为中心的，主要数据是人流、物流、财流数据。数据为非结构化的，主要采用文本录入方式（特别是各种护理记录），无护理决策支持功能，护理数据的检索问题亦没有得到很好的解决。

护士工作站系统实质上还是医院管理信息系统的一部分，但正向 NIS 过渡。因此，护士工作站系统是 NIS 和医院信息管理系统（Hospital lnformation Management System，HIS）之间的一座桥梁。它从 HIS 延伸到 NIS，成为 NIS 的基础之一，并最终被 NIS 取代。

**2. 第二阶段——护理信息系统**　20 世纪 90 年代以后，NIS 有了更深入的发展，它的研究方向主要是护理语言的规范化和护理决策支持。现在的观点是临床数据应支持护理的决策，而不仅仅是记录护理工作的任务。护理信息系统不应该仅仅是电子档案柜和传送信息的设备，而应该对输入系统的信息加以利用，把原始数据转化为更易利用的格式，并帮助护士做出临床决策。这些目标的实现要求研制集成系统，包括数据录入、对数据的解释和处理的集成。这是真正意义的护理信息系统，或者说是其高级阶段，它正是全世界护理信息学工作者正在努力实现的工作。护士工作站和护理信息系统的区别见表10－8。

**3. 发展趋势**　护理信息系统的发展方向为护理专家系统、医院护理一体化管理信息系统、远程护理等。

表 10－8　护士工作站和护理信息系统的区别

| 项目 | 护士工作站 | 护理信息系统 |
| --- | --- | --- |
| 系统中心 | 以疾病为中心 | 以患者为中心 |
| 主要目标 | 护理事务性管理 | 护理质量管理 |
| 主要数据 | 人流、物流、财流数据 | 患者健康数据 |
| 数据特点 | 非结构化、非规范化 | 结构化、规范化 |
| 录入方式 | 文本录入 | 结构化数据录入 |
| 护理决策功能 | 无 | 有 |

## 目标检测

答案解析

1. 护理记录单适用于（　　）
   　A. 新入院患者　　　　　B. Ⅰ级护理患者　　　C. 病重患者
   　D. 有病情变化的患者　　E. 以上都是
2. 以下不属于护理计划的是（　　）
   　A. 评估方法　　　　　　B. 护理目标　　　　　C. 护理措施
   　D. 护理诊断　　　　　　E. 效果评价
3. 护理病历的主体是（　　）
   　A. PIO 记录　　　　　　B. 护理效果评价　　　C. 护理评估记录
   　D. 预期目标　　　　　　E. 护理计划
4. 危重患者护理记录单内容不包括（　　）
   　A. 病情动态　　　　　　B. 生命体征　　　　　C. 手术过程中的情况
   　D. 治疗效果　　　　　　E. 出入液量
5. 下列不符合书写护理病历基本要求的是（　　）

A. 签全名      B. 描述要精炼      C. 字迹要清晰

D. 有错时可粘贴后重写      E. 内容要全面、真实

6. 以下属于护理效果评价的依据和标准的是（ ）

A. 预期目标      B. 护理计划执行情况      C. 护理计划

D. 护理诊断      E. 护理评估记录

7. 护理记录内容不包括（ ）

A. 情绪      B. 血压      C. 呼吸

D. 进食量      E. 家属的行为

8. 因抢救危重患者未能及时书写的护理记录，应在抢救结束后（ ）内据实补记

A. 0.5 小时      B. 1 小时      C. 6 小时

D. 12 小时      E. 24 小时

9. 下列关于护理病历的描述，不正确的是（ ）

A. 体现护理的专业水平

B. 发生医疗纠纷时不能提供法律依据

C. 是最原始的文件记录

D. 提供动态信息资料，利于医护间的合作及协调

E. 为护理教学及科研提供重要的资料

10. 下列关于护理记录的描述，错误的是（ ）

A. 记录应根据相应专科的护理特点书写

B. 如需记录出入量，每 12 小时总结一次

C. 采用 24 小时制记录，记录时间具体到分钟

D. 书写过程中出现错字时，用双线划在错字上，并注明修改时间，修改人签名

E. 根据患者病情决定记录频次，病情变化随时记录

（廖林梅）

**书网融合……**

本章小结

微课

题库

# 实 训

## 实训一　健康史评估

【目的】

1. 学会应用交谈的技巧进行健康史的资料收集。
2. 能够应用功能性健康型态模式提出相关护理诊断。
3. 见习过程中体现出人文关怀。
4. 见习结束后写出见习体会。

【临床案例】

患者，男，58岁，患肺气肿10年，肺源性心脏病5年。请对该患者进行健康史评估。

【实施】

**1. 实践方法**

（1）每2~3人为一组，分组进行健康史的评估。每个同学负责一部分内容的问诊，其他同学注意聆听及记录，并对遗漏内容做补充询问。

（2）医院见习，对患者进行健康史评估。由临床带教老师带领学生在病房内对指定患者进行健康史的采集。

（3）健康史采集的过程中，带教老师在各组间巡视、指导，发现问题及时纠正。健康史采集结束后小组应进行简短的讨论和小结，对遗漏及缺项内容再做补充。各组健康史采集结束后，由带教老师总结，学生提出相关护理诊断。

**2. 操作流程**　见实训表1-1。

实训表1-1　健康史评估操作流程

| 素质要求 | 着装整洁，举止端庄，语言温柔，态度和蔼。 |
|---|---|
| 核对 | 两人核对医嘱、查对患者床号、姓名。 |
| 准备 | 1. 物品：入院评估表、护理记录单、记录用纸笔。<br>2. 环境：环境整洁、舒适、安静、安全。<br>3. 护士：服装、鞋帽整洁，洗手，戴口罩；态度和蔼，尊重理解患者。<br>4. 患者：协助患者采取舒适的体位，嘱患者放松身心。 |
| 操作步骤 | 1. 准备阶段：查看病历，熟悉交谈内容、交谈目的。<br>2. 交谈阶段：礼貌称呼患者，自我介绍，说明本次交谈的目的和大概需要的时间。从简单问题开始，循序渐进逐步深入。<br>（1）询问一般资料。<br>（2）询问主诉：即被评估者感觉最主要、最明显的症状和（或）体征及其性质和持续时间。<br>（3）询问目前健康史：起病情况与患病时间；主要症状的特点；病情的发展与演变；伴随症状；诊断、治疗和护理经过；一般情况。<br>（4）询问既往健康史：一般按年月的先后顺序排列：既往健康状况；既往病史；预防接种史；过敏史。<br>（5）询问用药史：对于过去用药史，主要询问有无药物过敏史、药物疗效及主要副作用等。 |

续表

| 操作步骤 | （6）询问成长发展史：包括生长发育史；月经史；婚姻史；生育史；个人史。<br>（7）询问家族健康史：主要是了解被评估者家族成员的一般健康状况，对已死亡的直系亲属要询问死因与年龄。<br>（8）系统回顾：根据需要选择不同的系统模式，常采用功能性健康型态（FHPs）评估模式或身体、心理、社会评估模式进行系统回顾。<br>3. 结束阶段：小结交谈内容，澄清疑虑，对患者的配合表示感谢。 |
|---|---|
| 操作后 | 1. 整理：协助患者穿衣裤，取舒适体位，整理床单位，注意保护患者隐私。<br>2. 用物处理：按医院规定处理。<br>3. 洗手、记录：洗手后在护理评估单上注明患者的姓名、性别、年龄、记录时间（年、月、日、小时、分钟）、病区及床号。 |

**3. 注意事项**

（1）语言行为规范，充分体现人文关怀，在交谈时应使自己的语言和行为能充分体现对被评估者文化的理解和尊重。

（2）评估者应始终态度诚恳、和蔼、耐心；尊重被评估者的隐私，如其不愿回答的问题，不应追问。

（3）避免使用医学术语，交谈的语言要通俗易懂，尽量口语化、地方化，以被评估者能听懂为原则，问题要具体、简单明了。

（4）避免重复性提问、诱问、逼问、连问和责备性提问。

（5）杜绝对被评估者有不良刺激的语言和表情。

**【实训作业】**

写一份采集到健康史的内容。

（吕 劼 刘俊香）

# 实训二　一般状态及皮肤、黏膜与淋巴结的评估

**【目的】**

1. 掌握一般状态及皮肤、黏膜与淋巴结评估的内容及临床意义。

2. 学会一般状态及皮肤、黏膜与淋巴结评估的方法和技巧，能进行一般状态及皮肤、黏膜与淋巴结评估。

3. 在操作中严谨认真、尊重患者、体现人文关怀。

**【实施】**

**1. 实践方法**

（1）观看视频。

（2）选取一位同学扮演患者，教师讲解示范。

（3）每5～8人为一组，在老师指导下进行一般状态及皮肤、黏膜与淋巴结的评估。

**2. 操作流程** 见实训表 2-1。

实训表 2-1 一般状态及皮肤、黏膜与淋巴结评估操作流程

| 素质要求 | 着装整洁，举止端庄，语言温柔，态度和蔼。 |
|---|---|
| 核对 | 两人核对医嘱、查对患者床号、姓名。 |
| 准备 | 1. 物品：体温计、听诊器、血压计、体重计、身高计、记录用的纸和笔。<br>2. 环境：安静、整洁，光线、温度适宜，有屏风遮挡。<br>3. 护士：服装、鞋帽整洁，洗手，戴口罩；态度和蔼，尊重理解患者。<br>4. 患者：暴露被评估部位，根据病情和评估需要，协助患者采取舒适的体位。 |
| 操作过程 | 1. 一般状态评估：包括生命体征（体温、脉搏、呼吸、血压）、发育与体型、营养状态、意识状态、面容与表情、体位、姿势与步态评估。<br>（1）体温（腋测法）<br>步骤1：检查体温计有无破损，将水银柱甩至35℃以下。<br>步骤2：擦干患者腋窝汗液，将体温计水银端置于其腋窝顶部，嘱患者曲臂并夹紧体温计，测量10分钟。<br>步骤3：取出体温计，正确读数并记录。<br>步骤4：用后的体温计放入装有消毒液的容器中浸泡。<br>（2）脉搏：患者取仰卧位，手臂自然置于躯体舒适位置，腕部伸直；护士将示指、中指、环指三指并拢，指腹平按于被评估者桡动脉近手腕处，感知其速率、节律、强弱，至少1分钟。<br>（3）呼吸：护士观察患者胸部或腹部的起伏，一起一伏为1次呼吸，至少1分钟。计数呼吸频率，观察呼吸节律是否整齐，深浅是否一致。<br>（4）血压<br>步骤1：打开血压计水银槽开关，检查血压计，保持血压计读数在零点。<br>步骤2：协助患者取坐位或者卧位，上肢裸露伸直并轻度外展，肘部置于心脏同一水平。<br>步骤3：护士将血压计袖带均匀紧贴皮肤缚于患者上臂，使其下缘在肘窝以上2~3cm，气袖中央位于肱动脉表面，松紧以能放入一指为宜。<br>步骤4：在肘窝内侧摸到肱动脉搏动，将听诊器体件置于肱动脉上，轻压听诊器体件，注意听诊器不得放入袖带内。<br>步骤5：向袖带内充气，边充气边听诊，待肱动脉搏动声音消失，再将汞柱升高20~30mmHg。<br>步骤6：缓慢放气，放气速度以每秒下降4mmHg为宜，两眼平视缓慢下降的汞柱，同时听肱动脉搏动音，在放气过程中听到的第一声动脉搏动音对应的血压计上的数值为收缩压，搏动音消失时的数值为舒张压。<br>步骤7：间隔1~2分钟后再重复测量1次，如收缩压或舒张压2次读数相差5mmHg以上，应再次测量，以3次读数的平均值作为测量结果，将测量结果记录于记录本上。<br>步骤8：整理好血压计，并关上血压计的开关。<br>2. 营养状态<br>（1）观察患者的皮肤、毛发、皮下脂肪、肌肉的发育情况，结合其年龄、身高、体重进行综合判断。最简便而迅速的方法是观察皮下脂肪的充实程度，最适宜的部位为前臂曲侧或上臂背侧下1/3处。<br>（2）计算标准体重和体重指数。<br>3. 皮肤：评估皮肤颜色、湿度、温度、弹性，有无皮疹、皮下出血、蜘蛛痣和肝掌、水肿等。评估皮肤弹性时常选择手背或上臂内侧部位，以拇指和示指将皮肤捏起，松手后观察皮肤皱褶平复的速度。评估水肿时通常取胫骨前内侧皮肤，用手指按压被评估部位3~5秒，观察指压部位有无凹陷。<br>4. 浅表淋巴结：用浅部触诊法，评估时将示指、中指、环指三指并拢，指腹平放于被评估部位的皮肤上，在皮肤和皮下组织之间进行滑动触诊。依次按照耳前、耳后、枕部、颌下、颏下、颈前、颈后、锁骨上、腋窝、滑车上、腹股沟、腘窝淋巴结顺序进行触诊。触摸到淋巴结时，应记录大小、数目、硬度、压痛、活动度，有无粘连，局部皮肤有无红肿、瘘管等。 |
| 操作后 | 1. 整理：协助患者取舒适体位，整理床单位，注意保护患者隐私。<br>2. 用物处理：按医院规定处理。<br>3. 洗手、记录：洗手后在护理评估单上注明患者的姓名、性别、年龄、记录时间（年、月、日、小时、分钟）、病区及床号。 |

**3. 注意事项**

（1）测量生命体征时，应排除影响体温、呼吸、脉搏、血压的外界因素。

（2）淋巴结触诊时注意双手温暖，防止患者受凉。

（3）操作中注意护患沟通与人文关怀。

【实训作业】

独立完成一般状态及皮肤、黏膜与淋巴结的评估，并书写实验报告。

（郭大英）

# 实训三　头部、面部及颈部评估

## 【目的】

1. 掌握头面部和颈部评估的主要内容及临床意义。
2. 学会头面部和颈部评估（如头围、瞳孔、扁桃体、鼻窦、甲状腺、气管等）的方法和技巧。
3. 在操作中严肃认真、尊重患者、体现人文关怀。

## 【实施】

### 1. 实践方法

（1）观看视频。

（2）选取一位同学扮演患者，教师讲解示范。

（3）每 5～8 人为一组，在老师指导下进行头面部和颈部的评估。

### 2. 操作流程　见实训表 3－1。

实训表 3－1　头面部和颈部评估操作流程

| 素质要求 | 着装整洁，举止端庄，语言温柔，态度和蔼。 |
|---|---|
| 核对 | 两人核对医嘱、查对患者床号、姓名。 |
| 准备 | 1. 物品：软尺、压舌板、手电筒、听诊器、棉签、记录用的纸和笔。<br>2. 环境：安静、整洁，光线、温度适宜，有屏风遮挡。<br>3. 护士：服装、鞋帽整洁，洗手，戴口罩，态度和蔼，尊重理解患者。<br>4. 患者：暴露被评估部位，根据病情和评估需要，协助患者采取舒适的坐位。 |
| 操作过程 | 1. 头部<br>（1）头发：要注意头发的颜色、疏密度、脱发的类型与特点。<br>（2）头皮：拨开头发，观察头皮的颜色，有无头皮屑、头癣、疖痈、血肿、外伤与瘢痕等。<br>（3）头颅<br>①视诊：注意头颅大小、外形变化、有无异常活动。<br>②触诊：用双手仔细触摸头颅的每一个部位，了解其外形、有无压痛及异常隆起。<br>③测量头围：用软尺自眉间绕到颅后通过枕骨粗隆来测量。<br>2. 眼<br>（1）眼眉：观察眉毛疏密，有无过分稀疏或脱落。<br>（2）眼睑：观察有无睑内翻、眼睑闭合障碍、上睑下垂、眼睑水肿。<br>（3）结膜：包括睑结膜、穹窿部结膜、球结膜的评估，观察结膜有无充血、颗粒与滤泡、苍白、结膜下出血等。评估上睑结膜：嘱患者向下看，护士用示指和拇指捏住上睑中外 1/3 交界处的边缘，轻轻向前下方牵拉，并以示指向下压迫睑板上缘，与拇指配合将睑缘向上捻转即可将眼睑翻开，动作要轻柔。<br>（4）巩膜：在自然光线下观察巩膜有无黄染。<br>（5）角膜：用斜照光观察其透明度，注意有无云翳、白斑、溃疡、软化及新生血管等。<br>（6）瞳孔<br>①形状与大小。<br>②对光反应：包括直接对光反应和间接对光反应。直接对光反应：用手电筒直接照射一侧瞳孔，观察该侧瞳孔是否立即缩小，移开光源后瞳孔是否迅速复原；间接对光反应：用一手隔开两眼，用手电筒照射一侧瞳孔时，观察对侧瞳孔是否立即缩小，移开光线时，瞳孔是否扩大。<br>③调节反射：嘱患者注视 1m 以外的护士的示指尖，然后将示指尖迅速移近眼球（距眼球 5～10cm），观察瞳孔是否逐渐缩小。集合反射：再次将护士的示指尖由 1m 外缓慢移近眼球，观察双侧眼球是否向内聚合。 |

续表

| | |
|---|---|
| 操作过程 | （7）眼球<br>①观察有无眼球突出、眼球下陷。<br>②眼球运动：将目标物（棉签或手指尖）置于患者眼前 30~40cm 处，嘱患者头部固定，眼球随目标方向移动，按左→左上→左下，右→右上→右下 6 个方向的顺序进行，观察有无某一方向运动受限、复视、眼球震颤。<br>3. 耳<br>（1）耳郭：观察耳郭外形、大小和对称性，有无畸形、瘢痕、结节，有无牵拉痛等。<br>（2）外耳道：观察外耳道皮肤有无红肿，有无异常分泌物等。<br>4. 鼻<br>（1）视诊：观察鼻部外形、有无鼻翼扇动、鼻中隔偏曲，鼻道是否通畅。<br>（2）触诊：评估鼻窦有无压痛。<br>①上颌窦：护士双手固定于患者两侧耳后，将两手拇指分别置于左右颧部向后按压，询问有无压痛，比较两侧压痛有无区别。<br>②额窦：护士一手扶持患者枕部，将另一手拇指或示指置于眼眶上缘内侧用力向后、向上按压，询问有无压痛，比较两侧有无差异。<br>③筛窦：护士双手固定于患者两侧耳后，将两手拇指分别置于鼻根部与眼内眦之间向后方按压，询问有无压痛。<br>5. 口腔：从外向内按口唇、口腔黏膜、牙齿、牙龈、舌、咽部与扁桃体顺序进行评估。评估咽部与扁桃体时，患者取坐位，头略后仰，口张大并发"啊"音，护士用压舌板在舌的前 2/3 与后 1/3 交界处迅速下压，在手电筒光的配合下观察软腭、腭垂、软腭弓、扁桃体、咽后壁情况。<br>6. 颈部<br>（1）颈部外形与分区。<br>（2）颈部姿势与运动。<br>（3）颈部皮肤与包块。<br>（4）颈部血管　观察有无颈静脉怒张及颈静脉搏动。<br>（5）甲状腺。<br>1）视诊：观察甲状腺的大小和对称性。评估时让患者做吞咽动作，可见甲状腺随吞咽动作而向上移动，若不易辨认，再嘱患者两手放于枕后，头向后仰，再进行观察。<br>2）触诊：触诊时应注意其大小、质地、表面是否光滑、有无结节、压痛、震颤等。<br>①甲状腺峡部：护士站于患者前面以拇指或站于患者后面以示指从胸骨上切迹向上触摸，可感到气管前软组织，嘱患者吞咽，可感到此软组织在手指下滑动，判断有无肿大及肿块。<br>②甲状腺侧叶：a. 前面触诊：护士以一手拇指施压于患者一侧甲状软骨，将气管推向对侧，以另一手示、中指在对侧胸锁乳突肌后缘向前推挤甲状腺侧叶，拇指在胸锁乳突肌前缘触诊，配合吞咽动作，重复评估，可触及被推挤的甲状腺。以同样的方法评估另一侧甲状腺。b. 后面触诊：护士以一手示、中指施压于患者一侧甲状软骨，将气管推向对侧，以另一手拇指在对侧胸锁乳突肌后缘向前推挤甲状腺侧叶，示、中指在胸锁乳突肌前缘触诊，配合吞咽动作，重复评估。以同样的方法评估另一侧甲状腺。<br>3）听诊：当甲状腺肿大时，用钟型听诊器直接放在肿大的甲状腺上进行听诊。<br>（6）气管：让患者取舒适坐位或仰卧位，使颈部处于自然直立状态，护士将示指与环指分别置于两侧胸锁关节上，将中指置于气管之上，观察中指是否在示指与环指中间来判断气管有无偏移。 |
| 操作后 | 1. 整理：协助患者取舒适体位，整理床单位，注意保护患者隐私。<br>2. 用物处理：按医院规定处理。<br>3. 洗手、记录：洗手后在护理评估单上注明患者的姓名、性别、年龄、记录时间（年、月、日、小时、分钟）、病区及床号。 |

### 3. 注意事项

（1）检查瞳孔大小时，应在自然光线下进行。

（2）检查扁桃体、甲状腺和气管时，动作宜轻柔，避免过重引起患者恶心、疼痛或憋气等不适感。

（3）操作中注意护患沟通与人文关怀。

【实训作业】

独立完成头面部和颈部评估，并书写实验报告。

（欧应华）

# 实训四　肺与胸膜评估

## 【目的】

1. 掌握胸部的体表标志。
2. 学会肺、胸膜的评估方法。
3. 在操作中动作轻柔、体现人文关怀，注意保护患者隐私。

## 【实施】

### 1. 实践方法

（1）观看操作录像，教师讲解示范。

（2）角色扮演　每2名同学为一组，按操作流程及要求，由1名同学扮演患者，另1名扮演护士，相互练习，老师巡回指导，并在课程结束前抽查与小结，回顾实训内容。

### 2. 操作流程　见实训表4-1。

实训表4-1　胸部评估操作流程

| 素质要求 | 服装鞋帽整洁，举止端庄，语言温柔，态度和蔼。 |
|---|---|
| 核对 | 两人核对医嘱，查对患者床号、姓名。 |
| 准备 | 1. 物品：VCD、电视机、心肺模拟听诊仪、听诊器、直尺、笔、入院评估首页等。<br>2. 环境：安静整洁、光线适宜、冬季应注意室内温度与患者的保暖，有屏风遮挡。<br>3. 护士：服装鞋帽整洁，洗手，必要时戴口罩；举止端庄、语言恰当、态度和蔼；尊重理解患者。<br>4. 患者：暴露被评估部位，根据病情和评估需要，采取合适的体位。 |
| 操作过程 | 1. 视诊：体表标志、呼吸运动及呼吸频率、节律、深度。<br>2. 触诊：胸廓扩张度、语音震颤，有无胸膜摩擦感。<br>3. 叩诊：正常叩诊音、肺界、肺下界移动度。<br>4. 听诊：正常呼吸音、语音共振，有无胸膜摩擦音。<br>5. 在心肺模拟听诊仪上听诊。 |
| 操作后 | 1. 整理：协助患者穿衣，取舒适体位，整理床单位，注意保护患者隐私。<br>2. 用物处理：按医院规定处理。<br>3. 洗手、记录：洗手后在护理评估单上注明受检者的姓名、性别、年龄、记录时间（年、月、日、小时、分钟）、病区及床号。 |

### 3. 注意事项

（1）告知患者身体评估是安全，无创的，以免患者紧张。

（2）注意保持环境安静，动作轻柔，操作有序正确。

（3）严格执行身体评估原则及核对制度，过程中注意保护患者隐私，可用床帘或屏风等遮挡。

## 【实训作业】

独立完成肺、胸膜评估操作，填写实训报告。

（郭大英）

# 实训五　心脏评估

## 【目的】

1. 掌握心脏的评估内容。
2. 学会心脏的评估方法。
3. 在操作中动作轻柔、体现人文关怀，注意保护患者隐私。

## 【实施】

### 1. 实践方法

（1）教师讲解示范，观看操作录像。

（2）角色扮演，每2名同学为一组，按操作流程及要求，由1名同学扮演患者，另1名扮演护士，相互练习，老师巡回指导，并在课程结束前抽查与小结，回顾实训内容。

### 2. 操作流程　见实训表5-1。

实训表5-1　心脏评估操作流程

| 素质要求 | 服装鞋帽整洁，举止端庄，语言温柔，态度和蔼。 |
| --- | --- |
| 核对 | 两人核对医嘱，查对患者床号、姓名。 |
| 准备 | 1. 物品：VCD、电视机、心肺模拟听诊仪、听诊器、直尺、笔、入院评估首页等。<br>2. 环境：安静整洁、光线适宜、冬季应注意室内温度与患者的保暖，有屏风遮挡。<br>3. 护士：服装鞋帽整洁、洗手，必要时戴口罩；举止端庄、语言恰当、态度和蔼；尊重理解患者。<br>4. 患者：暴露被评估部位，根据病情和评估需要，采取合适的体位。 |
| 操作过程 | 1. 视诊：心前区外形、心尖搏动、心前区其他搏动。<br>2. 触诊：心尖搏动，有无震颤、心包摩擦感。<br>3. 叩诊：心脏浊音界。<br>4. 听诊：心率、心律、心音，有无额外心音、杂音、心包摩擦音。<br>5. 评估有无水冲脉、毛细血管搏动征、枪击音、Duroziez双重杂音。<br>6. 在心肺模拟听诊仪上听诊。 |
| 操作后 | 1. 整理：协助患者穿衣，取舒适体位，整理床单位，注意保护患者隐私。<br>2. 用物处理：按医院规定处理。<br>3. 洗手、记录：洗手后在护理评估单上注明受检者的姓名、性别、年龄、记录时间（年、月、日、小时、分钟）、病区及床号。 |

### 3. 注意事项

（1）告知患者身体评估是安全，无创的，以免患者紧张。

（2）注意保持环境安静，动作轻柔，操作有序正确。

（3）严格执行身体评估原则及核对制度，过程中注意保护患者隐私，可用床帘或屏风等遮挡。

## 【实训作业】

独立完成心脏评估操作，填写实训报告。

（郭大英）

# 实训六　腹部评估

## 【目的】

1. 掌握腹部评估的内容、方法及腹部常见异常表现的临床意义。

2. 学会识记腹部体表标志及分区方法。

3. 在操作中动作轻柔、体现人文关怀，注意保护患者隐私。

## 【实施】

### 1. 实践方法

（1）选取一位同学扮演患者，教师讲解示范，观看操作录像。

（2）每2位同学为一组，按操作流程及要求，由1位同学扮演患者，另1位扮演护士，在老师巡回指导下，相互练习，并在课程结束前抽查与小结，回顾实训内容。

### 2. 操作流程　见实训表6-1。

实训表6-1　腹部评估操作流程

| 素质要求 | 服装鞋帽整洁，举止端庄，语言温柔，态度和蔼。 |
| --- | --- |
| 核对 | 两人核对医嘱，查对患者床号、姓名。 |
| 准备 | 1. 物品：听诊器、皮尺、笔、入院评估首页等。<br>2. 环境：安静整洁、光线适宜、冬季应注意室内温度与患者的保暖，有屏风遮挡。<br>3. 护士：着装整洁、洗手，必要时戴口罩；举止端庄、语言轻柔恰当、态度和蔼；尊重理解患者。<br>4. 患者：暴露被评估部位，根据病情和评估需要，患者采取低枕仰卧位，两膝关节屈曲。 |
| 操作过程 | 1. 腹部体表标志：找到肋弓下缘、剑突、腹上角、脐、髂前上棘、腹股沟韧带、肋脊角等体表标志。<br>2. 腹部分区：包括四区分法和九区分法。<br>3. 腹部视诊：包括腹部外形、呼吸运动、腹壁静脉等。观察外形，有无局部或全腹的膨隆或凹陷，腹式呼吸有无增强或减弱，腹壁静脉是否显露等；掌握出现异常时的临床意义。<br>4. 腹部听诊：包括肠鸣音、血管杂音。评估肠鸣音频率、声响、音调，有无血管杂音。掌握出现异常时的临床意义。<br>5. 腹部叩诊：包括腹部叩诊音、内脏叩诊、移动性浊音及肋脊角叩诊。评估鼓音、浊音范围，肝上下界位置，有无肝区、胆囊、肋脊角叩击痛，有无移动性浊音。掌握出现异常时的临床意义。<br>6. 腹部触诊：包括腹壁紧张度、压痛与反跳痛、内脏触诊、包块及液波震颤、振水音。运用单手触诊法、双手触诊法、钩指触诊法；评估腹壁紧张程度，有无压痛与反跳痛，内脏大小、质地、有无触压痛等，有无腹部包块、液波震颤及振水音。掌握出现异常时的临床意义。 |
| 操作后 | 1. 整理：协助患者穿衣，取舒适体位，整理床单位，注意保护患者隐私。<br>2. 用物处理：按医院规定处理。<br>3. 洗手、记录：洗手后在护理评估单上注明患者的姓名、性别、年龄、记录时间（年、月、日、小时、分钟）、病区及床号。 |

### 3. 注意事项

（1）告知患者腹部评估是一个安全、无创的评估，以免患者紧张，影响评估结果。

（2）注意保持环境安静，光线充足，动作轻柔，操作有序正确。

（3）严格执行身体评估原则及核对制度，注意保护患者隐私，可用床帘或屏风等遮挡。

【实训作业】独立完成腹部评估操作，填写实训报告。

（郭大英）

# 实训七　脊柱及四肢评估

## 【目的】

1. 掌握脊柱四肢评估的内容及脊柱四肢常见异常表现的临床意义。
2. 学会脊柱四肢的评估方法。
3. 在操作中动作轻柔、体现人文关怀，注意保护患者隐私。

## 【实施】

### 1. 实践方法

（1）选取一位同学扮演患者，教师讲解示范，观看操作录像

（2）每 3～4 位同学为一组，按操作流程及要求，1 位同学扮演患者，另 1 位扮演护士，进行操作练习。其余同学观看进行组内评价。老师巡回指导。

### 2. 操作流程　实训表 7－1。

实训表 7－1　脊柱及四肢评估操作流程

| 素质要求 | 服装鞋帽整洁，举止端庄，语言温柔，态度和蔼 |
|---|---|
| 核对解释 | 两人核对医嘱，查对患者床号、姓名 |
| 准备 | 1. 物品：叩诊锤、笔、记录单等。<br>2. 环境：安静整洁，光线适宜、冬季应注意室内温度与患者的保暖，有屏风遮挡。<br>3. 护士：服装鞋帽整洁、洗手，戴口罩。<br>4. 患者：暴露被评估部位，根据病情和评估需要，协助患者采取舒适体位。 |
| 操作过程 | 1. 脊柱弯曲度：从侧面观察脊柱四个生理性弯曲，注意有无前凸或后凸畸形；从后面观察，有无脊柱侧弯。<br>2. 脊柱活动度：嘱患者做前屈、后伸、侧弯、旋转等动作。观察脊柱活动情况，有无活动受限。<br>3. 脊柱压痛及叩击痛：评估脊椎棘突及椎旁肌肉有无压痛、运用直接、间接叩击法，评估脊柱各部位有无叩击痛。<br>4. 上肢：观察肩关节、肘关节、腕关节及手的外形，评估活动范围。<br>5. 下肢：观察髋关节、膝关节、踝关节及足的外形，评估活动范围。 |
| 操作后 | 1. 整理：协助患者穿衣裤，取舒适体位，整理床单位。<br>2. 用物处理：按医院规定处理。<br>3. 洗手、记录：洗手后在护理评估单上注明患者的姓名、性别、年龄、记录时间（年、月、日、小时、分钟）、病区及床号。 |

### 3. 注意事项

（1）告知患者脊柱及四肢评估是一个安全、无创的评估，以免患者紧张，影响评估结果。

（2）注意保持环境安静，光线充足，动作轻柔，操作有序正确。

（3）严格执行身休评估原则及核对制度，评估过程中注意保护患者隐私，可用床帘或屏风等遮挡。

## 【实训作业】

独立完成脊柱及四肢评估，完成实训报告。

（李伟萍）

# 实训八　神经系统评估

## 【目的】

1. 掌握神经系统评估的内容、方法及神经系统常见异常表现的临床意义。
2. 学会识记 12 对脑神经、肌力分级及表现、生理反射中枢所在部位、Babinski 征阳性表现。
3. 在操作中动作轻柔、体现人文关怀，注意保护患者隐私。

## 【实施】

### 1. 实践方法

（1）选取一位同学扮演患者，教师讲解示范，观看操作视频。

（2）每 2 位同学为一组，按操作流程及要求，由 1 位同学扮演患者，另 1 位扮演护士，在老师巡回指导下，相互练习，并在课程结束前抽查与小结，回顾实训内容。

### 2. 操作流程　见实训表 8 - 1。

实训表 8 - 1　神经系统评估操作流程

| 素质要求 | 服装鞋帽整洁，举止端庄，语言温柔，态度和蔼。 |
|---|---|
| 核对 | 两人核对医嘱，查对患者床号、姓名。 |
| 准备 | 1. 物品：叩诊锤、棉签、大头针、盛有冷和热水的试管、秒表、笔、记录单等。<br>2. 环境：安静整洁，光线适宜、冬季应注意室内温度与患者的保暖，有屏风遮挡。<br>3. 护士：服装鞋帽整洁、洗手、戴口罩。<br>4. 患者：暴露被评估部位，根据病情和评估需要，协助患者采取舒适体位。 |
| 操作过程 | 1. 脑神经评估<br>（1）嗅神经：选三种不同气味的物品，置于一侧鼻孔前，请被评估者辨别。<br>（2）视神经：见一般状态评估。<br>（3）动眼神经、滑车神经、展神经：见眼部评估。<br>（4）三叉神经：检查两侧前额、鼻部、下颌的感觉。嘱患者做咀嚼、张口等动作检查咀嚼肌的力量。<br>（5）面神经：观察额纹、眼裂、鼻唇沟及口角是否对称；主要检查表情肌功能。<br>（6）听神经：听力检查见耳部评估。<br>（7）舌咽、迷走神经：观察软腭、悬雍垂。<br>（8）副神经。<br>（9）舌下神经：观察有无舌偏斜、震颤、萎缩等。<br>2. 运动功能<br>（1）肌力：有无增高或降低。<br>（2）肌张力：触诊硬度；做被动运动感受阻力。<br>（3）不随意运动：观察。<br>（4）共济运动：指鼻试验。<br>3. 感觉功能<br>（1）浅感觉。<br>（2）深感觉。<br>（3）复合感觉：闭眼摸熟悉的物品。<br>4. 神经反射<br>（1）浅反射：腹壁反射、跖反射。<br>（2）深反射。<br>（3）病理反射。<br>（4）脑膜刺激征。<br>5. 自主神经功能<br>（1）眼心反射：计数心率变化。<br>（2）卧立位试验。<br>（3）皮肤划痕试验：观察皮肤划痕变化。 |

续表

| | |
|---|---|
| 操作后 | 1. 整理：协助患者穿衣裤，取舒适体位，整理床单位。<br>2. 用物处理：按医院规定处理。<br>3. 洗手、记录：洗手后在护理评估单上注明患者的姓名、性别、年龄、记录时间（年、月、日、小时、分钟）、病区及床号。 |

**3. 注意事项**

（1）告知患者神经系统评估是一个安全、无创的评估，以免患者紧张，影响评估结果。

（2）注意保持环境安静，光线充足，动作轻柔，操作有序正确。

（3）严格执行身体评估原则及核对制度，过程中注意保护患者隐私，可用床帘或屏风等遮挡。

【实训作业】

独立完成神经系统评估，完成实训报告。

（李伟萍）

# 实训九　血液、尿液及粪便标本采集

## 一、血液标本采集

【目的】

1. 学会静脉血标本采集的操作方法。

2. 说出静脉血标本的种类及适用检验项目。

3. 说出静脉血标本采集的注意事项。

【实施】

**1. 实践方法**

（1）观看操作视频，教师讲解示范。

（2）每 2 名同学为一组，按操作流程及要求，由 1 名同学扮演护士用模拟手臂演练操作，另 1 名在旁观察纠错，相互练习，老师巡回指导，并在课程结束前抽查与小结，回顾实训内容。

**2. 操作流程**　见实训表 9 – 1。

实训表 9 – 1　血液采集操作流程

| | |
|---|---|
| 素质要求 | 服装鞋帽整洁，举止端庄，语言温柔，态度和蔼。 |
| 核对 | 核对医嘱，检查容器是否完好，在容器外贴上化验单附联，注明及再次核对科别、床号、姓名、送检日期等。 |
| 准备 | 1. 物品：同静脉注射法，另备检验单、一次性采血针、真空标本容器及无菌手套。<br>2. 环境：整洁、宽敞、明亮，符合静脉穿刺的环境要求。<br>3. 护士：着装整洁，仪表端庄大方，态度和蔼，修剪指甲，洗手，戴口罩。<br>4. 患者：明确采血的目的、配合方法及注意事项，做好相应准备。 |
| 操作过程 | 1. 选择静脉：协助患者取合适体位，暴露采血部位，选择合适的静脉和穿刺点，穿刺点下方铺治疗巾。<br>2. 消毒：戴手套，在穿刺点上方 6cm 处扎止血带。常规消毒穿刺部位皮肤，直径大于 5cm。<br>3. 采集标本：取出并检查采血针，再次核对，嘱患者握拳，按静脉注射法进行穿刺，见回血后将采血针另一端刺入相应的真空采血管，血液迅速流入采血管，达到所需血量时，取下真空采血管，若还需继续采血，则将采血针另一端刺入其他的采血管，待最后一支采血管即将采集结束时，嘱患者松拳，松止血带，用干棉签按压局部迅速拔针。再次核对。 |

续表

| | |
|---|---|
| 操作后 | 1. 整理：协助患者整理衣裤，取舒适体位，整理床单位，注意保护患者隐私。<br>2. 用物处理：用物处理按医院规定处理。<br>3. 洗手记录。<br>4. 将收集的血标本连同化验单及时送检。 |

### 3. 注意事项

（1）采集血标本做生化检查时需空腹采血，应事先通知患者禁食，以免进食影响检验结果。

（2）根据检验目的选择合适的标本容器或真空采血管，计算采血量。一般血培养采集 5ml，但亚急性细菌性心内膜炎患者，采血量 10 ~ 15ml。

（3）严禁在输液、输血的针头处抽取血标本，最好在对侧肢体抽取。

（4）若同时抽取几项血标本，血液注入容器的顺序为：血培养标本→抗凝管→干燥试管，动作应迅速准确。

（5）如做血气分析，采取血液后，应立即注入有石蜡油的抗凝试管，以隔绝空气。

（6）若用注射器采血，则取血后应回抽注射器活塞，防止血液凝固导致针头阻塞、注射器粘连；用真空采血管采血时，不可先将采血针和试管连接，以免管内负压消失。

（7）采血用的一次性采血针应按规定统一处理。

### 【实训作业】

独立完成一次静脉采血操作。

## 二、尿标本采集

### 【目的】

1. 掌握尿标本采集的操作方法。

2. 说出尿标本的种类及适用检验项目

3. 说出尿标本采集的注意事项。

### 【实施】

#### 1. 实践方法

（1）观看操作录像，教师讲解示范。

（2）每 2 名同学为一组，按操作流程及要求，由 1 名同学扮演患者，另 1 名扮演护士，相互练习，老师巡回指导，并在课程结束前抽查与小结，回顾实训内容。

#### 2. 操作流程　见实训表 9 – 2。

实训表 9 – 2　尿标本操作流程

| | |
|---|---|
| 素质要求 | 服装鞋帽整洁，举止端庄，语言温柔，态度和蔼。 |
| 核对 | 核对医嘱，检查容器是否完好，在容器外贴上化验单附联，注明及再次核对科别、床号、姓名、送检日期等。 |
| 准备 | 1. 物品：检验单，手消毒剂，垃圾桶（生活、医疗用），棉签、笔、尿标本容器，若需尿培养则需加无菌培养试管，无菌手套、便盆、消毒外阴的消毒液、导尿包等。根据需要选择合适防腐剂。<br>2. 环境：安静整洁、光线适宜、冬季应注意室内温度与患者的保暖，有屏风遮挡。<br>3. 护士：服装鞋帽整洁，洗手，必要时戴口罩，举止端庄、语言轻柔恰当，态度和蔼，尊重理解患者。<br>4. 患者：知晓尿标本采集方法，目的、注意事项、配合要点。 |

续表

| 操作过程 | 1. 尿常规标本：嘱患者留取晨尿（晨起第一次尿）于标本容器里，尿常规一般留尿 50ml，不能自理的患者应给予协助。<br>2. 尿培养标本：清洁，消毒外阴部，尿道口，有自理能力的患者嘱其自行留尿，弃去前段尿液，护士用试管夹夹住无菌试管，留取中段尿 5～10ml，留尿前后段均应在无菌试管口及棉塞在酒精灯上消毒，盖紧棉塞，防止污染。必要时可用导尿法留取。<br>3. 24 小时尿标本：备好容器，贴上标签，注明采集的起止时间，嘱患者于某整点时排空膀胱并弃去此次尿液，采集此后直至次日对应整点的全部尿液，患者解第一次尿时即应加防腐剂，使之与尿液混合，防止尿变质，24 小时尿液全部送检。 |
|---|---|
| 操作后 | 1. 整理：协助患者整理衣裤，取舒适体位，整理床单位，注意保护患者隐私。<br>2. 用物处理：用物处理按医院规定处理。<br>3. 洗手、记录。<br>4. 将收集的血标本连同化验单及时送检。 |

### 3. 注意事项

（1）不可在标本中混入粪便，避免粪便中微生物让尿液变质。

（2）女性受检者月经期不宜留取尿标本，月经期可先清洁后再收集标本。

【实训作业】

独立完成一次尿液标本采集。

## 三、粪便标本采集

【目的】

1. 掌握粪便标本采集的操作方法

2. 说出粪便标本的种类及适用检验项目。

3. 粪便标本采集的注意事项。

【实施】

### 1. 实践方法

（1）观看操作录像，老师讲解。

（2）每 2 名同学为一组，按操作流程及要求，由 1 名同学扮演患者，另 1 名扮演护士，相互练习，老师巡回指导，并在课程结束前抽查与小结，回顾实训内容。

### 2. 操作流程　见实训表 9 - 3。

实训表　9 - 3 粪便标本采集操作流程

| 素质要求 | 服装鞋帽整洁，举止端庄，语言温柔，态度和蔼。 |
|---|---|
| 核对 | 核对医嘱，检查容器是否完好，在容器外贴上化验单附联，注明及再次核对科别、床号、姓名、送检日期等。 |
| 准备 | 1. 物品：检验单，手消毒剂、生活及医疗垃圾桶、便盆、粪便标本容器，棉签和（或）竹签、透明胶带、载玻片、培养试管等。具体根据所取标本而定。<br>2. 环境：安静整洁、光线适宜、冬季应注意室内温度与患者的保暖，有屏风遮挡。<br>3. 护士：服装鞋帽整洁，洗手，必要时戴口罩，举止端庄、语言轻柔恰当，态度和蔼，尊重理解患者。<br>4. 患者：根据病情和评估需要，协助患者采取舒适的体位。 |
| 操作过程 | 1. 常规标本：用干净的竹签选取外观无异常的粪便的表面及深处多处取材；异常粪便取含有黏液、脓血等病变部分，其量均为 5～10ml。对不能自理的患者应协助其排便。<br>2. 寄生虫及虫卵标本：蛲虫，嘱患者于睡前或清晨未起床前将大小适宜的透明胶布贴于肛门周围。起床后，将胶带取下送检；阿米巴原虫用热水将便盆加温至接近体温时排便，便后连同便盆立即送检。<br>3. 培养标本：嘱患者排便于清洁便盆内。用无菌棉签取标本于灭菌带盖的容器内，立即送检。 |

续表

| | |
|---|---|
| 操作后 | 1. 整理：协助患者整理衣裤，取舒适体位，整理床单位，注意保护患者隐私。<br>2. 用物处理：用物处理按医院规定处理。<br>3. 洗手、记录。<br>4. 将收集的血标本连同化验单及时送检。 |

### 3. 注意事项

（1）检查粪便隐血试验时，应清淡饮食 3 天，禁食肉类、绿色蔬菜、动物血，禁服铁剂、铋剂等可干扰实验室结果的药物。

（2）查阿米巴原虫时，在收集标本前几天，不可给患者服铁剂、油质等，避免影响阿米巴虫卵显露。

（3）不得混有尿液及其他物质。

### 【实训作业】

独立完成一次粪便标本采集。

（张　娟）

# 实训十　心电图描记与分析

## 【目的】

1. 掌握心电图导联连接方法及心电图机的操作步骤。

2. 学会识记心电图波形及初步分析心电图。

3. 在操作中动作轻柔、体现人文关怀，注意保护患者隐私。

## （一）心电图的描记

## 【实施】

### 1. 实践方法

（1）选取一位同学扮演患者，教师讲解示范。

（2）每 5~8 人为一组，在老师指导下进行心电图描记。

### 2. 操作流程　见实训表 10-1。

实训表 10-1　心电图描记操作流程

| | |
|---|---|
| 素质要求 | 服装鞋帽整洁，举止端庄，语言温柔，态度和蔼。 |
| 核对 | 两人核对医嘱，查对患者床号、姓名。 |
| 准备 | 1. 物品<br>（1）心电图机 4~6 台、导联线、电极板、接地线。<br>（2）治疗车、治疗盘、导电胶或生理盐水或乙醇。<br>（3）心电图报告单、棉签、导电膏、弯盘。<br>（4）检查心电图机性能（调整纸速及定标准电压）。<br>2. 环境：环境整洁、舒适、安全。<br>3. 护士：服装鞋帽整洁，洗手，必要时戴口罩，举止端庄、语言轻柔恰当，态度和蔼，尊重理解患者。<br>4. 患者<br>（1）操作配合：平静呼吸、机体放松、减少运动。<br>（2）协助体位：协助患者取下身上金属饰物、电子表及手机等，采取平卧位，暴露电极连接部。 |

续表

| | |
|---|---|
| 操作过程 | 1. 皮肤处理：两手腕屈侧腕关节上方约 3cm 处及两内踝上部约 7cm 处，涂抹导电膏，以减少皮肤的阻力。<br>2. 电极安置<br>（1）肢体导联：右上肢为红色，左上肢为黄色，左下肢为绿色，右下肢为黑色。<br>（2）胸导联，导线末端接电极处有颜色标记：$V_1$ 为胸骨右缘第 4 肋间（红色），$V_2$ 为胸骨左缘第 4 肋间（黄色），$V_3$ 为 $V_2$ 与 $V_4$ 连线中点（绿色），$V_4$ 为左锁骨中线平第 5 肋间（褐色），$V_5$ 左腋前线 $V_4$ 同一水平（黑色），$V_6$ 为左腋中线与 $V_4$ 同一水平（紫色）。<br>3. 描记心电图<br>（1）接通地线和电源，选择走纸速度（25mm/秒）、定标准电压（1mv）。<br>（2）记录心电图波形 Ⅰ、Ⅱ、Ⅲ、aVR、aVL、aVF、$V_1 \sim V_6$ 导联。必要时可加做 $V_3R \sim V_5R$ 及 $V_7 \sim V_9$ 导联。<br>（3）注意观察基线，如不稳或有干扰，应注意检查患者呼吸，电极接触极有无交流电干扰。<br>（4）关闭开关，取下电极。 |
| 操作后 | 1. 整理：协助患者穿衣裤，取舒适体位，整理床单位，注意保护患者隐私。<br>2. 用物处理：按医院规定处理。<br>3. 洗手、记录：洗手后在心电图纸前部注明受检者的姓名、性别、年龄、记录时间（年、月、日、小时、分钟）、病区及床号，同时标记各导联。 |

**3. 注意事项**

（1）告知患者心电图是一个安全，无创的检查，以免患者紧张，影响检查结果。

（2）嘱患者检查前不要剧烈活动、大量进食，或服用一些影响心脏活动的药物。

（3）操作前要检查心电图机，电极、导线等是否功能正常，保证其能正常工作，电极位置安放一定要准确。

【实训作业】

独立完成一次心电图描记操作，填写心电图实验报告，对自己的心电图进行分析。

**（二）心电图的分析**

（1）一般浏览　将 12 导联按照 Ⅰ、Ⅱ、Ⅲ、aVR、aVL、aVF、$V_1 \sim V_6$ 顺序排列，确认走纸速度、定标电压，观察有无导联或标记错误，排除伪差与干扰。

（2）确定主导心律　根据 P 波与 QRS 波群的关系，确定心律是窦性心律还是异位心律。

（3）测量 PP 间距或 RR 间距，计算心率。

（4）测量 P－R 间期、Q－T 间期、P 波与 QRS 波的时间、电压，观察其形态及出现的顺序。

（5）观察 ST－T 有无改变　确定 ST 段有无移位及移位的形态，T 波的形态改变及出现改变的导联。

（6）判断心脏有无偏移及钟向转位。

（7）得出结论　根据分析的结果，判断心电图是否正常，做出心电图诊断。

（刘俊香）

# 实训十一　护理病历书写

【目的】

1. 掌握护理病历书写的基本要求。

2. 掌握护理病历书写的格式和内容。

3. 掌握护理病历书写的基本方法。

4. 熟悉采集患者资料的方法和技巧，以便能够与其建立良好的关系。

【实施】

**1. 实训方法**

（1）选取一位同学扮演患者，教师示范进行病史采集。

（2）每 5~8 人为一组，对 1 名标准化患者进行病史采集。

**2. 实训流程**

（1）带教老师带领学生到医院选择典型评估对象，并示教护理病历书写的内容和格式。

（2）学生分组对患者进行评估，阅读患者的病历资料，对患者进行护理诊断、护理计划、健康教育内容等问题的讨论。

（3）每位学生如实书写一份护理病历，见实训表 11 - 1。

（4）带教老师对实训课的情况做总结，归纳主要问题。

**实训表 11 - 1　入院患者护理评估表**

姓名_____　性别_____　年龄_____　民族_____

职业_____　婚姻状况_____　文化程度_____

住址_____　联系电话_____　邮政编码_____

陪同人：□家人　　□亲友　　□朋友　　□其他

姓名_____　关系_____　电话_____　邮政编码_____

联系人_____　住址_____

入院日期和时间_____　入院诊断

入院类型：　□平　　□急诊　　□转入（转出科室_____）

入院方式：□步行　　□扶行　　□平车　　□其他

入院状态：□清醒　　□模糊　　□嗜睡　　□昏迷

辅助工具：□无　□有　□眼镜　□隐形眼镜　□助听器　□义齿　□拐杖

既往病史：□无　　□有

住院史：□无　　　□有（原因_____）

过敏史：□无　　　□有（请分别简短的描述）

药物：

食物：

其他：

过去输血史：□无　□有　　血型_____　RH 因子：□隐形　　□阳性

输血反应：□无　□有

目前用药：□无　□有（药名_____）

自带药：□无　□有（药名_____）

入院介绍：□未作　　□不用作　　□已作

叙述人：□患者本人　　□亲友　　□其他

资料可靠程度：□可靠　　□基本可靠　　□可靠程度较低

护士签名_____　日期/时间_____

【实训作业】

独立书写完成一份护理病历，填写实训报告。

（廖林梅）

# 参考文献

［1］万学红，卢雪峰．诊断学［M］.9版．北京：人民卫生出版社，2018.

［2］刘俊香，刘亚莉．健康评估［M］．北京：中国医药科技出版社，2018.

［3］孙玉梅，张立力，张彩虹．健康评估［M］．北京：人民卫生出版社，2021.

［4］罗先武，王冉．护士执业资格考试冲刺跑［M］．北京：人民卫生出版社，2022.

［5］葛均波，徐永健．内科学［M］.9版．北京：人民卫生出版社，2016.

［6］杜庆伟，陈瑄瑄．健康评估［M］.2版．北京：中国医药科技出版社，2019.

［7］徐婉玲，陈云华．诊断学［M］．北京：中国医药科技出版社，2018.

［8］谢玉林，王春桃．健康评估［M］.2版．北京：高等教育出版社，2017.

［9］尚少梅，金晓燕．老年护理服务与需求评估［M］．北京：国家开放大学出版社，2021.

［10］刘慧莲，藤艺萍．健康评估［M］．北京：人民卫生出版社，2018.

［11］曹云聪，周齐艳．诊断学［M］．北京：人民卫生出版社，2019.

［12］李广元，杨志林．健康评估［M］．北京：中国医药科技出版社，2014.

［13］谢幸，孔北华，段涛，妇产科学［M］.9版．北京：人民卫生出社，2018.

［14］徐克，龚启勇，韩萍．医学影像学［M］．北京：人民卫生出版社，2018.

［15］朱金富，林贤浩，韩萍．医学心理学［M］．北京：中国医药科技出版社，2016.